Ziegler

Sicher in sozialen Netzwerken

Manuel Ziegler

Sicher in sozialen Netzwerken

Vom Cybermobbing bis zur staatlichen Überwachung – Tipps & Anleitungen zum Schutz persönlicher Daten

HANSER

Der Autor:
Manuel Ziegler, München

FSC www.fsc.org
MIX
Papier aus verantwortungsvollen Quellen
FSC® C013736

Bibliografische Information der Deutschen Nationalbibliothek:
Die Deutsche Nationalbibliothek verzeichnet diese Publikation in der Deutschen Nationalbibliografie; detaillierte bibliografische Daten sind im Internet über http://dnb.d-nb.de abrufbar.

Lektorat: Sieglinde Schärl
Copy editing: Sandra Gottmann, Münster-Nienberge
Herstellung: Irene Weilhart
Umschlagdesign: Marc Müller-Bremer, München, www.rebranding.de
Umschlagrealisation: Stephan Rönigk
Gesamtherstellung: Kösel, Krugzell
Printed in Germany

Print-ISBN: 978-3-446-44431-7
E-Book-ISBN: 978-3-446-44429-4

Inhalt

Vorwort

Liebe Leser,

vor ziemlich genau zwei Jahren hat sich der langjährige NSA-Mitarbeiter Edward Snowden mit seinen Enthüllungen darüber, in welchem Umfang und mit welchem Aufwand Geheimdienste seit einigen Jahren Menschen überall auf der Welt bespitzeln, an die Öffentlichkeit gewandt. Vermutlich zeichnen Server auf der ganzen Welt in diesem Moment Ihre Aktivitäten auf. Egal ob Sie via Whatsapp eine Nachricht an einen Freund schreiben, einen Artikel über die neue Fernsehsendung, die Sie und offenbar auch der Autor des Artikels gestern zum ersten Mal gesehen haben, auf Spiegel Online lesen, egal ob Sie gerade bei Facebook für die Geburtstagsfeier Ihrer Freundin am kommenden Samstag zugesagt oder sich telefonisch bei Ihrem Chef krank gemeldet haben, irgendwo auf der Welt ist gerade ein Computer damit beschäftigt, Ihre jüngsten Aktionen zusammen mit denen von Milliarden anderer Menschen auszuwerten.

Wenn Sie Glück haben, gehören Sie zu den über 99 % der Menschen, die dabei nicht auffallen, aber wenn nicht ... Wehe wenn nicht! Was, wenn Sie in der letzten halben Stunde ein Exemplar des Kommunistischen Manifests bei Amazon bestellt haben, anschließend eine Viertelstunde mit Ihrem aufgebrachten pakistanischen Freund telefoniert haben, der bei der Einreise mal wieder von einem Flughafenbeamten tyrannisiert wurde und deshalb seinem Ärger über das Sicherheitspersonal Luft machen musste. Was, wenn Sie auf Facebook das Profil dieses muslimischen Predigers, den Sie so sehr mögen, abonniert haben und anschließend einen kritischen Artikel über die Luftangriffe des US-Militärs auf Kämpfer der Terrororganisation Islamischer Staat gelesen haben?

Nun, in diesem Fall kann Ihnen niemand garantieren, dass Sie nicht bereits auf der Beobachtungsliste der Geheimdienste stehen. Haben Sie dieses Buch online erworben? Herzlichen Glückwunsch, Sie gehören ab jetzt zu den potenziellen Terroristen, aber keine Angst, ich werde Ihnen zeigen, wie Sie erfolgreich durch die Maschen des weltweiten Überwachungsnetzwerkes schlüpfen.

Über soziale Netzwerke findet heute der wichtigste Teil Ihrer Kommunikation statt. Egal ob Facebook, Twitter, YouTube, Whatsapp oder eines der zahlreichen Dating-Netzwerke, alle sozialen Netzwerke haben eines gemein: Sie ermöglichen es Ihnen, über das Internet mit Freunden und Bekannten zu kommunizieren und neue Kontakte zu knüpfen.

Das kann eine echte Bereicherung für Ihr Leben sein. Weil die Betreiber sozialer Netzwerke jedoch dabei meist Ihre gesamte Kommunikation aufzeichnen und außerdem zahlreiche weitere Metadaten wie Positionsdaten oder Informationen darüber, welche Webseiten Sie besuchen, sammeln, bedeutet das auch, dass Sie dabei bislang unbekannten Gefahren ausgesetzt sind.

Ich bin der festen Überzeugung, dass wir in dem Moment, in dem wir unsere Privatsphäre aufgeben, auch die Kontrolle über unser eigenes Leben verlieren. Deshalb möchte ich Ihnen in diesem Buch zeigen, welche Technologien private Unternehmen und staatliche Behörden einsetzen, um Sie zu überwachen, und welche Möglichkeiten Sie haben, um sich dagegen zu verteidigen.

Im **ersten Kapitel** dieses Buches möchte ich Ihnen zeigen, welche Rolle soziale Netzwerke heute in unserem Leben spielen, welche Gründe es gibt, sie zu nutzen, und welche gesellschaftlichen Auswirkungen damit verbunden sind. Soziale Netzwerke werden von den unterschiedlichsten Interessensgruppen für ihre Ziele genutzt. Darunter sind politische Parteien, militärische Organisationen und terroristische Vereinigungen. In Anbetracht der Tatsache, dass Nutzer soziale Netzwerke oft als (primäre) Nachrichtenquelle nutzen, ist im Umgang mit sozialen Netzwerken ein sehr differenziertes Urteilsvermögen erforderlich.

Mittlerweile gibt es eine große Menge sozialer Netzwerke, die auf ganz unterschiedliche Zielgruppen abgestimmt sind. Neben dem Platzhirsch Facebook haben sich auch Google+ und Twitter zu festen Größen in der Welt sozialer Netzwerke etabliert. Frische Winde wehen aus den Bereichen mobiler Messenger (Whatsapp, Snapchat, TextSecure, Wickr) und auch YouTube hat sich als eines der einflussreichsten sozialen Netzwerke etabliert. Auch im Businessbereich sind mit XING und LinkedIn zwei soziale Netzwerke vertreten, die Sie in Ihrem professionellen Leben begleiten wollen, und natürlich darf man auch die Online-Dating-Plattformen nicht vergessen, deren Branche in den letzten Jahren stark gewachsen ist. Alternativen zu den zentralisierten sozialen Netzwerken großer Unternehmen, mit denen selbstverständlich einige Gefahren einhergehen, lernen Sie unter dem Stichwort dezentrale soziale Netzwerke im **zweiten Kapitel** des Buches kennen.

Das **dritte Kapitel** gibt Ihnen einen kurzen Überblick darüber, welche Informationen Dritte nur anhand Ihrer Profile in sozialen Netzwerken über Sie gewinnen können. Von Persönlichkeitsanalysen aufgrund von Gefällt-mir-Angaben bei Facebook bis hin zu Bewegungsprofilen und Analysen Ihrer Gewohnheiten erhalten Sie einen Einblick in die Möglichkeiten, die sich selbst außenstehenden Beobachtern sozialer Netzwerke offenbaren.

Im **vierten Kapitel** soll auf eine ganz besondere Klasse von außenstehenden Beobachtern eingegangen werden: die Geheimdienste. Seit Edward Snowdens Enthüllungen ist bekannt, welche Aufwände NSA, GCHQ und Co. betreiben, um intimste Daten über Ihr Leben zu ermitteln. Dabei beschränken sich die Möglichkeiten dieser Organisationen keineswegs nur darauf, Ihre Profile auf Facebook, Twitter oder LinkedIn zu beobachten. Geheimdienste sammeln rund um die Uhr Informationen darüber, welche Webseiten Sie besuchen, mit wem Sie über soziale Netzwerke oder per E-Mail in Verbindung treten und nach welchen Begriffen Sie bei Google oder anderen Suchmaschinen suchen. Ich werde Ihnen die wichtigsten Programme, mit denen Geheimdienste Sie ausspionieren, vorstellen und Sie auch mit der zweiten großen Aufgabe vieler Geheimdienste, der Zensur, vertraut machen. Natürlich kommen dabei auch die politischen und demokratischen Implikationen nicht zu kurz.

Das **fünfte Kapitel** widmet sich dem Datenmissbrauch durch die Betreiber sozialer Netzwerke. Diese nutzen die Daten ihrer Nutzer, Ihre Daten also, für ihre eigenen Zwecke. Doch die Betreiber gehen noch einen Schritt weiter und ermitteln durch zahlreiche Trackingtechnologien, durch die Ermittlung Ihres Standortes und womöglich sogar mithilfe von Gesichtserkennungssoftware und Metadaten von Bildern zahlreiche weitere Informationen über Sie. Die Datenbestände der Betreiber sind in dieser Hinsicht oftmals mindestens so komplex wie die der Geheimdienste. Dabei sind die Unternehmen, die soziale Netzwerke betreiben, zunehmend unkontrollierbarer und setzen sich immer häufiger auch über geltendes Recht hinweg. Sie erfahren in diesem Kapitel, wie Sie sich gegen diese Überwachung durch die Betreiber sozialer Netzwerke wehren können.

Das **sechste Kapitel** beschäftigt sich mit sogenanntem Identitätsdiebstahl. Sie erhalten Einblicke in die Möglichkeiten eines Angreifers, Ihre Benutzerkonten zu knacken. Identitätsdiebstahl hat oft rechtliche und finanzielle Konsequenzen für die Betroffenen. Sie erfahren, worauf Sie achten müssen, um Anzeichen von Cyberbetrug zu erkennen, wie Sie Ihre Online-Konten sichern können, und nicht zuletzt, was die Betreiber sozialer Netzwerke unternehmen, um Ihre Konten vor Angriffen zu schützen.

Das **siebte Kapitel** behandelt das Thema Cybermobbing und Rufmord in sozialen Netzwerken. Anhand einiger Fälle aus der Vergangenheit werden Sie für diese Gefahren sensibilisiert.

Mit Gruppenzwang und über soziale Netzwerke entstehenden Gruppendynamiken beschäftige ich mich im **achten Kapitel**. Wir diskutieren das Phänomen und unterschiedliche Erklärungsansätze an Beispielen der jüngeren Vergangenheit.

Das **neunte Kapitel** ist mit dem Titel „Am Totenbett der Privatsphäre“ überschrieben. Tatsächlich ist Privatsphäre in unserer digitalen Gesellschaft ein nicht mehr existierendes Gut. Nicht nur Geheimdienste können jederzeit, individuell und ohne lange Vorbereitung Einzelpersonen überwachen, sondern auch einige Internetunternehmen, allen voran Google und Facebook, besitzen durchaus die Möglichkeit, intime Daten von Internetnutzern abzuschnorcheln. In diesem abschließenden Kapitel soll diskutiert werden, welche Form von Privatsphäre erstrebenswert ist, wer darüber entscheiden sollte und vor allem wie eine gewisse Privatsphäre wiederhergestellt werden kann.

Exkurse zu ausgewählten Themen sowie Anleitungen zur Installation von Software, die Ihre Privatsphäre zu schützen vermag, finden Sie schließlich im **Anhang** des Buches.

Zuletzt bleibt mir noch die angenehme Pflicht, mich bei allen an diesem Buch Beteiligten zu bedanken. Dazu gehört vor allem meine Mutter, die sich die Zeit genommen hat, ganze Textpassagen ausführlich mit mir zu diskutieren. Ebenfalls bedanken möchte ich mich bei allen weiteren Verwandten, Bekannten und Freunden, die sich während der Entstehungsphase dieses Buches – und in vielen Fällen auch bereits seit mehreren Jahren – immer wieder auf, sicherlich nicht immer einfache, Diskussionen mit mir einlassen mussten und mir damit geholfen haben, eine möglichst differenzierte Sicht auf die in diesem Buch beschriebenen Sachverhalte zu entwickeln. Dank geht auch an die Leser meines ersten Buches zu diesem Thema mit dem Titel „Facebook, Twitter & Co. – Aber Sicher!“ sowie an die Zuhörer meiner Vorträge zu Themen der Privatsphäre, die mir durch ihre Anregungen und ihr Feedback dabei geholfen haben, die technischen Beschreibungen von privatwirtschaftlichem Tracking und staatlicher Überwachung möglichst anschaulich zu schildern.

Auch beim Carl Hanser Verlag und seinen Mitarbeitern, allen voran Sieglinde Schärl, möchte ich mich für die große Geduld, vor allem in der Endphase des Schreibens, bedanken. Ebenfalls bedanken möchte ich mich bei Thomas Gerhardy, der sich stets bereitwillig um die Beseitigung technischer Probleme beim Verfassen des Manuskriptes bemüht hat. Natürlich nicht zu vergessen sind Sandra Gottmann, die sich um die Beseitigung meiner Fehler im Umgang mit der deutschen Sprache kümmerte, und Irene Weilhart, die Produzentin des Buches. Vielen Dank. Natürlich gilt mein Dank auch allen anderen Mitarbeitern beim Carl Hanser Verlag, die hinter den Kullissen zum Gelingen dieses Projektes beigetragen haben. Ein ganz besonderer Dank gilt in diesem Kontext Kristin Rothe für die stets hocherfreuliche und interessante Zusammenarbeit im Umfeld des Blogs Hanser Update. Egal ob es darum geht, den Lesern meiner Bücher auch nach deren Drucklegung hilfreiche Informationen in einem Artikel zum Thema zusammenzustellen, oder ob es um ganz andere Projekte geht, Kristin hat immer neue Ideen und unterstützt mich dabei, wo sie nur kann.

Ich wünsche Ihnen trotz der ernsten Thematik dieses Buches eine angenehme Lektüre.

Manuel Ziegler

Website zum Buch

Auf der Webseite zu diesem Buch finden Sie aktuelle Informationen zum Thema Privatsphäre und Sicherheit in sozialen Netzwerken und im Internet allgemein. Weiterhin finden Sie dort einige Zusatzmaterialien zu diesem Buch, auf die ich an gegebener Stelle verweise, und zu guter Letzt finden Sie auch eine Übersicht aller in diesem Buch verwendeten Referenzen.

Sie erreichen die Webseite zum Buch unter der Domain

`network-privacy.org`

Gerne können Sie mich bei Fragen auch per E-Mail kontaktieren. Sie erreichen mich unter der Adresse

`private@manuelziegler.de`

Meinen aktuellen PGP Schlüssel können Sie auf den gängigen Schlüsselservern herunterladen, zum Beispiel unter `keys.gnupg.net`

Key-ID: 0xFC875ACB

PGP-Fingerprint: C3D6 ACD4 5BD2 6BDE E52D FB75 6EF4 D1CA FC87 5ACB

1 Die Bedeutung sozialer Netzwerke im Alltagsleben

Soziale Netzwerke sind aus dem modernen Internet nicht mehr wegzudenken. Im allgemeinen Sprachgebrauch handelt es sich bei einem sozialen Netzwerk um eine bestimmte Gemeinschaft von Personen, die über einen Webdienst miteinander kommunizieren und in Verbindung stehen. Aus technischer Sicht steht der Begriff soziales Netzwerk stellvertretend für den dieser Gemeinschaft zugrunde liegenden Webdienst, der die Mittel für die Kommunikation der Clients untereinander bereitstellt. Die englische Bezeichnung „Social Network Services“ beschreibt den Dienst, der im Deutschen einfach als „soziales Netzwerk“ übersetzt wurde, eigentlich wesentlich besser, wobei „Social Network“ im ursprünglichen Sinne Gemeinschaft oder Gruppe bedeutet.

1.1 Zielgruppen

Mittlerweile gibt es eine große Fülle sogenannter sozialer Netzwerke, die sich voneinander häufig nur in ihrer Art unterscheiden. Zwar versuchen die einzelnen Betreiber in einem ewigen Wettlauf immer neue Funktionen hinzuzufügen und so die Nutzer für sich zu gewinnen, aber im Grunde beruhen die meisten sozialen Netzwerke auf dem gleichen Konzept und bieten ähnliche Funktionen wie ihre Konkurrenten an. Nur selten stechen einzelne Netzwerke durch ausgefallene, einzigartige Konzepte hervor oder heben sich durch besondere, einmalige Zusatzfunktionen ab. Allerdings bleiben diese meist Nischenprodukte, die nur wenige Anhänger finden. Dies liegt daran, dass die meisten Benutzer keine Lust haben, regelmäßig den Anbieter zu wechseln, sondern einem Anbieter erstaunlich lange treu bleiben. Dies zum Glück der Unternehmen, die als Betreiber hinter dem sozialen Netzwerk stehen. Schließlich sind alle Benutzer enorm wichtig für das Bestehen des Netzwerks, sie bilden quasi aus sich heraus den Dienst und verleihen ihm seinen Charakter. Kein soziales Netzwerk kann ohne eine ausreichende Menge an Benutzern auskommen. Diese Tatsache erschwert es neuen Netzwerken ungemein, über längere Zeit auf dem Markt zu bleiben. Daher kann man die wichtigen sozialen Netzwerke einer bestimmten Art meist an beiden Händen abzählen[1].

Es gibt vermutlich kein soziales Netzwerk, bei dem die Kommunikation zwischen den Benutzern keine Rolle spielt, doch die sozialen Netzwerke können sich bei der Bedeutung der Kommunikation mitunter sehr stark unterscheiden. So gibt es soziale Netzwerke, manchmal auch soziale Medien genannt, die den größten Wert auf öffentliche Inhalte legen, die von Benutzern mit der Gemeinschaft geteilt werden. Bei ihnen steht hauptsächlich das persönliche Profil des einzelnen Benutzers im Vordergrund. Dieses Profil umfasst in den meisten Fällen eine Art Steckbrief sowie ein virtuelles Gästebuch. Die Benutzer bringen selbst aktiv Informationen in das Netzwerk ein und teilen sie mit anderen Nutzern, sie entwickeln das Netz quasi selbst weiter, es lebt von den Eigenschaften und Interessen seiner Mitglieder. Diese Netzwerke sind auf spezielle Aktivitäten der Benutzer angewiesen, um die Interessen anderer Benutzer befriedigen zu können. Die einzelnen Mitglieder müssen gewillt sein, Informationen über sich selbst preiszugeben und mit anderen Benutzern zu teilen. Solche Netze werden in diesem Buch benutzerprofilbasierte Netzwerke genannt.

Kommuniziert wird zwischen den Benutzern in benutzerprofilbasierten Netzwerken hauptsächlich im öffentlichen Bereich. Das bedeutet beispielsweise, dass die Benutzer ihren Freunden innerhalb dieser sozialen Netzwerke mitteilen, wo sie gerade sind, was sie kürzlich machten und was sie demnächst machen werden. Diese Mitteilungen können anschließend in den meisten Fällen von allen Freunden und häufig auch von einem noch größeren Personenkreis gelesen werden.

Zwar gibt es häufig auch die Möglichkeit, wie in einem Chat auf herkömmliche Weise, also privat durch das Versenden einzelner Textnachrichten, in einen Dialog zu treten, allerdings ist diese Kommunikation in benutzerprofilbasierten Netzwerken lediglich als Ergänzung vorgesehen. Die wichtigsten dieser Netzwerke sind Facebook, Google+, XING und LinkedIn.

Anders als bei den benutzerprofilbasierten Netzwerken steht beim zweiten Typ nicht der einzelne Nutzer selbst, sondern vielmehr die Interaktion zwischen den Nutzern im Vordergrund, also die Kommunikation untereinander, wobei die Persönlichkeit des einzelnen Benutzers in den Hintergrund tritt. Diese Netzwerke sollen hier als kommunikativ bezeichnet werden. Natürlich gibt es auch hier teilweise große Unterschiede in der Art der Umsetzung, aber im Grunde zeichnen sich diese Netzwerke alle dadurch aus, dass die Mitglieder zu Diskussionen angeregt werden, sei dies nun durch eine Struktur, wie sie aus Foren bekannt ist, oder eher durch Kurznachrichten. Beispiele für kommunikative soziale Netzwerke sind Twitter und YouTube.

Der Siegeszug des Smartphones und die zunehmende Ausrichtung sozialer Netzwerke auf den Mobilbereich haben eine andere Form sozialer Netzwerke, die sogenannten Messenger, hervorgebracht. Nutzer kommunizieren hier weitestgehend ohne ein um-

[1] Eine Ausnahme von dieser Regel bilden die Dating-Netzwerke. Hier sind Betreiber oft regional tätig und selbst bei den nationalen oder internationalen Dating-Seiten gibt es keinen unumstrittenen Platzhirsch.

fangreiches Profil via persönlichen Kurznachrichten mit ihren Freunden. Beispiele für Messenger sind Whatsapp, Snapchat, TextSecure und Wickr.

Dezentrale soziale Netzwerke versuchen die Problematik eines zentralen Betreibers und der damit einhergehenden Datenhoheit zu lösen. Hier können sich Nutzer auf verschiedenen Servern, die von unterschiedlichen Betreibern betreut werden, einloggen und trotzdem miteinander in Verbindung treten. Dezentrale Netzwerke haben meist einen Charakter, der sowohl an benutzerprofilbasierte als auch an kommunikative soziale Netzwerke erinnert.

Eine besondere Kategorie sozialer Netzwerke bilden die Dating-Netzwerke. Sie dienen der Partnersuche und sind im Gegensatz zu den meisten anderen sozialen Netzwerken oft mit Kosten verbunden.

1.1.1 Mitgliederstruktur

Teilt man die Mitglieder der sozialen Netzwerke in Gruppen ein, ergibt sich in etwa die gleiche Verteilung wie bei den generellen Internetnutzern.

Der weitaus größte Anteil aller Mitglieder wird von den unter Achtzehnjährigen gestellt, gefolgt von den jungen Erwachsenen bis zum Alter von dreißig Jahren. Einen erheblich geringeren Anteil machen die zwischen Dreißig- und Vierzigjährigen aus, allerdings immer noch einen größeren Anteil als die Vierzig- bis Fünfundfünfzigjährigen. Von noch älteren Personen werden soziale Netzwerke nur in Ausnahmefällen genutzt, womit die über Fünfundfünfzigjährigen die kleinste Altersgruppe stellen[2].

Eine ganz ähnliche Verteilung ergibt sich hinsichtlich der Zeit, die einzelne Benutzer täglich beziehungsweise wöchentlich oder monatlich in sozialen Netzwerken verbringen. Logischerweise verbringen Jugendliche den weitaus größten Zeitanteil in sozialen Netzwerken, und Mitglieder mit einem Alter von über 55 Jahren erübrigen selten mehr als eine Stunde pro Monat dafür.

Erklären lässt sich das mit den unterschiedlichen Arten der Nutzung. Während Jugendliche über soziale Netzwerke mit nahezu allen ihren Freunden kommunizieren und dafür durchschnittlich dreißig Minuten, in einigen Fällen sogar bis zu acht Stunden am Tag aufwenden, haben junge Erwachsene wesentlich weniger Freizeit als Jugendliche und halten sich nicht so ausgiebig in sozialen Netzen auf. Allerdings sind ihre Freunde im Vergleich mit den Dreißig- bis Fünfundfünfzigjährigen in den Netzwerken meist recht zahlreich vertreten, sodass prinzipiell die Möglichkeit bestehen würde, mit fast allen Freunden in Kontakt zu treten. Mitglieder, die älter als dreißig Jahre sind, haben meist wesentlich weniger Freunde in den Netzwerken als junge Erwachsene, sodass davon ausgegangen werden kann, dass auch ein Großteil ihrer Freunde dort gar nicht vertreten ist. Das ist natürlich auch der Grund, dass sie soziale Netzwerke in wesentlich

---

2 Siehe *http://www.bitkom.org/files/documents/BITKOM_Publikation_Soziale_ Netzwerke_zweite_Befragung.pdf*

geringerem Umfang nutzen. Über Fünfundfünfzigjährige sind wie bereits erwähnt nur sehr sporadisch in sozialen Netzwerken registriert, oft überhaupt nur deshalb, weil sie den Kontakt zu Jüngeren, beispielsweise zu ihren erwachsenen Kindern oder jugendlichen Enkeln, halten wollen. Der Freundeskreis dieser Benutzergruppe beschränkt sich meist auf wenige Dutzend Personen, weshalb Angehörige dieser Altersgruppe auch die wenigste Zeit in sozialen Netzwerken verbringen.

1.2 Soziale Netzwerke als Kommunikationsmittel

Soziale Netzwerke sind heute wohl das wichtigste Kommunikationsmittel im Privatbereich und auch im Unternehmensbereich erlangen soziale Netzwerke eine immer größere Bedeutung. Ähnlich wie die E-Mail den Papierbrief als wichtigstes Kommunikationsmittel abgelöst hat[3], sind soziale Netzwerke heute auf dem Vormarsch und vielerorts im Begriff dazu, E-Mail, SMS und ähnliche Kommunikationsmittel abzulösen.

Die ständige Verfügbarkeit sozialer Netzwerke auf Mobilgeräten hat dazu beigetragen, diese vor allem bei jungen Menschen als primäres Kommunikationsmedium zu etablieren. Dabei ist es beispielsweise dem Messenger Whatsapp gelungen, die verbreitete SMS weitestgehend zu verdrängen. Dass Whatsapp dabei auch von Personenkreisen genutzt wird, die nicht dem Klientel klassischer sozialer Netzwerke wie Facebook, Twitter oder Google+ angehören, lässt durchaus darauf schließen, dass soziale Netzwerke kein Nischenprodukt sind und wohl auch in Zukunft weiterhin eine wichtige Rolle in unserem Leben spielen werden.

Doch nicht nur im Hinblick auf aktive Kommunikationsformen beeinflussen soziale Netzwerke unsere Interaktionsgewohnheiten und Möglichkeiten. Durch die Omnipräsenz von Nachrichtenagenturen, Bloggern, Politikern, Unternehmen und anderen Nutzern, die Informationen zum aktuellen Tagesgeschehen über soziale Medien verbreiten, in der Hosentasche der Nutzer haben sich die sozialen Medien auch zu einer wichtigen Nachrichtenplattform für viele Menschen entwickelt.

---

[3] Abgelöst bedeutet in diesem Zusammenhang keineswegs, dass überhaupt keine Briefe mehr versendet werden, sondern vielmehr, dass die Bedeutung des postalischen Briefes immer mehr in den Hintergrund rückt. Überlegen Sie einmal, wie viele E-Mails Sie tagtäglich bekommen, und vergleichen Sie das mit der Anzahl an Briefen, die täglich in Ihrem Briefkasten landen.

1.2.1 Synchrone Kommunikation via Kurznachrichten

Auch wenn die Kommunikation via Kurznachrichten, „chatten“ genannt, ursprünglich kein zentraler Bestandteil der meisten sozialen Netzwerke war, ist sie heute zumindest eine der wesentlichen Funktionalitäten beinahe aller sozialer Netzwerke. Mitglieder auf der ganzen Welt können damit kostenlos und meist mobil in Echtzeit miteinander in Verbindung treten. Derartige Dienste gibt es zwar schon seit vielen Jahren, für die breite Masse jedoch, das muss man den sozialen Netzwerken zugestehen, sind diese erst seit dem Siegeszug der sozialen Netzwerke nutzbar.

1.2.1.1 Mobile Messenger und ständige Erreichbarkeit

Wenn Sie sich heute in der U-Bahn nach den anderen Fahrgästen umsehen, können Sie diese meist dabei beobachten, wie sie auf ihr Mobiltelefon starren. Auch wenn ich mich immer wieder darüber wundere, wie viele Menschen tatsächlich irgendwelche Spiele auf ihren Smartphones spielen, ist der größte Teil jedoch emsig damit beschäftigt, Kurznachrichten zu empfangen und zu beantworten. Ich habe mir eine ganze Zeit lang einen Spaß daraus gemacht zu zählen. Das Resultat ist zwar sicherlich nicht besonders repräsentativ, aber dennoch bezeichnend: Etwa 60 % aller Fahrgäste in der Münchner U-Bahn beschäftigen sich für eine längere Zeitspanne mit ihren Mobiltelefonen. Zum Vergleich: Bei der gleichen Zählung haben etwa 10 % der Fahrgäste in einem Buch gelesen.

Doch Smartphones werden keineswegs nur dann verwendet, wenn man ohnehin nichts Besseres zu tun hat. Vielfach kommunizieren die Nutzer von Smartphones auch während der Arbeit, zu Hause am Esstisch oder bei gesellschaftlichen Anlässen mit ihren Freunden und Bekannten. Das geht so weit, dass Arbeitgeber sich genötigt fühlen, den Arbeitnehmern den Gebrauch ihrer Handys am Arbeitsplatz zu untersagen[4], und selbst im Freizeitbereich hat sich in manchen Kreisen der Brauch etabliert, beim geselligen Beieinandersitzen alle Handys auf einen Stapel zu legen; wer zuerst nach seinem Handy greift, muss dann eine Runde Getränke spendieren.

Während man von Menschen, die physisch anwesend sind, völlig zu Recht auch geistige Anwesenheit erwartet, also nicht möchte, dass diese mit ihren Smartphones ständig mit anderen Personen kommunizieren, erwarten viele Menschen jedoch auch eine ständige Verfügbarkeit ihrer Freunde über mobile Messenger. Antwortet man nicht binnen wenigen Minuten auf eine eingegangene Nachricht, muss man sich zuweilen durchaus die Frage gefallen lassen, ob alles in Ordnung ist.

---

[4] Siehe dazu beispielsweise Ulf Weigelts Antwort auf eine Leserfrage in der Zeit: Am Handy rumfummeln verboten! (*http://www.zeit.de/karriere/beruf/2014-03/arbeitsrecht-private-handynutzung-arbeitsplatz*)

1.2.1.2 Kommunikation im Wandel

„Das Tolle am Internet ist, dass endlich jeder der ganzen Welt seine Meinung mitteilen kann. Das Furchtbare ist, dass auch jeder es tut."

Marc-Uwe Kling in „Die Känguru-Chroniken"

Die ständige Kommunikation via Messenger hat auch die Art und Weise, wie wir miteinander kommunizieren, verändert. Während sich vor einigen Jahren noch diejenigen rechtfertigen mussten, die statt ganzer Sätze in Stichworten geschrieben und statt ausgeschriebener Worte Akronyme verwendet haben, wird man heute oft schief angesehen, wenn man in ganzen Sätzen spricht oder gewisse Akronyme nicht versteht. Je länger ein Text, desto weniger Interesse scheint dieser bei den Menschen zu erregen.

Manche Menschen gehen sogar noch einen Schritt weiter: „Wenn mich jemand fragt, was ich gerade mache, schicke ich einfach ein Bild", hat mir ein Freund kürzlich gesagt. Klar, ein Bild sagt mehr als tausend Worte. Doch je mehr an Text gespart wird, desto oberflächlicher scheinen mir die Unterhaltungen zwischen Menschen zu werden. Es mag durchaus sein, dass sich die Menschen heute zwar viel häufiger Text- und Bildnachrichten senden, doch dafür sind diese auch zunehmend weniger überlegt.

Der geradezu inflationäre Gebrauch des „Senden"-Buttons führt dazu, dass Nachrichten so eintreffen, wie das Gegenüber sie tippt. Das Problem dabei sind nicht nur Tippfehler, die den Text gnadenlos verstümmeln, sondern Ähnliches gilt auch für den Inhalt der Nachrichten. Man könnte auch sagen, die heute gesendeten Nachrichten sind sehr nah an ihrer Ursprungsform, den Gedanken. Der Versuch dabei, Stimmungen über Emoticons zu transportieren, scheitert sowohl an deren inflationärem Gebrauch als auch daran, dass diese Stimmungen natürlich nur sehr pauschal mit Smileys transportiert werden können.

Eine weitere interessante Entwicklung ist, dass vor allem über Whatsapp sehr intensiv innerhalb von sogenannten Gruppen kommuniziert wird. Funktional oder thematisch zu einer Gruppe zusammengefasste Personen kommunizieren innerhalb einer solchen Gruppe miteinander. Dabei gibt es sowohl Gruppen, die darauf ausgerichtet sind, sinnvolle Meldungen in einem bestimmten Personenkreis zu verbreiten, als auch Gruppen, über die vornehmlich Nachrichten ohne besondere inhaltliche Relevanz ausgetauscht werden. Gerade in letzteren Gruppen werden häufig auch kompromittierende Bilder über verschiedene Personen verbreitet.

1.2.1.3 Gesellschaftliche Auswirkungen

Die wohl wichtigste gesellschaftliche Auswirkung, die die Kommunikation unter der Prämisse ständiger Verfügbarkeit heute hat, ist wohl die Oberflächlichkeit der Unterhaltungen selbst. Die Menschen haben in vielen Situationen gar nicht die Zeit, ausführlich darüber nachzudenken, was sie überhaupt auf eine Kurznachricht antworten, weil einerseits von ihnen erwartet wird, dass sich diese Form der Kommunikation nahtlos in ihren Alltag integriert. Andererseits sorgen Lesebestätigungen, die beispielsweise in

Whatsapp und Facebook automatisch integriert sind und dem Absender einer Nachricht mitteilen, ob der Empfänger diese bereits gelesen hat, dafür, dass einer Nachricht stets sofort Aufmerksamkeit gewidmet werden muss, will man den Eindruck vermeiden, es sei einem nicht besonders wichtig zu antworten.

Dass Kommunikation unter Zeitdruck unweigerlich in die Oberflächlichkeit entgleitet, ist sofort einleuchtend. Doch es ist nicht nur der Zeitdruck, sondern auch die Kommunikationskanäle sorgen dafür, dass alltägliche Unterhaltungen zunehmend oberflächlicher werden. Zum einen ist es die Kommunikation durch Bilder, die diese Probleme hervorruft. Während sich selbst komplizierte Sachverhalte und Gedankengänge durch die Sprache in aller Regel hinreichend präzise ausdrücken lassen, beinhalten Bilder eine gewisse Unschärfe. Gerade Bilder, die spontan aufgenommen wurden, ohne dass der Fotograf sich die Mühe gemacht hat, seine Aussage perspektivisch zu unterstreichen, ja vielleicht sogar ohne dass der Fotograf sich überhaupt die Mühe gemacht hat, eine Perspektive zu wählen, die einen differenzierten oder zumindest aussagekräftigen Blick auf die Szene ermöglicht, sind nicht geeignet, Sprache zu ersetzen.

Doch auch schriftliche Kurznachrichten können ein Gespräch von Auge zu Auge nicht ersetzen, zumindest nicht, wenn vor allem Wert auf Kürze gelegt wird. Die Konsequenz daraus ist, dass viele Menschen heute täglich Kurznachrichten mit mehreren Dutzend Personen austauschen, dabei jedoch nie wirklich über Smalltalk hinauskommen.

1.2.2 Asynchrone Kommunikation

Die ursprüngliche Idee eines sozialen Netzwerkes und die heutige Hauptfunktion der meisten sozialen Netzwerke ist eine gewisse Form von asynchroner Kommunikation. Nahezu alle sozialen Netzwerke bieten Nutzern eine Art Newsstream an, in dem die neuesten Nachrichten anderer Benutzer oder anderer Beteiligten der sozialen Netzwerke in mehr oder weniger chronologischer Reihenfolge aufgelistet sind.

Dies kann als eine Form von asynchroner Kommunikation angesehen werden, da die Nutzer die Neuigkeiten anderer Nutzer meist erst nach einiger Zeit lesen und außerdem nicht direkt angesprochen werden. Eine Echtzeitkommunikation ist mit diesem System gar nicht möglich.

1.2.2.1 Soziale Netzwerke als Informations- und Nachrichtenquelle

Viele Menschen haben Facebook und andere soziale Netzwerke als Startseite in ihrem Webbrowser eingerichtet. Außerdem sind Facebook, Google+ und Twitter bei den meisten Nutzern als eigener Tab ständig geöffnet, wenn diese im Web surfen.

Damit kommt zumindest den größten sozialen Netzwerken eine besondere Bedeutung zu, nämlich die, dass Menschen über sie auf andere Inhalte des Internets zugreifen. Eine sehr ähnliche Bedeutung hat die Suchmaschine Google, die ebenfalls von sehr vielen Menschen als Einstiegsseite ins Internet genutzt wird.

Diese besondere Rolle haben auch Nachrichtenmedien erkannt. Aus diesem Grund sind diese in sozialen Netzwerken sehr stark vertreten und veröffentlichen dort neueste Meldungen teilweise sogar im Minutentakt.

Deshalb ist es Nutzern möglich, soziale Netzwerke als eine Art Newsfeed zu verwenden, auf dem neueste Meldungen aus vielen verschiedenen Quellen angezeigt werden. Dazu ist es meist nur notwendig, die entsprechenden Seiten oder Profile der Nachrichtenseiten zu abonnieren.

Dieses Konzept gilt aber nicht nur für professionelle Nachrichtenagenturen, sondern auch die Meldungen gewöhnlicher Nutzer und anderer vertretener Unternehmen können auf diese Art und Weise abonniert werden. Die Folge davon ist, dass soziale Netzwerke von vielen Nutzern als Nachrichtenquelle genutzt werden, um über das aktuelle Weltgeschehen auf dem Laufenden gehalten zu werden.

Dies hat einige besonders kritische Effekte. So haben Facebook und Co. beispielsweise eine unverhältnismäßig große Kontrolle über das Informationsbild ihrer Nutzer. Das Potenzial dieser Kontrollmöglichkeit hat Facebook in der Vergangenheit bereits auszuloten versucht, als das Unternehmen Studien zur Reaktion seiner Nutzer auf bewusst manipulierte Nachrichten ihrer Freunde angestellt hat.

Sie haben richtig gelesen! Facebook hat nicht einmal versucht, sein groß angelegtes Experiment, bei dem die Nachrichten von 689 003 zufällig ausgewählten Nutzern über einen längeren Zeitraum manipuliert wurden, geheim zu halten, sondern hat zusammen mit Forschern der Universitäten Cornell und Princeton im Juli 2014 einen Artikel mit dem Titel „Experimental evidence of massive-scale emotional contagion through social networks" [1] (dt.: „Ein experimenteller Beweis zur massenhaften Verbreitung von Emotionen über soziale Netzwerke") veröffentlicht.

Doch nicht nur die Tatsache, dass Facebook seine Benutzer wie Laborratten behandelt, schließlich ging es in der Studie unter anderem darum, ob negative Stimmungen durch soziale Netzwerke verbreitet werden können, ist erschreckend. Auch das Ergebnis der Studie mit der Folgerung, dass über soziale Netzwerke transportierte Stimmungen die Gefühlslage der Menschen so sehr beeinflussen können, dass diese Stimmungen sich auch auf alle anderen Lebensbereiche auswirken, ist erschreckend.

Im Umkehrschluss bedeutet das schließlich, wie Clay Johnson nach einem Artikel des Guardian in einer Reihe von Tweets andeutete, dass Facebook und andere soziale Netzwerke theoretisch dazu in der Lage wären, Wahlen zu manipulieren und gezielt politische Massenproteste in instabilen Ländern auszulösen [2].

Dass Facebook den roten Stift gerne auch einmal dann ansetzt, wenn dazu keine staatliche Verordnung vorliegt, ist bekannt. Dabei zensierte Facebook nicht nur wiederholt Abbildungen weiblicher Brüste, obwohl diese in keinem erotischen Zusammenhang und zudem nicht direkt erkennbar waren – beispielsweise wurden medizinische Bilder zum Thema Brustkrebs gelöscht oder zuletzt Bilder der ehemaligen Femen-Aktivistin Éloïse Bouton [3] –, sondern Facebook nahm sich auch bereits des Öfteren die Freiheit heraus, kirchenkritische Beiträge zu entfernen. So löschte Facebook beispielsweise im Mai 2013 einen kirchenkritischen Beitrag des WDR-Journalisten Jürgen Domian [4]. Zwar beteuerte das Unternehmen im Nachhinein, es habe sich um ein Versehen gehandelt, die sich häufenden Berichte darüber, dass Facebook Beiträge zuweilen nach sehr willkürlichen Maßstäben zensiert, lassen aber vermuten, dass es sich bei diesen Beteuerungen nur um eine Ausrede handelte.

1.2.2.2 Soziale Netzwerke als Diskussionsplattform

Ihrem Wesen nach sind soziale Netzwerke wunderbar für Diskussionen zwischen ihren Nutzern geeignet. Dennoch lassen sich, wenn man unterschiedliche soziale Netzwerke betrachtet, sehr unterschiedliche Diskussionskulturen beobachten.

Während auf Twitter Diskussionen mitunter sehr lebhaft unter Einsatz von Bildern und Weblinks geführt werden, obwohl den Teilnehmern dort maximal 140 Zeichen pro Beitrag zur Verfügung stehen, wird zwar auch Facebook von vielen Menschen als Diskussions- und Meinungsaustauschplattform genutzt, die Diskussionen dort fallen allerdings eher mäßig aus und arten nicht selten in regelrechte Schlammschlachten aus, bei denen sich die Vertreter entgegengesetzter Meinungen untereinander beleidigen (siehe Bild 1.1) und das eigentliche Thema dadurch schnell in den Hintergrund gerät. Ähnliche Dispute kann man auch auf YouTube auf kontroversen Videos beobachten.

Auch wenn soziale Netzwerke den Meinungsaustausch prinzipiell fördern, sind dabei einige Gefahren festzustellen. Das wohl größte Problem ist die mangelnde Belegbarkeit der Aussagen einzelner Nutzer. Generell und eigentlich der ursprünglichen Idee des Internets zuwider, hat sich im Internet der Trend etabliert, Texte und Bilder von anderen Seiten per *Copy and Paste* zu übernehmen, ohne auf die ursprüngliche Quelle zu verweisen. Durch diese Unsitte und die gleichzeitige Naivität vieler Internetnutzer, die nicht bedenken, dass Informationen im Internet oft nicht aus seriöser Quelle stammen, werden bei Diskussionen in sozialen Netzwerken sehr häufig zweifelhafte und nicht nachvollziehbare Argumente angeführt.

Interessant wird es, wenn große Unternehmen versuchen, Diskussionen in eine bestimmte Richtung zu lenken. Patrick Cornelsen hat anlässlich einer Kampagne von McDonald's unter dem Titel „Unser Essen Eure Fragen" im September 2013 einen genaueren Blick auf die Teilnehmer von Diskussionen auf der Facebook-Seite von McDonald's Deutschland geworfen und dabei eine interessante Entdeckung gemacht: Sobald ein Facebook-Nutzer negative Kommentare auf der Facebook-Seite von McDonald's hinterlässt, melden sich immer wieder die gleichen Personen zu Wort, die teilweise mit persönlichen Beleidigungen auf die Verfasser dieser Kommentare losgehen [5].

Sind das besonders treue Fans des Konzerns McDonald's, die ihre Freizeit damit verbringen, ihren Lieblingskonzern im Internet gegen die „dreisten" Fragen von Kritikern zu verteidigen? Wohl kaum, wer wird wohl stattdessen dahinterstecken?

Bild 1.1 Gerade bei politischen Themen und vor allem dann, wenn Anhänger rechter Strömungen mitdiskutieren, deren einziger inhaltlicher Beitrag zu Diskussionen die ständige Repetition der Parolen ihrer politischen Führer ist, bleiben Diskussionen bei Facebook selten sachlich, sondern enden in gegenseitigen Beleidigungen.

1.2.2.3 Soziale Netzwerke als Werbemedium

Gewinne erwirtschaften die Betreiber sozialer Netzwerke in aller Regel durch die Schaltung von Werbeanzeigen. Gerade für B2C-Unternehmen sind Plattformen wie Facebook optimal geeignet, um Werbebotschaften an potenzielle Kunden zu richten. Um die Nutzer sozialer Netzwerke zu erreichen, gibt es im Wesentlichen zwei verschiedene Wege: Das Anlegen einer Unternehmens- oder Produktseite bzw. -profils innerhalb sozialer Netzwerke ist in aller Regel kostenlos. Nutzer können dieses Profil dann abonnieren. Der zweite Weg, nämlich die explizite Schaltung von Werbeanzeigen für eigene Produkte oder die eigene Seite, ist in der Regel kostenpflichtig. Beide Wege fallen unter die Bezeichnung Social Media Marketing.

Natürlich können nicht nur Unternehmen soziale Netzwerke, in der Marketingdomäne meist als Social-Media-Plattformen bezeichnet, nutzen, um bei anderen Nutzern Werbung für ihre Sache zu machen. Auch Privatpersonen oder nicht wirtschaftliche Organisationen wie Vereine oder Parteien nutzen soziale Netzwerke häufig als Werbeplattform.

... für Privatpersonen

Jeder kann in sozialen Netzwerken Werbung für sich selbst machen. Dabei können sowohl Werbeanzeigen als auch kostenlose Maßnahmen genutzt werden, um Beiträge zu verbreiten und eine Marke aufzubauen. Bei Privatpersonen, die auf Facebook, Twitter & Co. für sich werben, handelt es sich meist um Journalisten oder Blogger, oft aber auch um Politiker, die dort versuchen, ihre Artikel zu bewerben und auf diese Art und Weise ihren Bekanntheitsgrad zu steigern. Gerade in professionellen sozialen Netzwerken wie LinkedIn oder XING beobachtet man jedoch auch Privatpersonen, die ihre Arbeitskraft und ihre Fertigkeiten über diese Plattformen bewerben.

Die Fangemeinschaften, die private Nutzer aufbauen, gehören in aller Regel zu den aktivsten Communities innerhalb sozialer Netzwerke. Das liegt vor allem daran, dass Fans nicht durch Werbeanzeigen, sondern aufgrund von Inhalten zu diesen Communities stoßen. Das hat ein äußerst loyales Verhalten zur Folge: Beiträge werden von Fans weiterverbreitet, kommentiert und vor allem gelesen.

... für Unternehmen

Lange Zeit ging man davon aus, dass „Gefällt mir"-Angaben auf Facebook eine wichtige Währung im Marketing eines Unternehmens sind. Unternehmen investierten deshalb große Summen in die Akquisition von Fans. Heute sieht man die Lage bei Weitem nüchterner: Man hat begriffen, dass klassische Marketing-Maßnahmen in sozialen Netzwerken nicht greifen, sondern dass es erforderlich ist, möglichst individuell auf die Bedürfnisse der Nutzer einzugehen. Das hat natürlich seinen Preis: Social-Media-Redaktionen internationaler Unternehmen müssen heute rund um die Uhr besetzt sein, denn in den schnelllebigen sozialen Netzwerken läuft die Zeit anders. Zwei Tage auf eine Antwort zu warten, ist auf Facebook & Co. eine Ewigkeit.

Doch auch die Ansprüche an den Content der Unternehmensseiten sind in sozialen Netzwerken besonders groß. Social-Media-Redakteure müssen sich deshalb immer ausgefallenere Aktionen einfallen lassen, um über soziale Netzwerke zu werben, und das mit durchwachsenem Erfolg. Zwar können Werbeanzeigen über soziale Netzwerke sehr individuell auf eine Zielgruppe ausgerichtet werden, die Impression einer Werbeanzeige in einen tatsächlichen Verkauf (Lead) umzuwandeln, ist jedoch eine eigene Herausforderung.

... für politische, religiöse und gesellschaftliche Gruppierungen

Alles in allem ist die Werbung, die Unternehmen in sozialen Netzwerken betreiben, jedoch nichts Besonderes im Vergleich zur realen Welt. Auch offline werden Sie schließlich ständig von immer schrilleren Werbeplakaten belästigt. Eine neue Form von Werbung, die es vor dem Siegeszug sozialer Netzwerke so nicht gegeben hat, wird von Gruppierungen betrieben, die ein idealistisches Ziel, sei es ein politisches, religiöses oder gesellschaftliches, verfolgen. Diese Gruppierungen nutzen soziale Netzwerke dazu, Mitglieder zu akquirieren und Menschen auf ihre Ziele und Aktionen aufmerksam zu machen.

Diese neue Möglichkeit der Öffentlichkeitsarbeit hat vielen Organisationen unabhängig von der Berichterstattung klassischer Medien zu einiger Popularität verholfen. Diese eigentlich positive Eigenschaft sozialer Netzwerke kann, wie die jüngere Geschichte gezeigt hat, jedoch zu einer gezielten Manipulation der Meinungsbilder ganzer Nationen genutzt werden. So gelang es religiösen Fanatisten, politischen Rechtspopulisten, militärischen Streitkräften und paramilitärisch organisierten Rebellen, neue Mitstreiter für ihre Sache zu gewinnen oder zumindest ihre Ziele in der Bevölkerung durchzusetzen. Die Beispiele dafür reichen von der Parteigründung der Alternative für Deutschland über die Konflikte in Syrien und Gaza bis hin zur Terrororganisation Islamischer Staat.

Die im Jahr 2013 gegründete Partei Alternative für Deutschland ist Ihnen sicherlich ein Begriff. Die Alternative für Deutschland machte zunächst Schlagzeilen mit der Forderung, die Euro-Währungsgemeinschaft auflösen zu wollen, und mit der Aussage „die Wiedereinführung der D-Mark“ dürfe „kein Tabu“ [6] sein. Diese angeblich wissenschaftlich begründete und zentrale Forderung der AfD wurde im Laufe des Bundestagswahlkampfes mit zahlreichen populistischen Wahlplakaten unterstützt, die einerseits darauf abzielten, das Expertenwissen der AfD-Parteikader zu unterstreichen, und andererseits mit populistischen Parolen, um die Wähler für sich zu gewinnen. Dass es die AfD dabei bis heute vor allem mit der Wahrheit nicht besonders genau nimmt, obwohl sie dies selbst vor allem bei den „Altparteien“ und den Medien heftig kritisierte, scheint marketingstrategisches Kalkül zu sein. Dabei berufen sich die hohen Parteikader, allen voran der mittlerweile zurückgetretene Prof. Bernd Lucke, im Nachhinein, wenn sie beim Lügen ertappt worden sind, darauf, dass man ihre Zitate aus dem Kontext reiße. Dies nehmen sie auch dann in Anspruch, wenn sie mal wieder mit einer fragwürdigen Aussage wie „Da versteht man doch, wenn Leute sagen: Wir wollen mit der alten DDR nichts zu tun haben, aber die innere Sicherheit war damals besser in der DDR, als das in Westdeutschland der Fall war.“ [7] Wähler am rechten Rand fischen. Bernd Lucke gebraucht zuweilen auch gerne vorbelastete Begriffe wie „Entartung“, um die Situation im deutschen Parlament zu beschreiben, und rechtfertigt sich dann damit, er habe „Entartung“ im biologischen Sinne gebraucht. Mir drängt sich der Gedanke auf, in welchem Sinne damals wohl Goebbels den Begriff „Entartung“ gebraucht hat?[5]

Einer sehr ähnlichen Rhetorik bedienen sich die Wahlplakate, die die AfD über ihre Facebook-Seite verbreitet. „Wir wollen unsere innere Sicherheit verteidigen“[6], „Einwanderung braucht strikte Regeln“ oder gar Plakate mit der Forderung, die Einwanderung in die deutschen Sozialsysteme zu stoppen. Diese Forderungen enthalten zwar keine

[5] In der ARDSendung Anne Will vom 25. 09. 2013

[6] siehe *https://www.facebook.com/alternativefuerde/photos/pb.540404695989874.-2207520000.1424515136./626592094037800/*

direkten Unwahrheiten, sie vermitteln jedoch den Eindruck, dass Deutschland von Einwanderern, die es auf unsere Sozialsysteme abgesehen haben, überrannt wird, ein Eindruck, der keineswegs die Faktenlage widerspiegelt.

Doch nicht nur bei Themen, die die Emotionen der Bürger wecken, führt die AfD gekonnt in die Irre: Die für Netzpolitik beauftragte AfD-Politikerin Michaela Merz feierte sich während des Bundestagswahlkampfs selbst als „Mitgründerin des deutschen Internets" [8]. Das ist so auf alle Fälle falsch. Frau Merz war zwar als Mitgründerin der Plattform germany.net 1994 sehr früh auf den Zug der Online-Dienste aufgesprungen und hatte es Nutzern ermöglicht, ohne Zusatzgebühren zu den normalen Telefongebühren im Internet zu surfen. Der Mitbegründung des deutschen Internets kommt diese Leistung, zumal sie wie die Angebote der Telekom und AOL auch nur kommerziellen Interessen folgte, in keinster Weise gleich.

Dennoch kommt diese Form der Propaganda, die die AfD auf ihrer Facebook-Seite sehr geschickt mit für Social Media tauglichen Bildformaten unterstützt, bei den Befürwortern der Partei offenbar gut an. Rund 141 000 Fans hat die Facebook-Seite der AfD, das sind mehr als die der SPD (82 000) und der CDU (90 000). Gerade kurz nach der Gründungsphase ist es der AfD gelungen, ihre Befürworter in sozialen Netzwerken zu mobilisieren und ein virales Marketing zu betreiben. Kritische Wortmeldungen auf der AfD-Facebook-Seite wurden von der Redaktion entfernt und bis heute gilt: Wer sich in Facebook kritisch über die AfD äußert, der muss mit eisigem Gegenwind von Mitläufern der Bewegung rechnen, der nicht selten beleidigend ausfällt und sich bei genauerem Hinsehen als Lüge oder Halbwahrheit herausstellt.

Doch Wahlkampf ist nicht der einzige Grund für politisch motivierte Gruppierungen, sich sozialer Netzwerke zu bedienen. Noch viel stärker als der Wahlkampf werden Konflikte wie der Syrienkonflikt oder der Konflikt im Gazastreifen über soziale Netzwerke bestimmt.

Der Bürgerkrieg in Syrien brach im Zuge des arabischen Frühlings im Jahr 2011 aus, als es während eines Protests gegen das Regime von Präsident Bashar al-Assad zu Ausschreitungen kam. Die Lage eskalierte und die Opposition begann, sich zu bewaffnen. Es entstand die Freie Syrische Armee, die als bewaffneter Arm der politischen Opposition immer wieder in Kämpfe mit Assads Heer verwickelt ist. Al-Quaida nahestehende Gruppen, wie die al-Nusra-Front, haben sich ebenfalls in die Konflikte eingemischt und kämpfen gegen Regierungstruppen. Daraus haben sich Mitte 2013 die Truppen der Organisation Islamischer Staat herausgelöst, die heute den Norden Syriens kontrollieren und nicht nur gegen Assad, sondern auch gegen die Freie Syrische Armee und die Kurden im Norden Syriens kämpfen. An der Seite Assads kämpft seit Mai 2013 die islamistische Hisbollah.

Der Syrienkonflikt ist von Anfang an durch die beteiligten Parteien ebenso wie durch bürgerliche Journalisten über soziale Netzwerke, allen voran Twitter und YouTube, dokumentiert worden. In ihrem Artikel „Syria's civil war plays out on social media" [9] berichtet Zeina Karam über die Rolle sozialer Netzwerke im Krieg um Syrien. Diese Berichterstattung ist einerseits wichtig, weil kaum Journalisten in Syrien den Gefechten der verschiedenen Parteien beiwohnen können, andererseits ist es sehr schwer zu unterscheiden, welche Berichte der Wahrheit entsprechen und bei welchen es sich um Propaganda handelt.

Zeina Karam berichtet, dass insbesondere die Rebellen überall Büros, die der Produktion und Verbreitung von Videos dienen, eingerichtet haben. Aber auch die Regierung produziert Videos. Bilder und Videos aus Syrien zeigen, wie Einwohner von Dörfern mit bloßen Händen in den Ruinen zerstörter Gebäude nach Überlebenden graben, Massacker, bei denen die Opfer in einer Lache aus Blut liegen, und schwer verwundete Kinder.

O'Callaghan et al. haben in ihrem Artikel „Online Social Media in the Syria Conflict: Encompassing the Extremes and the In-Betweens" [10] die Netzwerke der unterschiedlichen Gruppierungen auf Twitter und YouTube untersucht und festgestellt, dass die einzelnen Gruppierungen im Wesentlichen separiert voneinander sind. Das impliziert, dass diese meist nur eine sehr einseitige Sicht auf den Konflikt haben. Unter diesen Umständen kann besonders leicht Hass auf andere Parteien geschürt und der Konflikt damit befeuert werden.

Eine sehr ähnliche Situation herrscht in Israel. Gilad Lotan hat in seinem Artikel „Israel, Gaza, War & Data" [11] soziale Netzwerke analysiert und festgestellt, dass auch hier Israelis und Palästinenser auf Facebook, Twitter und Instagram weitestgehend voneinander isoliert sind: „We're not seeing different viewpoints, but rather more of the same".

Die israelische Armee ging sogar so weit, soziale Netzwerke dazu zu nutzen, ihre Anschläge auf palästinensische Wohnsiedlungen zu rechtfertigen. Unter dem Titel „Infographic: In Gaza, when is a house a home, and when does it become a legitimate military target?" veröffentlichten die IDF (Israel Defense Forces) eine schematische Abbildung eines Wohnhauses, in dem neben Wohnzimmer und Schlafzimmer 75 % des Hauses als militärische Einrichtungen der Hamas deklariert sind (siehe Bild 1.2).

Dass durch die Armee mit derartigen Methoden Feindbilder in der Bevölkerung beschworen werden, ist äußerst bedenklich. Ohne soziale Netzwerke wäre dies nicht möglich.

Die Terrorgruppierung Islamischer Staat (IS, zuvor auch mit dem Namen ISIS abgekürzt) beherrscht seit einigen Monaten die nordöstlichen Regionen Syriens und Teile des Irak. Sie ist bekannt für extreme Gewalthandlungen wie das Verbrennen Gefangener bei lebendigem Leibe, Enthauptungen und Sklaverei. Die Handlungen des IS richten sich dabei nicht nur gegen andere syrische Kämpfer, sondern auch gegen die Bevölkerung inklusive Frauen und Kinder und Journalisten.

Dabei nutzt der Islamische Staat soziale Netzwerke besonders intensiv, um einerseits ihre Schreckensbotschaften zu verbreiten und andererseits neue Anhänger zu gewinnen, und das mit Erfolg. Islamwissenschaftler Christoph Günther sagt im Interview mit der Deutschen Welle: „Über soziale Netzwerke findet ein intensiver Austausch und Dialog statt, der vor allem die Funktion erfüllt, den Zusammenhalt innerhalb der Bewegung zu stärken." [12].

Bild 1.2
So rechtfertigen die IDF auf Twitter ihre Angriffe auf Wohnsiedlungen.

Tatsächlich betreibt der Islamische Staat ein Medienzentrum, das wie eine Nachrichtenagentur die Propaganda des Islamischen Staats in der ganzen Welt verbreitet. Soziale Netzwerke wie YouTube und Twitter, aber auch Facebook spielen dabei eine sehr große Rolle.

1.3 Literatur

1. *Kramer, Adam D. I., Guillory, Jamie E.* und *Hancock, Jeffrey T.*: Experimental evidence of massive-scale emotional contagion through social networks, Proceedings of the National Academy of Sciences in the US (22. Juli 2014)
2. *Booth, Robert*: Facebook reveals news feed experiment to control emotions, The Guardian, 30. Juni 2014 (*http://www.theguardian.com/technology/2014/jun/29/facebook-users-emotions-news-feeds*)
3. *Bouton, Éloïse*: Seins sur Facebook: arrêtez la censure Mark Zuckerberg (dt.: Brüste auf Facebook: Stoppe die Zensur, Mark Zuckerberg!), 03. Februar 2015, The Huffington Post (*http://www.huffingtonpost.fr/eloise-bouton/facebook-seins-nus-censure-femen_b_6601800.html?1422956157*; dt.: *http://www.huffingtonpost.de/eloise-bouton/brueste-auf-facebook-femen_b_6619420.html*)

4. *Hein, David*: Facebook löscht kirchenkritische Postings von Jürgen Domian. *http://www.horizont.net/medien/nachrichten/-Facebook-loescht-kirchenkritische-Postings-von-Juergen-Domian-113583*
5. *Cornelsen, Patrick*: McDonald's interessiert sich ganz bestimmt für deine Meinung, VICE Deutschland, 18. September 2013 (*http://www.vice.com/de/read/mcdonalds-interessiert-sich-ganz-bestimmt-fr-deine-meinung*)
6. *Alternative Für Deutschland*: Programmatik und Leitlinien – Programm für die Bundestagswahl 2013, *https://www.alternativefuer.de/programm-hintergrund/programmatik/*
7. SPD empört sich über DDR-Lob von Bernd Lucke, 14. September 2014, *http://www.rp-online.de/politik/deutschland/spd-empoert-sich-ueber-ddr-lob-von-bernd-lucke-aid-1.4524702*
8. *Bakir, Daniel*: Die Frau, die irgendwie ein bisschen das deutsche Internet erfand, 30. Juli 2013, *http://www.stern.de/politik/deutschland/wahlplakat-der-afd-die-frau-die-irgendwie-ein-bisschen-das-deutsche-internet-erfand-2044821.html*
9. *Karam, Zeina*: Syria's civil war plays out on social media, 19. Oktober 2013, *https://news.yahoo.com/syrias-civil-war-plays-social-media-115611009.html*
10. *O'Callaghan, Derek, Prucha, Nico, Greene, Derek, Conway, Maura, Carthy, Joe* und *Cunningham, Pádraig*: Online Social Media in the Syria Conflict: Encompassing the Extremes and the In-Betweens, 2014
11. *Lotan, Gilad*: Israel, Gaza, War & Data, 04. August 2014, *https://medium.com/i-data/israel-gaza-war-data-a54969aeb23e*
12. *Stute, Dennis*: Günther: „Der Islamische Staat agiert hochgradig rational, 20. August 2014, *http://www.dw.de/g%C3%BCnther-der-islamische-staat-agiert-hochgradig-rational/a-17866907*, Deutsche Welle

2 Bedeutende soziale Netzwerke

Es gibt viele Gründe für eine Mitgliedschaft in sozialen Netzwerken. Mit der Zeit haben sich deshalb unterschiedliche Formen sozialer Netzwerke entwickelt, die jeweils unterschiedliche Zielgruppen ansprechen. In diesem Kapitel erhalten Sie einen Überblick darüber, welche sozialen Netzwerke es gibt und an welche Zielgruppe sie sich jeweils richten. Tabelle 2.1 gibt Ihnen einen Überblick über die im Folgenden ausführlich vorgestellten sozialen Netzwerke.

Tabelle 2.1 Soziale Netzwerke nach Typ, Gründungsjahr, Zielgruppe und Mitgliederzahl

Name	Webadresse	Typ	Gründungsjahr	Mitgliederzahl/ Downloads
Facebook	*facebook.com*	klassisch	2004	1,39 Milliarden [c)]
Google+	*plus.google.com*	klassisch	2011	2,4 Milliarden [h)]
Twitter	*twitter.com*	Kurznachrichten-dienst	2007	288 Millionen [b)]
Youtube	*youtube.com*	Videoplattform	2005	> 1 Milliarde [a)]
XING	*xing.com*	professionell	2006	15 Millionen [e)]
LinkedIn	*www.linkedin.com*	professionell	2003	347 Millionen [d)]
Whatsapp	*www.whatsapp.com*	Messenger	2009	700 Millionen [f)]
Instagram	*instagram.com*	Foto-/Videoplattform	2010	300 Millionen [o)]
Snapchat	*snapchat.com*	(Foto-)Messenger	2011	
TextSecure	*whispersystems.org*	Messenger	2010	
Wickr	*wickr.com*	Messenger	2012	
Skype	*www.skype.com*	VoIP	2003	299 Millionen [i)]
Red Phone	*whispersystems.org*	VoIP	2012	
diaspora*	*diasporafoundation.org*	dezentral	2010	
Friendica	*friendica.com*	dezentral	2010	
Blogs	—	dezentral	—	28 Millionen Wordpress Downloads [j)]

(Fortsetzung nächste Seite)

Name	Webadresse	Typ	Gründungsjahr	Mitgliederzahl/ Downloads
Lovoo	*www.lovoo.com*	Flirtplattform	2011	26 Millionen [g]
Tinder	*www.gotinder.com*	Flirtapp	2010	
Treffpunkt18	*www.treffpunkt18.de*	Erotikplattform	2007	3,5 Millionen [k]
C-Date	*www.c-date.com*	Erotikplattform		
Friendscout24	*www.friendscout24.de*	Online-Partnerbörse	2000	24 Millionen [l]
Parship	*www.parship.de*	Online-Partnerbörse	2001	
ElitePartner	*www.elitepartner.de*	Online-Partnerbörse	2004	4 Millionen [m]
eDarling	*www.edarling.de*	Online-Partnerbörse	2009	13 Millionen [n]

a) Quelle: *https://www.youtube.com/yt/press/statistics.html* (Stand: Februar 2015)
b) Quelle: *https://about.twitter.com/company* (Stand: Februar 2015)
c) Quelle: *https://newsroom.fb.com/company-info/* (Stand: 31. Dezember 2014)
d) Quelle: *https://press.linkedin.com/about-linkedin* (Stand: Februar 2015)
e) Quelle: *https://corporate.xing.com/english/company/* (Stand: Dezember 2014)
f) Quelle: *https://www.facebook.com/jan.koum/posts/10152994719980011* – Facebook Post des Gründers Jan Koum (Stand: Januar 2015)
g) Quelle: *http://inside.lovoo.net*
h) Quelle: *http://plus.miernicki.com* (Allerdings ist diese Zahl mit Vorsicht zu genießen, da die meisten Nutzer keineswegs aktiv sind, sondern lediglich einen Google+-Account besitzen. Mehr dazu in Abschnitt 2.1.2.)
i) Quelle: *http://www.techradar.com/news/software/operating-systems/xbox-live-upgrade-includes-300-000-servers-600-times-more-than-its-debut-1161749* (Stand: 2013)
j) Anzahl der Wordpress-Downloads; Quelle: *https://wordpress.org/download/counter/* (Stand: März 2015)
k) Quelle: *http://www.treffpunkt18.de* (Stand: März 2015)
l) Quelle: *http://www.friendscout24.de/presse/wp-content/uploads/sites/2/2013/08/Factsheet_FriendScout245.pdf* (Stand: Mai 2014)
m) Quelle: *https://www.elitepartner.de/presse/company/Factsheet.pdf* (Stand: März 2015)
n) Quelle: *http://www.edarling.de* (Stand: Oktober 2014)
o) Quelle: *https://instagram.com/press/* (Stand: Dezember 2014)

2.1 Klassische, kommerzielle soziale Netzwerke

Zu den klassischen, kommerziellen sozialen Netzwerken gehören einige der größten sozialen Netzwerke. Facebook, Twitter, Google+ und Youtube setzen allesamt auf Nutzerprofile, auf denen die von den Nutzern erzeugten oder geteilten Inhalte aggregiert werden und teilweise mit weiteren, statischen Informationen angereichert werden können. Dabei stehen für die Betreiber vor allem kommerzielle Interessen im Vordergrund. Die Folge ist, dass Nutzer, wollen sie nicht überwacht werden, ständig darauf achten müssen, welche Daten sie preisgeben, und auch darauf, welche Daten die Betreiber dieser Netzwerke auf Basis ihrer Aktivitäten ermitteln können.

2.1.1 Facebook

Facebook ist derzeit das wohl populärste und bekannteste soziale Netzwerk. Es wurde im Jahre 2004 vom damaligen Psychologiestudenten Mark Zuckerberg zusammen mit Dustin Moskovitz, Chris Hughes und Eduardo Saverin gegründet[1]. In den folgenden Jahren verbreitete sich Facebook auf der ganzen Welt. Heute hat es nach eigenen Angaben etwa 1,39 Milliarden aktive Nutzer.[2]

Das Unternehmen Facebook ist neben Google eines der größten Internetunternehmen weltweit. Durch den Aufkauf zahlreicher anderer sozialer Netzwerke und Werbeunternehmen, wie beispielsweise WhatsApp, Instagram, Atlas oder völlig anderer Technologieunternehmen wie dem Entwickler von Virtual-Reality-Brillen Oculus VR, versucht Facebook, seine Position als führender Anbieter sozialer Netzwerke zu behaupten und auch auf den Markt der Werbeanbieter im Internet zu expandieren.

2.1.1.1 Ein Überblick über die Nutzungsbedingungen

„Deine Privatsphäre ist uns sehr wichtig.“, schreibt Facebook zu Beginn seiner allgemeinen Geschäftsbedingungen, doch gleich im zweiten Absatz folgt der berühmte Satz:

> *„Wenn du IP-Inhalte löschst, werden sie auf eine Weise entfernt, die dem Leeren des Papierkorbs auf einem Computer gleicht. Allerdings sollte dir bewusst sein, dass entfernte Inhalte für eine angemessene Zeitspanne in Sicherheitskopien fortbestehen (die für andere jedoch nicht zugänglich sind).“*

Betrachtet man diesen Satz genauer, so wird sehr schnell deutlich, was Facebook unter Privatsphäre versteht. IP-Inhalte, das sind zum Beispiel Fotos und Videos, werden auf eine Art und Weise gelöscht, die dem Leeren des Papierkorbs auf einem Computer gleicht; das ist eine nette Umschreibung für die Aussage: „IP-Inhalte werden von uns grundsätzlich nicht gelöscht. Wir entfernen lediglich den Verweis auf diese Inhalte.“ Das Leeren des Papierkorbs auf einem Computer löscht also keineswegs die dort enthaltenen Dateien, sondern entfernt nur alle Verweise auf diese. Die Dateien selbst bestehen so lange weiter, bis diese irgendwann von anderen Daten überschrieben werden.

---

1 Ursprünglich wurde Facebook unter dem Namen thefacebook gegründet. Dieser Name wurde jedoch im August 2005 durch den heute bekannten Namen Facebook ersetzt.

2 Unter der Adresse *http://www.facebook.com/press/* stellt Facebook zahlreiche statistische Daten sowie weitere interessante Informationen zusammen. Allerdings sind diese Informationen mit Vorsicht zu genießen. Schließlich werden diese Daten von Facebook selbst veröffentlicht.

Datenschutz wird bei Facebook generell nicht besonders groß geschrieben. Durch Ihre Mitgliedschaft erteilen Sie Facebook die Erlaubnis, die von Ihnen gemachten, impliziten Angaben zu Ihren Vorlieben öffentlich oder für Freunde sichtbar zum Zwecke der Bewerbung von Produkten auf Facebook einzublenden. Konkret bedeutet das, dass Facebook regelmäßig Werbung für Produkte einblendet, wobei das Unternehmen gerne darauf verweist, welche Freunde diese Produkte mit Gefällt-mir-Angaben markiert haben (siehe Bild 2.1). In den AGB drückt Facebook das folgendermaßen aus:

> *Du erteilst uns deine Erlaubnis zur Nutzung deines Namens, Profilbilds, deiner Inhalte und Informationen im Zusammenhang mit kommerziellen, gesponserten oder verwandten Inhalten (z. B. eine Marke, die dir gefällt), die von uns zur Verfügung gestellt oder aufgewertet werden. Dies bedeutet beispielsweise, dass du einem Unternehmen bzw. einer sonstigen Organisation die Erlaubnis erteilst, uns dafür zu bezahlen, deinen Namen und/oder dein Profilbild zusammen mit deinen Inhalten oder Informationen ohne irgendeine Entlohnung für dich anzuzeigen. Wenn du eine bestimmte Zielgruppe für deine Inhalte oder Informationen ausgewählt hast, werden wir deine Auswahl bei deren Nutzung respektieren.*

Bild 2.1
Produktempfehlungen von Facebook auf Basis der Gefällt-mir-Angaben Ihrer Freunde

Weil Facebook die Privatsphäre seiner Nutzer so ausgesprochen wichtig ist, erläutert das Unternehmen in seiner Datenrichtlinie, nicht etwa Datenschutzrichtlinie (zugegebenermaßen wäre dieser Begriff eine Farce), welche Informationen es von seinen Nutzern ermittelt und wie es diese verwendet. Diese Datenrichtlinie sollte besonders kritisch und mit einem Auge für Details gelesen werden, denn Facebook versucht selbstverständlich zu vermeiden, Nutzern im Klartext mitzuteilen, welche Informationen über sie ermittelt werden.

Daten, die Facebook von seinen Nutzern erhebt, sind laut der Datenrichtlinie zum Beispiel Daten über die von Ihnen auf Facebook bereitgestellten Informationen. Dazu gehören auch, ohne Anspruch auf Vollständigkeit, Informationen über das „Erstellen **oder** Teilen von Inhalten" und „das Kommunizieren" mit anderen. Versucht man, diese vagen Aussagen von Facebook zu interpretieren, bestätigt sich einem der Verdacht, dass bereits, während Sie in Ihrem Webbrowser oder Ihrer Facebook-App tippen, Daten an Facebook übertragen und ausgewertet werden, selbst dann, wenn Sie den Beitrag schließlich nicht teilen. Außerdem gibt Facebook damit zu, die privaten Nachrichten mitzulesen, die Sie mit anderen Nutzern austauschen.

Auch die Informationen, die andere Nutzer über Sie teilen, nutzt Facebook, „beispielsweise, wenn sie ein Foto“ von Ihnen teilen oder Ihre „Kontaktinformationen hochladen, synchronisieren oder importieren“. Auch hier steckt eine verschlüsselte Botschaft hinter den Formulierungen. Wenn andere Nutzer ein Foto von Ihnen teilen, kann Facebook das eigentlich gar nicht wissen, außer andere Nutzer verlinken Sie auf diesem Bild. Aber warum schreibt Facebook dann nicht, dass sie Informationen dann nutzen, wenn andere Nutzer Sie auf einem Bild verlinken? Hier ist ein wenig Kontext hilfreich: Facebook betreibt eine sehr aktive Forschung zum Thema Gesichtserkennung. Im Juni 2014 haben die Forscher Yaniv Taigman, Ming Yang, Marc'Aurelio Ranzato und Lior Wolf eine Arbeit mit dem Titel „DeepFace: Closing the Gap to Human-Level Performance in Face Verification“[3] veröffentlicht, die eine zu 97,35 % erfolgreiche Methode zur Gesichtserkennung vorstellt. Womöglich hat Facebook also doch eine Möglichkeit, Benutzer zu identifizieren, wenn andere ein Bild von ihnen hochladen. Ein ähnliches Geständnis kann man auch in der Aussage über Kontaktinformationen interpretieren. Warum bedarf es so vieler Begriffe, um zu beschreiben, auf welchem Weg die Kontaktinformationen zu Facebook gelangen? Namentlich nennt das Unternehmen hier „hochladen“, „synchronisieren“ und „importieren“. Beschreibt einer dieser Begriffe etwa den Upload von Adressbüchern auf Smartphones, ohne dass der Nutzer hiervon in Kenntnis gesetzt wurde?

Natürlich sammelt das Unternehmen Facebook auch Informationen über getätigte Zahlungen. Dazu gehören nicht nur die einzelnen Transaktionen selbst, sondern auch die Bankkonten und Kreditkartennummern sowie die beim Versand angegebenen Kontaktinformationen. Mithilfe dieser Daten lassen sich womöglich die Daten externer Quellen, also beispielsweise die Informationen, die Facebook „von Drittpartnern“ über Sie erhält, einem Nutzer zuordnen.

Unter dem Begriff „Geräteinformationen“ bekennt sich Facebook dazu, umfangreiche Informationen über Ihre Geräte zu ermitteln, darunter auch „Batterie- und Signalstärke“ sowie „Gerätestandorte“. Diese Informationen ermöglichen es, ein Bewegungsprofil des jeweiligen Nutzers anzulegen. Ein ähnliches Tracking nutzt Facebook auch im Internet. Wenn Sie eine Webseite mit von Facebook eingebundenen Inhalten wie dem Gefällt-mir-Button, Facebook-Login oder einfach nur einem von Facebook betriebenen Werbedienst besuchen, sammelt Facebook Informationen über Ihren Besuch und womöglich auch über die Nutzung der entsprechenden Seite.

2.1.1.2 Die Benutzeroberfläche

Die Facebook-Benutzeroberfläche besteht grundsätzlich aus drei wichtigen Elementen, dem Stream, der Chronik und dem Chat. Über den Chat können Nutzer Nachrichten direkt und einzeln oder in Gruppen mit ihren Freunden austauschen, der Stream listet die Posts der Freunde und abonnierter Seiten in mehr oder weniger chronologischer Reihenfolge auf, und die Chronik eines Nutzers fungiert als Nutzerprofil.

Neben diesen Hauptbestandteilen der Oberfläche gibt es auch einige weitere Funktionen wie Veranstaltungen, Apps und Gruppen, die den Nutzern von Facebook ganz verschiedene, weitere Funktionalitäten zur Verfügung stellen.

Der Stream

Der Stream (siehe Bild 2.2) ist das Hauptelement Ihrer Facebook-Startseite. Hier werden Ihnen die neuesten Beiträge Ihrer Freunde und abonnierter Seiten angezeigt[3]. Sie können

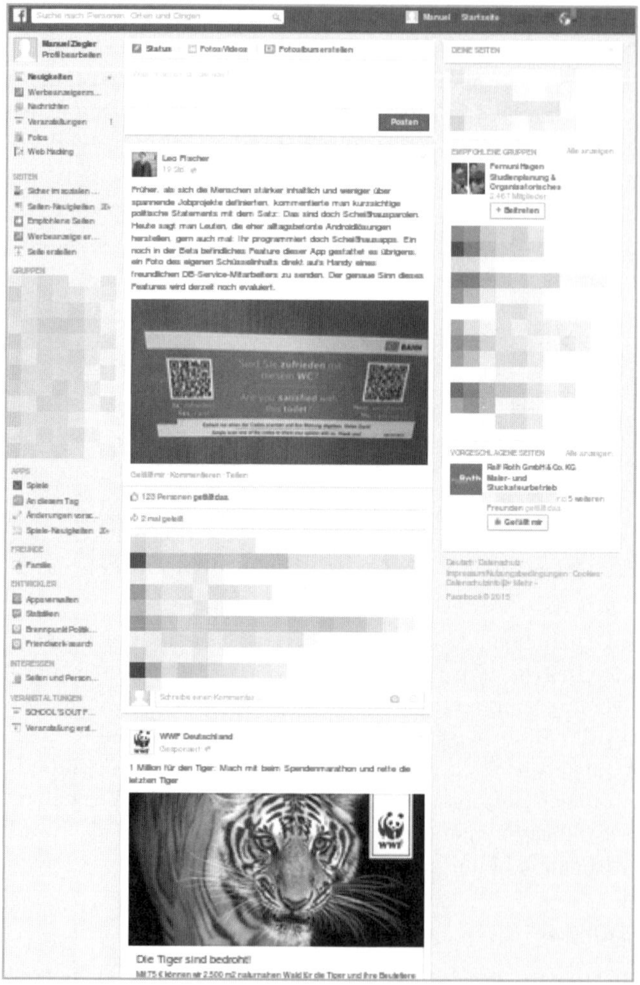

Bild 2.2
Der Stream eines Facebook-Nutzers

[3] Auch Werbung wird hier eingeblendet. Diese wird meist mit „vorgeschlagener Beitrag“ überschrieben.

diese jeweils an Ort und Stelle kommentieren, mit Ihren Freunden teilen oder mit einem „Gefällt mir" versehen. Ebenso können Sie auch eigene Beiträge erstellen und veröffentlichen, indem Sie die Eingabemaske oberhalb des Streams nutzen.

Besondere Vorsicht ist geboten, wenn Sie Wert darauf legen, alle Nachrichten und nicht nur die Nachrichten, die Facebook für besonders wichtig für Sie hält, sehen wollen. Über den Punkt „Neuigkeiten" links oben können Sie zwischen „Hauptmeldungen" und „Neueste Meldungen" auswählen (siehe Bild 2.3). Während Hauptmeldungen von Facebook gefiltert sind, sollten Sie, wenn Sie „Neueste Meldungen" auswählen, tatsächlich die jüngsten Meldungen Ihrer Freunde und abonnierter Seiten erhalten. Haben Sie „Neueste Meldungen" ausgewählt, blendet Ihnen Facebook nicht nur besonders penetrant den Hinweis darauf ein, doch bitte wieder zurück zu den Hauptmeldungen zu wechseln, sondern Ihre Einstellungen werden regelmäßig, spätestens jedoch beim nächsten Login zurückgesetzt.

Bild 2.3
So können Sie zwischen neuesten Meldungen und Hauptmeldungen umschalten.

Die Chronik

Bei der Chronik handelt es sich um das Profil eines Nutzers. Sie erreichen dieses üblicherweise durch einen Klick auf den Namen des jeweiligen Nutzers oder indem Sie den Namen über die Suche eingeben. In der Chronik sind die Beiträge des entsprechenden Nutzers, wie der Name bereits sagt, in chronologischer Reihenfolge aufgelistet. Dabei sind diese Beiträge zusätzlich mit vom Nutzer angegebenen, statischen Informationen wie Wohnort, Beziehungsstatus, Geburtsdatum, Arbeitgeber und Co. angereichert und auch „Gefällt mir"-Angaben und Freunde werden Besuchern hier angezeigt (siehe Bild 2.4).

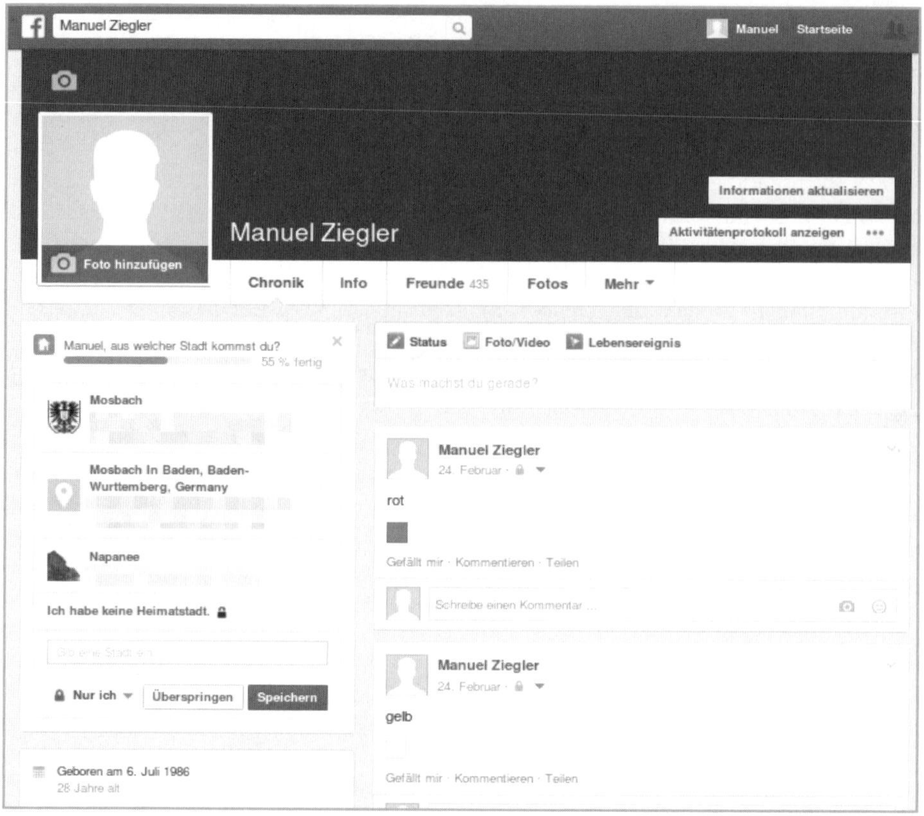

Bild 2.4 Chronik eines Facebook-Nutzers

Der Chat

Der Facebook-Chat wird im Grunde auf allen Seiten als Leiste auf der rechten Seite angezeigt. Nutzer können so mit nur einem Blick sehen, welche ihrer engsten Freunde gerade online sind, denn Facebook sortiert hier automatisch Freunde nach oben, von denen das Unternehmen ausgeht, dass diese einem Nutzer besonders nahestehen. Neben einem einfachen Online-Status ist sogar ersichtlich, ob ein Nutzer mobil oder mit einem Webbrowser online ist. Außerdem wird angezeigt, wann ein Nutzer zuletzt aktiv war (siehe Bild 2.5).

Mit einem Klick auf den Nutzernamen können Sie einen Chat mit dem entsprechenden Nutzer starten.

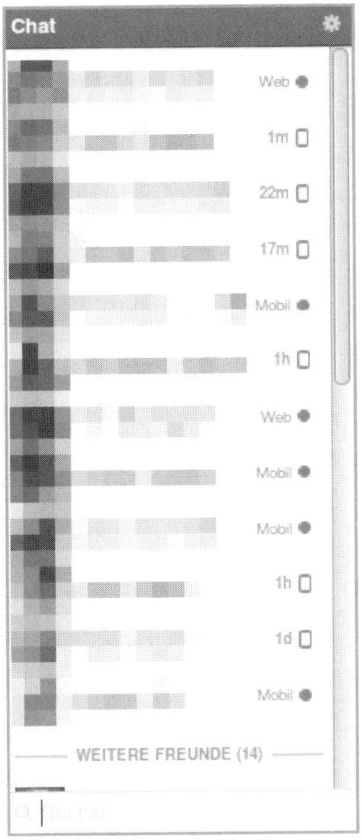

Bild 2.5
Der Facebook-Chat und die ein wenig indiskreten Informationen über den Status und die letzte Aktivität der Nutzer

Veranstaltungen

Auch wenn Veranstaltungen mit einer besorgniserregenden Anzahl an Teilnehmern, die von der Polizei unter Androhung erheblicher Geldstrafen gesprengt werden müssen, heute nicht mehr so häufig vorkommen, ist es nicht ganz ohne, Veranstaltungen auf Facebook zu erstellen, zumindest nicht so, dass diese von jedermann sichtbar sind.

Eigene Veranstaltungen erstellen, Einladungen annehmen oder ablehnen sowie sich selbst zu Veranstaltungen einladen, all das können Sie über Facebooks Veranstaltungsapp (siehe Bild 2.6). Dabei bleibt jedoch stets zu beachten, dass sowohl der Veranstalter als auch andere Facebook-Nutzer sehen können, wer an einer Veranstaltung teilnimmt, ja sogar wer alles eingeladen wurde.

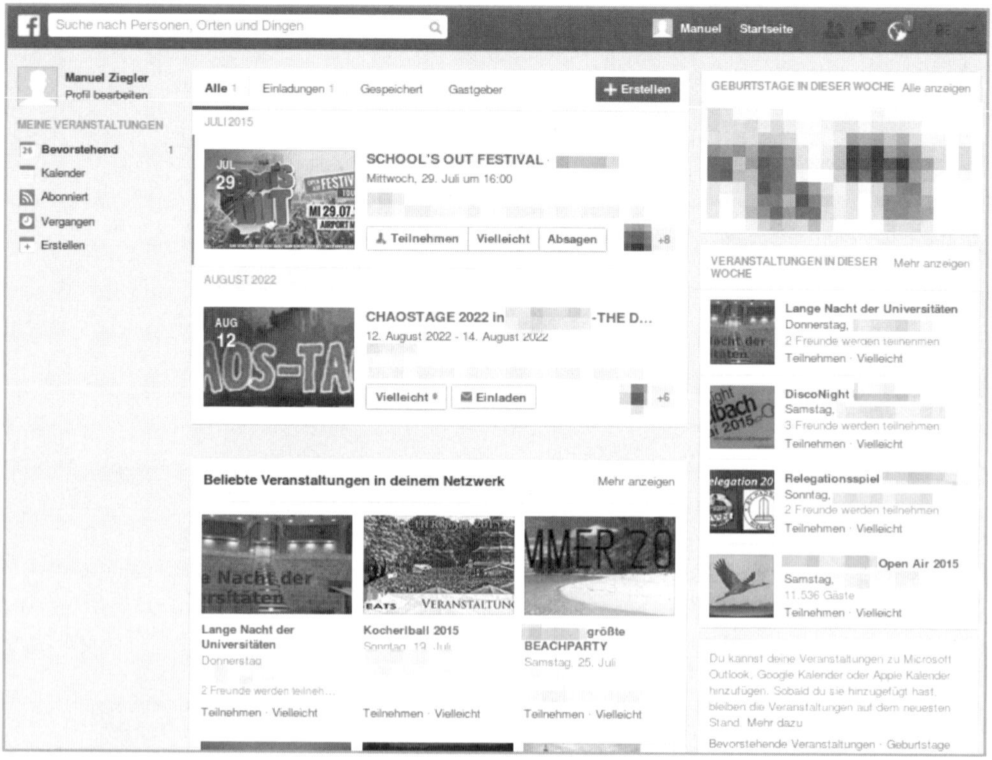

Bild 2.6 Die Veranstaltungsapp von Facebook

Apps

Drittanbieter können ihre eigenen Apps in Facebooks App-Center (siehe Bild 2.7) anbieten oder diese über ihre eigenen Webseiten verfügbar machen. Dabei räumen Facebook-Nutzer den Apps meist die Berechtigung zum Zugriff auf zahlreiche persönliche Daten ein, die sonst nur von Facebook eingesehen werden können. Aus diesem Grund, und weil vor allem Spiele-Apps oft mit dem Ziel entwickelt werden, die Nutzer süchtig zu machen, sollten Sie Facebook-Apps mit äußerster Vorsicht genießen.

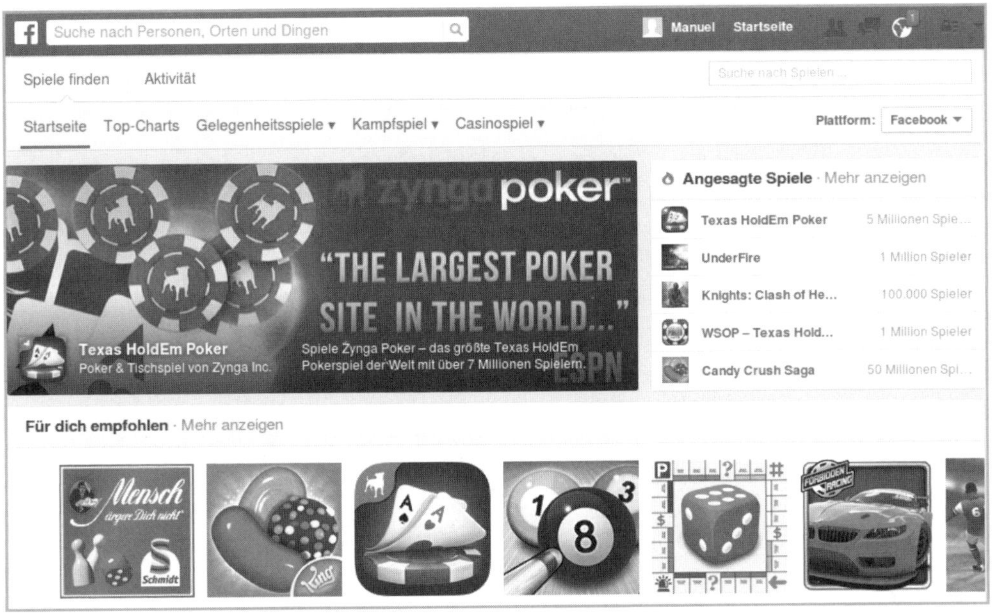

Bild 2.7 Das Facebook App-Center

Gruppen

Facebook-Gruppen haben heute viele klassische Foren verdrängt. Dabei kann eine Gruppe öffentlich, geschlossen oder geheim sein, was sich jeweils auf die Sichtbarkeit der Gruppe auswirkt. In Gruppen diskutieren Mitglieder in aller Regel zu dem jeweiligen Thema der Gruppe oder tauschen Informationen aus. Man muss allerdings bemerken, dass Facebook-Gruppen von den Administratoren zuweilen einer radikalen Zensur unterworfen und ebenso von unterschiedlichen Interessensvertretern schamlos für eigene Zwecke missbraucht werden. Viele Gruppen sind deshalb nur sehr eingeschränkt nutzbar. Meist abonnieren Nutzer die Beiträge einer Gruppe gar nicht, sodass es mehr oder weniger vom Zufall abhängt, ob ein Nutzer einen Beitrag in einer Gruppe rechtzeitig sieht.

2.1.1.3 Einstellungen

Die Einstellungen erreichen Sie auf Facebook über das Drop-down Menü in der rechten oberen Ecke. Hier können Sie ganz allgemeine Einstellungen wie Ihre Mail-Adresse oder Ihr Passwort ändern (siehe Bild 2.8) und auch die meisten inhaltlichen Einstellungen festlegen.

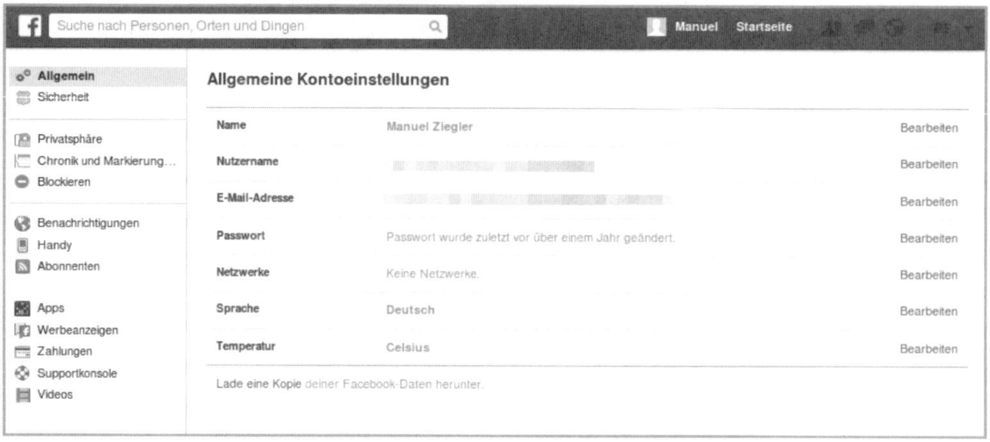

Bild 2.8 Allgemeine Einstellungen

Über die Privatsphäre-Einstellungen (siehe Bild 2.9) können Sie festlegen, welche Nutzer Zugriff auf die von Ihnen geteilten Daten haben sollen. Allerdings sollten Sie stets beachten, dass es nicht möglich ist, diese Einstellungen rückwirkend für alle Beiträge zu ändern.

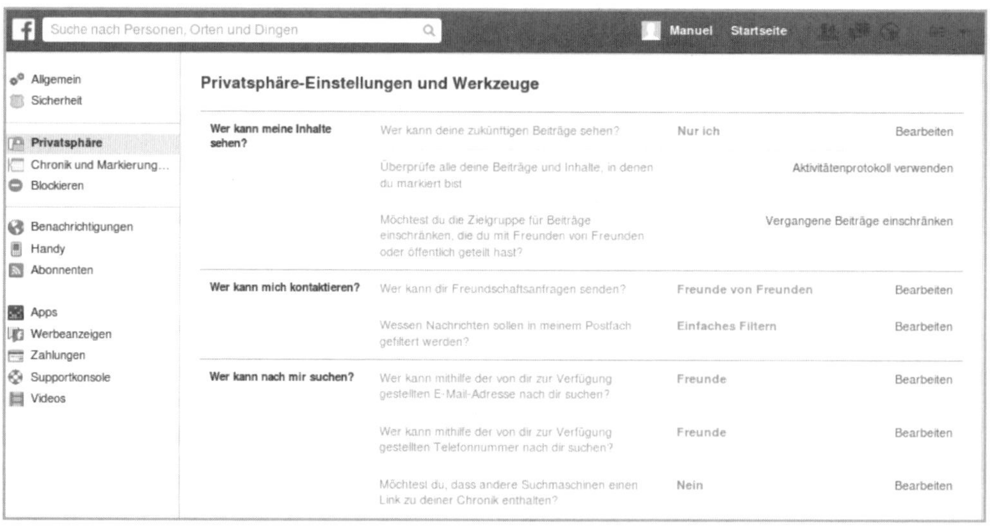

Bild 2.9 Privatsphäre-Einstellungen

Über den Menüpunkt „Chronik und Markierungseinstellungen" (siehe Bild 2.10) können Sie festlegen, welche Inhalte in Ihrer Chronik erscheinen sollen und wer diese jeweils sehen darf.

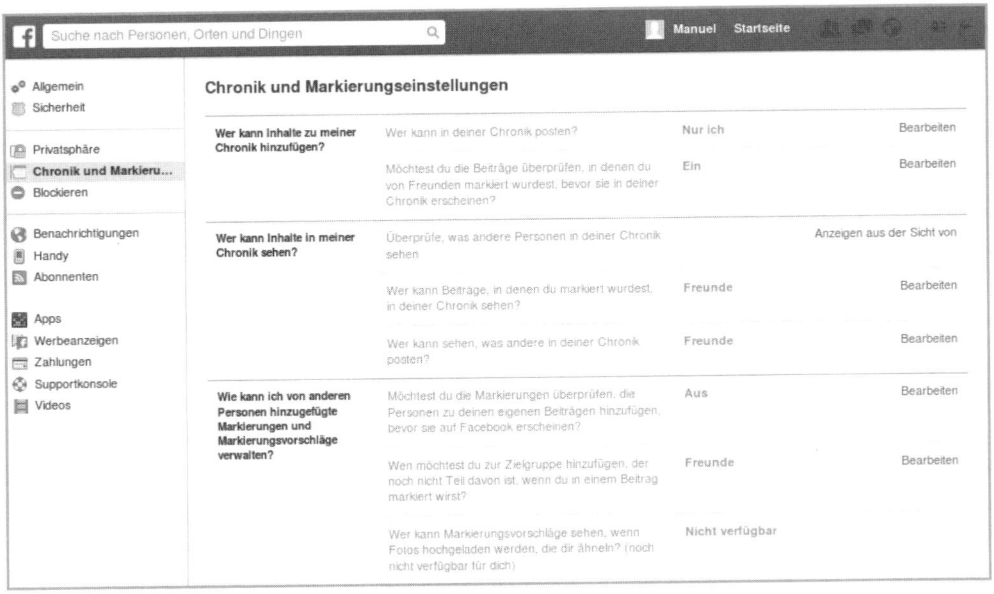

Bild 2.10 Chronik- und Markierungseinstellungen

In den „Sicherheitseinstellungen“ (siehe Bild 2.11) können Sie Informationen abrufen, die es Ihnen erlauben, Ihr Konto vor dem Zugriff eines Angreifers zu schützen bzw. den unautorisierten Zugriff eines Dritten zu entdecken.

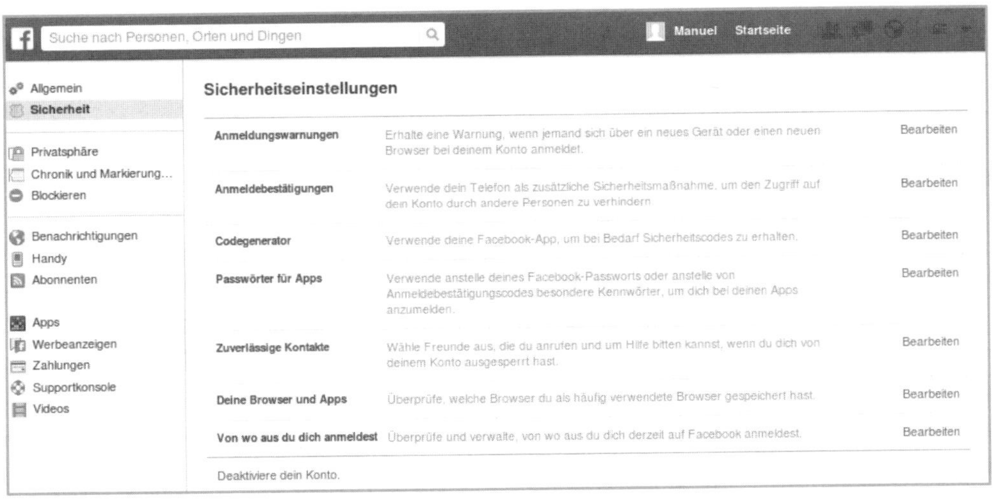

Bild 2.11 Sicherheitseinstellungen

2.1.2 Google+

Lange Zeit war Facebook absoluter Marktführer auf dem Gebiet der sozialen Netzwerke. Doch als Google am 28. Juni 2011 ein eigenes soziales Netzwerk mit dem Namen Google+[4] veröffentlichte, war schon bald klar: Google+ steht in direkter Konkurrenz zu Facebook und hat die Chance, ebenso bedeutend zu werden. Obwohl der Beitritt zu Google+ zunächst nur nach Einladung durch bereits registrierte Benutzer möglich war, konnte Google+ in den ersten 88 Tagen laut eigener Angaben rund vierzig Millionen Nutzer verzeichnen. Ein derartiges Wachstum schaffte nicht einmal Facebook.

Das Konzept von Google+ ist dem von Facebook nicht unähnlich, auch wenn seine Oberfläche wesentlich intuitiver ist und keine verschachtelten Menüs für Benutzerverwirrung sorgen. Dennoch fallen sofort einige für Facebook typische Elemente ins Auge. So erinnert der Stream von Google+ stark an die Startseite von Facebook. Ähnlich verhält es sich mit den Benutzerprofilen. Auch hier kann man klar erkennen, dass sie den Profilen von Facebook nachempfunden sind. Doch seit der Einführung von Google+ hat es auch Änderungen in Facebook gegeben, die an Google+ erinnern. Beispielsweise hat Facebook als Antwort auf die Kreise von Google+ Listen eingeführt. Auch die Möglichkeit des Videochats hat Facebook wohl von Google+ übernommen.

Über die Jahre hat sich herausgestellt, dass Google+ nur eine recht geringfügige Bedeutung auf dem Markt sozialer Netzwerke hat. Zwar hat Google+ weitaus mehr Nutzer als Facebook, da die Mitgliedschaften dort jedoch mehr oder weniger erzwungen werden, wenn Menschen ein Google-Konto besitzen, ist diese Zahl keineswegs repräsentativ. Letztendlich nutzen nur sehr wenige Menschen Google+.

2.1.2.1 Ein Überblick über die Nutzungsbedingungen

Die Nutzung von Google+ ist wie die Nutzung der meisten anderen, von Google angebotenen Dienste an die Google-Nutzungsbedingungen geknüpft. Darin sind auch die Privatsphäre-Richtlinien von Google enthalten, die einen Überblick darüber geben, welche Informationen Google sammelt und wie diese genutzt werden.

Es scheint heute keineswegs mehr seltsam zu sein, wenn Facebook oder Google ihren Nutzern erzählen, dass sie persönliche Daten nur zu dem Zweck sammeln, ihnen ein besseres Erlebnis bei der Nutzung ihrer Dienste zu bieten. Dass damit gemeint ist, Werbeanzeigen immer besser auf eine Person zuzuschneiden, verheimlichen die Unternehmen auch nicht und es gibt heute sehr viele Menschen, die darin tatsächlich etwas Positives erkennen:

Wenn mir nur Werbeanzeigen für Dinge, die ich mir kaufen möchte, angezeigt werden, hilft mir das doch nur, so die Argumentation. Das mag grundsätzlich richtig sein, der Denkfehler dabei ist jedoch, dass das Verlangen nach den beworbenen Produkten heute oft überhaupt erst durch Werbeanzeigen und ähnliche Marketingmechanismen generiert wird. Die Frage danach, ob personalisierte Werbung etwas Positives ist, ist

[4] Google+ wird unter der Adresse *https://plus.google.com/* angeboten.

also mehr oder weniger identisch mit der Frage danach, ob eine kapitalistische Konsumgesellschaft im Endstadium, bei der die Firmen den Verbrauchern die Bedürfnisse diktieren, eine erstrebenswerte Gesellschaftsform ist.

Google jedenfalls scheint das zu begrüßen und verkündet in seinen Privatsphäre-Richtlinien:

> *We collect information to provide better services to all of our users – from figuring out basic stuff like which language you speak, to more complex things like which ads you'll find most useful, the people who matter most to you online, or which YouTube videos you might like.*

Zu diesem Zweck werden von Google nicht nur die freiwillig preisgegebenen Daten der Nutzer ausgewertet, sondern auch die Informationen, die Google durch die Nutzung seiner Dienste gewinnt. Dazu gehören Geräteinformationen, Nutzungsstatistiken, Standortinformationen sowie eindeutige Identifikationsnummern, die zur Identifizierung des Nutzers auf seinem Weg durch das Internet genutzt werden können. Damit besitzt Google alle notwendigen Informationen über einen Nutzer, um diesen mit der Zeit besser zu kennen als er sich selbst.

2.1.2.2 Die Benutzeroberfläche

Die Google+-Benutzeroberfläche ist der von Facebook recht ähnlich, zumindest besteht sie weitestgehend aus den gleichen Elementen. In einem Newsfeed, bei Google+ „Übersicht" genannt, finden Sie die Beiträge anderer Nutzer und abonnierter Seiten in einer weitestgehend chronologischen Reihenfolge (siehe Bild 2.12). Ähnlich wie bei Facebook

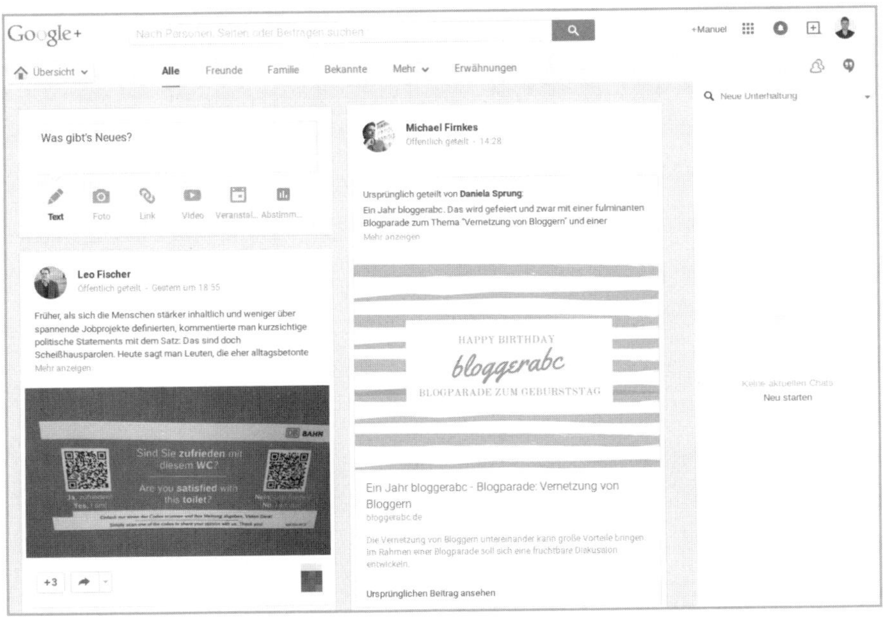

Bild 2.12 Die Google+-Übersichtsseite

scheint jedoch auch Google hier kleinere Manipulationen in der Reihenfolge der Beiträge vorzunehmen, zumindest ist nicht immer klar ersichtlich, warum ein Beitrag an entsprechender Stelle steht.

Die Profilseite eines Nutzers enthält, wie auch bei Facebook, ebenfalls die Beiträge des jeweiligen Nutzers in chronologischer Reihenfolge (siehe Bild 2.13). Außerdem sind unter den Rubriken „In den eigenen Kreisen“, „Gemeinsame Kontakte“ und „In Kreisen von anderen“ die mit dem Mitglied verknüpften Kontakte aufgelistet. Dass hierbei zwischen den eigenen Kreisen eines Nutzers und den Kreisen anderer unterschieden wird, liegt ganz einfach daran, dass die Freundschaftsbeziehung bei Google asymmetrisch ist. Das bedeutet, wenn ein Nutzer ein anderes Mitglied zu seinen Kreisen hinzufügt, muss nicht notwendigerweise auch der andere Nutzer den ersten Nutzer zu seinen Kreisen hinzufügen. Man orientiert sich hier also eher am „Follower“-Modell von Twitter, bei dem man die Nachrichten eines anderen Nutzers abonniert. Ein Bereich mit statischen Informationen („Über mich“) ist ebenfalls im Profil eines Nutzers enthalten.

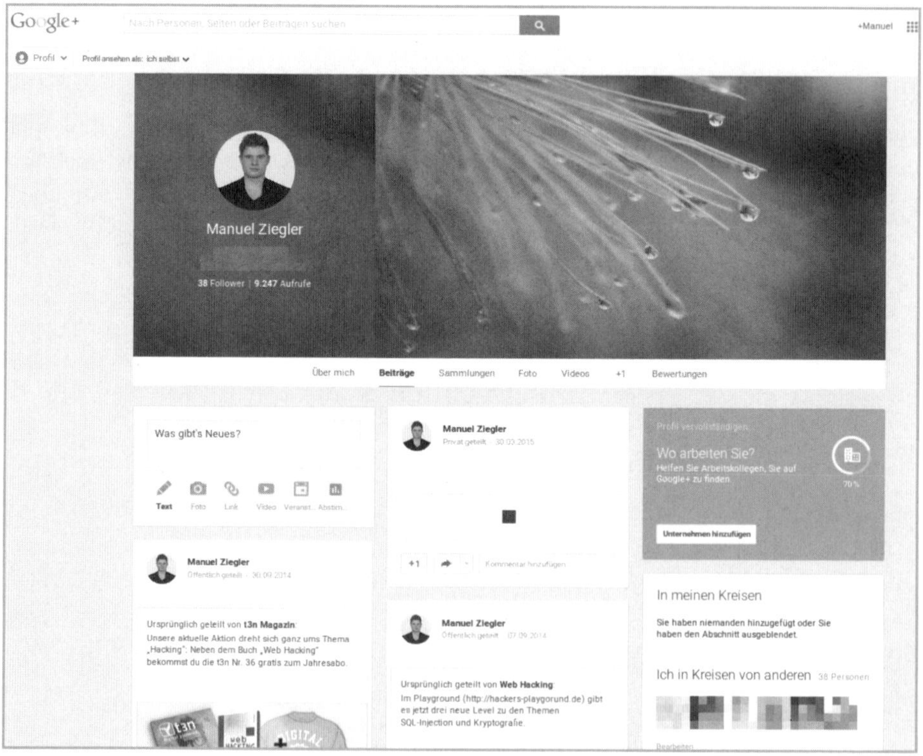

Bild 2.13 Ein Google+-Nutzerprofil

Über die sogenannten Kreise kann man andere Mitglieder verwalten. Zum Beispiel kann man Mitglieder je nach Zugehörigkeit zur entsprechenden sozialen Gruppe in die Kreise „Familie“, „Freunde“, „Bekannte“ und „Kollegen“ einsortieren (siehe Bild 2.14). Wichtig wird eine solche Sortierung dann, wenn man einen Beitrag teilt. Hier kann man festlegen, mit welchen Kreisen dieser jeweils geteilt werden soll. Das Facebook-Äquivalent zu Kreisen sind sogenannte Listen. Die hat sich Facebook vermutlich tatsächlich bei Google abgeschaut.

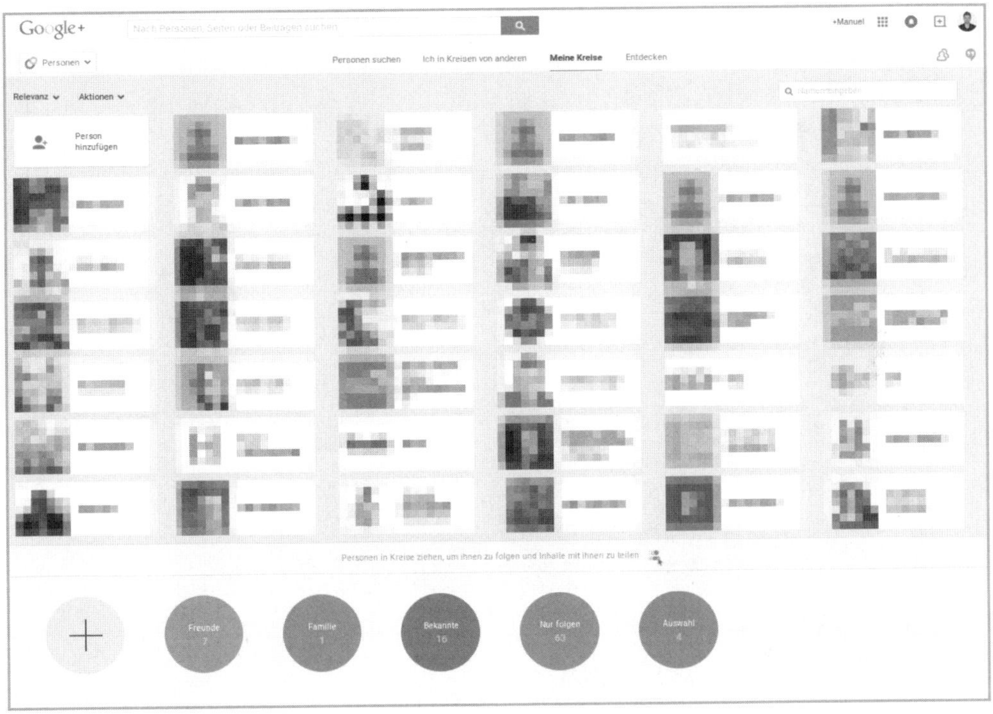

Bild 2.14 Kreise in Google+

Wie bei Facebook gibt es auch in Google+ Veranstaltungen (siehe Bild 2.15). Hier kann man unter anderem im Nachhinein noch angeben, ob man an dieser Veranstaltung teilgenommen hat oder nicht, man kann jedoch auch öffentliche Veranstaltungen oder Veranstaltungen seiner Freunde suchen. Das Angebot ist hier jedoch längst nicht so breit wie bei Facebook.

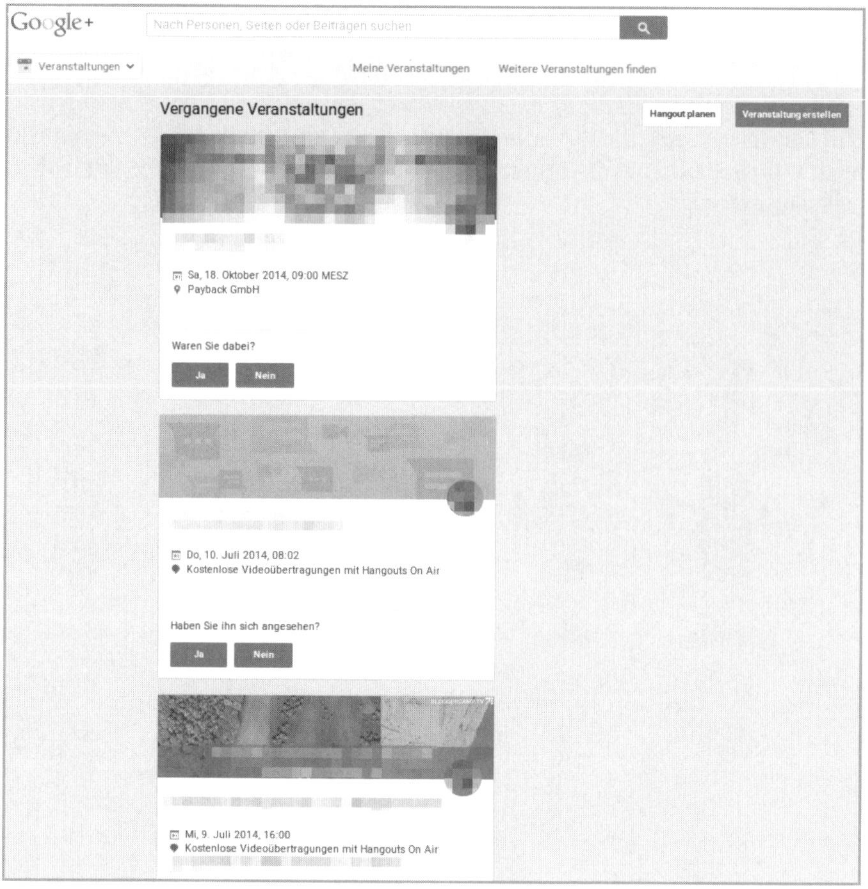

Bild 2.15 Veranstaltungen in Google+

Eine Besonderheit von Google+ sind die sogenannten Hangouts, bei denen Sie entweder mit anderen Mitgliedern Videochats führen oder gar Unterhaltungen mithilfe von „Hangouts On Air“ für ein breites Publikum aufzeichnen und live übertragen können. Beliebt waren besonders „Hangouts On Air“ in der Vergangenheit in Talkshows, wenn zum Beispiel der sich im Asyl befindende Edward Snowden an einer Talkshow oder einer Konferenz teilnehmen sollte.

2.1.2.3 Einstellungen

In den Google+-Einstellungen können Sie vor allem konfigurieren, wer mit Ihren Beiträgen interagieren darf (siehe Bild 2.16) und welche Informationen von Ihnen überhaupt preisgegeben werden. Sie können weiterhin konfigurieren, wie und bei welchen Ereignissen Sie benachrichtigt werden möchten.

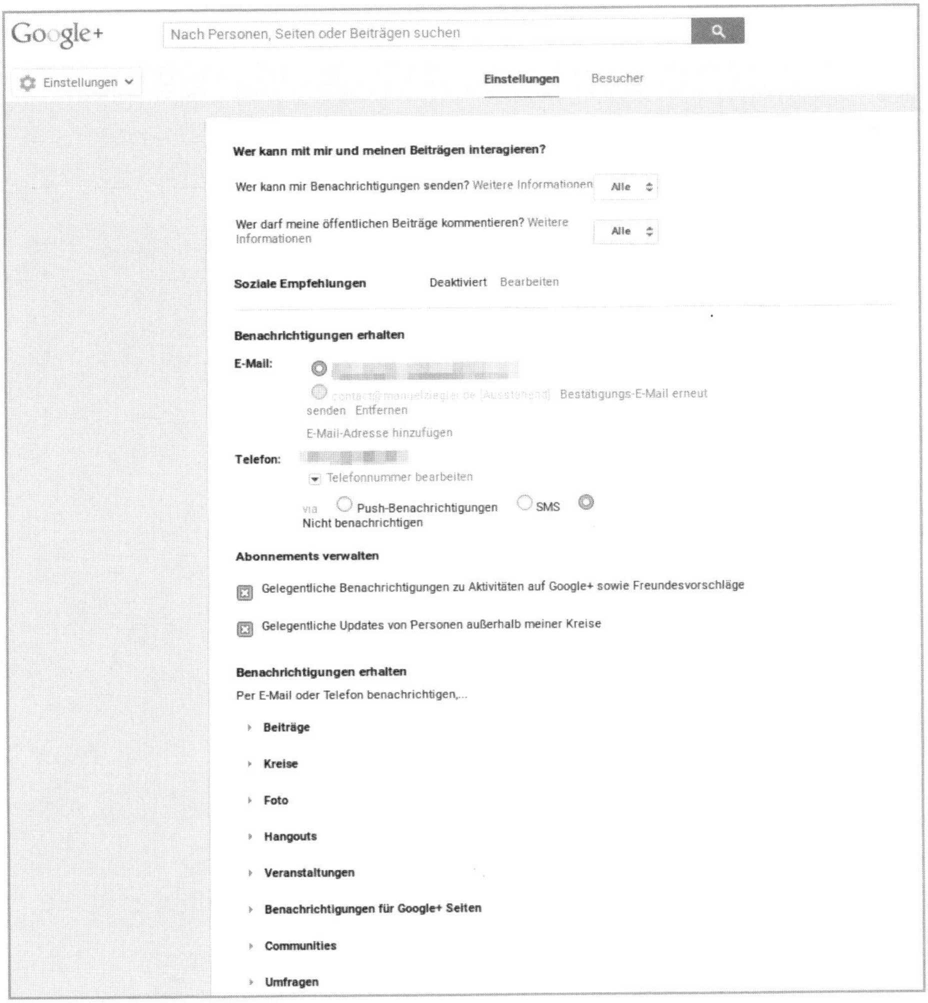

Bild 2.16 Einstellung zur Interaktion mit anderen Benutzern und Benachrichtigungen

Ein interessanter Schutz von Bildern und Videos ist es, anderen Nutzern das Herunterladen zu erschweren. Dabei wird verhindert, dass Nutzer ein Bild mithilfe eines Rechtsklicks über den Dialog „Bild speichern unter“ abspeichern. Allerdings kann dieser Schutz zum Beispiel mithilfe eines Screenshots umgangen werden und bietet daher keinen besonders wirksamen Schutz davor, dass Besucher Ihre Bilder und Videos bei sich lokal abspeichern. Außerdem können Sie im Kontext von Bildern und Videos festlegen, ob Sie mithilfe der von Google bereitgestellten Gesichtserkennungsfunktion in Bildern und Videos anderer Nutzer gefunden werden sollen und ob andere Nutzer Sie dort markieren dürfen (siehe Bild 2.17). Eine Aktivierung dieser Funktion bedeutet, dass andere

Nutzer durch den Upload eines Bildes auf Google+ herausfinden könnten, ob Sie sich auf diesem Bild befinden.

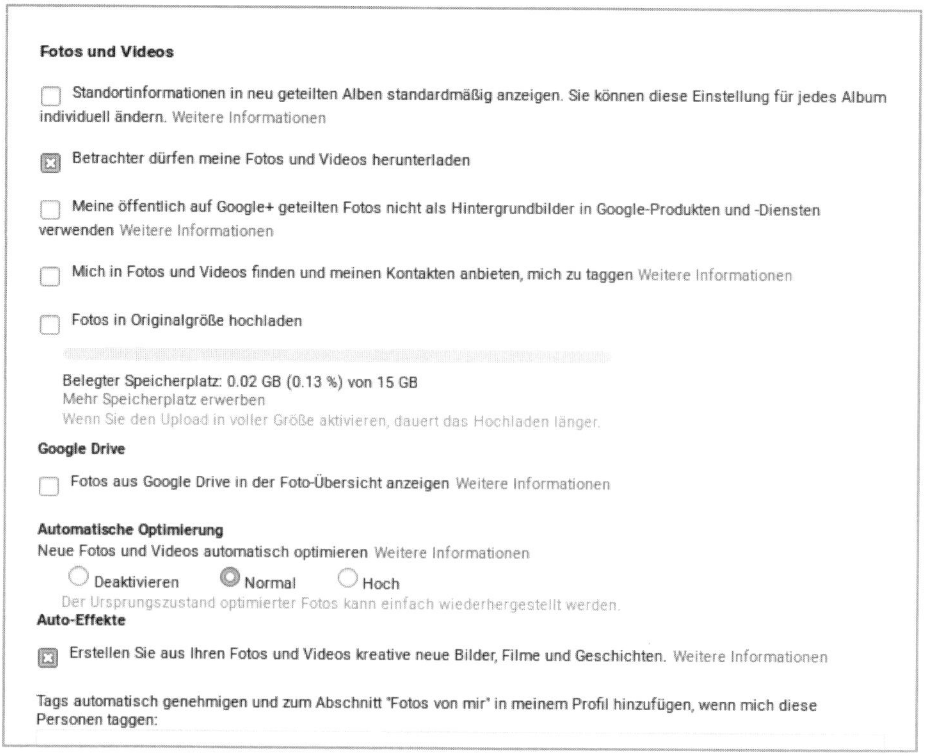

Bild 2.17 Einstellungen für Fotos und Videos

Über die Standorteinstellungen (siehe Bild 2.18) können Sie schließlich entscheiden, ob und, wenn ja, welche Mitglieder sehen dürfen, wo Sie sich aktuell befinden.

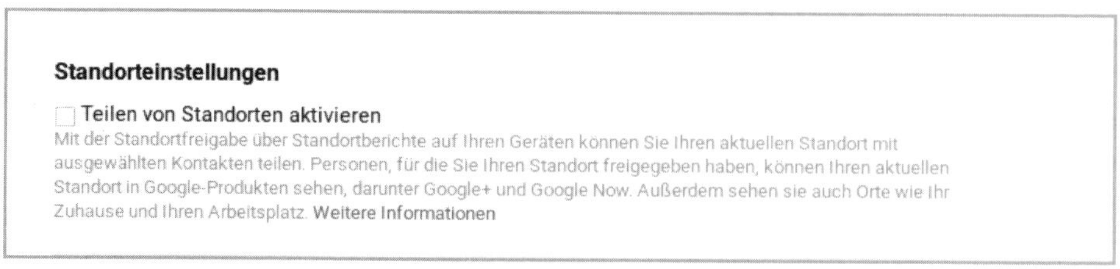

Bild 2.18 Einstellungen zur Standortfreigabe

2.1.3 Twitter

Twitter ist ein soziales Netzwerk mit dem primären Ziel, Kurznachrichten zu versenden. Das Hauptaugenmerk liegt bei Twitter also darauf, Informationen zu teilen, und nicht, Nutzerprofile zu bauen. Anders als bei Netzwerken wie Facebook und Co. steht bei Twitter die Kommunikation im Vordergrund. Dabei ist es nicht einmal unbedingt nötig, dass man Twitter tatsächlich aktiv nutzt, sondern man kann sich bequem von anderen mit Informationen – den sogenannten Tweets – versorgen lassen und ganz darauf verzichten, selbst Tweets zu schreiben.

Im Gegensatz zu zahlreichen anderen sozialen Netzwerken scheinen die Betreiber von Twitter keinen unstillbaren Hunger nach Benutzerdaten zu haben, und so hat es Twitter geschafft, auch in Fachkreisen anerkannt zu sein. Doch zuletzt schien es so, als sei Twitter im Begriff dazu, diesen Ruf zu verlieren. Kein Wunder, denn Twitter braucht dringend Geld: 577,820 Millionen US-Dollar betrug Twitters Nettoverlust im Jahr 2014 [7]. Dabei gelang es Twitter im dritten Quartal 2014, die Einnahmen mithilfe von Werbeeinnahmen bei seinen Nutzern zu verdoppeln, allerdings verdoppelten sich dabei auch die Ausgaben des Unternehmens beinahe. Womöglich ist der Fall Twitter ein Zeichen dafür, dass zentralisierte soziale Netzwerke für ihre Betreiber nur dann lukrativ sind, wenn diese eine Datenpolitik betreiben, die die Privatsphäre der Nutzer nicht respektiert.

2.1.3.1 Ein Überblick über die Nutzungsbedingungen

Auch Twitter erhebt jede Menge Daten von seinen Nutzern und macht intensiven Gebrauch davon. Dabei drückt Twitter wesentlich konkreter als Google und Facebook aus, was mit den Daten tatsächlich passiert.

Zuweilen passiert es offenbar, dass Twitter, mehr oder weniger versehentlich, versteht sich, Informationen über den Standort eines Nutzers von dessen Endgerät zugesendet bekommt:

> *You may also tell us your location when you set your trend location on Twitter.com or your computer or mobile device sends us location information.*

In diesem Fall speichert Twitter diese Daten, um den Nutzern lokalisierte Dienste anzubieten.

2.1.3.2 Die Benutzeroberfläche

Die Twitter-Benutzeroberfläche ist die wohl schlankeste und intuitivste Benutzeroberfläche aller hier vorgestellten sozialen Netzwerke (mit Ausnahme einiger Messenger). Auf der Startseite (siehe Bild 2.19) von Twitter sehen Sie in Form eines Newsfeeds in chronologischer Reihenfolge alle sogenannten Tweets Ihrer Kontakte bzw. der Personen und Unternehmen aufgelistet, denen Sie folgen. Zuweilen befinden sich darunter auch gesponserte Posts, also Werbeanzeigen (siehe Bild 2.20).

Bild 2.19 Die Twitter-Startseite

Bild 2.20
Eine Werbeanzeige auf Twitter

Indem Sie auf den Namen eines Nutzers klicken, gelangen Sie zu dessen Profil (siehe Bild 2.21), wo im Wesentlichen alle Tweets dieses Nutzers in chronologischer Reihenfolge aufgelistet sind sowie einige zusätzliche Informationen wie Follower dieses Nutzers und Personen, denen der Nutzer folgt. Indem man einem anderen Nutzer folgt, kann man die Beiträge dieses Nutzers abonnieren, sodass diese in Zukunft auf der eigenen Startseite erscheinen.

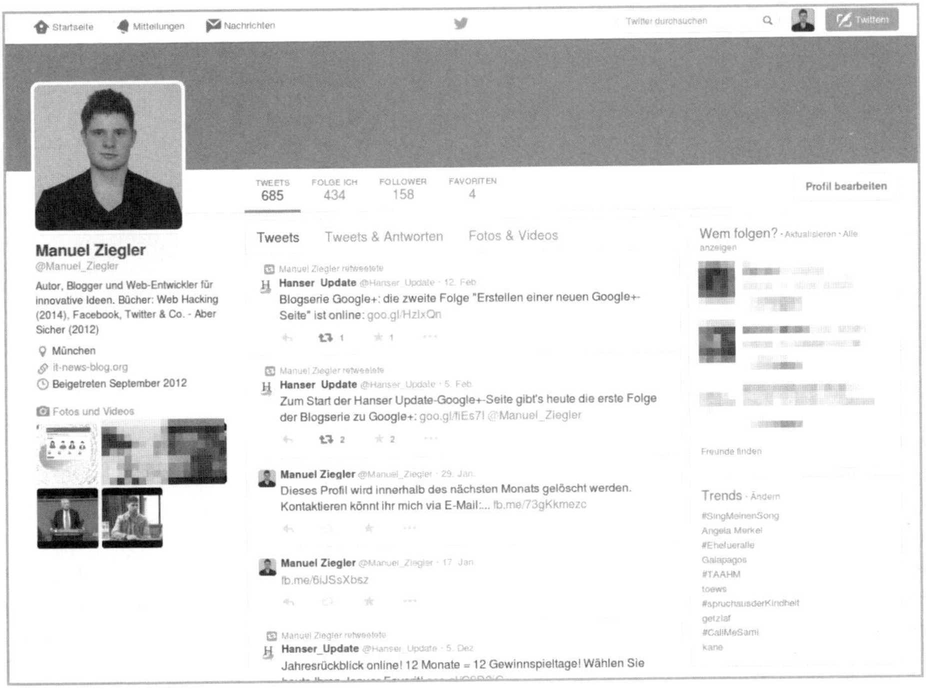

Bild 2.21 Ein Twitter-Nutzerprofil

Zwei weitere wichtige Bereiche existieren unter den Namen „Mitteilungen" und „Nachrichten". Unter „Mitteilungen" sind aktuelle Benachrichtigungen (siehe Bild 2.22) wie sogenannte „Retweets" anderer Nutzer, bei denen diese einen von Ihnen verfassten Tweet an ihre eigenen Follower weiterleiten, oder Favorisierungen, das logische Äquivalent zu „Gefällt-mir"-Angaben auf Twitter, Ihrer Tweets aufgelistet. Auch wenn andere Nutzer Sie in einem Tweet erwähnen (das funktioniert mit einem @-Zeichen gefolgt von Ihrem Twitter-Nutzernamen), erhalten Sie eine Benachrichtigung. Im Bereich „Entdecken" versucht Twitter, für Sie interessante Tweets zu aggregieren (siehe Bild 2.23).

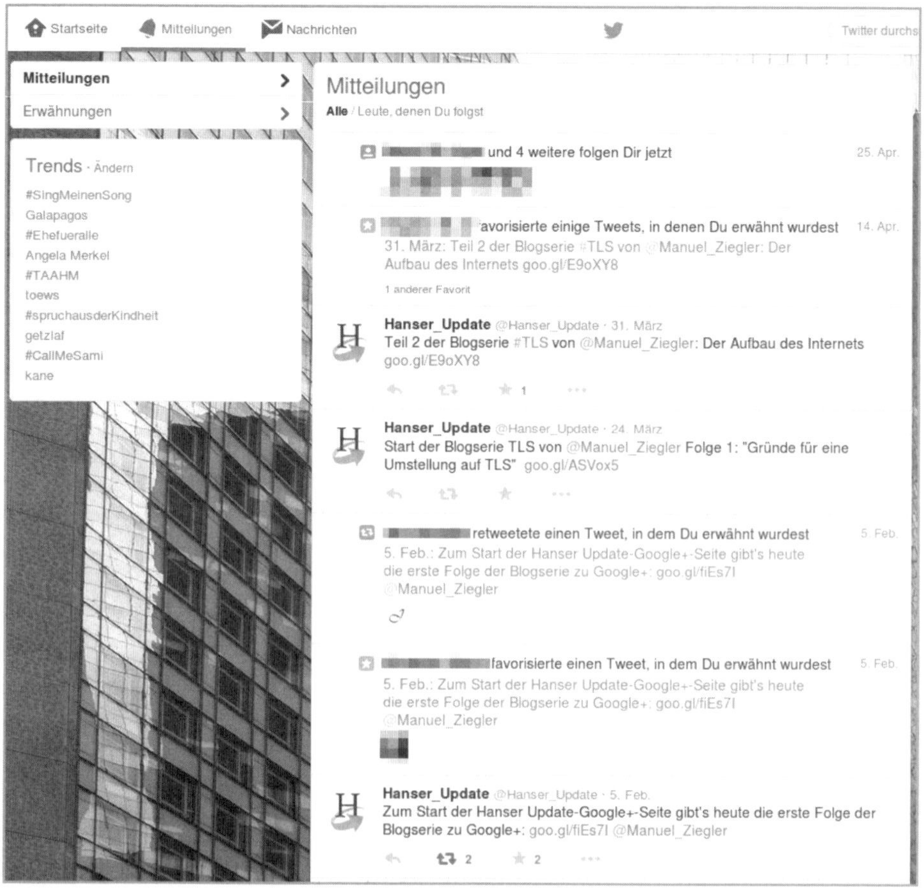

Bild 2.22 Twitter-Mitteilungen

Ein letztes Element von Twitter, das man erwähnen sollte, sind sogenannte Hashtags, die mit einem Rautensymbol „#“ eingeleitet und in Tweets verwendet werden. Damit können Sie Ihren Tweet einem Thema zuweisen oder an einer unter einem bestimmten Hashtag geführten Diskussion teilnehmen. Dementsprechend können Sie sich auch alle Beiträge zu einem Hashtag auflisten lassen.

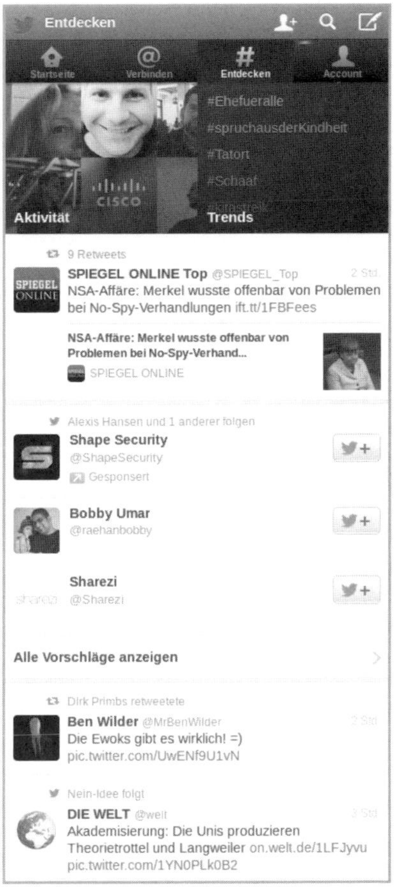

Bild 2.23 Entdecken

2.1.3.3 Einstellungen

Die Einstellungen von Twitter erreichen Sie über einen Klick auf Ihren Avatar in der rechten oberen Ecke und einen anschließenden Klick auf „Einstellungen“. Dort können Sie neben spezifischen Einstellungen, die es Ihnen erlauben, Informationen zu Ihrem Account zu verwalten (siehe Bild 2.24), unter anderem auch Einstellungen bezüglich Ihrer Privatsphäre tätigen (siehe Bild 2.25).

Bild 2.24 Twitters-Accounteinstellungen

Hier können Sie einstellen, wer Sie auf Fotos markieren darf, wer Ihre Tweets sehen darf (entweder alle oder nur bestätigte Personen), ob Ihr Standort mit anderen Nutzern geteilt werden soll, aber auch, ob und in welchem Umfang Twitter auf Ihre persönlichen Daten zugreifen darf.

Bild 2.25 Twitter-Privatsphäre-Einstellungen

Da Twitter standardmäßig besonders viele E-Mails versendet, die als besonders störend empfunden werden können, könnten Sie auch die unter „E-Mail-Mitteilungen" lokalisierten Einstellungen interessieren, die es Ihnen erlauben, Mails zu bestimmten Themen zu bestellen oder, das scheint zumindest mir persönlich die interessantere Funktion zu sein, wieder abzubestellen (siehe Bild 2.26).

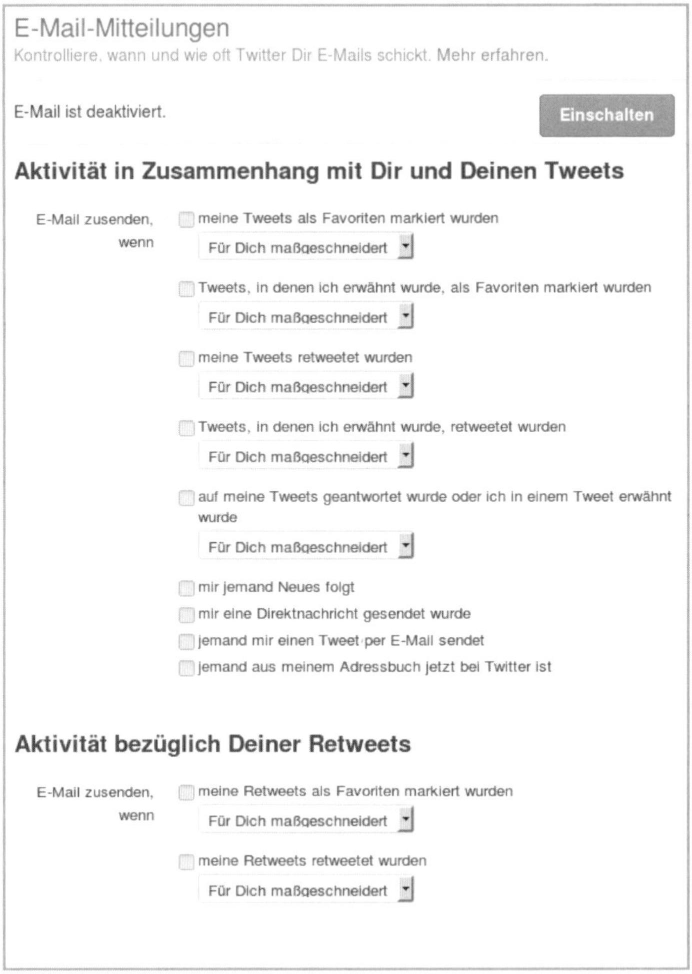

Bild 2.26 Einstellungen zum Erhalt von E-Mail-Benachrichtigungen

2.1.4 YouTube

YouTube unterscheidet sich von den meisten anderen sozialen Netzwerken vor allem durch seine Inhalte. Während die meisten anderen kommerziellen sozialen Netzwerke bei den Inhalten vor allem auf Texte und Bilder setzen, geht es bei YouTube ausschließlich um Videos. Nutzer aller Welt können Videos über YouTube mit Menschen auf der ganzen Welt teilen.

Das hat in der Vergangenheit bereits zahlreiche YouTube-Stars hervorgebracht, die dank ihrer Videos zu großer Bekanntheit und in einigen Fällen auch zu einigem Reichtum gekommen sind. Im Gegensatz zu vielen anderen sozialen Netzwerken können Sie YouTube auch ohne Anmeldung nutzen. Gewissermaßen ist YouTube auf diesem Weg zu einer ernst zu nehmenden Alternative des Fernsehens geworden.

2.1.4.1 Ein Überblick über die Nutzungsbedingungen

Die Nutzungsbedingungen von YouTube entsprechen im Wesentlichen den in Abschnitt 2.1.2.1 vorgestellten serviceübergreifenden Google-Richtlinien.

2.1.4.2 Die Benutzeroberfläche

Die Benutzeroberfläche von Youtube ist alles in allem sehr einfach aufgebaut: Über eine Suche können Kanäle anderer Nutzer ebenso wie Videos gesucht werden (siehe Bild 2.27). Klickt man auf ein Video, so wird dieses geöffnet und in einem Videoplayer abgespielt (siehe Bild 2.28). Auf der rechten Seite versucht YouTube, verwandte Videos oder Videos, die der Nutzer als Nächstes ansehen könnte, einzublenden. Unter dem Video können Nutzer Kommentare dazu abgeben sowie dieses entweder positiv oder negativ bewerten.

Bild 2.27 Suche nach Videos

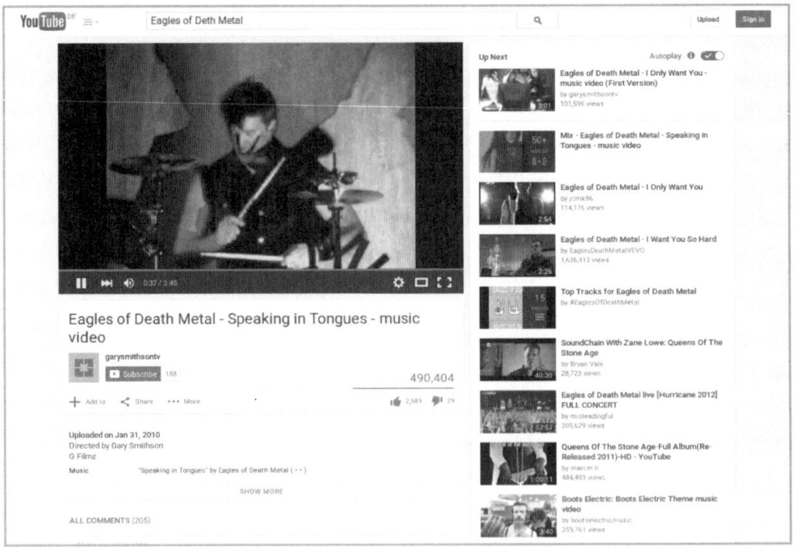

Bild 2.28 Video Playback

Ein sogenannter Kanal ist das Nutzerprofil eines YouTube-Nutzers (siehe Bild 2.29). Hier werden die letzten Aktivitäten des Nutzers ebenso wie die von ihm hochgeladenen Videos angezeigt. Es gibt zahlreiche besonders populäre Kanäle auf YouTube, auf denen einzelne Nutzer oder Gruppen regelmäßig neue Videos zu einem bestimmten Thema veröffentlichen und die einen besonders großen Bekanntheitsgrad erreicht haben.

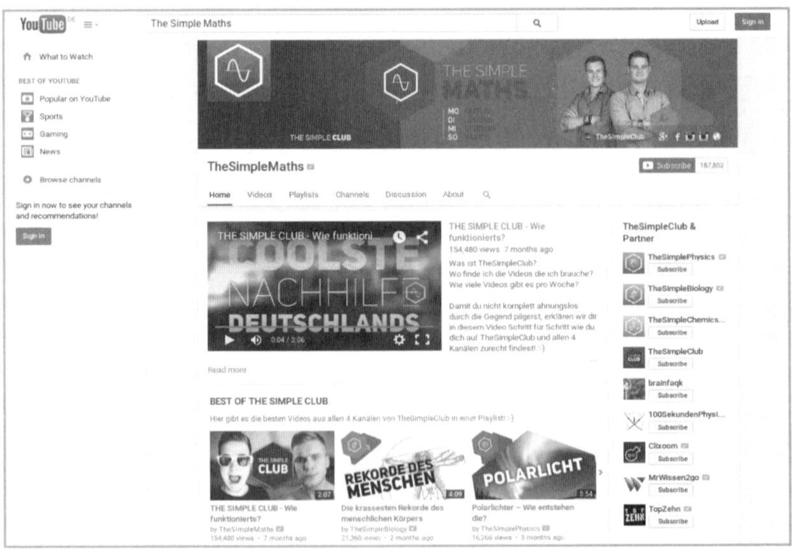

Bild 2.29 Ein YouTube-Kanal

2.2 Soziale Netzwerke im Businessbereich

Nutzerprofile sozialer Netzwerke haben sehr viel mit einem im geschäftlichen Umfeld eingesetzten Lebenslauf gemeinsam. Nutzer halten darin Ereignisse ihres Lebens in chronologischer Reihenfolge fest, was es Besuchern ermöglicht, sehr viele Informationen über die unterschiedlichen Lebensabschnitte eines Nutzers zu ermitteln. Natürlich werden klassische soziale Netzwerke nicht vorrangig dazu genutzt, Karriereziele zu erreichen. Dennoch gibt es einige soziale Netzwerke, die ihren Nutzern gerade das versprechen. Populäre Vertreter solcher Netzwerke sind zum Beispiel XING oder LinkedIn.

Zu vielen karrierefördernden Zwecken können auch die in Abschnitt 2.4.4 vorgestellten Blogs genutzt werden. Man kann dieser Entwicklung durchaus mit einiger Skepsis gegenüberstehen, schließlich trägt sie zum Teil dazu bei, einst wertfreie Lebensbereiche zu kommerzialisieren[5], man kann gerade das jedoch auch als eine positive Entwicklung betrachten, das hängt ganz vom eigenen wirtschafts- und gesellschaftsideologischen Standpunkt ab. Zumindest sollte man jedoch bedenken, dass eine Vermischung professioneller mit privaten Lebensbereichen nicht unbedingt erstrebenswert ist.

2.2.1 Headhunter in sozialen Netzwerken

Headhunting (der offizielle Ausdruck lautet Executive Search) ist eine meist von externen Agenturen erbrachte Dienstleistung, bei der ganz gezielt einzelne Personen für offene Stellen in einem Unternehmen ausgewählt werden. Im Gegensatz zum klassischen Bewerbungsprozess werden dabei die für eine Stelle infrage kommenden Personen in aller Regel von der Agentur kontaktiert, anstatt sich selbst auf eine Ausschreibung zu bewerben, und zuweilen sogar von ihrem bisherigen Arbeitgeber abgeworben.

Selbstverständlich soll Headhunting keineswegs in grundsätzlicher Konkurrenz zum klassischen Bewerbungsverfahren stehen, dazu reichen schlicht die Ressourcen nicht aus. Allerdings haben soziale Netzwerke, insbesondere solche professionellen wie XING und LinkedIn, dazu geführt, dass der Prozess der Executive Search für die entsprechenden Agenturen deutlich leichter geworden ist, und auch dazu, dass sich der klassische Bewerbungsprozess in einigen Punkten dem Headhunting angenähert hat.

Agenturen, die sich auf Executive Search spezialisiert haben, pflegen meist große Datenbanken, in denen sie einzelne Menschen nach deren Tätigkeitsbereichen und Fertigkeiten kategorisieren, um im Falle eines tatsächlichen Auftrags schneller geeignete Kandidaten für eine Stelle zu finden. Durch soziale Netzwerke wie XING oder LinkedIn

[5] Eine allgemeinere Theorie dazu liefert der Kleinkünstler Marc-Uwe Kling in seinen Känguru-Chroniken: „Ist dir klar, dass die meisten Krisentheorien des Kapitalismus, die den baldigen Zusammenbruch vorhersagen, daran kranken, dass sie unterschätzen, wie viele einst wertfreie Bereiche des gesellschaftlichen Zusammenlebens noch der kapitalistischen Verwertungskette anheimfallen können, um solchermaßen die Krisentendenzen durch eine quasi erneute ursprüngliche Akkumulation abzuschwächen?“

wird diesen Agenturen die Arbeit drastisch vereinfacht, schließlich pflegen die Menschen ihre Profile dort selbst, sodass die Agenturen wesentlich weniger Arbeit damit haben, ihre Datenbank auf dem aktuellen Stand zu halten.

Dabei werden die Headhunter immer aufdringlicher und versuchen immer früher, an mögliche Kandidaten für ihre Datenbank heranzutreten, und auch große Unternehmen gehen in sozialen Netzwerken und im Internet generell auf Nachwuchssuche. Bereits während des Studiums ist es nicht untypisch, dass Unternehmen wie Google oder Apple an Studenten herantreten, um ihnen ein Stellenangebot zu unterbreiten. Doch ebenso, wie sich soziale Netzwerke positiv auf ihre Karriere bzw. auf die Ihnen angebotenen Stellen auswirken können – ob das tatsächlich positiv ist, das muss jeder für sich selbst entscheiden –, lassen sich dort natürlich auch Fehltritte überwachen. Headhunter beobachten Sie auf Schritt und Tritt; und das nicht nur in Netzwerken wie XING oder LinkedIn, sondern auch auf Facebook, Twitter und Co. Sie besuchen Ihre persönlichen Webseiten und lesen Ihre Beiträge, zumindest dann, wenn sie überprüfen, ob Sie für einen Job geeignet sind oder nicht. Das kommt zunehmend häufiger auch bei gewöhnlichen Einstellungen zum Einsatz. Da das Internet nur sehr langsam, wenn überhaupt vergisst, kann es passieren, dass Sie Ihre Fehltritte ein ganzes Leben lang begleiten.

Vor diesem Hintergrund ist der Executive-Search-Prozess in sozialen Netzwerken äußerst bedenklich.

2.2.2 Online-Lebenslauf

Während Unternehmen auf der einen Seite soziale Netzwerke dazu einsetzen können, um Informationen über Sie zu ermitteln, die Sie nicht preisgeben wollen, können Sie diese natürlich auch ganz gezielt dazu einsetzen, um sich von Ihrer besten Seite zu präsentieren.

Zu diesem Zweck können Sie sowohl klassische soziale Netzwerke als auch eigens betriebene Plattformen wie beispielsweise Blogs nutzen, Sie können jedoch auch auf professionelle soziale Netzwerke wie XING oder LinkedIn zurückgreifen, die ihren Nutzern einen einheitlichen Lebenslauf bieten. Tatsächlich werden zum Beispiel bei XING die wichtigsten Stationen Ihres beruflichen Lebens wie in Ihrem Lebenslauf chronologisch sortiert angezeigt, sofern Sie diese dort angeben.

Gerade im Design-Bereich gibt es heute schon sehr viele Menschen, die auf ihren Webseiten einen individuell gestalteten Lebenslauf präsentieren, mit dem sie ihre Kreativität und ihr Können unter Beweis stellen, denn auch bei einem Online-Lebenslauf gilt, zumindest für die meisten Berufe: Wer auffällt, hat oft bessere Chancen.

Ist der Online-Lebenslauf im Begriff dazu, den klassischen Lebenslauf abzulösen? Geht der Trend dahin, dass Arbeitnehmer online Stellengesuche in Form eines Lebenslaufes aufgeben und Arbeitgeber in Zukunft vermehrt auf diese Stellengesuche reagieren anstatt Stellenausschreibungen zu veröffentlichen? In einigen Berufsfeldern ist das sicherlich der Fall. Es bleibt abzuwarten, wie weit diese Entwicklung gehen wird und welche Implikationen sich daraus für Sie ergeben. Wenn Sie jedoch schon heute in professionellen sozialen Netzwerken vertreten sind, sollten Sie darauf vorbereitet sein, um Fehltritte zu vermeiden.

2.2.3 XING

XING ist das größte professionelle soziale Netzwerk im deutschen Sprachraum. Es bietet seinen Nutzern eine kostenlose Mitgliedschaft, die im Grunde Zugang zu allen wichtigen Funktionen erlaubt, und eine kostenpflichtige Mitgliedschaft, bei der einige Funktionalitäten in erweitertem Umfang zur Verfügung stehen.

Auf XING können Sie Ihre Geschäftskontakte um sich scharen, sich an Diskussionen in Foren beteiligen oder einfach nur einen virtuellen Lebenslauf pflegen, mit dem Sie sich gegenüber Besuchern wie Headhuntern und anderen Personalverantwortlichen hervorheben können.

2.2.3.1 Ein Überblick über die Nutzungsbedingungen

Die Nutzungsbedingungen von XING sind im Vergleich zu vielen anderen sozialen Netzwerken relativ harmlos. Trotzdem gibt es einige Punkte, die nicht ganz ohne sind.

So ist es Ihnen beispielsweise verboten, Bestandteile der XING-Webseite zu blockieren:

> *The user is prohibited from the following:*
> *[...]*
> *(b) Blocking, overwriting, modifying and copying any contents of the XING Websites, unless said actions are necessary for the proper use of XING*

Das bedeutet unter anderem, dass es Ihnen weder erlaubt ist, Tracking-Skripte noch Werbeanzeigen mithilfe von Ad-Blockern oder anderen Browser-Plugins zu blockieren. Allerdings wird der Einsatz derartiger Plugins offenbar nicht besonders verfolgt oder geahndet.

Außerdem stimmen Sie durch die Nutzung von XING zu, dass XING anderen Nutzern jederzeit Ihre Aktivitäten anzeigen kann. Zum Beispiel ist XING dazu berechtigt, und wird das auch tun, anderen Nutzern anzuzeigen, dass Sie deren Profil besucht haben. Das ist nicht gerade das, was man gemeinhin unter Diskretion versteht.

2.2.3.2 Die Benutzeroberfläche

Die XING-Benutzeroberfläche besteht im Grunde aus drei wichtigen Komponenten: den Neuigkeiten, Ihrem Nutzerprofil und dem anderer Personen sowie dem Postfach für Nachrichten (und Kontaktanfragen). Zusätzlich existieren weitere Bereiche, wie beispielsweise Veranstaltungen, Gruppen und der „Stellenmarkt“. Ein zuweilen sehr nervenaufreibender Bereich können die sogenannten Branchen-News sein, in denen XING mit durchwachsenem Erfolg[6] versucht, interessante Nachrichten aus Ihrer Branche für Sie zusammenzustellen.

Auf der Startseite werden Ihnen Neuigkeiten Ihrer Kontakte, neue Beiträge in Gruppen und, sofern Sie auf Jobsuche sind, neue Stellenangebote angezeigt (siehe Bild 2.30). Tatsächlich handelt es sich bei den angezeigten Meldungen überwiegend um Stellenangebote, die in den unterschiedlichen XING-Gruppen von Recruitern veröffentlicht werden. Als Premiummitglied haben Sie über die Startseite von XING ebenfalls Zugriff auf die letzten Besucher Ihres Profils. Als normaler Nutzer sehen Sie zumindest die letzten drei Nutzer in anonymisierter Form. Wenn Sie tatsächlich herausfinden möchten, wer da Ihr Profil besucht hat, klicken Sie mit der rechten Maustaste auf das Bild des entsprechenden Nutzers und wählen Sie die Option „Bildadresse kopieren" bzw. „Copy Image Location". Besuchen Sie anschließend die Google-Bildersuche unter der Adresse images.google.com und klicken Sie dort im Suchfeld auf das Foto-Symbol. Fügen Sie dann die kopierte URL in das Suchfeld unter dem Reiter „Bild-URL einfügen" ein (siehe Bild 2.31). Mit etwas Glück finden Sie dann einen Treffer, der Ihnen Aufschluss über die Identität des Nutzers gibt.

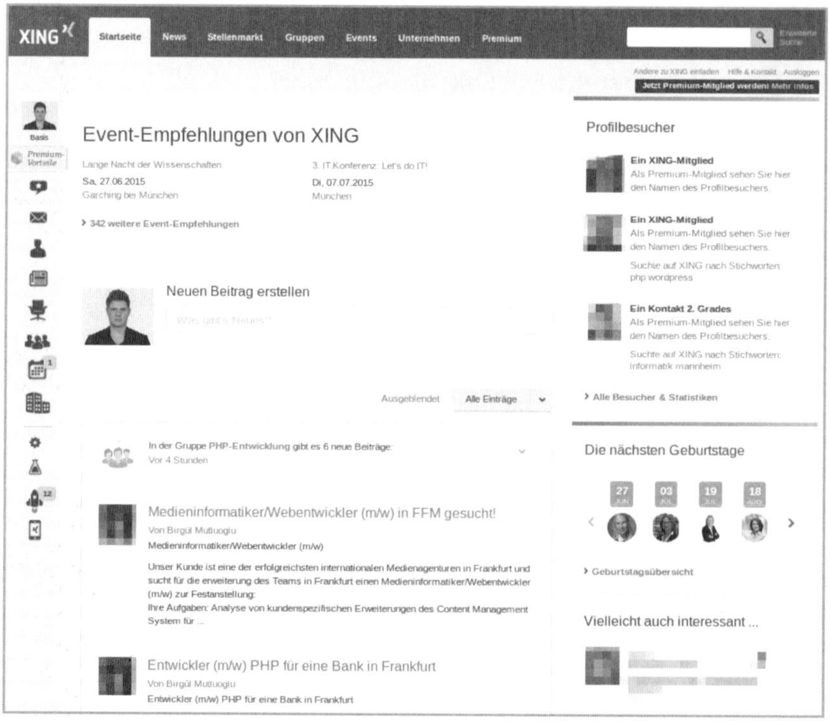

Bild 2.30 Die XING-Startseite

[6] Zum Beispiel werden Ihnen als Student häufig, um nicht zu sagen, fast ausschließlich, unikritische und in sonstiger Art und Weise geradezu wehleidige Berichterstattungen von Missständen im deutschen Bildungssystem angezeigt.

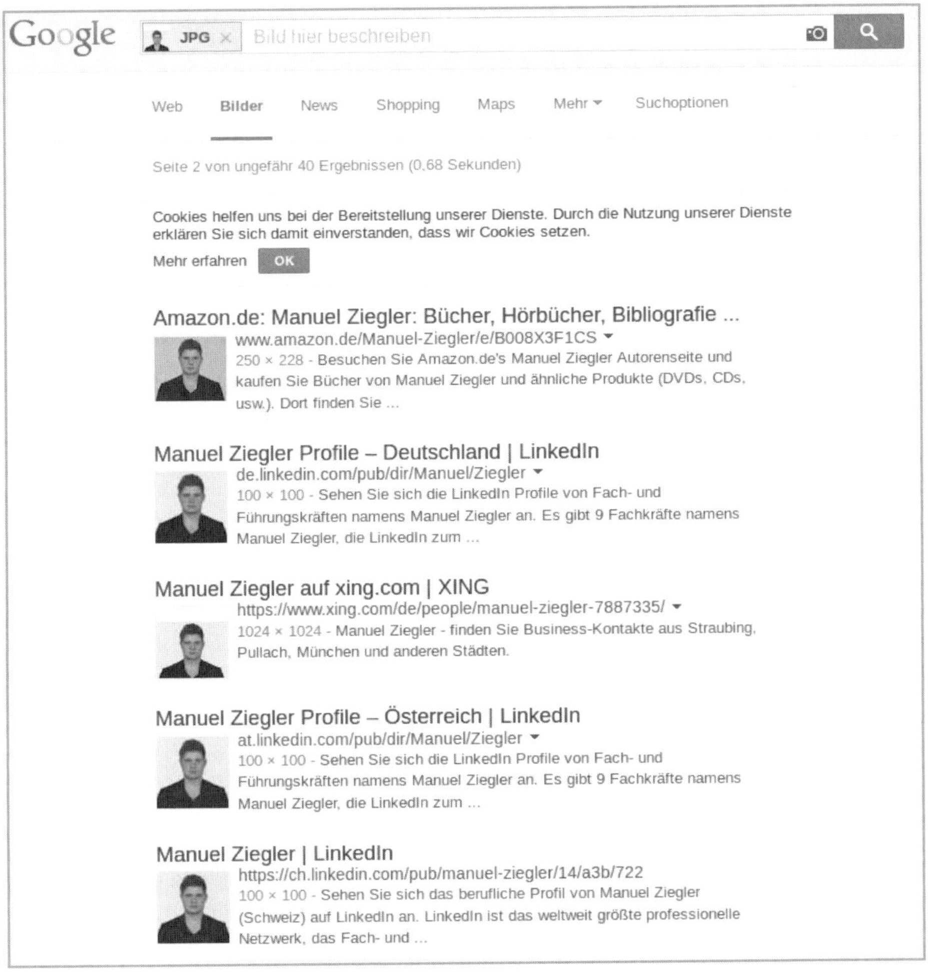

Bild 2.31 Suche nach einem Bild über die Google-Bildersuche

Das Profil eines Nutzers gleicht auf XING sehr stark einem Lebenslauf. Während im Kopfbereich des Profils vor allem Informationen zur Ausbildung und zur aktuellen Beschäftigung eingeblendet werden, können Besucher unter der Kategorie „Profildetails“ (siehe Bild 2.32) vom Nutzer angegebene Informationen zur Ausbildung, zu den Kenntnissen, dem beruflichen Werdegang und weiteren Qualifikationen des Nutzers einsehen. Weitere Kategorien erlauben den Zugriff auf Gruppen, in denen der Nutzer aktiv ist, Veranstaltungen, die der Nutzer besucht hat bzw. besuchen wird, Kontakte des Nutzers sowie alle auf XING getätigten Aktivitäten und weitere Profile im Web, die mit dem XING-Profil verknüpft wurden.

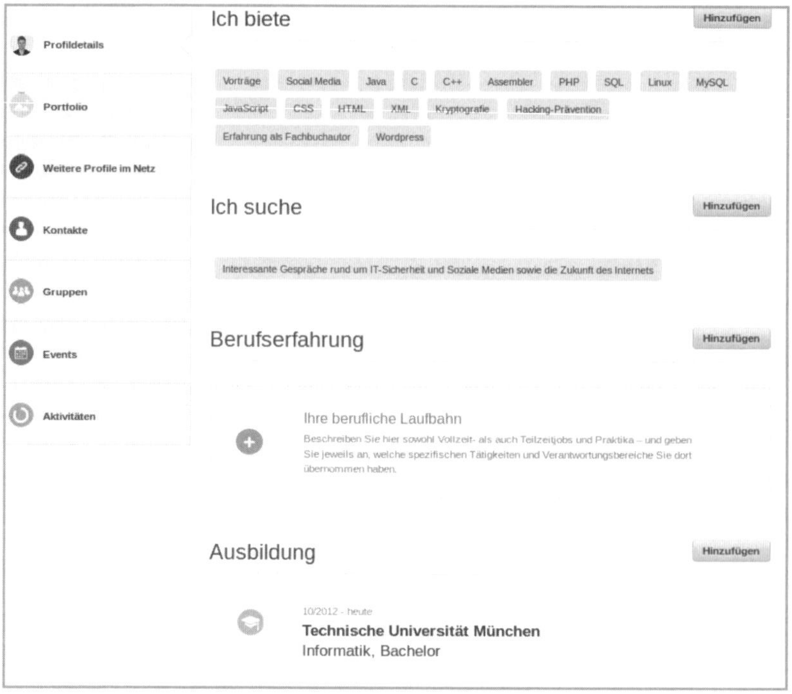

Bild 2.32 Profildetails eines Nutzerprofils

2.2.3.3 Einstellungen

Die Einstellungen für Ihren XING-Benutzeraccount erreichen Sie über das entsprechende Symbol am linken Seitenrand. Hier können Sie Ihre persönlichen Daten und Zugangsdaten verändern, Sichtbarkeiten der unterschiedlichen Inhaltstypen für andere Mitglieder festlegen (siehe Bild 2.33) sowie Benachrichtigungen für bestimmte Ereignisse ein- und abschalten (siehe Bild 2.34).

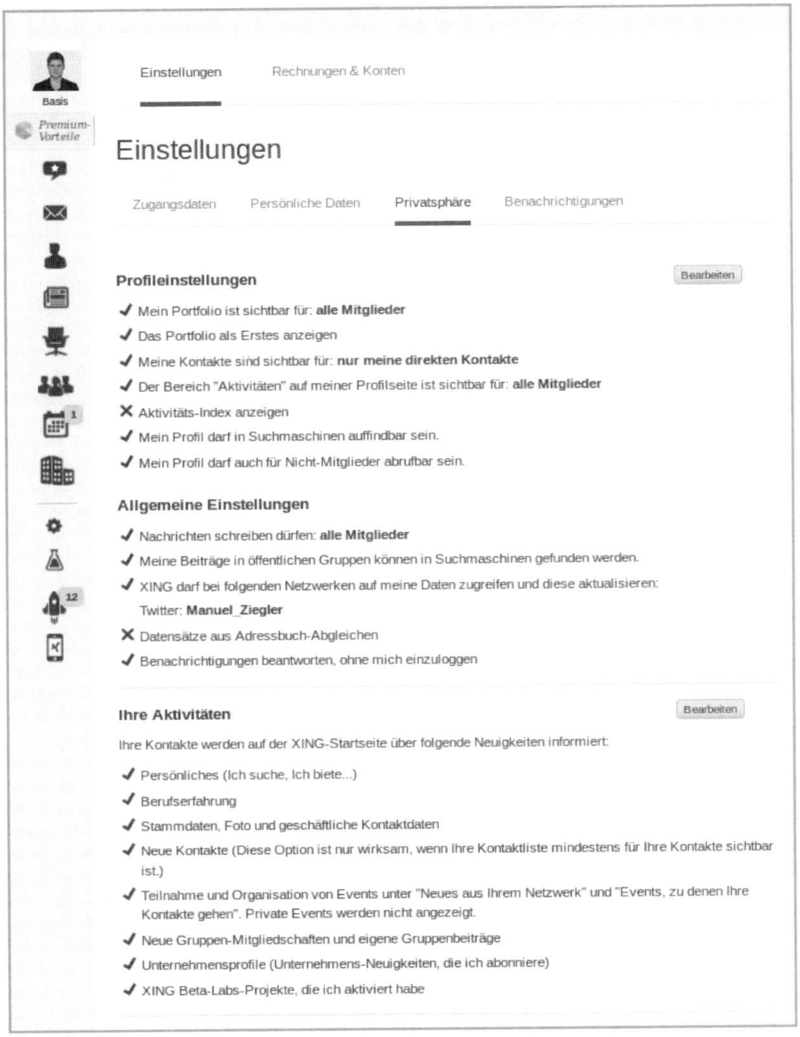

Bild 2.33 Privatsphäre-Einstellungen

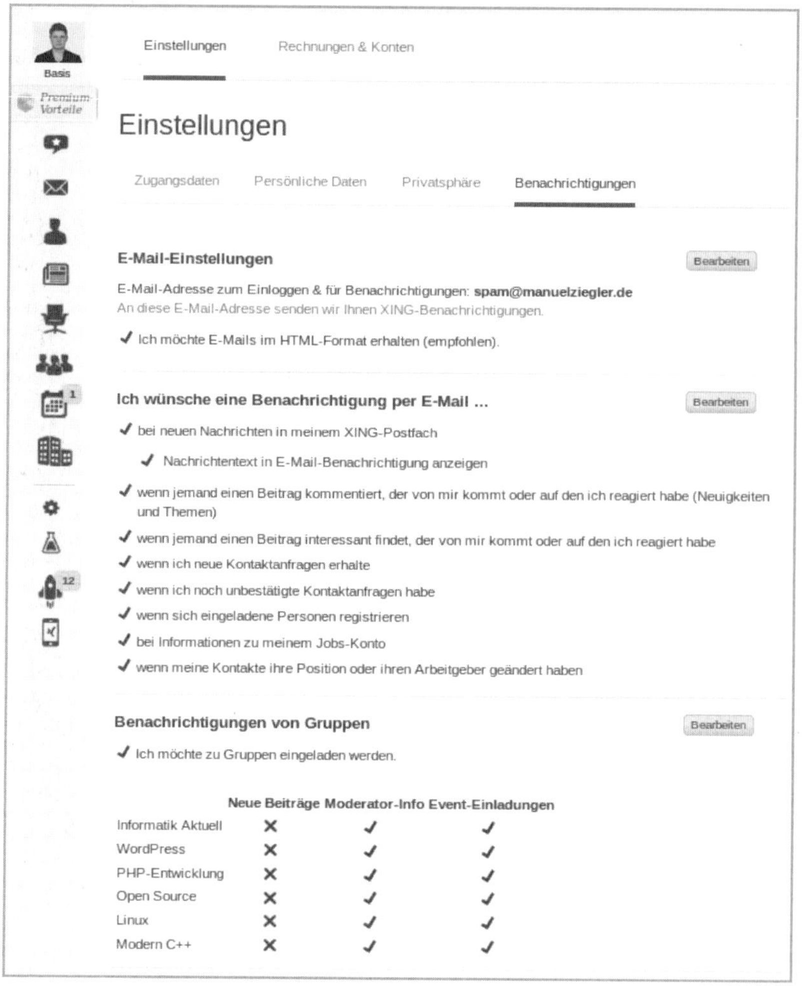

Bild 2.34 Benachrichtigungseinstellungen

2.2.4 LinkedIn

Während sich XING vor allem auf die deutsche Wirtschaft spezialisiert hat, ist LinkedIn eine internationale Plattform, die zunehmend auch in Deutschland Fuß fasst. Auch auf der LinkedIn-Plattform können Sie ein Nutzerprofil anlegen und Besuchern dort die wichtigsten Stationen Ihres Lebenslaufes präsentieren.

2.2.4.1 Die Benutzeroberfläche

Die LinkedIn-Benutzeroberfläche besteht im Wesentlichen aus einer Startseite, auf der aktuelle Beiträge von anderen Mitgliedern ebenso wie Stellenangebote dargestellt sind. Ganz oben auf der Seite befindet sich eine Art persönliches Ranking, das es Ihnen erlauben soll, Ihre berufliche Personenmarke im Auge zu behalten (siehe Bild 2.35).

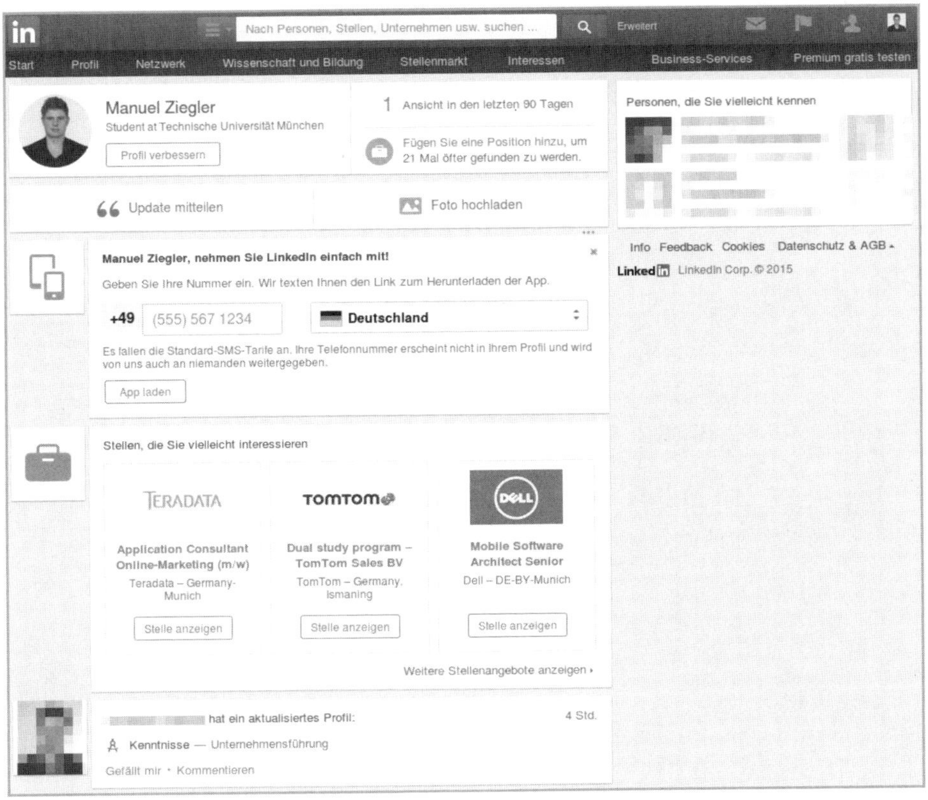

Bild 2.35 Die LinkedIn-Startseite

Neben dieser Übersichtsseite können Sie das Profil eines Mitglieds besuchen. Hier sehen Sie in aller Regel einen kurzen Lebenslauf der entsprechenden Person sowie vernetzte Kontakte und Gruppen, denen diese Person angehört (siehe Bild 2.36).

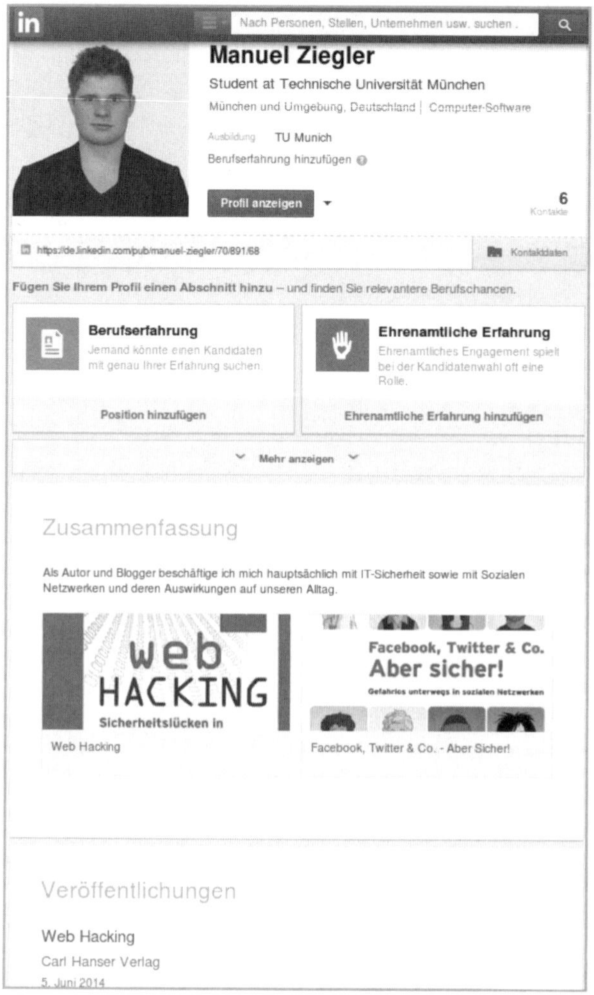

Bild 2.36
Ein Nutzerprofil auf LinkedIn

Neben einfachen Mitgliederprofilen gibt es auch Seiten, auf denen sich Firmen darstellen können. Hier können Sie nicht nur die neuesten Posts und Stellenangebote der entsprechenden Firma sehen, sondern auch einsehen, welche LinkedIn-Mitglieder bei der entsprechenden Firma arbeiten (siehe Bild 2.37).

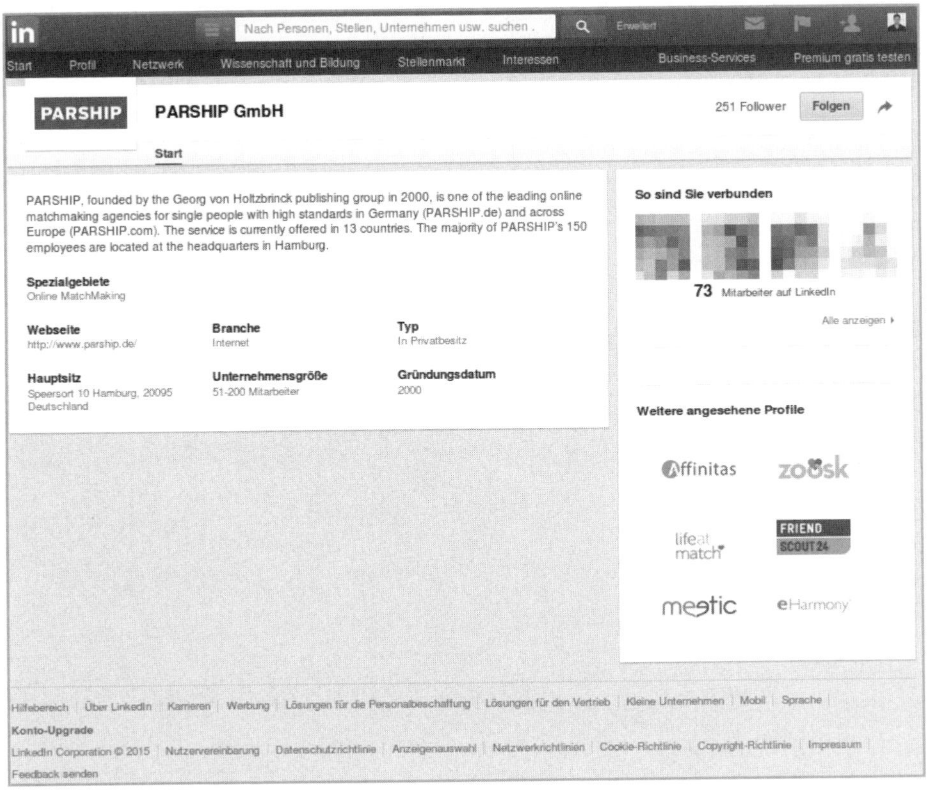

Bild 2.37 Eine Firmenseite auf LinkedIn

2.2.4.2 Einstellungen

Über Ihren Avatar in der rechten oberen Ecke erreichen Sie die verschiedenen Einstellungsmöglichkeiten für Ihr LinkedIn-Profil (siehe Bild 2.38). Besonders interessant ist dabei der Punkt „Datenschutz und Einstellungen" (siehe Bild 2.39). Hier können Sie bestimmen, welche Mitglieder welche Ihrer Aktivitäten sehen dürfen, bei welchen Nachrichten Sie per E-Mail benachrichtigt werden möchten und wie andere Mitglieder mit Ihnen in Verbindung treten können, und viele weitere Einstellungen vornehmen.

Bild 2.38
So erreichen Sie die Einstellungen zu Ihrem Benutzerkonto.

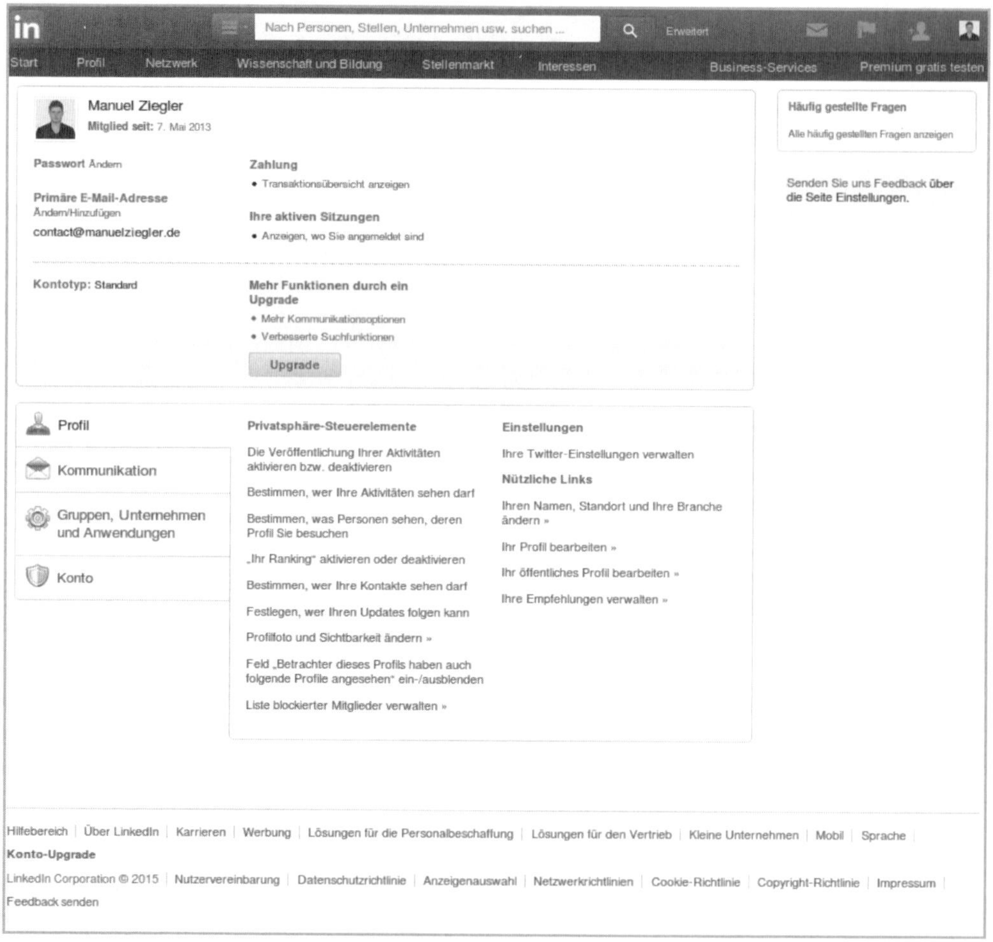

Bild 2.39 Datenschutz und Einstellungen bei LinkedIn

2.3 Mobile soziale Netzwerke

Mobile soziale Netzwerke sind soziale Netzwerke, die ausschließlich auf mobile Plattformen wie Smartphones oder Tablets ausgerichtet sind. In aller Regel handelt es sich bei mobilen sozialen Netzwerken um irgendeine Form von Messenger, also einen Dienst, bei dem Kurznachrichten zwischen Nutzern ausgetauscht werden.

Mobile soziale Netzwerke sind leider aus Sicht der Privatsphäre oft besonders brisant, da diese durch die Installation auf Ihren Smartphones Zugriff auf die darin verbauten Sensoren wie zum Beispiel GPS-Sensoren und Daten wie Ihre Adressbücher haben und von diesem Zugang nicht selten Gebrauch machen. Nachrichten, die über mobile Messenger ausgetauscht werden, sind oft nur unzureichend verschlüsselt, sodass sowohl Betreiber als auch unbeteiligte Dritte nicht selten in der Lage sind, Ihre Kommunikation zu verfolgen. Deshalb werden Ihnen in diesem Kapitel mit TextSecure und Wicker zwei Messenger mit sicherer Ende-zu-Ende-Verschlüsselung und mit RedPhone eine VoIP-App, mit der verschlüsseltes Telefonieren möglich ist, vorgestellt. Die Alternativen sind also da, es fehlt ihnen bislang nur noch an ausreichend vielen Nutzern.

2.3.1 Whatsapp

Whatsapp ist ein mobiler Messenger, der erheblich dazu beigetragen hat, der SMS hierzulande ihren Rang abzulaufen. Da Nachrichten, die über Whatsapp versendet werden, über das Internet verschickt werden, ist es im Gegensatz zum Versand von Nachrichten via SMS auch möglich, kostenlos Bilder und Videos zu versenden. Außerdem ermöglicht es Whatsapp, in Gruppen zu kommunizieren.

In der Vergangenheit hatte Whatsapp schon mit schweren Sicherheitslücken zu kämpfen. Neben der Tatsache, dass Nachrichten unverschlüsselt übermittelt wurden, war vor allem der Authentifizierungsmechanismus lange Zeit äußerst sicherheitskritisch. Statt sich mithilfe eines künstlich erzeugten, zufälligen Schlüssels oder mithilfe eines Passwortes gegenüber dem Whatsapp-Server zu authentifizieren, nutzten die Whatsapp-Betreiber die Telefonnummer der Nutzer in Kombination mit der sogenannten International Mobile Station Equipment Identity (IMEI), einer eindeutigen Gerätekennung für Mobiltelefone, bzw. die MAC-Adresse in jeweils anonymisierter Form. Diese Informationen kann unter Android beispielsweise jede installierte App erfassen, die die Berechtigung „Telefonstatus lesen" besitzt.

Mithilfe der so erfassten Informationen konnten Angreifer nicht nur die Nachrichten anderer Nutzer empfangen, sondern waren auch in der Lage dazu, Nachrichten im Namen anderer Nutzer zu versenden. Nach einer viel zu langen Zeitspanne, die sogar für ein Unternehmen, das sich nicht besonders um Sicherheitslücken in seiner Software kümmert, unverhältnismäßig lange dauerte, behob Whatsapp diesen Fehler. Seitdem wird bei der Registrierung ein Passwort vom Whatsapp-Server generiert und zukünftig bei jedem Login auf dem Server verwendet.

2.3.1.1 Die Benutzeroberfläche

Die Whatsapp-Benutzeroberfläche ist relativ intuitiv. Auf der Startseite sind die unterschiedlichen Unterhaltungen mit anderen Nutzern nach der letzten Aktivität chronologisch geordnet aufgelistet (siehe Bild 2.40).

Bild 2.40
Auflistung der Unterhaltungen in Whatsapp

Öffnet man eine Unterhaltung, so sind dort die zugehörigen Nachrichten in chronologischer Reihenfolge aufgelistet (siehe Bild 2.41). Über das Eingabefeld können Sie eine neue Nachricht an den jeweiligen Nutzer oder die jeweilige Gruppe versenden.

Bild 2.41
Nachrichten einer Unterhaltung in Whatsapp

2.3.1.2 Einstellungen

In den Einstellungen können Sie Ihren Status festlegen (siehe Bild 2.42). Außerdem können Sie Ihren Account verwalten, indem Sie zum Beispiel das Zahlungsintervall für die kostenpflichtige Nutzung von Whatsapp nach einem Jahr festlegen (siehe Bild 2.43) oder einstellen, welche Informationen andere Nutzer von Ihnen sehen können (siehe Bild 2.44). Dazu gehören Informationen darüber, wann Sie zuletzt online waren, Ihr Profilfoto, Ihr Status sowie Lesebestätigungen.

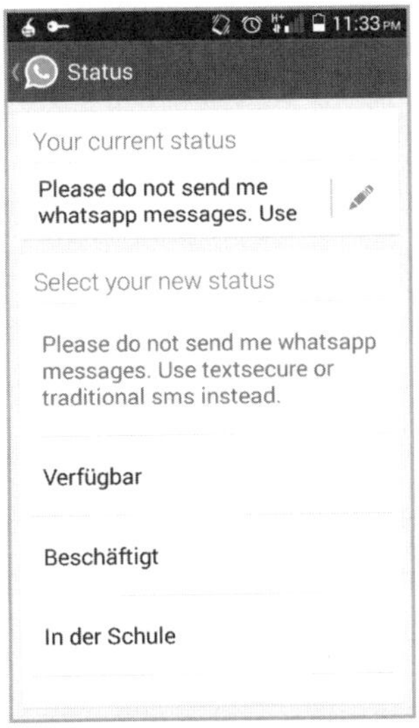

Bild 2.42 Festlegen des Status

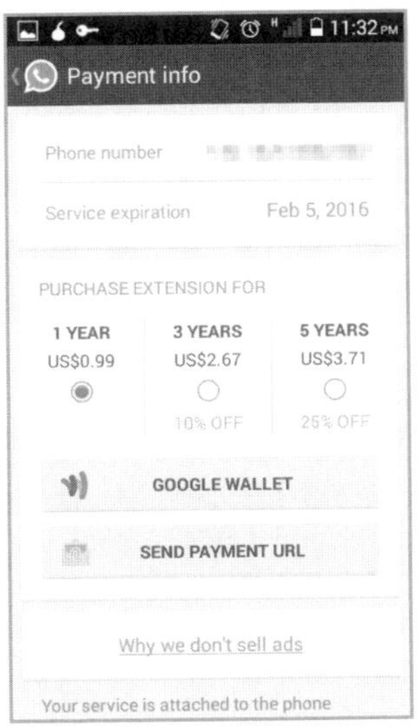

Bild 2.43 Einstellen des Zahlungsintervalls

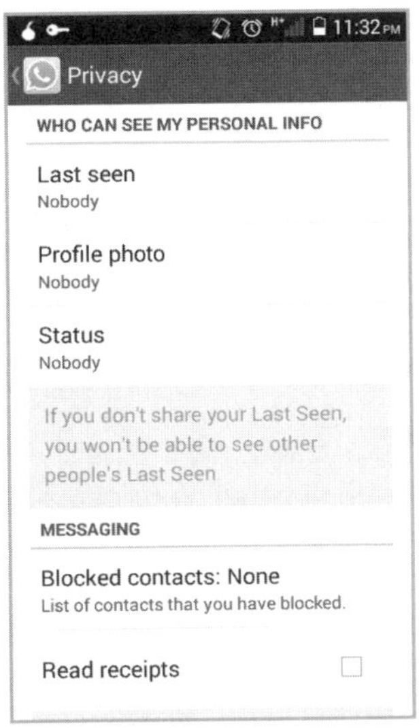

Bild 2.44 Privatsphäre-Einstellungen

Weiterhin können Sie einstellen, auf welche Art und Weise Sie benachrichtigt werden wollen, wenn Sie eine neue Nachricht erhalten (siehe Bild 2.45).

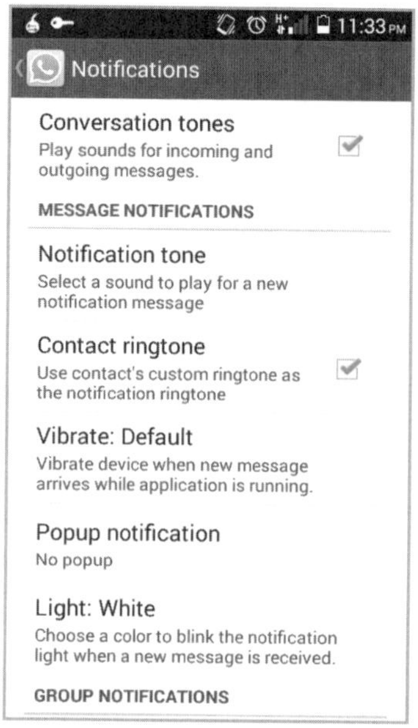

Bild 2.45
Benachrichtigungseinstellungen

2.3.1.3 Facebooks Whatsapp-Kauf

Im Februar 2014 machte das Unternehmen Facebook Schlagzeilen damit, dass es den Messenger Whatsapp für den Rekordpreis von rund 19 Milliarden US-Dollar aufkaufte. Zuvor hatte Facebook versucht, Whatsapp mit seinem eigenen mobilen Messenger Konkurrenz zu machen. Dass Facebook mit dem Whatsapp-Kauf jedoch nicht nur die Konkurrenz auf dem schnell wachsenden Markt des Mobile Messagings ausschalten wollte, liegt auf der Hand. Wollte Facebook mit seinem Whatsapp-Kauf einen neuen Markt für Werbeanzeigen erschließen? Schwerlich, denn kurz nach der Bekanntgabe der Übernahme von Whatsapp durch Facebook verkündete Whatsapp-Gründer Jan Koum im Whatsapp-Blog:

Here's what will change for you, our users: nothing. [9]

Facebook bestätigte später, dass Whatsapp auch in Zukunft werbefrei bleiben würde. Whatsapp hatte seinen Nutzern in den Nutzungsbedingungen versprochen, Nutzerdaten nicht an Dritte weiterzugeben. Deshalb ermahnte die US Federal Trade Commision Facebook und Whatsapp im April 2014, dieses Versprechen auch in Zukunft nicht zu verletzen [10]. Bislang hat Facebook die Nutzungsbedingungen von Whatsapp tatsächlich nicht geändert.

Trotzdem wäre es naiv zu glauben, die enorme Datenmenge, über die Whatsapp verfügt, würde Facebook nicht zugänglich gemacht werden. Die Rechte, die Whatsapp-Nutzer der App einräumen, umfassen nicht nur Zugriff auf die Kontaktdaten, Adressbücher sowie auf die auf dem Gerät verfügbaren Konten, sondern vor allem auch die Möglichkeit, aktive Apps zu ermitteln, SMS des Nutzers zu lesen, den Standort zu ermitteln, auf Fotos, Mikrofon und Kamera des Smartphones zuzugreifen, WLAN-Verbindungsinformationen und die Telefonidentität abzurufen, sowie zahlreiche weitere Berechtigungen, mit denen eine beinahe vollständige Kontrolle aller auf dem Smartphone ablaufenden Aktivitäten und gespeicherten Daten möglich ist.

Was Whatsapp mit diesen Berechtigungen anfängt, weiß niemand, denn der Quellcode der App ist nicht einsehbar. Dass Facebook diese Daten nicht einsehen kann, halte ich persönlich für unglaubwürdig. Bereits in der Vergangenheit hat Facebook ganz bewusst die Privatsphäreversprechen, die es seinen Nutzern gegeben hat, ignoriert und sich in den Nutzungsbedingungen zuweilen sogar rückwirkend das Recht gegeben, Daten, die ohne das Wissen des Nutzers gesammelt wurden, zu Werbezwecken zu verwenden. Mag sein, dass Facebook in der Wachstumsphase von Whatsapp nicht riskieren möchte, die Nutzungsbedingungen zu ändern, früher oder später jedoch wird Facebook die Whatsapp-Daten mit den über Facebook ermittelten Daten zusammenführen, so wie das auch nach der Übernahme von Instagram der Fall war.

Da hilft es auch nichts, dass die Whatsapp-Gründer immer wieder betonen, wie wichtig ihnen persönlich Privatsphäre ist. Wären diese Beteuerungen wahr, hätten sie ihr Unternehmen (und ihre Seele) nicht an Facebook verkauft. An diesem Beispiel sieht man einmal mehr, dass Geld eben doch stinken kann.

2.3.2 Instagram

Instagram ist eine mobile App zum Teilen von Fotos und Videos, die im Oktober 2010 von Kevin Systrom und Mike Krieger veröffentlicht wurde. 2012 wurde Instagram von Facebook für rund 1 Milliarde US-Dollar aufgekauft. Im Dezember 2014 verkündete Facebook in einer Pressemitteilung, dass Instagram die 300-Millionen-Benutzermarke überschritten habe. Instagram liegt bei vielen Jugendlichen und Hobbyfotografen im Trend. Sie können hier Bilder veröffentlichen und sich auf diese Art und Weise ausdrücken.

2.3.2.1 Die Benutzeroberfläche

Die Instagram-App ist sehr einfach aufgebaut. Auf der Startseite sehen Sie die Neuigkeiten Ihrer Freunde, ähnlich der aus anderen sozialen Netzwerken bekannten Newsfeeds (siehe Bild 2.46). Über die Suchfunktion können Sie beliebte Nutzer und Bilder betrachten oder ganz gezielt nach einzelnen Mitgliedern suchen (siehe Bild 2.47). Ihr Profil können Sie bearbeiten, indem Sie auf das Profil-Icon in der rechten unteren Ecke tippen (siehe Bild 2.48).

Bild 2.46
Der Instagram Newsfeed

Bild 2.47 Die Instagram-Suche

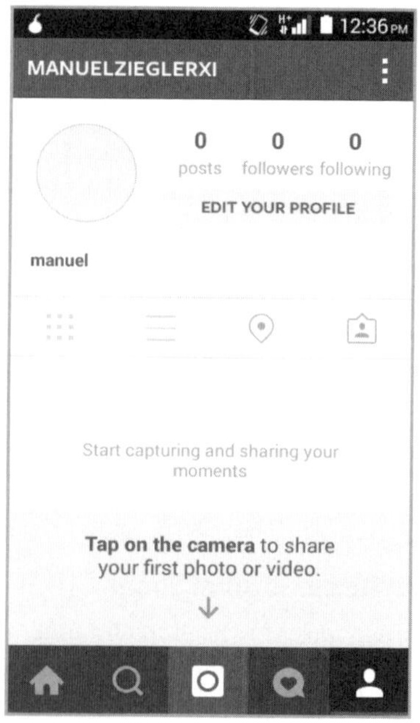

Bild 2.48 Das Instagram-Profil

Indem Sie auf das Kamera-Symbol in der Mitte tippen, können Sie Fotos aus Ihrer Galerie hochladen sowie neue Fotos und Videos aufnehmen (siehe Bild 2.49).

Bild 2.49
So können Sie Fotos mit Instagram aufnehmen.

2.3.2.2 Einstellungen

Die Einstellungen der Instagram-App erreichen Sie über Ihr Benutzerprofil. In der rechten oberen Ecke finden Sie ein entsprechendes Symbol. Tippen Sie darauf, um die Einstellungen zu öffnen (siehe Bild 2.50). Hier können Sie die Sichtbarkeit Ihres Accounts einschränken, einstellen, bei welchen Ereignissen Sie eine Benachrichtigung erhalten möchten, Ihr Profil bearbeiten (siehe Bild 2.51) und aus Ihrem Benutzerkonto ausloggen.

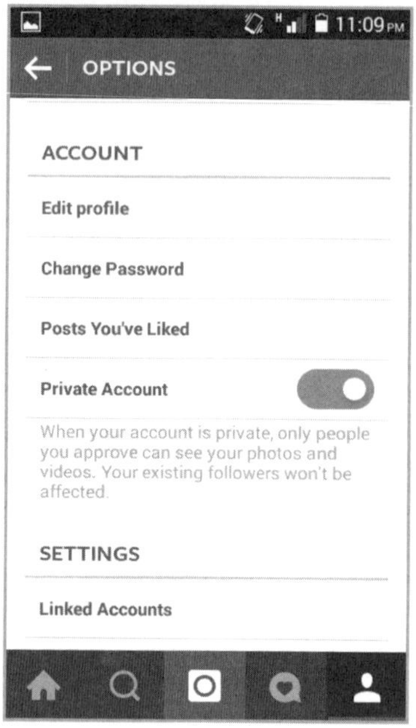

Bild 2.50 Die Instagram-Einstellungen

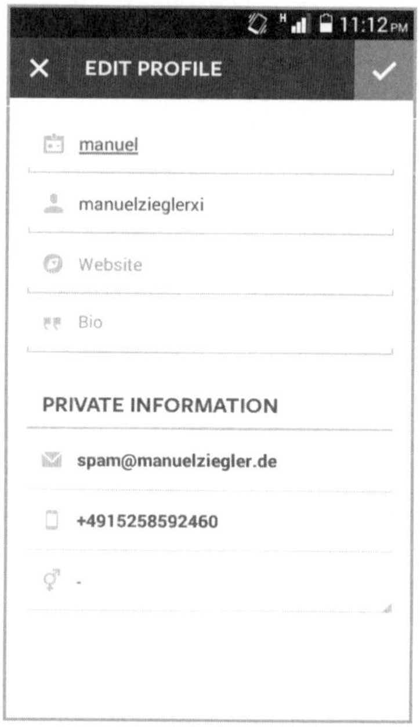

Bild 2.51 Profilinformationen bearbeiten

2.3.3 Snapchat

Snapchat ist eine Messenger-App für Smartphones, die ihren Nutzern verspricht, selbstzerstörende Nachrichten versenden zu können. Nutzer sollen sich auf diesem Weg in der Gewissheit, dass eine Nachricht nur für eine begrenzte Zeit existiert, miteinander unterhalten können. Leider ist Snapchat bisher nicht imstande gewesen, dieses Versprechen zu erfüllen.

2.3.3.1 Die Idee und Umsetzung vergänglicher Kommunikation

Vergängliche Kommunikation? Kann es das in unserer Welt geben? Gibt es in unserer Welt ein Ablaufdatum für Informationen? Das sind Fragen, die nur sehr schwer und kaum endgültig beantwortet werden können. Fest steht auf jeden Fall, dass, egal auf welchem Weg Kommunikation stattfindet, stets ein Restrisiko für Teilnehmer besteht, dass die darin gesprochenen Inhalte ihre vorgesehene Lebensdauer überschreiten.

Dieses Risiko hat in der Geschichte der Menschheit schon immer existiert. Unterschiedliche Kulturen sind damit unterschiedlich umgegangen. Wenn man in den frühen Hochkulturen verhindern wollte, dass jemand etwas ausplauderte, so schnitt man ihm, sofern man sich selbst in einer entsprechenden Position befand, kurzerhand die Zunge heraus. Selbst im Mittelalter wurde diese Praxis noch angewendet, jedoch hauptsächlich im Zuge der Inquisition, um Gotteslästerer zu bestrafen. Schriftliche Kommunikation war in vielen Fällen der Geschichte eine Gefahr für die Kommunikationspartner. Viele Juden, die im Dritten Reich verfolgt wurden, vernichteten ihre Korrespondenzen regelmäßig, um im Falle einer Hausdurchsuchung zu verhindern, dass diese der Gestapo in die Hände fielen. Auch heute sind Unternehmen und Privatpersonen, die sich etwas zuschulden kommen haben lassen oder aus anderen Gründen verhindern wollen, dass Informationen in fremde Hände geraten, bestrebt, schriftlich festgehaltene Dokumente verschwinden zu lassen.

Die Digitalisierung hat unserer Kommunikation im Hinblick auf Vergänglichkeit jedoch völlig neue Gesetze übergestülpt. Informationen, die wir digital erstellen und mit anderen Menschen teilen, sind in aller Regel alles andere als vergänglich. Schlimmer noch, der Urheber dieser Informationen hat häufig bereits beim Erzeugen dieser Informationen keinerlei Kontrolle mehr darüber, was damit passiert. Spätestens dann, wenn Informationen mit anderen Menschen geteilt wurden, entgleitet ihm die Kontrolle darüber vollständig.

Probleme bereiten nicht nur die völlig undurchsichtigen Synchronisationsprozesse, die üblicherweise im Hintergrund eines Computers laufen und dafür sorgen, dass Daten automatisch gesichert oder mit anderen Geräten synchronisiert werden, sondern auch die Tatsache, dass Informationen auf einfachstem Wege (Copy & Paste, Screenshots etc.) von anderen weiterverbreitet werden können und häufig auch werden.

Die App Snapchat setzt hier an und verspricht den Nutzern vergängliche Kommunikation im Sinne von Nachrichten, die sich nach kurzer Zeit selbst zerstören. Das ist ein sehr weitreichendes und sicherlich auch gewagtes Versprechen, das die App in der Vergangenheit nicht immer einhalten konnte und auch in der Gegenwart nur unzureichend erfüllt.

In der Vergangenheit gab es mehrere Angriffe auf die App Snapchat, die es erlaubten, bereits „zerstörte“ Bilder wiederherzustellen. Die Angreifer nutzten dazu einfach temporäre, nicht wieder gelöschte, sondern nur zum Überschreiben freigegebene Dateien, die Snapchat auf dem Smartphone abgelegt hatte. Da Snapchat vor allem von 13 bis 17 Jahre alten Teenagern genutzt wird und häufig auch Nacktfotos über diese App versendet werden, in dem Glauben, dass diese nur wenige Sekunden lang sichtbar seien, ist das besonders brisant [4].

Andere Angriffe auf Snapchat machen sich die Tatsache zunutze, dass Snapchat Nachrichten zwar verschlüsselt, dabei jedoch einen sogenannten Pre-Shared-Key verwendet, also einen bereits bei der Auslieferung in der App hinterlegten, für alle Nutzer einheitlichen Schlüssel. Es ist recht einfach, diesen Schlüssel aus der App zu extrahieren. Anschließend lassen sich die Nachrichten zum Beispiel vom Smartphone-Cache entnehmen und entschlüsseln und so wiederherstellen.

Ende 2013 veröffentlichten unbekannte Hacker 4,6 Millionen Datensätze bestehend aus Snapchat-Benutzernamen und Telefonnummern. Die Angreifer erklärten, damit den Druck auf Snapchat erhöhen zu wollen, nachdem Snapchat seit langer Zeit von dieser Schwachstelle gewusst und diese nicht geschlossen habe [5].

Im Mai 2014 brachte die Federal Trade Commission der USA eine Beschwerde gegen Snapchat vor, in der sie das Unternehmen anklagte, Nutzer bezüglich der propagierten vergänglichen Kommunikation gezielt in die Irre geführt zu haben [6]. Außerdem

Bestandteil der Beschwerde war die Tatsache, dass Snapchat Standortinformationen seiner Nutzer ebenso wie Kontaktdaten ermittelte, ohne den Nutzern das mitgeteilt zu haben. Im Gegenteil, Snapchat hatte seinen Nutzern versprochen, keine persönlichen Daten von ihnen zu ermitteln.

Auch wenn Snapchat diese Fehler mittlerweile zumindest teilweise behob, bleiben vor allem zwei Dinge, die Tatsache, dass Snapchat von Beginn an nicht im Ansatz das zu leisten imstande war, was es versprach, warum sollte man also nun darauf vertrauen, dass Snapchat sicher ist. Das andere ist die Tatsache, dass es weiterhin Möglichkeiten gibt, Nachrichten zu speichern, zum Beispiel indem man einen Screenshot einer Nachricht speichert.

Vergängliche Kommunikation ist also gewissermaßen nur ein Marketing-Begriff. Dass der Empfänger einer Nachricht immer in der Lage dazu sein wird, diese Nachricht zu reproduzieren, das sollte jedem klar sein, schließlich könnte er stattdessen zum Beispiel das Display eines Handys mithilfe einer Kamera abfotografieren. Statt auf vergängliche Kommunikation zu setzen, sollten Sie sich lieber darauf konzentrieren, Apps und andere Lösungen zu nutzen, die Ihre Nachrichten wirksam vor dem Zugriff Dritter schützen. Das kann nur mit wirksamer Kryptografie erreicht werden.

2.3.4 Skype

Skype ist heute wohl das häufigste verwendete Programm zur VoIP-(Voice-over-IP-)Telefonie. Mitglieder auf der ganzen Welt nutzen Skype, um miteinander zu telefonieren. Dabei ist Skype vor allem auch dafür bekannt, dass es Videotelefonie anbietet. Besonders häufig wird Skype von Menschen genutzt, die sich vorübergehend im Ausland befinden, um mithilfe von Skype mit ihren Familien, Freunden und Partnern in Verbindung zu bleiben. Auch in geschäftlichem Umfeld wird Skype zuweilen für Telefonkonferenzen genutzt.

Besonders dann, wenn Sie in Erwägung ziehen, Skype für den Austausch besonders sensibler Informationen zu nutzen, beispielsweise für geschäftliche Strategiebesprechungen oder gar für Cybersex, sollten Sie Vorsicht walten lassen, denn obwohl Skype ursprünglich ein sehr sicheres Kommunikationsprotokoll nutzte, hat die Sicherheit der Kommunikation bis heute drastisch abgenommen, sodass Angreifer, allen voran die NSA, aber im Grunde auch jeder beliebige andere Angreifer, dazu in der Lage sind, die Kommunikation zwischen zwei Kommunikationspartnern zu verfolgen.

2.3.5 TextSecure

Die App TextSecure (Signal unter iOS) von Open WhisperSystems bietet ihren Nutzern sichere und private, Ende-zu-Ende-verschlüsselte Kommunikation in Form von Kurznachrichten. Dabei ist TextSecure keinesfalls weniger einfach nutzbar als Whatsapp und schafft es sogar, einige zusätzliche, hilfreiche Funktionalitäten mitzubringen: So ist es beispielsweise möglich, dass TextSecure Ihre SMS-App ersetzt. Das ist einerseits deswegen nützlich, weil Sie dann die gesamte Kommunikation auf Ihrem Smartphone an zentraler Stelle verwalten können, und andererseits verhindert das, dass Sie versehentlich unverschlüsselte Nachrichten an eine Person versenden, wenn diese TextSecure nutzt.

2.3.5.1 Verschlüsselungsverfahren

Für eine gelungene Ende-zu-Ende-Verschlüsselung gibt es zwei entscheidende Kriterien: Einerseits muss das eingesetzte Verschlüsselungsverfahren sicher sein, das bedeutet, die Sicherheit einer Nachricht darf nur vom verwendeten Schlüssel abhängen. Nur wenn ein Angreifer den zur Verschlüsselung verwendeten Schlüssel kennt oder rekonstruieren kann, darf er die Nachricht entschlüsseln können. Implizit bedeutet das, dass eine Brute-Force-Attacke, also eine Attacke, bei der der Angreifer alle möglichen Schlüssel durchprobieren muss, bis er den verwendeten Schlüssel findet, der effizienteste Angriff auf das verwendete Verfahren sein muss.

Tatsächlich ist man heute nicht ganz so streng, weil die meisten Verschlüsselungsverfahren auch noch ausreichende Sicherheit bieten, wenn ein Angriff in der Hälfte der Zeit einer Brute-Force-Attacke erfolgreich ist.

Das zweite Kriterium soll sicherstellen, dass ein Angreifer, der einen Schlüssel findet, mit dem er eine Nachricht entschlüsseln kann, möglichst nur diese eine Nachricht entschlüsseln können sollte. Das bedeutet, dass im Grunde möglichst für jede ausgetauschte Nachricht ein eigener Schlüssel verwendet werden muss, dieser jedoch zumindest regelmäßig gewechselt werden muss. Man nennt das auch Forward Secrecy bzw. Perfect Forward Secrecy, wenn tatsächlich jede Nachricht mit ihrem eigenen Schlüssel verschlüsselt wird.

Da TextSecure ein asynchroner Messenger ist, bei dem die Kommunikationspartner nicht gleichzeitig online sein müssen, um Nachrichten auszutauschen, ist Forward Secrecy grundsätzlich ein Problem, da dazu üblicherweise ein Verfahren wie das Diffie-Hellman-Verfahren erforderlich ist, bei dem beide Parteien aktiv an der Erzeugung eines Schlüssels beteiligt sind.

Die Entwickler von TextSecure haben das Schlüsselaustauschverfahren weiterentwickelt, sodass mit jeder Nachricht ein neuer Schlüssel erzeugt und verwendet wird. Damit bietet TextSecure Perfect Forward Secrecy.

2.3.5.2 Die Benutzeroberfläche

Die Benutzeroberfläche von TextSecure ist erstaunlich intuitiv für eine Kryptosoftware, die eine so große Sicherheit wie TextSecure bietet. Im Grunde merkt der Nutzer kaum etwas davon, dass seine Nachrichten verschlüsselt übertragen werden. Damit ist TextSecure mindestens so einfach zu benutzen wie Whatsapp. Es gibt also keine Ausrede für Sie und Ihre Freunde, weiterhin auf so unsichere Software wie Whatsapp zu setzen[7].

[7] Der Einrichtungsaufwand für TextSecure beschränkt sich im Grunde ebenfalls auf den Download der App.

Sofern Sie das in den Einstellungen aktiviert haben, werden Sie beim ersten Start von TextSecure bzw. nach einem festgelegten Timeout für das Passwort zum Entsperren des Messengers gefragt (siehe Bild 2.52). Nach dem Start der App sehen Sie Ihre letzten Konversationen mit Ihren Freunden in chronologischer Reihenfolge aufgelistet (siehe Bild 2.53). Um eine der aufgelisteten Konversationen zu öffnen, tippen Sie einfach auf diese Konversation, wie Sie das von Whatsapp oder Ihrer SMS-App gewöhnt sind. Um eine neue Konversation zu starten, klicken Sie auf das Plussymbol in der rechten unteren Ecke.

Bild 2.52 Entsperren des TextSecure Messengers

Bild 2.53 Konversationen in TextSecure

Nachdem Sie eine Konversation geöffnet haben, werden Ihnen die Nachrichten, die Sie und Ihr Kommunikationspartner miteinander ausgetauscht haben, in chronologischer Reihenfolge angezeigt. In einem Eingabefeld am unteren Bildschirmrand können Sie eine neue Nachricht verfassen. Falls Sie auch SMS mit Ihrer TextSecure-App empfangen und versenden, können Sie jeweils sofort feststellen, ob eine Nachricht verschlüsselt oder unverschlüsselt versendet wurde bzw. wird. Das erkennen Sie an dem geöffneten bzw. geschlossenen Schloss beim Absenden bzw. bei bereits versendeten Nachrichten daran, dass ein geschlossenes Schloss am rechten unteren Rand der Nachricht angezeigt wird (siehe Bild 2.54). Falls eine Nachricht via SMS versendet wurde, wird diese grün dargestellt, falls sie über das Internet versendet wurde, blau. Zusätzlich wird bei über das Internet versendeten Nachrichten eine Empfangsbestätigung in Form eines Häkchens neben dem Schlosssymbol angezeigt, sobald die Nachricht dem Empfänger zugestellt wurde. Allerdings ist dieses Empfangssymbol keineswegs mit der Lesebestätigung bei Whatsapp zu verwechseln, sondern bedeutet nur, dass die Nachricht erfolgreich auf dem Handy des Kommunikationspartners eingegangen ist.

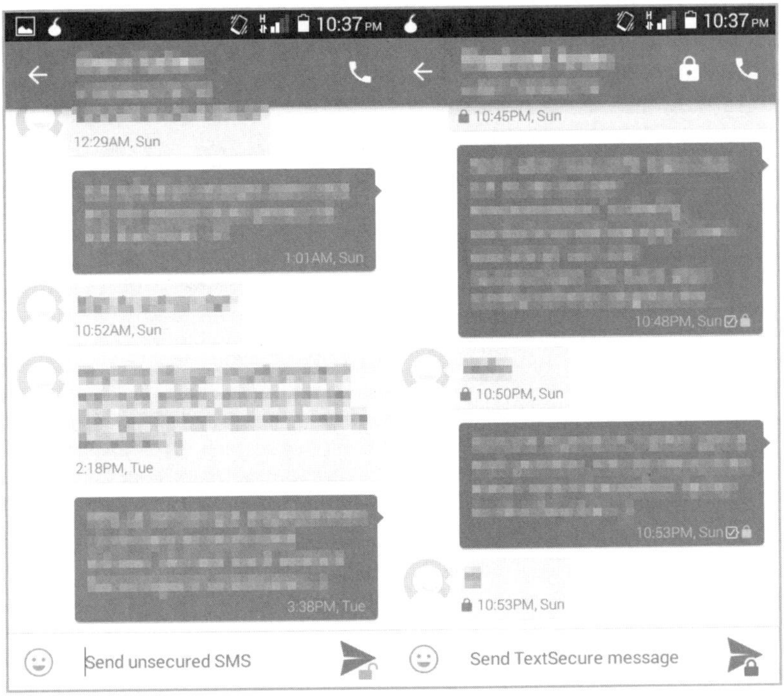

Bild 2.54 Verschlüsselte vs. unverschlüsselte Kommunikation in TextSecure

Die einzige Gelegenheit, bei der Sie tatsächlich aktiv etwas von der Verschlüsselung in TextSecure mitbekommen bzw. mit deren Details in Berührung kommen, ist dann, wenn Sie Ihren Identity Key mit einem Freund vergleichen möchten, um sicherzustellen, dass kein Angreifer einen erfolgreichen Man-in-the-Middle-Angriff auf Ihre Kommunikation gestartet hat. Nach Möglichkeit sollten Sie das mit jedem Ihrer Kommunikationspartner jeweils einmalig tun, um die Sicherheit Ihrer Kommunikation zu verifizieren. Öffnen Sie dazu die Konversation mit der betreffenden Person und tippen Sie auf das Schlosssymbol in der rechten oberen Ecke (siehe Bild 2.55). Wählen Sie dann „Verify Identity" aus, um Ihren eigenen Identity Key und den Ihres Kommunikationspartners angezeigt zu bekommen (siehe Bild 2.56). Nun müssen Sie sich die Schlüssel gegenseitig vorlesen, bzw. indem Sie auf das Barcode-Scanner-Symbol in der rechten oberen Ecke klicken, können Sie den Schlüssel Ihres Partners auch mithilfe eines Barcode-Scanners einscannen und umgekehrt. Anschließend können Sie sicher sein, dass kein Dritter die Kommunikation zwischen Ihnen und Ihrem Partner kompromittiert hat.

Bild 2.55 Klicken Sie auf dieses Schlosssymbol, um die Identität Ihres Kommunikationspartners sicherzustellen.

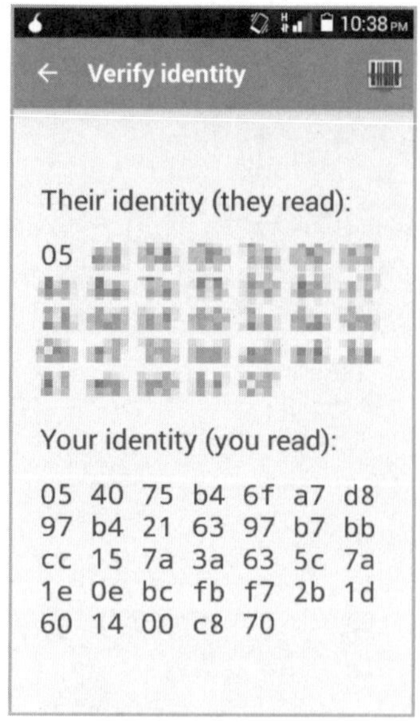

Bild 2.56 Verifikation der Identität Ihres Kommunikationspartners

2.3.5.3 Einstellungen

TextSecure bietet seinen Nutzern umfangreiche Einstellungen, schafft es dabei jedoch, diese möglichst übersichtlich zu halten. Indem Sie über das Kontextmenü-Symbol von Android die Einstellungen („Settings") von TextSecure öffnen (siehe Bild 2.57), gelangen Sie zu einer Übersichtsseite für die wichtigsten Einstellungen (siehe Bild 2.58). Durch das Aktivieren der Option „Push Messages" können Sie den Versand von TextSecure-Nachrichten über das Internet, wie das bei Whatsapp funktioniert, einschalten. Sie sollten diese Option, sofern nicht voreingestellt, nach Möglichkeit stets aktivieren, da dadurch Ihre Privatsphäre besser geschützt wird, als wenn Nachrichten als SMS übermittelt werden.

Unter dem Punkt „SMS and MMS" (siehe Bild 2.59) können Sie einstellen, ob die TextSecure-App auch dazu genutzt werden soll, Ihre SMS und MMS zu empfangen und zu versenden. Grundsätzlich ist das empfehlenswert. Einerseits ist so ein Großteil der über Ihr Handy abgewickelten Kommunikation über eine einzige App zugänglich, Sie müssen also nicht lange suchen, bis Sie eine bestimmte Nachricht finden, andererseits werden Ihre SMS und MMS dabei in der verschlüsselten Datenbank von TextSecure abgelegt. Wenn Ihr Handy gestohlen wird[8], hat der Angreifer ohne das entsprechende Passwort, sofern Sie dieses aktiviert haben, keine Möglichkeit, Ihre Nachrichten zu lesen.

[8] Das gilt natürlich auch für den Fall, dass Ihr Handy konfisziert wird, wie das beispielsweise die Polizei im Januar 2015 bei einer unangemeldeten Kundgebung in Leipzig getan hat [8].

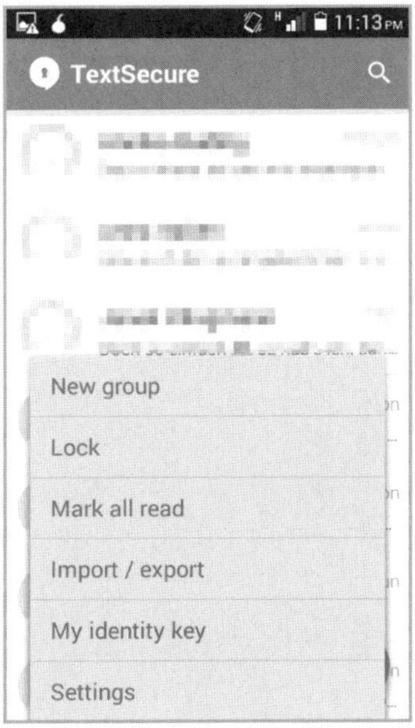

Bild 2.57 Kontextmenü mit dem Link zu den Einstellungen von TextSecure

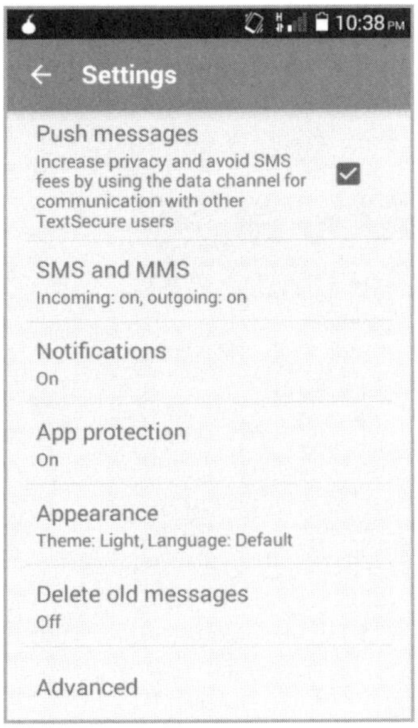

Bild 2.58 TextSecure-Einstellungen

Bild 2.59
SMS- und MMS-Einstellungen in TextSecure

Unter dem Menüpunkt „App protection“ können Sie einige fortgeschrittene Sicherheitsmechanismen für Ihre TextSecure-App aktivieren. Dazu gehört beispielsweise die Verschlüsselung der Nachrichtendatenbank auf Ihrem Handy. Aktivieren Sie dazu die Option „Enable passphrase“ (siehe Bild 2.60). Sie können außerdem einen Timeout für dieses Passwort festlegen, nach dem Sie es erneut eingeben müssen, um TextSecure nutzen zu können und auf Ihre Nachrichten zuzugreifen. Das ist auf jeden Fall sinnvoll, denn wenn Ihr Handy im entsperrten Zustand gestohlen wird, hat ein Angreifer nur eine bestimmte Zeitspanne lang Zugriff auf Ihre Nachrichten.

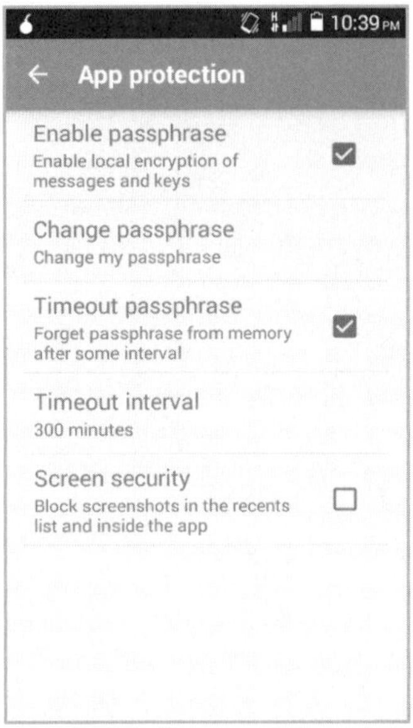

Bild 2.60
App protection-Einstellungen in TextSecure

Außerdem können Sie die Option „Screen security" aktivieren, um zu verhindern, dass Screenshots aufgenommen werden, wenn sich die TextSecure-App im Vordergrund befindet. Das soll vor allem verhindern, dass ein möglicherweise auf Ihrem Handy befindlicher Virus nicht mithilfe der Screenshot-Funktion Zugriff auf Ihre Kommunikation erlangt.

PRAXISTIPP

Sollten Sie einmal in die Verlegenheit kommen, Ihr Handy in kürzester Zeit vor dem Zugriff Dritter zu schützen, beispielsweise weil eine Autorität von Ihnen die Auslieferung Ihres Handys verlangt, können Sie das entsperrte Whatsapp über das Benachrichtungspanel Ihres Handys sperren, indem Sie auf die Schaltfläche „Lock with passphrase" klicken (siehe Bild 2.61). Alternativ können Sie TextSecure öffnen und im mithilfe des durch das entsprechende Symbol hervorgebrachten Kontextmenüs die Option „Lock" wählen.

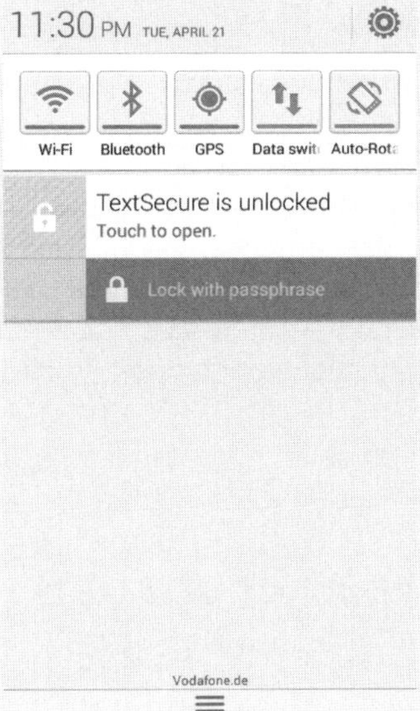

Bild 2.61
Kurzfristiges Sperren Ihrer Nachrichten

2.3.6 Wickr

Die App Wickr bietet ihren Nutzern ähnlich wie TextSecure sichere Verschlüsselung. Die Firma Wickr Inc. betont dabei stets, dass es sich dabei um ein für militärische Dokumente zugelassenes Verschlüsselungsverfahren handelt. Wickr wurde von der Organisatorin der weltweit größten Hacker-Konferenz Def Con, Nico Sell, im Jahr 2012 ins Leben gerufen.

Neben sicherer Verschlüsselung von Nachrichten bietet Wickr auch einige Zusatzfunktionen wie vergängliche Kommunikation im Stil von Snapchat, allerdings mit einer deutlich besseren Umsetzung sowie einem Daten-Schredder für das Smartphone.

Obwohl Wickr in mehreren Software-Audits von renommierten Sicherheitsexperten geprüft wurde, darunter auch von der Electronic Frontier Foundation, bleibt ein kleiner Schandfleck: Wickr ist der Hacker-/IT-Sicherheits-Community nicht als Open Source zugänglich. Open-Source-Applikationen haben vor allem im Sicherheitsumfeld den Vorteil, dass sie von einer großen Community geprüft werden können. Ist der Quellcode einer App jedoch geheim, sind verhältnismäßig wenige Experten in den Review-Prozess eingebunden. Damit werden Sicherheitslücken leichter übersehen.

2.3.7 RedPhone

RedPhone ist wie TextSecure eine von Open WhisperSystems entwickelte App, die die Alltagskommunikation ihrer Nutzer möglichst abhörsicher gestalten möchte. Während sich TextSecure darauf spezialisiert hat, Kurznachrichten zu versenden, ermöglicht RedPhone eine Ende-zu-Ende-verschlüsselte Voice-over-IP-Telefonie. Man muss leider sagen, dass aufgrund der niedrigen Bandbreite, die auf einem Mobiltelefon zur Verfügung steht, leider nur eine mangelhafte Qualität mit RedPhone möglich ist. Gleiches gilt übrigens auch für die Nutzung von Skype über das Mobiltelefon. Trotzdem ist RedPhone aufgrund der Ende-zu-Ende-Verschlüsselung, die die App bietet, wohl die beste Alternative, was VoIP-Telefonie angeht.

2.4 Dezentrale soziale Netzwerke und ähnliche Kommunikationsmedien

2.4.1 Die Idee eines dezentralen sozialen Netzwerkes

Während kommerzielle soziale Netzwerke stets zentralisiert sind und Nutzer deshalb eine bedenklich große Menge intimer Daten an die Betreiber der sozialen Netzwerke selbst und an alle beteiligten Organisationen weitergeben, verfolgen dezentrale soziale Netzwerke das Ziel, einer derartigen Überwachung und auch der Kontrolle durch eine zentrale Organisation entgegenzuwirken. Das kann natürlich nur erreicht werden, wenn es keine zentrale Organisation gibt, sondern stattdessen ein dezentrales Netzwerk von Knotenpunkten, an denen sich Nutzer mit dem Netzwerk verbinden können.

Damit steht endlich ausschließlich die Kommunikation, die über soziale Netzwerke stattfindet, im Vordergrund. Nutzer können bei Wahrung ihrer Privatsphäre Informationen mit anderen Nutzern teilen und die Neuigkeiten von anderen Nutzern erhalten, ohne dabei selbst das eigentliche Produkt eines Betreibers zu sein.

2.4.2 diaspora*

diaspora* ist ein soziales Netzwerk, das auf die Mathematikstudenten Ilya Zhitomirskiy, Dan Grippi, Max Salzberg und Raphael Sofaer zurückgeht. diaspora* wurde mit dem Ziel geschaffen, die gleichen Funktionalitäten wie Facebook anzubieten, dabei jedoch nicht von einem einzigen Betreiber abhängig zu sein, sondern eben eine dezentrale Infrastruktur zu betreiben.

Im Grunde kann jeder Nutzer seinen eigenen Pod betreiben, der es ihm erlaubt, sich mit anderen Pods zu verbinden und dabei mit den an diese Pods angeschlossenen Nutzern zu kommunizieren. Wer keinen eigenen Pod betreiben möchte, kann einen Pod nutzen, der von einem Betreiber, dem man vertraut, betrieben wird.

Auf diese Art und Weise gibt es keinen zentralen Provider, der die Daten der Nutzer erfassen und auswerten kann oder der gar Inhalte zensieren könnte. Dass vor allem Zensur nicht möglich ist, hat sich dadurch gezeigt, dass es den diaspora*-Gründern nicht möglich war, die von der Terrororganisation Islamischer Staat verbreiteten Hassbotschaften über diaspora* einzudämmen [11].

2.4.3 Friendica

Friendica ist ähnlich wie diaspora* ein dezentrales soziales Netzwerk, bei dem Nutzerprofile auf verschiedenen Servern lagern, sodass es keinen zentralen Betreiber gibt, der die Hoheit über Nutzerdaten und Inhalte hat.

Durch zahlreiche Erweiterungen, sogenannte Connectoren, können über Friendica erzeugte Inhalte auch in klassischen sozialen Netzwerken sowie auf Blogs veröffentlicht werden. Sogar eine Verbindung zu diaspora* ist möglich.

2.4.4 Blogs als dezentrales soziales Netzwerk

Neben den beiden genannten, an klassischen sozialen Netzwerken angelehnten Plattformen diaspora* und Friendica kann auch die weltweite Bloggerszene als ein dezentrales soziales Netzwerk aufgefasst werden. Während die Benutzerprofile bei diaspora* und Friendica recht einheitlich sind, sind Ihnen bei der Gestaltung eines eigenen Blogs keine Grenzen gesetzt. Sie können die dazu eingesetzte Software sowohl selbst programmieren als auch auf bestehende, etablierte Systeme wie beispielsweise Wordpress zurückgreifen und diese mithilfe bestehender Plugins oder eigener Entwicklungen an Ihre Bedürfnisse anpassen. Das hört sich zunächst schwerer an, als es ist. Tatsächlich ist jeder Laie in der Lage dazu, einen eigenen Blog zu betreiben.

Weblink

Auf der Webseite zum Buch unter der Adresse

network-privacy.org/de/instructions/introduction-to-wordpress.html

finden Sie eine Anleitung, wie Sie die populäre Blogging-Plattform Wordpress nutzen können, um einen eigenen Blog zu erstellen und zu pflegen. ■

2.4.4.1 RSS-Feeds

Wie soll man stets die neuesten Beiträge von all den interessanten Blogs auf der ganzen Welt verfolgen? Es dürfte sich schwierig gestalten, die Blogs, die man selbst interessant findet, zu diesem Zweck regelmäßig der Reihe nach zu besuchen. Tatsächlich wäre es schön, wenn die Neuigkeiten der Personen oder Webseiten, die man selbst interessant findet, ähnlich wie bei Facebook oder Twitter in einer Art Stream zusammengefasst werden würden. Auf diese Art und Weise können Sie stets die aktuellen Schlagzeilen der auf Ihren Lieblingsseiten veröffentlichten Artikel durchgehen und auf Basis dieser Schlagzeilen entscheiden, ob Sie ein Beitrag interessiert oder nicht.

Bereits seit 1999 gibt es eine technische Lösung für dieses Problem, die heute von den meisten Webseiten implementiert und zur Verfügung gestellt wird: sogenannte RSS-Feeds. RSS steht für Rich Site Summary, wird aber oft auch als Akronym für „Really Simple Syndication" gehandelt. Es handelt sich dabei vereinfacht ausgedrückt um eine Art Zusammenfassung der neuesten Beiträge einer Seite, die Sie als Nutzer mithilfe sogenannter RSS-Reader abonnieren können. Anschließend werden Sie durch Ihren RSS-Reader regelmäßig über neue Beiträge auf den von Ihnen abonnierten Seiten informiert.

Es gibt sehr viele kostenlose RSS-Reader auf dem Markt, wenngleich einige der größten in den letzten Jahren eingestellt wurden. RSS-Feeds können Sie beispielsweise mithilfe von Mozillas Thunderbird oder Firefox abonnieren.

Weblink

Auf der Seite zum Buch unter der Adresse

network-privacy.org/de/instructions/how-to-use-rss-with-mozilla-firefox-and-thunderbird.html

finden Sie eine Schritt-für-Schritt-Anleitung für die Nutzung von RSS-Feeds mit Firefox oder Thunderbird.

Der große Vorteil eines RSS-Readers auf Ihrem eigenen Computer gegenüber einem sozialen Netzwerk ist, dass Sie alleine die Kontrolle darüber haben, welche Nachrichten Ihnen angezeigt werden sollen, und außerdem keine Daten darüber an Dritte preisgegeben werden, welche Feeds Sie abonniert haben. Womöglich sind Blogs in Verbindung mit RSS-Feeds und -Readern heute wohl die etablierteste Form dezentraler sozialer Netzwerke. Leider ist RSS weiterhin hauptsächlich bei Menschen verbreitet, die technisch sehr firm sind. Neben RSS-Feeds gibt es auch häufig sogenannte Atom-Feeds. Diese erfüllen den gleichen Zweck und sind ähnlich leicht zu handhaben. Außerdem können auch Atom-Feeds mit vielen Readern abonniert werden.

Leider muss man bemerken, dass sowohl RSS- als auch Atom-Feeds immer häufiger von großen Plattformen und auch von kleinen Webseiten nicht mehr unterstützt werden. Grund dafür ist der sinkende Bekanntheitsgrad und auch die sinkende Nutzung von Newsfeeds. Diese werden leider doch immer stärker von sozialen Netzwerken verdrängt.

2.5 Online-Dating-Plattformen

„Die Ausschweifung beruht nicht auf irgendetwas Physischem - physische Unanständigkeit ist bei Weitem noch keine Ausschweifung; die Ausschweifung besteht gerade darin, dass der Mann sich von jeglicher moralischen Beziehung zu der Frau, mit der er in physischen Verkehr tritt, für frei hält.“

Lew Tolstoi

Das Verlangen nach Ausschweifung ist nur eine von vielen Motivationen für Menschen, sich dem Online-Dating zuzuwenden, wenngleich gerade die Ausschweifung auf den meisten Dating-Plattformen eine der Suchoptionen ist. Ich suche „Neue Freunde“, „Langzeitbeziehungen“, „Kurzzeitbeziehungen“, „regelmäßigen Sex“, so lesen sich die Suchoptionen der derzeit gerade bei jungen Erwachsenen boomenden Flirt- und Dating-Plattformen wie beispielsweise okCupid, Tinder, Lovoo oder gar FriendScout24, der Partnerbörse der für Immobilien-, Auto- und Jobvermittlung bekannt gewordenen Scout24 Holding GmbH. Kein Wunder, dass die Partnerauswahl hier vielfach durch Altersangaben und Profilbilder motiviert ist. Mit „Karussel“ (Zoosk), „Dateroulette“ (FriendScout24) oder einfach nur mit „Spielen“ (Lovoo) sind innerhalb von Flirt-Plattformen mehr oder weniger randomisierte Auswahlverfahren überschrieben, bei denen Nutzer auf Basis eines einzigen Bildes und des eingeblendeten Alters anderer Nutzer nach dem Schneewittchen-Prinzip („die Guten ins Töpfchen, die Schlechten ins Kröpfchen“) entscheiden sollen, ob sie eine Person mögen oder nicht. Nach dem gleichen Verfahren, nur mit dem Unterschied, dass dieses Verfahren dort keine Zusatzfunktion, sondern das Hauptelement ist, entscheiden Nutzer der App Tinder, ob sie an anderen Nutzern interessiert sind oder nicht. Welche Form von zwischenmenschlicher Beziehung mit einer solchen Herangehensweise angestrebt wird, lässt sich leicht erahnen.

Um einiges expliziter sind Dating- und Flirt-Plattformen wie C-Date, Treffpunkt18 oder Secret, ebenfalls eine Seite der FriendScout24 GmbH und damit der Scout Holding GmbH. Wie die Namen dieser Plattformen bereits vermuten lassen, steht auf diesen Seiten keineswegs die Langfristigkeit einer Beziehung im Vordergrund. Ich wünsche mir „tabulose Erotik“, „eine [...] Affäre“, „One-Night-Stands“, „einen diskreten Seitensprung“ oder „hemmungslose Leidenschaft“, sind einige der Auswahlmöglichkeiten für Mitglieder von Secret[9]. Dass auch gleich im Profil sexuelle Vorlieben und weitere persönliche Informationen, ja sogar Profilbilder, der Nutzer aufgeführt werden, ist im Hinblick auf den Datenschutz und vor allem für die Nutzer, die einen „diskreten“ Seitensprung wünschen, äußerst brisant.

Doch natürlich gibt es auch Partnerbörsen, die nicht ausschließlich oder vorrangig der Suche nach Ausschweifung dienen. „Parship“, „eDarling“ und „ElitePartner“ sind im deutschsprachigen Raum wohl die wichtigsten Kandidaten hierfür und zumindest im

[9] Ähnliche Auswahlmöglichkeiten gelten auch für C-Date und Treffpunkt18.

Ansatz scheinen auch die bereits genannten Dating-Plattformen FriendScout24 und okCupid für diesen Zweck geeignet zu sein.

2.5.1 Der Markt von Singlebörsen und Flirt-Apps

Der Handel mit der Liebe ist ein sehr lukratives Geschäft. Laut einer Marktanalyse von IBISWorld[10] wird weltweit mit Dating-Services insgesamt ein Gewinn von rund 2 Milliarden US-Dollar erzielt. In den Jahren von 2009 bis 2014 sei die Branche um rund 4,8 % gewachsen. Laut visualeconomics sind Online-Dating-Webseiten 2008 die am dritthäufigsten besuchten, zahlungspflichtigen Seiten nach Musikseiten und Online-Spielen[11] gewesen.

Dementsprechend viel Auswahl haben Sie als Nutzer heute, wenn Sie online nach einem Partner suchen möchten. Man kann die unterschiedlichen Online-Dating-Angebote nach sehr unterschiedlichen Kriterien unterteilen (Finkel et al. nehmen in ihrem Artikel „Online Dating: A Critical Analysis From the Perspective of Psychological Science" eine solche Unterteilung von Online-Dating Seiten vor [1]), hier sollen Dating-Plattformen jedoch hauptsächlich nach Zielgruppe unterteilt werden. So gibt es Online-Dating-Dienste, die sich vor allem an Menschen richten, die auf der Suche nach einer festen Partnerschaft sind. Beispiele für solche Plattformen in Deutschland sind PARSHIP, ElitePartner und eDarling. Sie zeichnen sich meist durch ein Matchingsystem aus, das auf Basis von Persönlichkeitsprofilen ihrer Nutzer „optimal" zusammenpassende Partner auswürfelt, es gibt jedoch auch Dienste, bei denen die Nutzer proaktiv nach potenziellen Partnern suchen. In diesem Buch sollen diese Dienste, bei denen die Suche nach einem festen Partner im Vordergrund steht, als Online-Partnerbörsen oder auch einfach als Partnerbörsen bezeichnet werden.

Neben Plattformen, die der Suche nach einer ernsthaften Partnerschaft dienen sollen, gibt es auch eine Reihe von Plattformen, die ausdrücklich der Suche nach gelegentlichen Sexualpartnern dienen sollen. Beispiele für solche Plattformen in Deutschland sind Treffpunkt18 oder der FriendScout 24-Ableger Secret. In diesem Buch werde ich über diese Art von Plattformen als Erotikseiten oder Erotikplattformen sprechen.

Natürlich gibt es auch einen Mittelweg, Plattformen, die ich im Folgenden als Flirtplattformen bezeichnen werde. Da gerade diese Plattformen häufig ausschließlich oder zumindest in vollem Umfang nur über Smartphones nutzbar sind, wird in diesem Zusammenhang auch der Begriff Flirt-Apps auftauchen. Flirtplattformen zeichnen sich dadurch aus, dass Mitglieder mit unterschiedlichen Vorstellungen davon, was sie eigentlich suchen, über eine Plattform miteinander kommunizieren. Das explizite Ziel dieser Plattform ist es weder, Partnerschaften zu vermitteln, noch sexuelle Abenteuer zu

---

[10] IBISWorld: Dating Services Market Research Report, Nov. 2014, online verfügbar (teilweise): *http://www.ibisworld.com/industry/default.aspx?indid=1723*

[11] Siehe *http://visualeconomics.creditloan.com/a-business-of-love-online-dating-by-the-numbers/* (entnommen am 06.01.2015)

initiieren, sondern lediglich Menschen, die entweder das eine oder das andere in unterschiedlicher Ausprägung wünschen, eine Kommunikationsplattform zu bieten.

2.5.1.1 Marketing in der Online-Liebesbranche

Egal ob Online-Partnerbörse, Flirtplattform oder Erotikseite, die Betreiber der Online-Dating-Seiten betreiben ein generell sehr aggressives Marketing, um potenzielle Kunden auf ihre Seiten zu locken und dort auch mit einem Zahlungstarif zu binden. Besonders die Sehnsüchte der Nutzer, die in der Natur der Sache liegen, werden von den Betreibern von Online-Dating-Seiten gewissenlos ausgenutzt. Generell werden Nutzer so zunächst meist mit einer kostenlosen Mitgliedschaft angelockt, die dem Nutzer jedoch meist jegliche Kontaktmöglichkeiten zu anderen Nutzern verbietet. Man kann das also eigentlich kaum als „kostenlose Mitgliedschaft", sondern eher als eine Art Demonstration der Plattform betrachten. Will man mit anderen Nutzern in Kontakt treten – und die Betreiber wissen ziemlich genau, wie sie erreichen, dass die Nutzer das wollen –, so muss man meist entweder für das Versenden von einzelnen Nachrichten oder für eine monatliche Mitgliedschaft bezahlen.

Dass Nutzer die kostenpflichtigen Angebote der Plattformen nutzen, stellen die Anbieter auf unterschiedliche Art und Weise sicher. Online-Partnerbörsen erreichen dies meist mithilfe eines Persönlichkeitstests und eines anschließenden, angeblich wissenschaftlichen Matchings. „Ihre Persönlichkeit stimmt zu 95 % mit der Persönlichkeit von Person X überein", ist der wohl häufigste Werbespruch für das kommerzielle Angebot solcher Partner-Plattformen, denn um „Kontakt" mit besagter Person „aufzunehmen", ist es erforderlich, eine kostenpflichtige Mitgliedschaft abzuschließen.

Erotikplattformen setzen zumeist auf die Aktivität ihrer Nutzer, und wenn die nicht natürlich entsteht, helfen sie gerne auch einmal nach. Selbstverständlich können auch hier Nachrichten zumeist nur kostenpflichtig versendet werden.

Geködert werden die Nutzer dann durch Nachrichten in ihrem Postfach. Ob diese von „Animateuren" (siehe Abschnitt 2.5.5.2) stammen oder maschinell im Namen des Nutzers, jedoch ohne dessen Einverständnis (siehe Abschnitt 2.5.5.1) versendet wurden, ist nicht feststellbar.

Ein ähnliches Vorgehen lässt sich auch bei den meisten Flirtplattformen beobachten, wobei diese häufig ein fast spielerisches Element verwenden, nämlich die Bezahlung mit virtuellem Geld, das man ähnlich wie in einem Casino meist im Tausch gegen echtes Geld erhält. Mit diesem Spielgeld können dann Bonusleistungen gekauft werden, wie das auch aus Social-Media-Spielen bekannt ist.

2.5.2 Der Umgangston auf Flirtplattformen

Sowohl auf Erotikplattformen als auch auf Flirtplattformen kann man teilweise einen sexuell sehr expliziten, teilweise sogar bedenklich übertriebenen Umgangston feststellen. Während zumindest das sexuell Explizite auf Erotikplattformen durchaus erklärbar und von vielen Mitgliedern sicherlich auch gewollt und damit gewissermaßen legitim ist, liest man gerade in den (öffentlich sichtbaren) Profilen vieler Frauen auf Flirtplattformen sehr häufig, dass ein solcher Umgangston keineswegs erwünscht ist.

Trotzdem kann es einer Frau auf Flirtplattformen passieren, dass sie beispielsweise bei der Begrüßung direkt zur Prostitution aufgefordert wird (siehe Bild 2.62), dass sie nach einigen Takten Unterhaltung mit den Worten „Schneller Sex ist glaube ich bei dir nicht drin [...] und [...] dafür habe ich keine Geduld“ (siehe Bild 2.63) abgefertigt wird, dass sie sich Obszönitäten (siehe Bild 2.63) gefallen lassen muss oder dass sie sich gar unaufgefordert versendete Bilder von erigierten Gliedern ansehen muss[12].

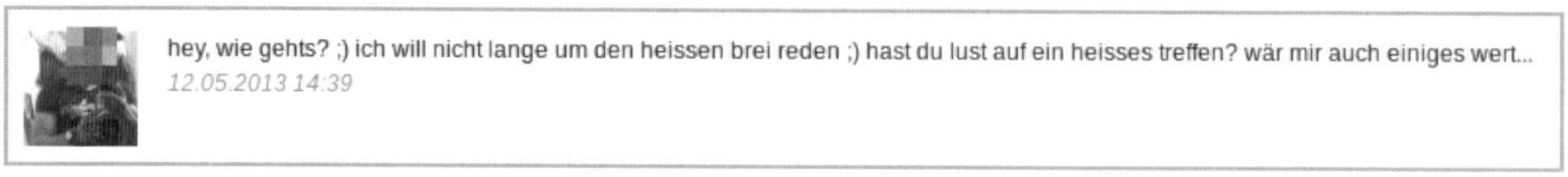

Bild 2.62 Bereits in der ersten Nachricht fordert dieser Benutzer auf Lovoo seine Kommunikationspartnerin dazu auf, sich zu prostituieren.

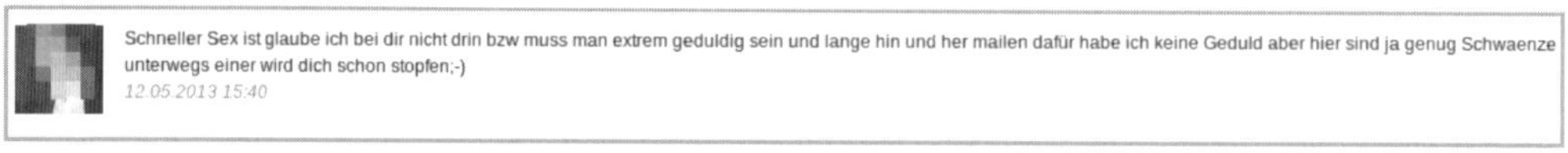

Bild 2.63 Dieser Lovoo-Nutzer ist nicht nur besonders ungeduldig, sondern auch besonders obszön.

Selbstverständlich herrscht dieser Umgangston nicht bei allen Männern, aber es ist bezeichnend, dass schon wenige Tage Mitgliedschaft mit dem Profil einer Frau genügen, um derartige Nachrichten zu erhalten. Zumindest auf Flirtplattformen scheinen sich nur Männer dieses sexuell expliziten und zuweilen sogar sexistischen Stilmittels zu bedienen, jedenfalls bleiben solche Nachrichten aus, wenn man sich als Mann auf einer dieser Plattformen registriert.

WEBLINK

Auf der Webseite zum Buch habe ich in dem Artikel „Sexismus und sexuell expliziter Umgangston auf Flirtplattformen“ weitere Materialien, die ich mit verschiedenen Profilen gesammelt habe, zusammengestellt. Hier erfahren Sie auch mehr über die Konfiguration der einzelnen Profile:

network-privacy.org/de/articles/sexism-and-sexual-explicit-tone-on-flirt-plattforms.html

[12] Die Abbildung hierzu erspare ich Ihnen.

2.5.3 Durch Online-Dating veränderter Flirtkontakt

Gegenüber dem klassischen Flirtkontakt haben Online-Dating-Plattformen das Erlebnis der Partnersuche und des Datings grundlegend verändert. Während Menschen ihren Partner beim klassischen Dating entweder über Familie oder Freunde kennenlernen oder ihn direkt ansprechen [1], erfolgt der erste Kontakt beim Online-Dating über das Internet. Finkel et al. haben für den Prozess des Online-Datings neun signifikante Einzelschritte ausgemacht, die Sie in Bild 2.64 sehen können.

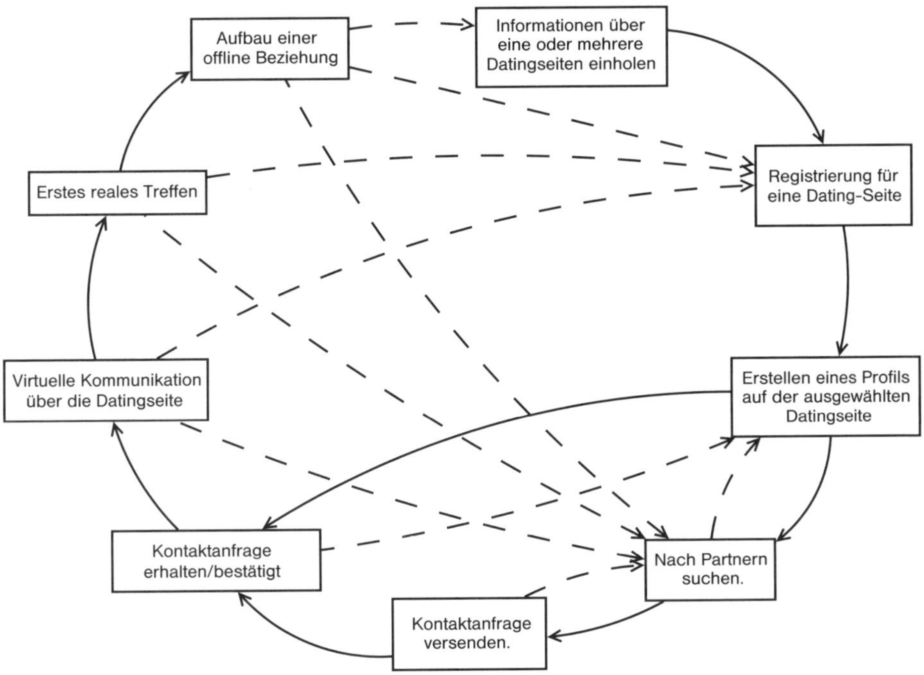

Bild 2.64 Die neun Schritte des Online-Datings nach Finkel et al. [1]

In ihrem Artikel „Managing Impressions Online: Self-Presentation Process in the Online Dating Environment“ haben Nicole Ellison et al. [2] durch eine Umfrage untersucht, nach welcher Strategie Benutzer auf Online-Dating-Plattformen vorgehen, um den richtigen Partner zu finden, und dabei besonderes Augenmerk darauf gehabt, inwiefern die Nutzer die Wahrheit über sich erzählen.

Nicole Ellison und ihre Kolleginnen haben dabei vor allem festgestellt, dass die Nutzer von Online-Dating-Plattformen meist eher ihre ideale Persönlichkeit als ihr tatsächliches Selbst beschreiben. „I've never known so many incredibly athletic women in my life!“ (dt.: „Ich habe noch nie zuvor so viele unglaublich athletische Frauen gekannt“), bemerkte einer der befragten Teilnehmer sarkastisch. Doch offenbar kann die Darstellung des idealen statt des tatsächlichen Selbst in Online-Dating-Netzwerken auch ein

Ansporn dazu sein, sich in Richtung seines idealen Selbst zu entwickeln. „I've lost 44 pounds since I've started [online dating], and I mean, that's one of the reasons I lost the weight so I can thank online dating for that. [Because] the first guy that hit on me, I checked my profile and I had lied a little bit about the pounds, so I thought I had better start loosing some weight so that it would be more honest [...]“, erzählte eine andere Teilnehmerin. (Dt.: „Ich habe 20 Kilogramm abgenommen, seit ich mit dem Online-Dating begonnen habe. Das habe ich dem Online-Dating zu verdanken, bevor ich nämlich den ersten Mann getroffen habe, habe ich mein Profil angesehen und festgestellt, dass ich bezüglich meines Gewichtes ein klein wenig geschwindelt hatte, also dachte ich mir, wenn ich ein bisschen abnehmen würde, wäre das ehrlicher.“)

Doch die Darstellung des idealen Selbst statt der tatsächlichen Persönlichkeit ist nicht der einzige Grund, bei den Angaben zur eigenen Person zu schwindeln. Um von einem breiteren Personenkreis über die Filterfunktionen des Online-Dating-Netzwerkes gefunden zu werden, passten viele der Befragten ihr Alter um ein oder zwei Jahre an, um noch unter eine gewisse Grenze (beispielsweise „bis 35 Jahre“) zu fallen.

All diese kleinen Lügen bewirken selbstverständlich, dass die Nutzer von Online-Dating-Netzwerken von Anfang an mit einem gewissen Misstrauen an die Sache herangehen. Um die Identität eines potenziellen Partners zu bestätigen, versuchen viele Menschen deshalb, ihr Gegenüber über Suchanfragen bei Google zu finden. Vor allem das ist ein wesentlicher Unterschied zu klassischem Dating, wo man keine Möglichkeit hat, sich über Dritte weitere Informationen über seinen Partner einzuholen.

2.5.4 Flirtplattformen

2.5.4.1 Tinder

Die App Tinder ist eine Smartphone-App für Android und iOS, die ihren Nutzern erlaubt, mit Menschen in ihrer unmittelbaren Umgebung in Verbindung zu treten und zu flirten. Dabei wird anhand der GPS-Positionsdaten eines Nutzers ermittelt, wo sich dieser gerade befindet. Anschließend werden auf Basis dieser Informationen Profile anderer Nutzer in der Umgebung angezeigt. Der Nutzer kann dann jeweils entscheiden, ob er an diesen Personen interessiert ist oder nicht.

Der Prozess der Partnersuche

Man kann so weit gehen, die Partnersuche mithilfe von Tinder als einen äußerst sexistischen Prozess zu betrachten. Die Informationen, die einem Nutzer dabei nämlich über andere Nutzer in der Umgebung eingeblendet werden, beschränken sich auf Alter, Nutzername und eine Reihe von Fotos. Zuweilen werden auch gemeinsame Interessen, die auf Basis von Facebook-Likes gewonnen werden, angezeigt. Indirekt bedeutet das, dass der Nutzer nur aufgrund von Äußerlichkeiten entscheidet, ob er eine Person treffen möchte oder nicht.

Tatsächlich besteht die Startoberfläche von Tinder aus einer einfachen Anzeige eines Nutzerfotos, dem Namen und dem Alter. Mit einem Fingerstreich nach rechts bzw. links drückt der Nutzer sein Gefallen (siehe Bild 2.65) an der dargestellten Person oder eben sein Missfallen (siehe Bild 2.66) aus.

Bild 2.65 Mit einem Fingerstreich nach rechts drückt man auf Tinder aus, dass einem der gezeigte Nutzer gefällt.

Bild 2.66 Ein Fingerstreich nach links verschiebt den angezeigten Nutzer sozusagen in den Papierkorb.

Gefallen sich zwei Mitglieder gegenseitig, werden diese einander als sogenanntes „Match" angezeigt. Erst dann können die Mitglieder Nachrichten miteinander austauschen, beispielsweise um sich in der Nähe zu verabreden oder um sich näher kennenzulernen.

Nutzungsbedingungen

Die Plattform Tinder schließt in ihren Nutzungsbedingungen explizit Menschen aus, die bereits wegen eines (schweren) Verbrechens verurteilt wurden:

> *„If you create an account, you represent and warrant that* **you have never been convicted of a felony** *and that you are not required to register as a sex offender with any government entity."*
>
> *Nutzungsbedingungen von Tinder (http://www.gotinder.com/terms; Stand: April 2015)*

Das könnte man durchaus als Diskriminierung betrachten, doch selbst wenn man in Erwägung zieht, dass sehr viele Menschen einstmals Straftätigen keine zweite Chance geben, ist eine derartige Bedingung doch nur Augenwischerei. Es ist geradezu paradox, jemanden, der wegen eines schwereren Verbrechens verurteilt wurde, juristisch von einem Dienst auszuschließen. Entweder richtet sich diese Person (mittlerweile) nach dem Gesetz, was einen Ausschluss überflüssig macht, sofern man diese Person nicht explizit diskriminieren möchte, oder aber bei der Person handelt es sich tatsächlich um einen Gewohnheitsverbrecher, den man mit derartigen Maßnahmen ausschließen möchte. In diesem Fall muss man sich jedoch fragen, ob ein solches Teilnahmeverbot die betreffende Person überhaupt interessiert.

Weiterhin amüsante bzw. erschreckende Formulierungen in den Nutzungsbedingungen von Tinder betreffen die von Tinder ermittelten Daten. Bei der Anmeldung bei Tinder muss man sich mit seinem Facebook-Account einloggen. Anschließend bedient sich Tinder an den darüber verfügbaren Daten. Laut Nutzungsbedingungen sind Sie allerdings dazu verpflichtet, alle Informationen, explizit auch die, die Tinder selbst via Facebook ermittelt hat, akkurat und wahrheitsgemäß anzugeben:

> *You represent and warrant that (i) all information that you submit upon creation of your account, including information submitted from your Facebook account, is accurate and truthful and that you will promptly update any information provided by you that subsequently becomes inaccurate, incomplete, misleading or false.*

Weiter haarsträubend ist das Recht, das Sie dem Service einräumen, Ihre Inhalte zu löschen, wenn diese Tinder schaden könnten, sowie diese in anderen Werken zu verwenden. Mehr noch: Wenn Tinder Ihre Inhalte in einer von dem ursprünglichen Zweck abweichenden Form weiterverbreitet, tragen Sie Sorge dafür, dass die Rechte Dritter dabei nicht verletzt werden.

Besonders die Tatsache, dass jegliche Inhalte, die Sie über Tinder weitergeben, allen Besuchern und Teilnehmern des Services zugänglich gemacht werden dürfen, ist besorgniserregend. Schließlich bedeutet das implizit auch, dass persönliche Nachrichten, die Sie mit anderen Nutzern ausgetauscht haben, der Öffentlichkeit zugänglich gemacht werden können, wenn Tinder das Bedürfnis dazu verspürt.

> *You agree that any Content you place on the Service may be viewed by other users and may be viewed by any person visiting or participating in the Service.*

Benutzeroberfläche

Ebenso wie die Funktionsweise ist auch die Benutzeroberfläche von Tinder ausgesprochen simpel. Auf der Hauptseite werden Ihnen wie bereits erwähnt Partnervorschläge angezeigt, die Sie, nachdem Sie diese „gewogen“ haben, jeweils mit einem Fingerstreich nach rechts bzw. links für „zu leicht befinden“ bzw. in die Liste Ihrer potenziellen Kommunikationspartner aufnehmen können (siehe Bild 2.67).

Bild 2.67
Die Tinder-Startseite

Indem Sie auf das Foto eines Nutzers tippen, können Sie auch weitere Informationen zu diesem Nutzer anzeigen. Dazu gehören zum Beispiel die aktuelle Entfernung, die letzte Online-Aktivität sowie eine rudimentäre Auflistung von Interessen auf Basis des Facebook-Profils dieser Nutzer (siehe Bild 2.68).

Bild 2.68
Ein „ausführliches" Nutzerprofil in Tinder

Einstellungen

Mit einer Wischgeste ausgehend vom linken Rand Ihres Smartphones können Sie ein Menü mit weiteren Einstellungen hervorholen (siehe Bild 2.69). Hier können Sie, indem Sie Ihren Nutzernamen antippen, Ihr eigenes Profil bearbeiten (siehe Bild 2.70), über die „Discovery Preferences“ bestimmen, wer Sie sehen kann und welche Mitglieder Ihnen als Vorschläge angezeigt werden, sowie über die „App Settings“ festlegen, bei welchen Ereignissen Sie benachrichtigt werden möchten, in welchem Maß Entfernungen angezeigt werden sollen, einen Logout vollziehen, die Privatsphäre-Richtlinien und die Nutzungsbedingungen einsehen (siehe Bild 2.71).

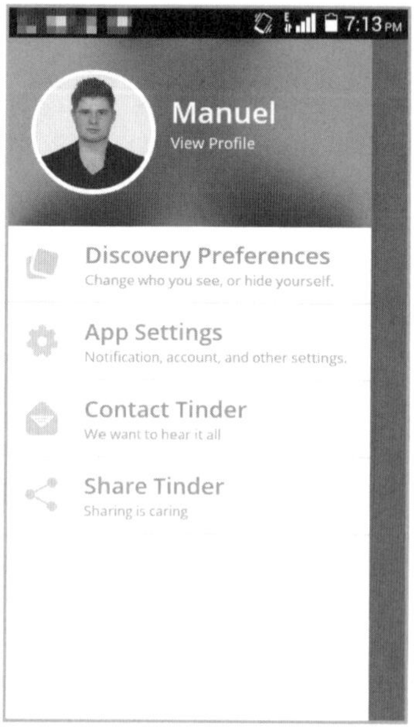

Bild 2.69 Das Einstellungen-Menü

Bild 2.70 Bearbeiten Ihres Nutzerprofils

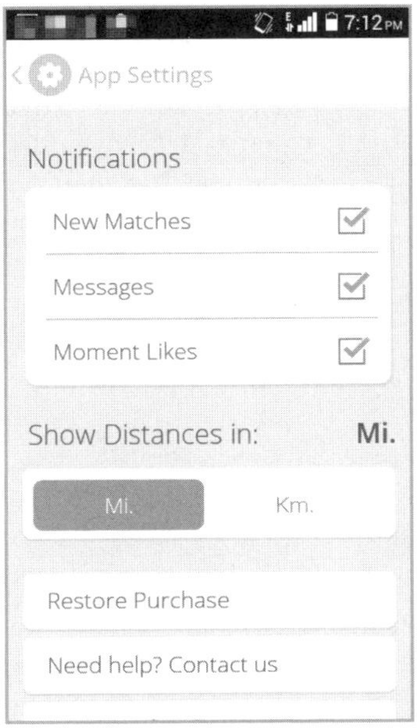

Bild 2.71
App Settings

In den „Discovery Preferences“ können Sie zunächst über die Einstellung „Discovery“ festlegen, ob Sie überhaupt anderen Nutzern angezeigt werden möchten. Weiterhin können Sie die Ihnen angezeigten Vorschläge eingrenzen. So können Sie nach Geschlecht, Distanz und Alter filtern (siehe Bild 2.72).

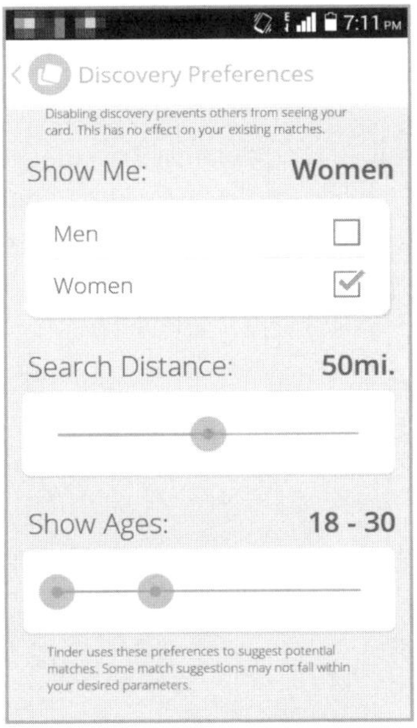

Bild 2.72
Discovery Preferences

2.5.4.2 Lovoo

Lovoo ist in Deutschland die wohl größte Flirtplattform. Anders als Tinder kann Lovoo sowohl über die Webseite als auch über die Smartphone-App genutzt werden. Lovoo wird von Nutzern mit ganz unterschiedlichen Zielen genutzt und bietet vermutlich deswegen unterschiedliche Wege, einen anderen Nutzer kennenzulernen. Die Finanzierung von Lovoo funktioniert über ein Premium-System, bei dem Nutzer entweder eine Premiummitgliedschaft erwerben können, mit der sie einige Vorteile genießen, oder sogenannte Credits, mit denen Einzelleistungen wie das Einblenden des Namens eines Profilbesuchers etc. erworben werden können. Im Gegensatz zu vielen anderen Dating-Plattformen ist die vollumfängliche Nutzung von Lovoo jedoch möglich, ohne dass dem Nutzer Kosten entstehen.

Der Prozess der Partnersuche

Lovoo bietet seinen Nutzern unterschiedliche Möglichkeiten, mit anderen Nutzern in Kontakt zu treten und Kontakte zu ihnen aufzubauen. Neben einer Suche, bei der man Nutzer hauptsächlich nach Region, Geschlecht und Absichten filtern kann, gibt es eine Funktion, die Tinder sehr ähnlich ist und bei der man andere Nutzer danach bewertet, wie einem diese gefallen, um so hoffentlich ein Match zu finden, das man dann zum Beispiel via Chatfunktion kontaktieren kann. Bei der dritten Möglichkeit, andere Nutzer kennenzulernen, zahlt man mithilfe von Coins dafür, dass man allen Lovoo-Nutzern für eine kurze Zeit lang auf der Startseite der Plattform präsentiert wird.

Das Profil eines Nutzers umfasst dabei in aller Regel ein oder mehrere Fotos, die Absichten eines Nutzers, einige persönliche Angaben wie Haarfarbe, Größe, Beruf und schließlich Antworten auf einige vorgegebene Fragen nach dem ersten Date, dem Wert, den man auf Treue legt, und dergleichen mehr.

Benutzeroberfläche

Die Lovoo-Benutzeroberfläche besteht im Grunde aus drei verschiedenen Bestandteilen: der Startseite, über die der Nutzer andere Nutzer danach bewerten kann, ob ihm diese gefallen, von Lovoo vorgeschlagene Nutzerprofile, die man betrachten und auf deren unterschiedliche Benachrichtigungen bzw. Besucherkategorien man zugreifen kann (siehe Bild 2.73), der Suche (siehe Bild 2.74) und den Profilseiten einzelner Nutzer (siehe Bild 2.75).

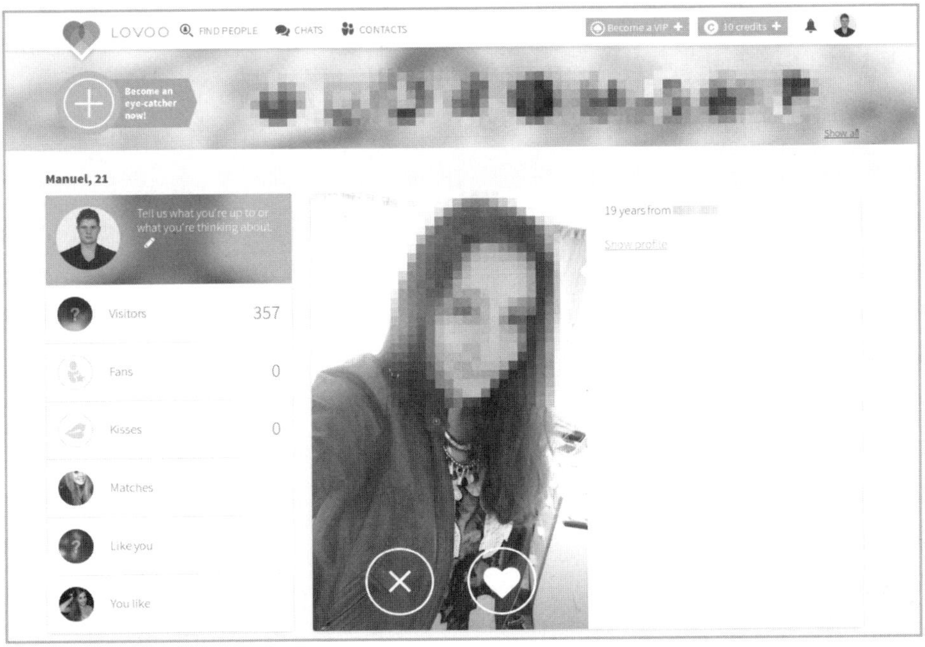

Bild 2.73 Die Lovoo-Startseite

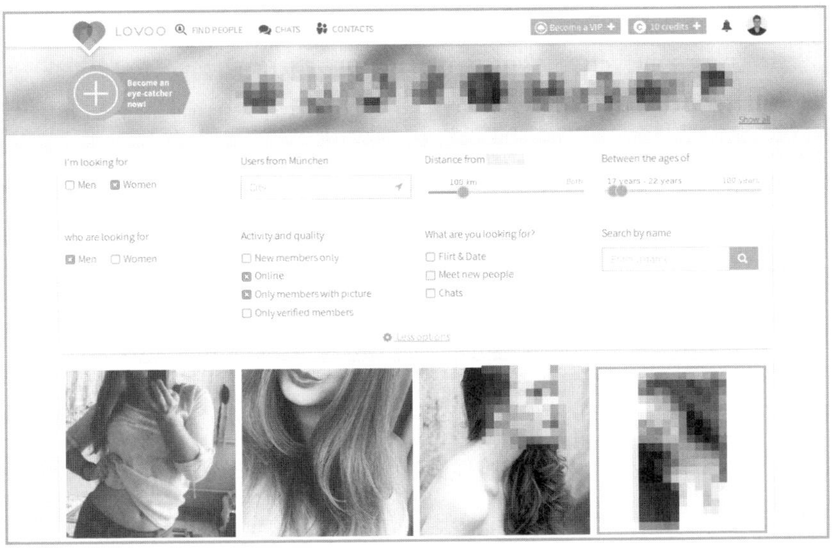

Bild 2.74 Mithilfe der Suchfunktion von Lovoo können Sie andere Mitglieder aufgrund von Alter, Geschlecht und Region filtern.

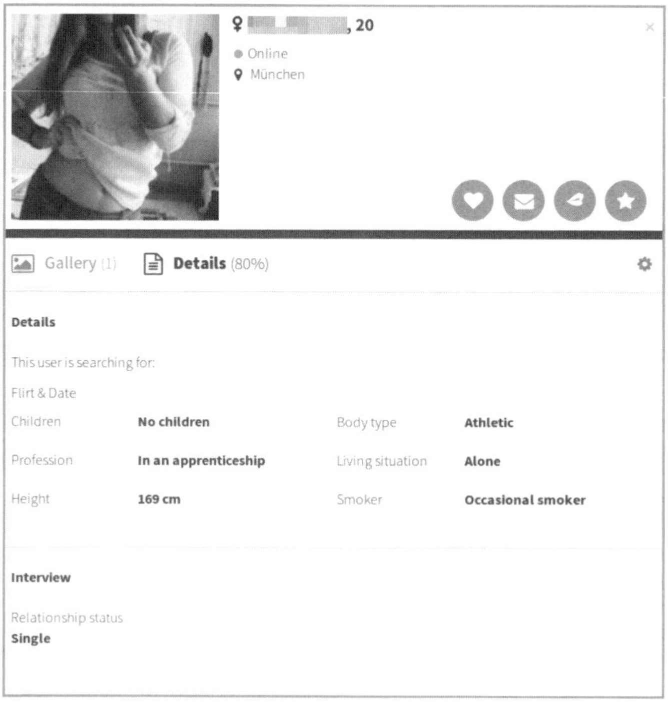

Bild 2.75 Ein Nutzerprofil

Zusätzlich haben Nutzer die Möglichkeit, mithilfe von Chats miteinander in Verbindung zu treten (siehe Bild 2.76).

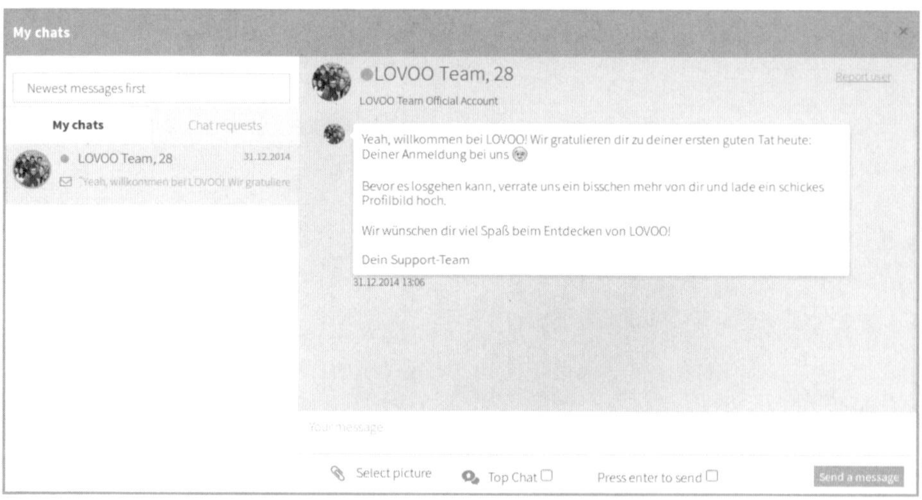

Bild 2.76 Der Lovoo-Chat

Einstellungen

Besonders viele Einstellungsmöglichkeiten haben Sie bei Lovoo nicht. Indem Sie auf Ihr Profilbild (sofern vorhanden) in der rechten oberen Ecke der Seite klicken, erreichen Sie sowohl Ihre Profileinstellungen (unter dem Punkt „Mein Profil“) als auch alle übrigen „Einstellungen“ (siehe Bild 2.77).

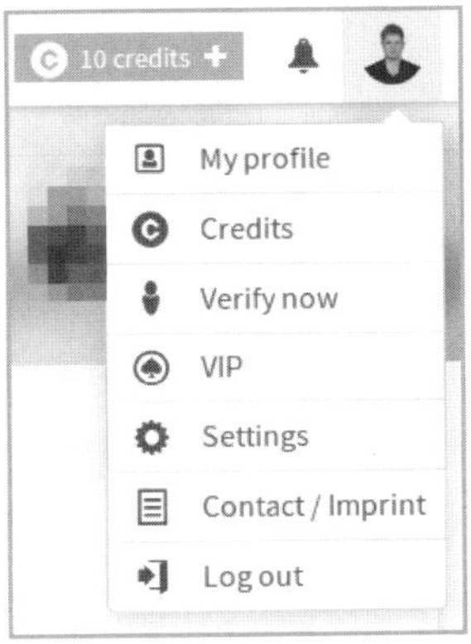

Bild 2.77
So erreichen Sie die wichtigsten Einstellungen.

Nachdem Sie die Einstellungen geöffnet haben, finden Sie unter dem Menüpunkt „Mein Konto“ (siehe Bild 2.78) alle wichtigen administrativen Einstellungen. Sie können hier Daten wie Ihre Mail-Adresse, Ihren Namen, Ihr Geburtsdatum, Ihren Wohnort und Ihr Passwort ändern. Außerdem können Sie E-Mail-Benachrichtigungen deaktivieren und Ihr Benutzerkonto löschen.

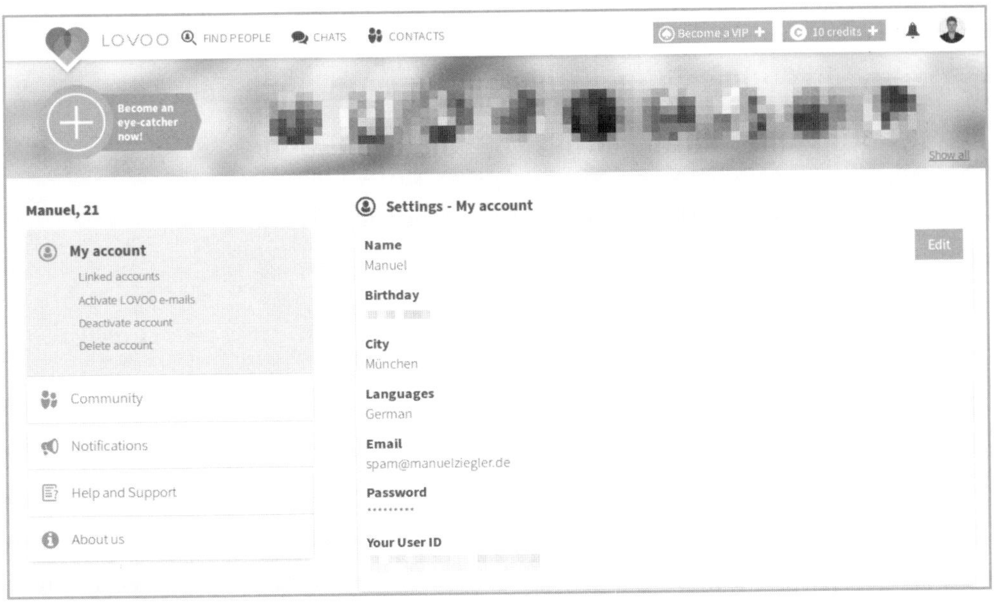

Bild 2.78 Konteneinstellungen

Unter dem Menüpunkt „Community“ können Sie Filter festlegen, nach denen Ihnen andere Nutzer vorgeschlagen werden sollen (siehe Bild 2.79). Mithilfe der Unterpunkte „Chatblocker“ und „Blockierte Mitglieder“ können Sie auch einstellen, wann ein anderes Mitglied daran gehindert werden soll, Ihnen Nachrichten zu schreiben. Zum Beispiel können Sie andere Mitglieder aufgrund der Nachrichtenlänge beim ersten Kontakt, fehlender VIP-Mitgliedschaften und Fotos oder aufgrund der Tatsache, dass diese oft von anderen Mitgliedern blockiert werden, daran hindern, Ihnen Nachrichten zu schreiben (siehe Bild 2.80).

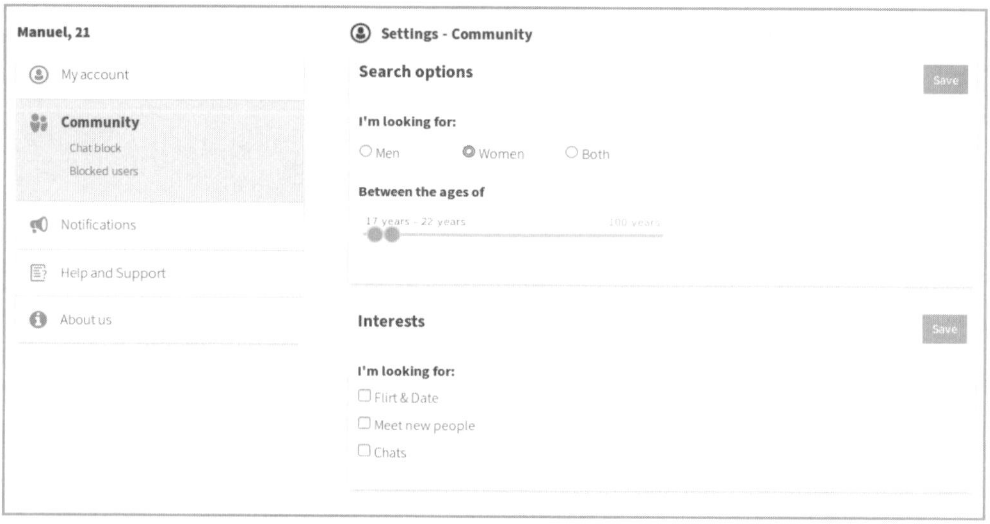

Bild 2.79 Community-Einstellungen

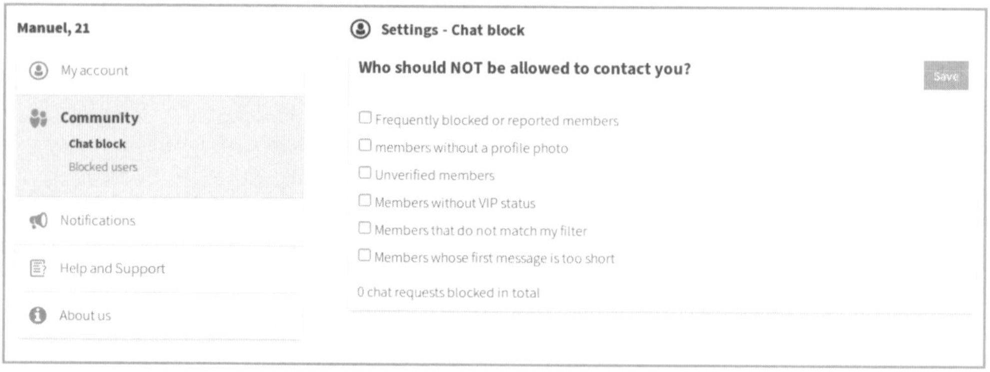

Bild 2.80 Der Chatblocker

2.5.5 Erotikplattformen

2.5.5.1 C-Date

C-Date verspricht seinen Nutzern auf seiner Webseite „sinnliche Abenteuer mit Niveau". Damit reiht sich die Plattform in die Gruppe der Erotikplattformen ein. Ziel der Plattform ist es damit, die Mitglieder zu erotischen Abenteuern zusammenzubringen. Dabei durchläuft der Nutzer während des Anmeldeprozesses einen ähnlichen Einstufungstest, wie er auch von Plattformen zur Partnersuche angeboten wird, allerdings nicht zur Einstufung der Persönlichkeit, sondern vielmehr zur Ermittlung der sexuellen Vorlieben und Eigenschaften des Nutzers.

Der Prozess der Partnersuche

Die Partnersuche auf der Plattform C-Date funktioniert mithilfe von Kontaktvorschlägen, die dem Nutzer von C-Date eingeblendet werden. Wie auch bei den meisten anderen Online-Dating-Plattformen ist es erforderlich, eine Premiummitgliedschaft abzuschließen, bevor man direkt mit anderen Nutzern kommunizieren kann. Allerdings gilt das nur für Männer. Für Frauen ist die vollumfängliche Nutzung der Plattform C-Date kostenlos[13].

Nutzungsbedingungen

Die AGB der Plattform C-Date enthalten vor allem eine ganz besonders interessante Passage:

> *(11) Der Kunde erkennt an und stimmt dem ausdrücklich zu, dass C-Date zur Erleichterung des Einstiegs für neue Kunden in die Plattform und zur Unterstützung der Kommunikation zwischen den Mitgliedern Nachrichten im Namen des Kunden verschicken kann. Der Kunde kann diese Funktion jederzeit in seinem Profil deaktivieren.*

Die Absicht hinter einem solchen Vorhaben lässt sich deutlich vermuten: Ein neu registriertes Mitglied wird von anderen Nutzern bald nach seiner Registrierung, von C-Date gefälschte Nachrichten erhalten. Da es diese mit einer einfachen Mitgliedschaft nicht beantworten kann, ist es gezwungen, eine Premiummitgliedschaft abzuschließen. Es fällt schließlich außerdem leichter, eine Premiummitgliedschaft zu erwerben, wenn man den Eindruck hat, dass die Plattform auch tatsächlich die eigenen Vorstellungen erfüllt.

Auf diese Art und Weise werden Sie als Mitglied von C-Date automatisch zum Köder für neue Premiummitglieder.

[13] Man könnte die Frage stellen, welche womöglich sexistischen Implikationen mit einer derartigen Regelung verbunden sind.

2.5.5.2 Treffpunkt18

Treffpunkt18 ist eine Erotikplattform, die ihren Mitgliedern „knisternde Erotik“ bieten möchte. Tatsächlich kann man in seinem Profil auswählen, welche Form von Erotik man sucht. Neben einer „Affäre“, „Gruppensex“, oder „One-Night-Stands“ kann man auch „Beziehung“ oder „Freundschaft“ auswählen. Man mag sich jedoch fragen, wer in diesem Umfeld ernsthaft nach einer Beziehung oder neuen Freunden sucht.

Der Prozess der Partnersuche

Der Prozess der Partnersuche gestaltet sich auf der Plattform Treffpunkt18 grundsätzlich recht simpel: Nachdem man sich angemeldet und angegeben hat, ob man auf der Suche nach Frauen oder Männern ist, und womöglich auch einige Einschränkungen bezüglich des Alters potenzieller Partner getroffen hat, bekommt man von Treffpunkt18 unter den Rubriken „Onlineliste“, „Partner-Vorschläge“ und „Neue Flirtpartner“ mehr oder weniger willkürlich andere Nutzer angezeigt, die mehr oder weniger gut in das eigene „Beuteschema“ passen.

Dabei werden die Profilfotos[14], die Benutzernamen und der Wohnort dieser Nutzer angezeigt. Mit einem Klick auf diese „Profilvorschau“ gelangt man dann zu meist kaum detailreicheren Benutzerprofilen. Premiummitglieder können außerdem eine Suchfunktion nutzen, bei der sie die angezeigten Mitglieder nach Alter und Region sowie weiteren Details filtern können.

Hat man ein anderes Mitglied ausgemacht, das man kontaktieren möchte, gibt es die Möglichkeiten, diesem Mitglied einen virtuellen Kuss zu schicken, eine Nachricht zu schreiben oder eine Freundschaftsanfrage zu versenden, wobei die beiden letztgenannten Funktionen nur Premiummitgliedern und angemeldeten Frauen vorbehalten sind. Letztere haben zu vielen Funktionalitäten wie dem kostenlosen Versenden von Nachrichten Zugang, zu denen Männer nicht zugelassen sind.

Empfangen kann man Nachrichten von anderen Mitgliedern trotzdem, nur um zu antworten, muss man einen nicht ganz billigen Vertrag über eine Mitgliedschaft abschließen.

Nutzungsbedingungen

Die Seite Treffpunkt18 erklärt in ihren Nutzungsbedingungen einige haarsträubende Details des Prozesses, mit dem Nutzer geködert und an die Plattform gebunden werden. Besonders Artikel 10 der allgemeinen Geschäftsbedingungen (AGB) der Plattform Treffpunkt18 hat es in sich:

> *Dem Kunden ist bekannt, dass HQ Entertainment Network GmbH & Co. KG zur Animation und Unterhaltung mit anderen Mitgliedern professionelle Animateure und Operatoren einsetzt, die im System nicht gesondert gekennzeichnet werden. Diese Dienstleistung wird in höchster Qualität betrieben und es sind mit diesen Animateuren keine realen Treffen möglich.*

[14] Aus Sicht der Privatsphäre betrachtet, ist es geradezu erschreckend, wie viel nackte Haut Nutzer auf ihren Profilbildern zeigen, schließlich kann jedes registrierte Mitglied die Bilder der anderen Mitglieder sehen.

Was mit dem Einsatz von „Animateuren“ bewirkt werden soll, ist klar: Der Nutzer soll dazu bewegt werden, eine kostenpflichtige Mitgliedschaft abzuschließen oder eine bereits bestehende Mitgliedschaft zu verlängern. Unklar ist jedoch, wie groß der Anteil derartiger Animateure im Verhältnis zur Gesamtbenutzerzahl ist, und auch, was die HQ Entertainment Network GmbH & Co. KG unter einer „in höchster Qualität betriebenen“ Dienstleistung versteht. Tatsächlich erhält man als registrierter Nutzer immer wieder Anfragen anderer Nutzer, die einen dazu bewegen wollen, Nachrichten mit ihnen auszutauschen; das ist eine Funktion, die kostenpflichtig ist. Tatsächlich erhält man auch als gerade frisch registriertes Mitglied sehr schnell Nachrichten anderer Nutzer, auch dann, wenn man in seinem Profil noch keine Angaben zu seiner Person gemacht hat. Da drängt sich einem, wie auch bei der ein oder anderen Dating-Plattform anderer Anbieter, die Frage auf, warum Nutzer Interesse für eine Person aufbringen sollten, über die noch keinerlei Daten zur Verfügung stehen. Es liegt also der Verdacht nahe, dass es sich gerade bei diesen Nutzern um die in den AGB erwähnten Animateure handelt. Allerdings muss man in diesem Fall doch noch einmal nachfragen, was eine „Dienstleistung“, die „in höchster Qualität betrieben“ wird, eigentlich sein soll?

Fakt ist, dass die Nachrichten, die man von anderen Nutzern bekommt, meist einen vulgären Umgangston pflegen. Man kann sich sicherlich darüber streiten, ob ein solcher Umgangston ein berechtigter Nebeneffekt einer Plattform zur Suche nach Seitensprüngen und sexuellen Abenteuern ist. Ich persönlich bin trotz allem der Meinung, dass auch auf einer solchen Plattform ein niveauvoller Umgangston herrschen kann, wenn jedoch vom Betreiber der Plattform engagierte Animateure bereits einen solchen Umgangston pflegen, gibt es darauf wenig Hoffnung.

Ein anderer Aspekt ist, dass, wie in den AGB ausdrücklich vermerkt, keine „realen Treffen“ zwischen Animateuren und regulären Nutzern möglich sind. Die meisten Nachrichten von Nutzern, auch die, bei denen man vermuten muss, dass sie von Animateuren stammen, stellen jedoch ein reales Treffen in Aussicht. Im Grunde kommen Animateure, sofern sie die Erwartungen der Nutzer an die Treffpunkt18-Seite erfüllen wollen, gar nicht darum herum, reale Treffen in Aussicht zu stellen. Gerade weil die vom Betreiber eingesetzten Animateure das erklärte Ziel der Seite unterlaufen, ist ihr Einsatz so fragwürdig, und die HQ Entertainment Network GmbH & Co. KG muss sich zu Recht den Vorwurf gefallen lassen, mit ihrer Seite Treffpunkt18 ausschließlich finanzielle Zwecke zu verfolgen. Die Interessen der Nutzer kümmern das Unternehmen dabei offenbar überhaupt nicht.

Bedenklich ist auch, dass Animateure nicht von anderen Nutzern unterschieden werden können, zumindest wenn Nutzer eine Gold-Premiummitgliedschaft abschließen. Hier gewähren die Betreiber von Treffpunkt18 dem Nutzer eine Geld-zurück-Garantie, wenn er innerhalb von sechs Monaten nachweisbar keinen Kontakt zu einem anderen Mitglied hatte:

> *Bei Abschluss einer Goldmitgliedschaft erhalten Sie Ihre Mitgliedsbeiträge zurück, wenn Sie nachweisbar innerhalb von 6 Monaten keinen Kontakt zu einem anderen Mitglied hatten.*

Dadurch, dass Animateure nicht von anderen Mitgliedern unterschieden werden können, ist es für den Benutzer schwer nachvollziehbar und noch schwieriger zu beweisen, dass er nur Kontakt zu Animateuren, nicht aber zu einem realen anderen Mitglied hatte.

In diesem Kontext ebenfalls amüsant bzw. für Betroffene eher erschreckend, ist auch die folgende Passage:

> *Alle Kündigungen werden vom Dienst an die bei der Anmeldung angegebene E-Mail-Adresse schriftlich bestätigt. Im Zweifelsfall ist der Abonnent nachweispflichtig, eine Kündigung versendet bzw. eine Kündigungsbestätigung erhalten zu haben.*

Da in Deutschland eine E-Mail nicht als Beweismittel gilt, wird es für einen Nutzer im Zweifelsfall sehr schwierig zu beweisen, dass er eine Kündigungsbestätigung erhalten hat.

Auch was den unbefugten Zugang zu einem Benutzeraccount durch Dritte angeht, ergibt sich eine abenteuerliche Formulierung in den AGB von Treffpunkt18:

> *Der User verpflichtet sich ferner, sein Passwort nie an Dritte weiterzugeben. Sollte dennoch jemand anderes an das Passwort gelangt sein, besteht die Gefahr des Missbrauchs dieser Daten. Für diesen Fall ist der User für alle Handlungen, die unter seinem Nutzerkonto vorgenommen werden, verantwortlich. Hat der User den Verdacht, dass die Zugangsdaten an Dritte gelangt sein könnten, so hat er die Pflicht, den Betreiber hierüber zu informieren und selbst geeignete Maßnahmen zur Vermeidung des weiteren Missbrauchs zu ergreifen.*

Würde die Sicherheit des Passwortes hauptsächlich vom Nutzer abhängen, wäre diese Passage vermutlich in Ordnung. Allerdings haben es die Betreiber der Plattform Treffpunkt18 versäumt, geeignete Maßnahmen zum Schutz der Benutzerpasswörter zu ergreifen. Dies beginnt bereits bei der Anmeldung auf der Seite, auf der eine Mindestlänge des Passwortes von lächerlichen vier Zeichen vorgeschrieben wird. Das muss beim Nutzer den Eindruck suggerieren, dass ein vierstelliges Passwort ausreichende Sicherheit vor Angriffen bietet. Dass es das keineswegs tut, erfahren Sie in Abschnitt 6.1.2. Eine weitere Verfehlung, was den Passwortschutz bei Treffpunkt18 angeht, ist die Tatsache, dass Verbindungen zur Seite ausschließlich unverschlüsselt möglich sind. Angreifer können Passwörter dabei jederzeit abhören.

Doch die Spitze des Eisbergs, was den Passwortschutz betrifft, ist die Tatsache, dass Passwörter auf der Plattform offenbar im Klartext oder zumindest nur mit einem globalen Schlüssel verschlüsselt gespeichert sind. Das kann man daran erkennen, dass einem das Nutzerpasswort bei der Registrierung per E-Mail zugesendet wird (übrigens ist auch der Versand eines Passwortes via E-Mail unverschlüsselt und absolut bedenklich). Passwörter im Klartext zu speichern ist deshalb gefährlich, weil Angreifer, die Zugang zur Plattform erlangen, alle Nutzerpasswörter auf einmal erbeuten können. Deshalb speichert man Passwörter vor allem im Internet in aller Regel als sogenannte Hashwerte. Die zur Erzeugung dieser Hashwerte genutzten, kryptografischen Hashfunktionen entsprechen quasi einer Einwegverschlüsselung, bei der aus einem Passwort zwar stets der gleiche Hashwert erzeugt wird, eine Erzeugung des Passwortes aus dem Hashwert jedoch mit so großem Aufwand verbunden ist, dass es bei einem sicheren Passwort Jahre dauern würde, das ursprüngliche Passwort herauszufinden.

Dem Benutzer bei all diesen Verfehlungen seitens Treffpunkt18 die Verantwortung für Passwortdiebstahl zuzuschieben, ist äußerst abenteuerlich.

Benutzeroberfläche

Auf der Startseite von Treffpunkt18 (siehe Bild 2.81) sehen Sie die letzten sechs Besucher Ihres Profils sowie die unterschiedlichen Vorschlagslisten von Treffpunkt18, wie „Onlineliste", „Partner-Vorschläge" und „Neue Flirtpartner". Außerdem haben Sie in der linken oberen Ecke die Möglichkeit, auf Ihre erhaltenen Nachrichten, Küsse und, falls vorhanden, „Coins" zuzugreifen.

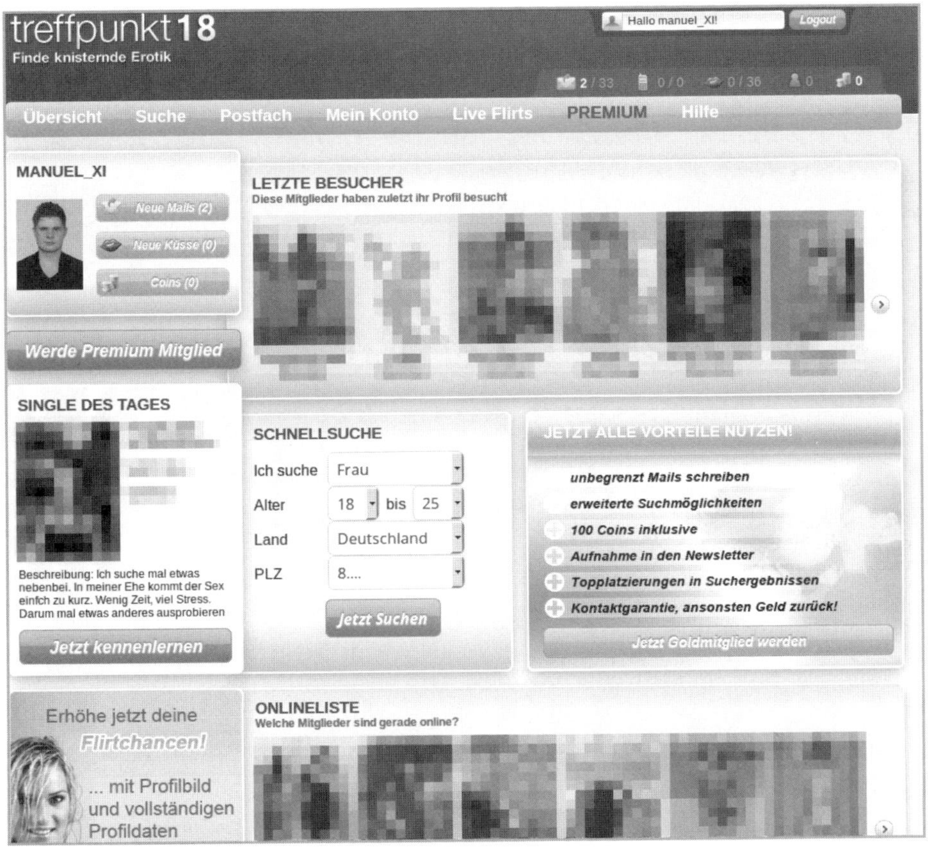

Bild 2.81 Die Startseite von Treffpunkt18

Mit dem Klick auf ein Nutzerprofil öffnet sich die Detailansicht des jeweiligen Profils. Hier können Sie unterschiedliche Kontaktmöglichkeiten ansteuern (vorausgesetzt, Sie haben die dazu notwendige Berechtigung) oder weitere Informationen über die jeweilige Person einholen. Neben der Kategorie „Mein Aussehen & erotische Details“ (siehe Bild 2.82) gibt es auch noch die Kategorie „Fragen und Antworten“ (siehe Bild 2.83). Unter der Kategorie „Bilder“ finden Sie das Profilbild des Nutzers.

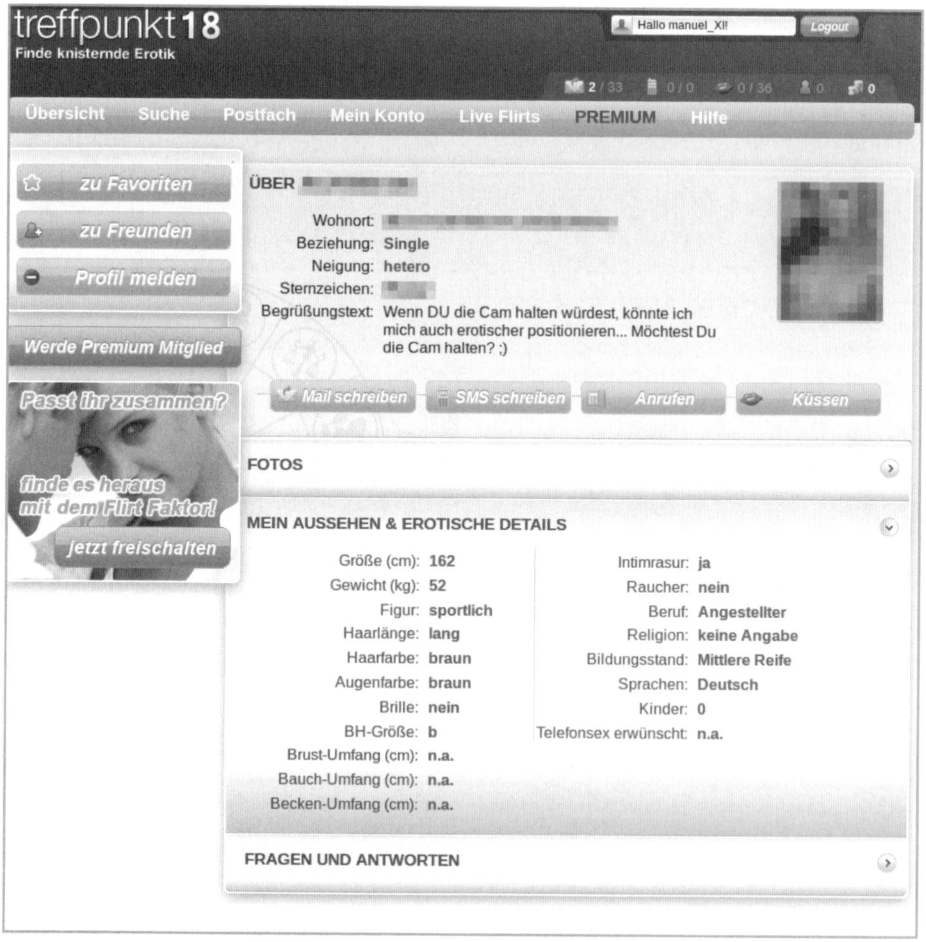

Bild 2.82 Ein Nutzerprofil mit der geöffneten Kategorie „Aussehen und erotische Details“

Neben den unterschiedlichen Postfächern für Nachrichten und Küsse, die recht unspektakulär sind, können Sie über die Kategorie „Suche“ verschiedene Suchanfragen starten, die im Wesentlichen den auf Ihrer Startseite gezeigten Kategorien entsprechen, bei denen Sie jedoch eine größere Trefferanzahl einsehen können.

Bild 2.83 Ein Nutzerprofil mit der geöffneten Kategorie „Fragen und Antworten"

Einstellungen

Die Einstellungen zu Ihrem Profil erreichen Sie bei Treffpunkt18 über den Menüpunkt „Übersicht -> Profil bearbeiten". Unter der Kategorie „Meine Vorlieben & Infos" können Sie dort einige grundsätzliche Angaben zu Ihren Vorlieben machen, wie beispielsweise Angaben darüber, Partner welchen Geschlechts Sie suchen, oder die Art von Kontakt, die Sie suchen (siehe Bild 2.84). Beachten Sie vor allem bei Ihrem Vorstellungstext wie auch bei den später angesprochenen Fragen, dass Ihre Angaben vor Veröffentlichung redaktionell überprüft werden. Das dient offenbar keineswegs der Ausmerzung von Fehlern oder der Beseitigung von ordinärer und vulgärer Sprache, sondern vielmehr dazu zu verhindern, dass Sie Kontaktinformationen, über die andere Mitglieder Sie außerhalb von Treffpunkt18 erreichen könnten, auf Ihrem Profil hinterlassen.

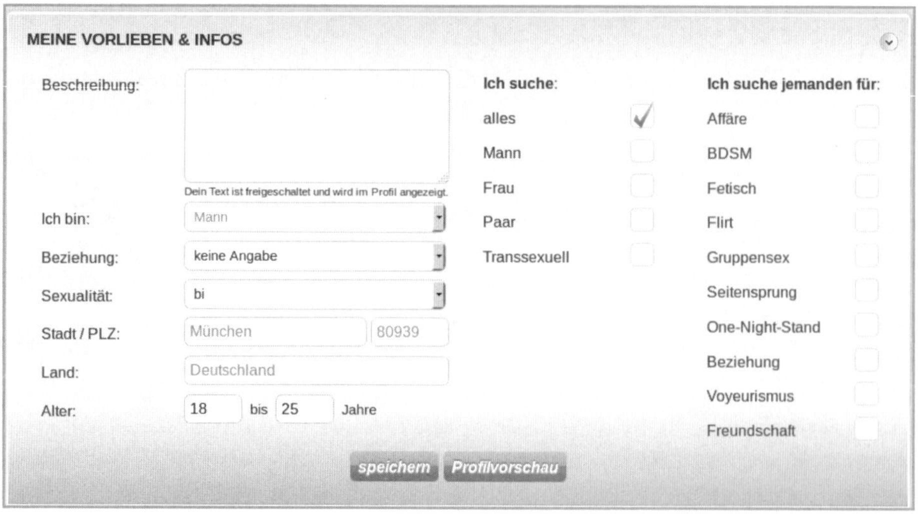

Bild 2.84 Profileinstellungen bei Treffpunkt18: „Meine Vorlieben & Infos"

In der Kategorie „Mein Aussehen & erotische Details" (siehe Bild 2.85) können Sie Angaben zu Ihrer Figur, Haarfarbe und Augenfarbe machen, und wem das noch nicht genug ist und wer zudem ein geeignetes Maßband zu Hause hat, der kann zusätzlich die Abmessungen seiner Genitalien bestimmen und für Besucher angeben[15].

Bild 2.85 Profileinstellungen bei Treffpunkt18: „Mein Aussehen & erotische Details"

[15] Um Missverständnisse zu vermeiden, achten Sie bitte darauf, die Angaben zu Ihrer Penislänge in Zentimeter zu machen. Hinweis: Falls Sie gerade nur ein Metermaß zur Hand haben, der Umrechnungsfaktor von Meter in Zentimeter beträgt 100.

Falls Sie Bedenken haben, dass potenzielle Partner Sie nicht ausschließlich aufgrund Ihres Brustumfangs und/oder Ihrer Penisabmessungen auswählen, können Sie unter der Kategorie „Mehr über mich“ (siehe Bild 2.86) weitere oberflächliche Angaben zu Ihrer Person wie zu Ihrem Einkommen[16], Ihrem Bildungsstand, den Sprachen, die Sie sprechen, wobei Sie hier auf die acht Sprachen Deutsch, Englisch, Französisch, Spanisch, Italienisch, Russisch, Polnisch und Türkisch eingeschränkt sind, oder gar zu Ihrer Religion machen.

Bild 2.86 Profileinstellungen bei Treffpunkt18: „Mehr über mich“

Unter dem Punkt „Fragen“ können Sie die in Ihrem Profil angezeigten Fragen und Antworten (siehe Bild 2.82) bestimmen. Weitere Einstellungen, die vor allem die Suche anderer Mitglieder betreffen, können Sie unter den drei Kategorien für „Erweiterte Suchoptionen“ machen. Tatsächlich können Sie hier andere Personen sogar nach BH-Größe bzw. Penisabmessungen filtern (siehe Bild 2.87).

[16] Hier wiederum der Hinweis darauf, dass die Angabe sich auf das monatliche Einkommen bezieht. Bitte geben Sie hier nicht versehentlich Ihr Jahresgehalt an, um andere Mitglieder nicht zu verwirren.

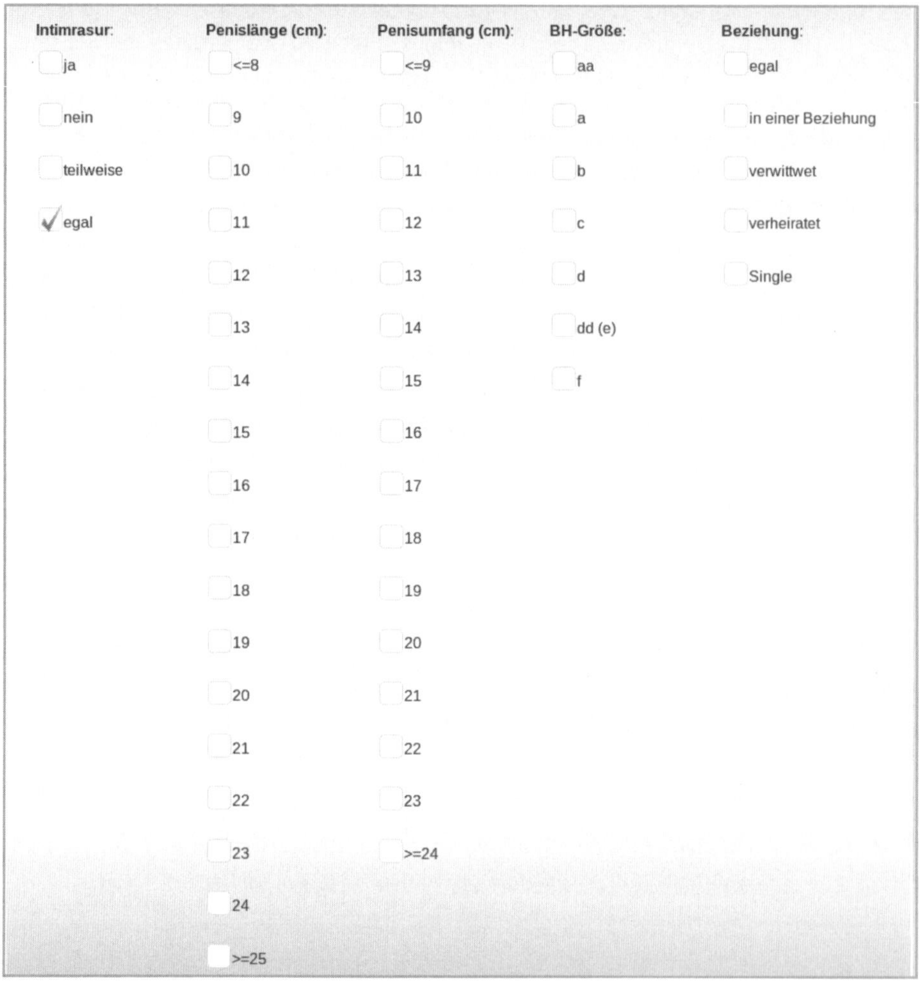

Bild 2.87 Profileinstellungen bei Treffpunkt18: Unter der Kategorie „Erweiterte Suchoptionen – Merkmale" können Sie, falls Sie auf der Suche nach einem Mann sind, die Ihnen vorgeschlagenen Männer nach Phallusgröße filtern, damit es im Bett nicht zu bösen Überraschungen kommt. Als Mann auf der Suche nach einer Frau können Sie die BH-Größe auswählen und auf der Suche nach Paaren oder Transsexuellen (siehe Bild) kommen Sie in den Genuss, beides auszuwählen.

PRAXISTIPP: Warum Sie nicht wählerisch sein sollten, was die Phallusgröße Ihres Partners betrifft.

Sicherlich hat man Ihnen schon sehr häufig gepredigt, dass Sie bei der Beurteilung eines Menschen nicht nur Wert auf das Äußerliche legen sollten. Plattformen wie Treffpunkt18 geben ihren Mitgliedern trotz allem die Möglichkeit, Menschen ausschließlich aufgrund ihrer äußerlichen Merkmale zu beurteilen.

Auch wenn es eine nette Funktion zu sein scheint, die für Sie infrage kommenden Partner von Anfang an danach zu filtern, ob Sie mit deren Geschlechtsorganen einverstanden sind, kann es sehr schnell passieren, dass die Anzahl der für Sie infrage kommenden Partner sehr drastisch verringert wird. Natürlich ist das am Beispiel der Phallusgröße nur beispielhaft erläutert und trifft ebenso für die BH-Größe und andere Kategorien zu.

Bei Treffpunkt18 werden jemandem, der auf der Suche nach einem Mann ist, insgesamt 18 verschiedene Auswahlmöglichkeiten zur Gliedlänge und 16 verschiedene Auswahlmöglichkeiten zum Penisumfang angeboten. Für die folgende, beispielhafte Berechnung der Einschränkung soll angenommen werden, dass Penislänge und Penisumfang in keinerlei Beziehung zueinander stehen. Außerdem soll von insgesamt ca. 2,25 Millionen verfügbaren Männern (das entspricht etwa der Hälfte der laut Treffpunkt18 registrierten Nutzer) ausgegangen werden.

Nimmt man weiter an, dass sich die Verteilung der einzelnen Männer auf die jeweiligen Kategorien durch eine Binominalverteilung darstellen lässt, wie beispielsweise bei einem nicht gekippten Galtonbrett (siehe Bild 2.88)[17]. Damit ergibt sich für jede Penislänge k die Häufgkeitsverteilung $B(k; 0{,}5; 18)$, wobei $B(k; p; n)$ die relative Häufigkeit für die Auswahl eines Fachs eines Galtonbrettes mit n Fächern angibt und p für die Wahrscheinlichkeit steht, dass eine Kugel an einem Hindernis jeweils den rechten Weg wählt (siehe Formel 2.1).

$$B(k; p; n) = \binom{n}{k} \cdot p^k \cdot (1-p)^{n-k} \tag{2.1}$$

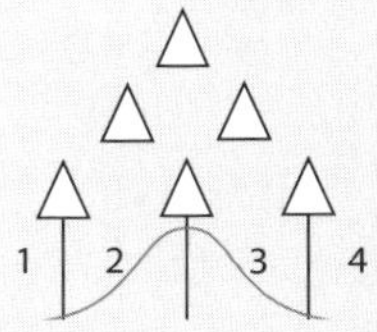

Bild 2.88
Ein Galtonbrett mit vier Fächern

[17] Meiner Einschätzung nach ist das bereits eine Einschätzung zugunsten der Männer, zumindest zugunsten derer, die Wert auf so etwas legen, aber das ist nur ein Eindruck.

Gleiches gilt für jeden Penisumfang *j*. Hier ergibt sich jeweils die relative Häufigkeit $B(j; 0{,}5; 16)$. Da wir davon ausgegangen sind, dass die Größen Gliedlänge und Penisumfang voneinander unabhängig sind, lassen sich die relativen Häufigkeiten der beiden multiplizieren, um die gesamte relative Häufigkeit zu bestimmen. Es ergibt sich also folgende relative Häufigkeit *H* für die Auswahl zweier Größen (k, j):

$$H(k, j) = B(k; 0{,}5; 18) \cdot B(j; 0{,}5; 16) \tag{2.2}$$

Mithilfe dieser relativen Häufigkeit lässt sich nun ganz konkret ermitteln, wie viele Männer bei einer entsprechenden Wahl noch zur Auswahl stehen, indem diese einfach mit der Gesamtzahl zur Verfügung stehender Männer multipliziert wird (siehe Tabelle 2). Es ist sicher leicht eingängig, dass sich diese Zahlen noch einmal drastisch verringern, wenn Sie weitere Einschränkungen wie zum Beispiel „Männer im Umkreis von 100 km" auswählen. Sie sehen also, dass selbst einigermaßen große Mitgliederzahlen durch komplexe Filter so drastisch reduziert werden können, dass am Ende keines mehr übrig bleibt, das alle Bedingungen erfüllt. Da solche Filter stets nur nach Äußerlichkeiten unterscheiden können, ist die Moral dieser Geschichte also zugleich der eingangs erwähnte Satz: Die Beurteilung der Menschen aufgrund von Äußerlichkeiten lohnt sich nicht.

Tabelle 2 Durch Filter zur Phallusgröße übrig bleibende Männer bei Treffpunkt18. Die Penislänge ist vertikal, der Penisumfang horizontal abgetragen.

	<= 9 (rel. H.: 1/65536)	10 (rel. H.: 1/4096)	11 (rel. H.: 0,002)	12 (rel. H.: 0,009)	13 (rel. H.: 0,028)
<= 8 (rel. H.: 1/262144)	0	0	0	0	0
9 (rel. H.: 9/131072)	0	0	0	2	5
10 (rel. H.: 153/262144)	0	0	3	13	41
11 (rel. H.: 51/16384)	0	2	16	70	218
12 (rel. H.: 0,012)	0	7	60	270	840
13 (rel. H.: 0,033)	1	20	165	743	2310
14 (rel. H.: 0,071)	3	43	355	1598	4970
15 (rel. H.: 0,121)	5	74	605	2723	8470
16 (rel. H.: 0,167)	6	102	835	3758	11690

2.5.6 Online-Partnerbörsen

2.5.6.1 Parship

Die Plattform Parship ist eine der größten Online-Partnerbörsen in Deutschland. Mitglieder suchen hier nach einem festen Partner. Obwohl Parship einen grundsätzlich sehr seriösen Eindruck macht, entsteht zuweilen der Verdacht, dass auch Parship versucht, Mitglieder durch gefälschte Besuchereinblendungen zu einer Premiummitgliedschaft zu bewegen. Allerdings ist weder in den Nutzungsbedingungen noch anhand sonstiger Indizien ein eindeutiger Beweis für ein solches Verhalten zu finden. Falls Parship also tatsächlich versucht, Mitglieder mithilfe derartiger Maschen zu ködern, werden diese Methoden immerhin nicht exzessiv angewandt.

Der Prozess der Partnersuche

Wie auch die meisten anderen Online-Partnerbörsen stützt Parship seinen Partnersuche-Prozess auf Persönlichkeitstests, mit deren Hilfe die Gemeinsamkeiten zwischen zwei Mitgliedern festgestellt werden sollen. Auf dieser Basis werden dann sogenannte Matching-Punkte ermittelt, die Aufschluss darüber geben sollen, wie gut Sie und Ihr Gegenüber zusammenpassen. Sie können dabei jeweils auch ein einigermaßen umfangreiches Matching-Ergebnis anzeigen lassen, bei dem verschiedene Charakterzüge in den drei großen Kategorien „Persönlichkeit - Grundzüge“, „Persönlichkeit - Beziehungsverhalten“ und „Persönlichkeit - Alltagsgestaltung“ miteinander verglichen werden (siehe Bild 2.89).

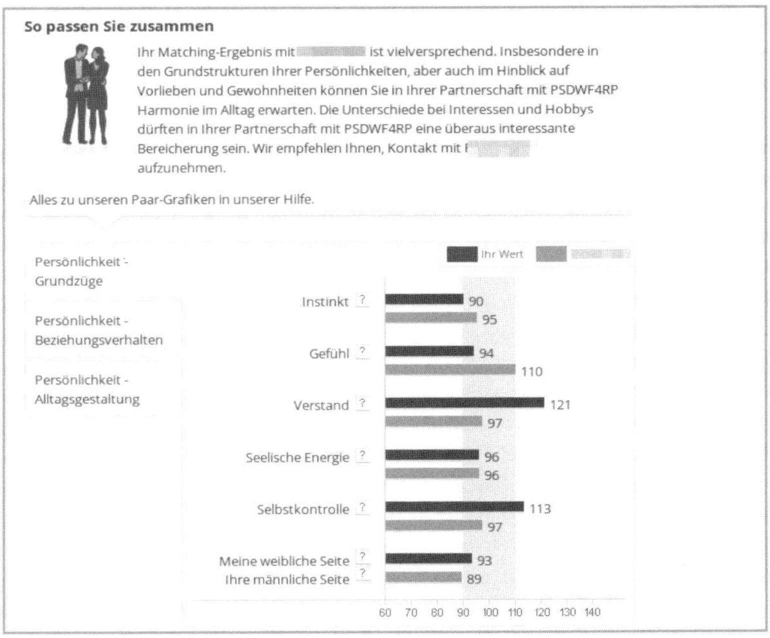

Bild 2.89 Detaillierter Persönlichkeitsvergleich bei Parship

Die Ergebnisse des Persönlichkeitstests scheinen tendenziell richtig zu sein, allerdings muss klar sein, dass es keinen allgemeingültigen Persönlichkeitstest geben und das Ergebnis deshalb selbstverständlich nicht zu 100 % zuverlässig sein kann. Gefragt wird im Rahmen des Persönlichkeitstests nach persönlichen Vorlieben, Verhaltensweisen, Stimmungen (siehe Bild 2.90) und Gedankengängen.

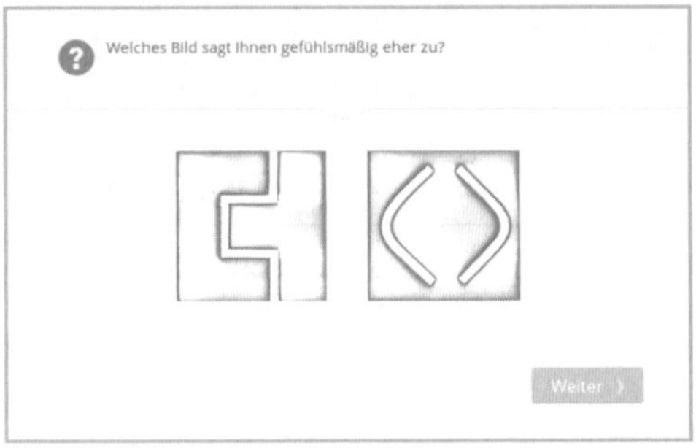

Bild 2.90
Im Rahmen des Persönlichkeitstests bei Parship wird explizit auch nach Stimmungen und Gefühlen des Nutzers gefragt. Ob es sich dabei um Westentaschenpsychologie handelt oder ob derartige Fragen tatsächlich fundierte Aussagen über die Persönlichkeit eines Menschen erlauben, ist sicherlich sehr schwierig zu beantworten. Allgemein haben derartige Fragen sicherlich ihre Berechtigung.

Benutzeroberfläche

Die Benutzeroberfläche von Parship besteht aus drei wichtigen Bereichen: den Partnervorschlägen, dem Posteingang und den Nutzerprofilen. Über den Posteingang (siehe Bild 2.91) können Nutzer gesendete und erhaltene Nachrichten einsehen und verwalten.

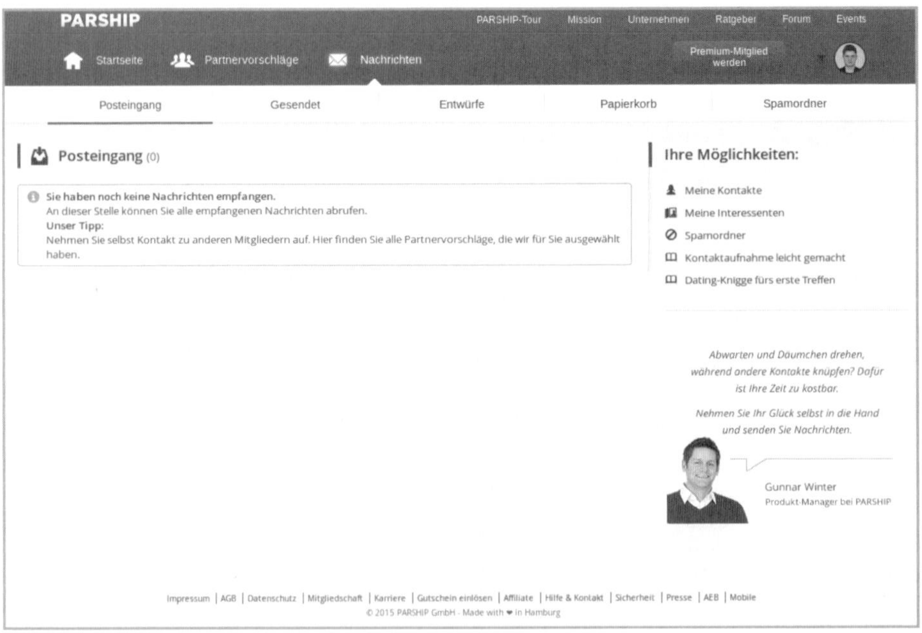

Bild 2.91 Posteingang

Die Partnervorschläge eines Nutzers (siehe Bild 2.92) bestehen aus aufgrund der ermittelten Matching-Punkte besonders gut zu Ihnen passenden Mitgliedern in Ihrer Umgebung, die von Parship ausgewählt wurden. Sie können die Liste der Nutzer hier nach Kriterien wie Alter, Größe, Region, Rauchgewohnheiten und Kindern filtern und auch feinere Filter setzen, die Vorlieben für Sport, Musik und Urlaub umfassen.

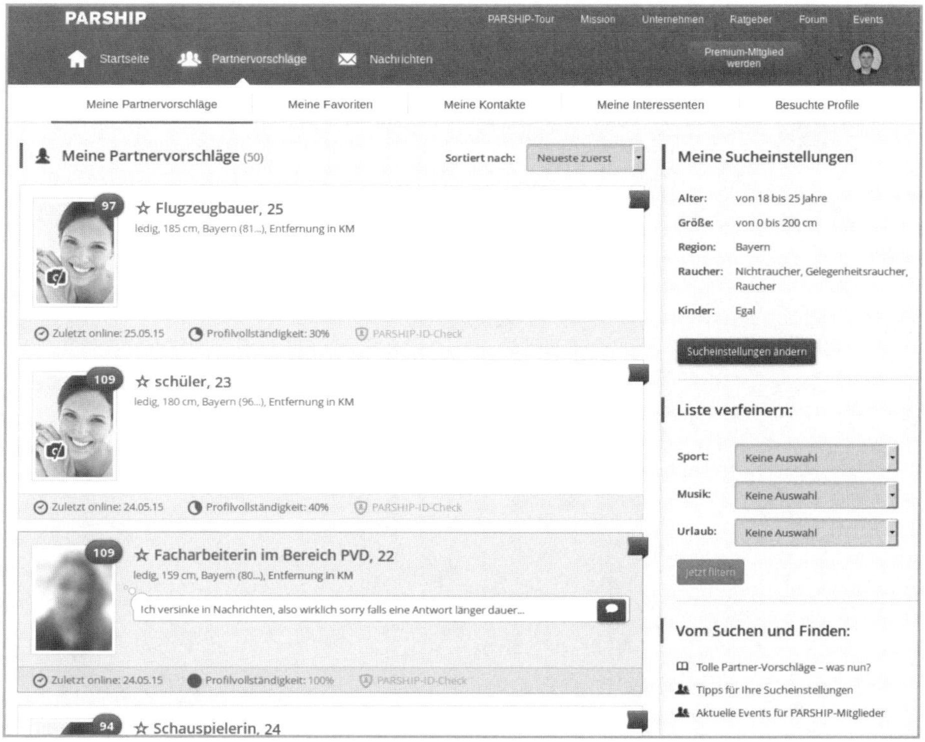

Bild 2.92 Partnervoschläge

Das Profil eines Nutzers (siehe Bild 2.93) enthält zunächst Beruf, Alter und womöglich auch ein Profilbild des Nutzers. Es folgen drei vom Nutzer ausgewählte Attribute, die diesen seiner Meinung nach am besten beschreiben. Weitere Angaben bezüglich der Sportlichkeit, der Haustiere und Kinder, dem Beziehungsstatus sowie zum Rauchverhalten, Bildungsabschluss, Wohnort und zu der Körpergröße folgen darunter.

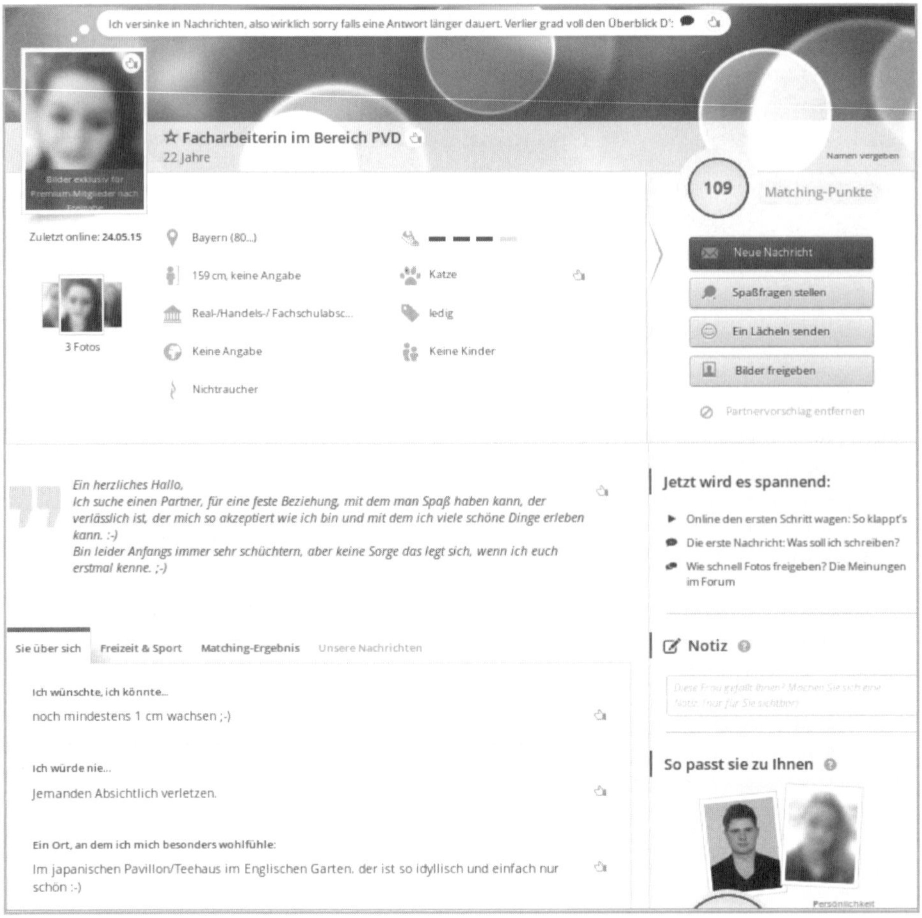

Bild 2.93 Benutzerprofil eines Parship-Nutzers

Es folgen drei verschiedene Kategorien „Sie/Er über sich", „Freizeit & Sport" sowie „Matching-Ergebnis", in denen Sie weitere Informationen über das Mitglied erhalten können. In der Kategorie „Er/Sie über sich" sind vom Nutzer ausgewählte Fragen und Antworten aufgelistet, in der Kategorie „Freizeit & Sport" (siehe Bild 2.94) sind die Interessen des Nutzers aufgelistet und in der Kategorie „Matching-Ergebnis" (siehe Bild 2.95) finden Sie Details des von Parship durchgeführten Matchings Ihrer Persönlichkeiten.

Bild 2.94 Interessen eines Nutzers

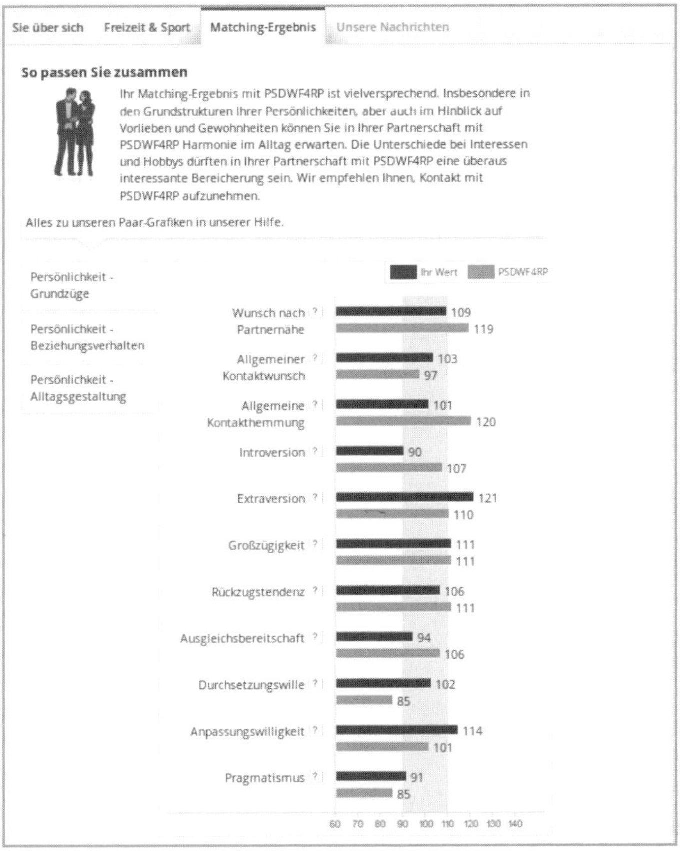

Bild 2.95 Details des von Parship ermittelten Persönlichkeits-Matchings

Einstellungen

Die Einstellungen erreichen Sie durch einen Klick auf Ihren Avatar am rechten oberen Bildschirmrand und einen anschließenden Klick auf „Daten und Einstellungen“ (siehe Bild 2.96). Hier können Sie einstellen, ob andere Mitglieder Ihren Online-Status und Ihren Besuch auf deren Profil sehen sollen. Im Bereich „Persönliche Daten“ (siehe Bild 2.97) können Sie Ihre Anschrift und Ihre Mail-Adresse ändern. Außerdem ist hier das von Parship erwartete jährliche Bruttoeinkommen änderbar, das Sie bei der Anmeldung angegeben haben. Ich empfehle Ihnen dringend, hier absichtlich eine falsche Angabe zu machen, schließlich geht es Parship nichts an, was Sie verdienen. Am besten Sie würfeln und wählen anschließend die entsprechende Angabe. Theoretisch wäre es denkbar, dass Parship Ihren Mitgliedsbeitrag aufgrund Ihres Einkommens bemisst. In diesem Fall mag es sinnvoll sein, eher zu untertreiben als zu übertreiben.

Bild 2.96 Einstellungen – Profil verwalten

Bild 2.97 Einstellungen – Persönliche Daten

Unter dem Menüpunkt „Benachrichtigungen" (siehe Bild 2.98) können Sie einstellen, welche Benachrichtigungen Sie von Parship erhalten möchten.

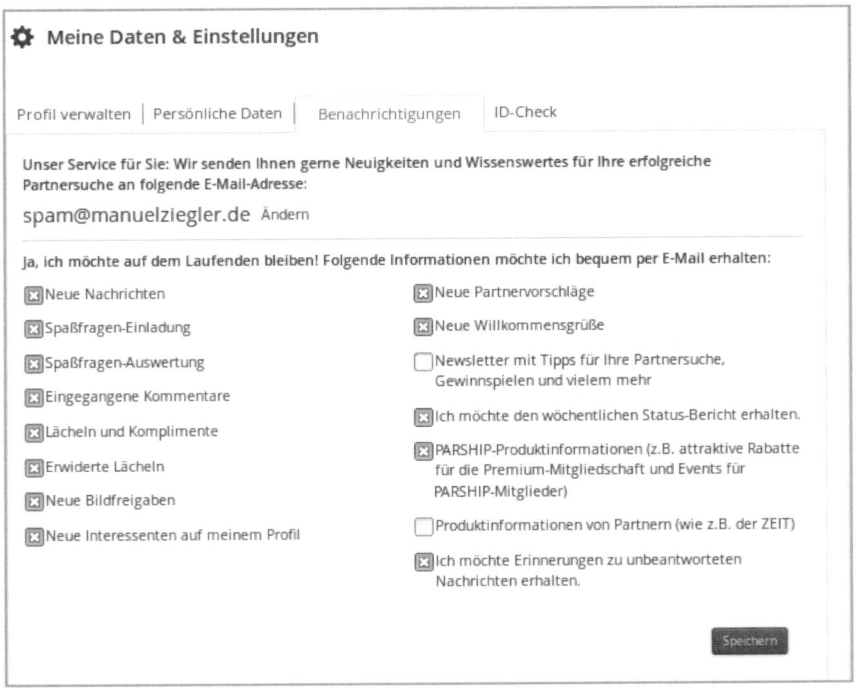

Bild 2.98 Einstellungen – Benachrichtigungen

2.5.6.2 ElitePartner

ElitePartner ist der Plattform Parship nicht unähnlich, richtet sich aber, wie der Name andeuten möchte und der Werbeslogan noch einmal unterstreicht, vor allem an „Akademiker und Singles mit Niveau“. Man mag nun etwas zynisch nachfragen, was denn ein sogenannter Elite-Parter sein mag und inwiefern die Interpretation der Betreiber, dass es sich bei Elite-Partnern vorrangig um Akademiker handle, sozialchauvinistische Neigungen offenbart? Es ist auch ungeklärt, was unter Singles mit Niveau zu verstehen ist. Ist damit die transitive Hülle über sozialen Beziehungen von Akademikern gemeint?

Natürlich könnte man den Begriff Elite-Partner auch systembezogen sehen und darunter die Klasse der Spitzenverdiener verstehen, auf die verschiedene Werbebotschaften der Plattform ElitePartner abzielen, wenn sie die Karriere der Mitglieder so stark in den Vordergrund stellen. Vielleicht muss man den Begriff Elite-Partner jedoch auch als eine Art Selbstinterpretation begreifen, bei der jeder Mensch, der sich dieser Gruppe zugehörig fühlt, Teil derselben ist.

Der Prozess der Partnersuche

Der Prozess der Partnersuche beruht bei ElitePartner auf einem umfangreichen Persönlichkeitstest, bei dem der Nutzer Fragen zu seinen Interessen, seinen Vorlieben, seinen Erwartungen und subtileren Gefühlen (siehe Bild 2.99) beantwortet. Insgesamt wirkt der Persönlichkeitstest nicht ganz so differenziert wie der bei Parship, er vernachlässigt jedoch einige Elemente, die man beim Parship-Persönlichkeitstest durchaus kritisch sehen kann.

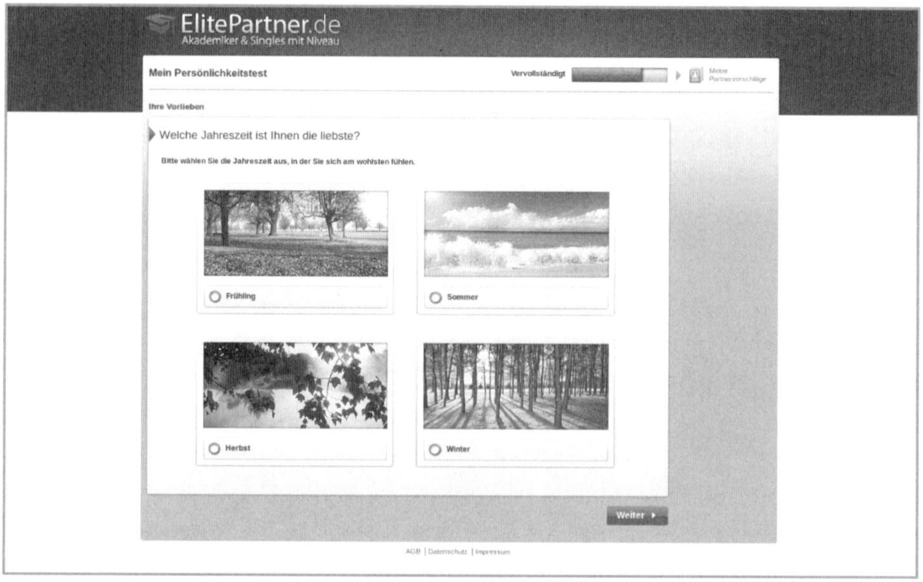

Bild 2.99 Auch Gefühle fließen in den Persönlichkeitstest ein.

Auf Basis des Persönlichkeitstests werden Nutzern Partnervorschläge nach einem Matching-Punkte-System angezeigt. Sie können diese Ergebnisse beim Besuch eines Nutzerprofils auch detailliert miteinander vergleichen (siehe Bild 2.100).

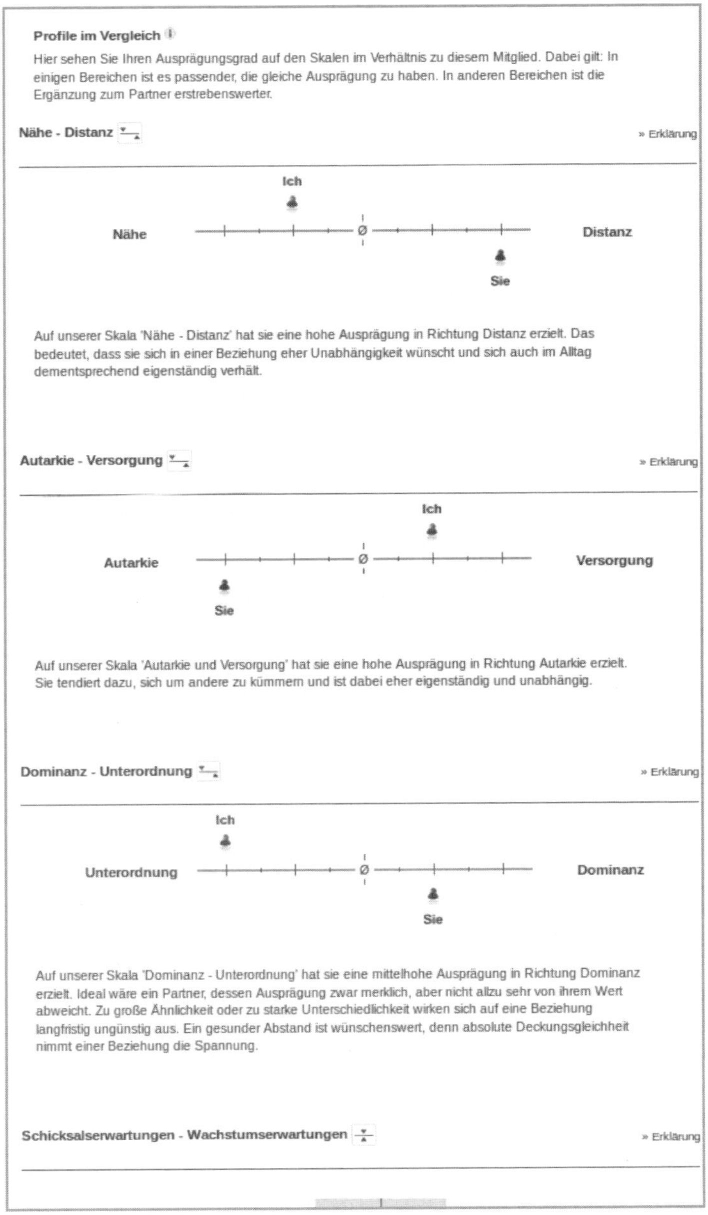

Bild 2.100 Ergebnis des Persönlichkeitstests im Nutzervergleich

Benutzeroberfläche

Die Benutzeroberfläche von ElitePartner besteht im Wesentlichen aus dem Posteingang, den Partnervorschlägen und den Nutzerprofilen. Während Nachrichten nur von Premiummitgliedern gelesen werden können, werden diese trotzdem auch normalen Mitgliedern angezeigt. Dabei wird der Text offenbar wortweise verpixelt (siehe Bild 2.101). Ob es sich bei den angezeigten, verpixelten Nachrichten tatsächlich um die ursprünglichen Nachrichten handelt, wage ich persönlich zu bezweifeln, es ist also wohl eine Sackgasse zu versuchen, die Nachrichten anhand der Wortlängen und -signaturen zu rekonstruieren.

Bild 2.101 Normale, Nicht-Premium-Nutzer sehen Nachrichten nur verpixelt.

Die Partnervorschläge bestehen aus den von ElitePartner ermittelten Partnern mit den größten Matching-Punkten, standardmäßig absteigend sortiert (siehe Bild 2.102).

Bild 2.102 Partnervorschläge bei ElitePartner

Das Profil eines Nutzers besteht bei ElitePartner aus einigen grundsätzlichen Angaben zur Person des Nutzers (siehe Bild 2.103) sowie weiteren Details in den vier Kategorien „Profil“, „Sie/Er über sich“, „Profile im Vergleich“ und „Handlungsmotive“. Im Bereich „Profil“ sind ausführliche Informationen über Vorlieben, Äußerlichkeiten und persönliche Daten aufgeführt (siehe Bild 2.104). Die Kategorie „Sie/Er über sich“ beinhaltet Fragen und Antworten zu verschiedenen Lebensbereichen und Situationen. „Profile im Vergleich“ vergleicht einige Charaktereigenschaften von Ihnen und der betrachteten Person (siehe Bild 2.105) und „Handlungsmotive“ stellt die Motive der betrachteten Person dar.

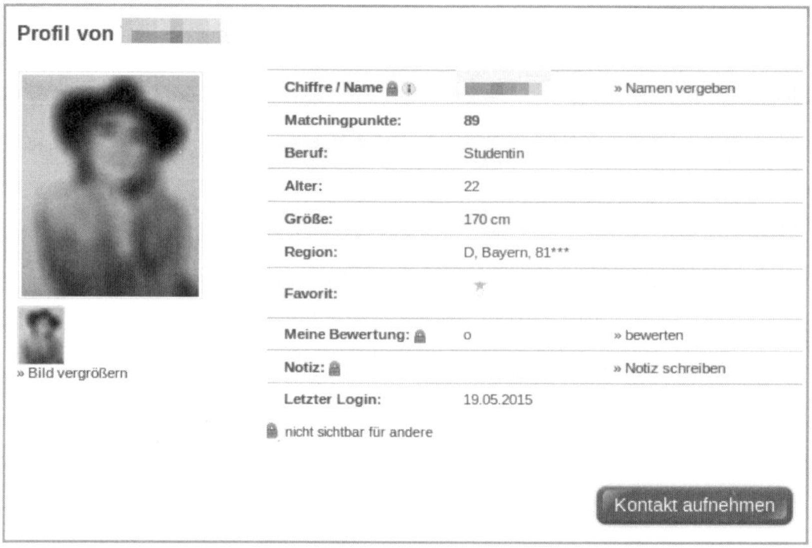

Bild 2.103 Nutzerprofil eines Elite-Partners

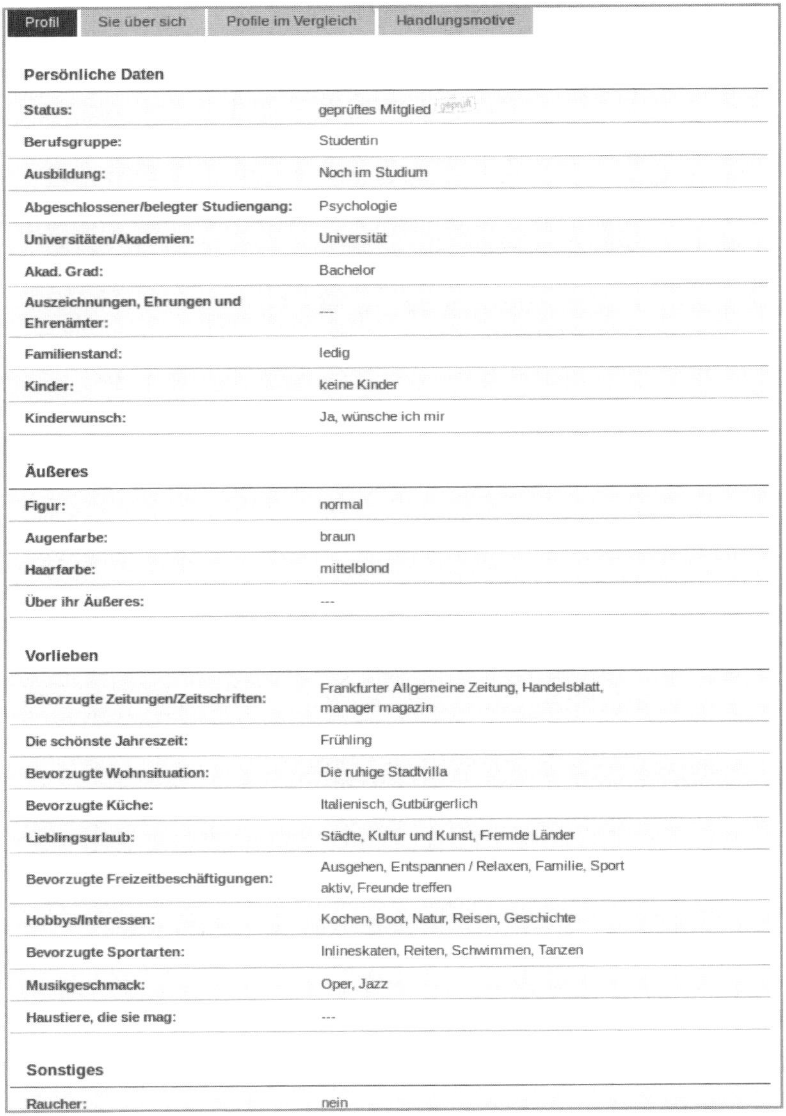

Profil | Sie über sich | Profile im Vergleich | Handlungsmotive

Persönliche Daten

Status:	geprüftes Mitglied geprüft
Berufsgruppe:	Studentin
Ausbildung:	Noch im Studium
Abgeschlossener/belegter Studiengang:	Psychologie
Universitäten/Akademien:	Universität
Akad. Grad:	Bachelor
Auszeichnungen, Ehrungen und Ehrenämter:	---
Familienstand:	ledig
Kinder:	keine Kinder
Kinderwunsch:	Ja, wünsche ich mir

Äußeres

Figur:	normal
Augenfarbe:	braun
Haarfarbe:	mittelblond
Über ihr Äußeres:	---

Vorlieben

Bevorzugte Zeitungen/Zeitschriften:	Frankfurter Allgemeine Zeitung, Handelsblatt, manager magazin
Die schönste Jahreszeit:	Frühling
Bevorzugte Wohnsituation:	Die ruhige Stadtvilla
Bevorzugte Küche:	Italienisch, Gutbürgerlich
Lieblingsurlaub:	Städte, Kultur und Kunst, Fremde Länder
Bevorzugte Freizeitbeschäftigungen:	Ausgehen, Entspannen / Relaxen, Familie, Sport aktiv, Freunde treffen
Hobbys/Interessen:	Kochen, Boot, Natur, Reisen, Geschichte
Bevorzugte Sportarten:	Inlineskaten, Reiten, Schwimmen, Tanzen
Musikgeschmack:	Oper, Jazz
Haustiere, die sie mag:	---

Sonstiges

Raucher:	nein

Bild 2.104 Nutzerprofil eines Elite-Partners: Ein lückenloser Lebenslauf

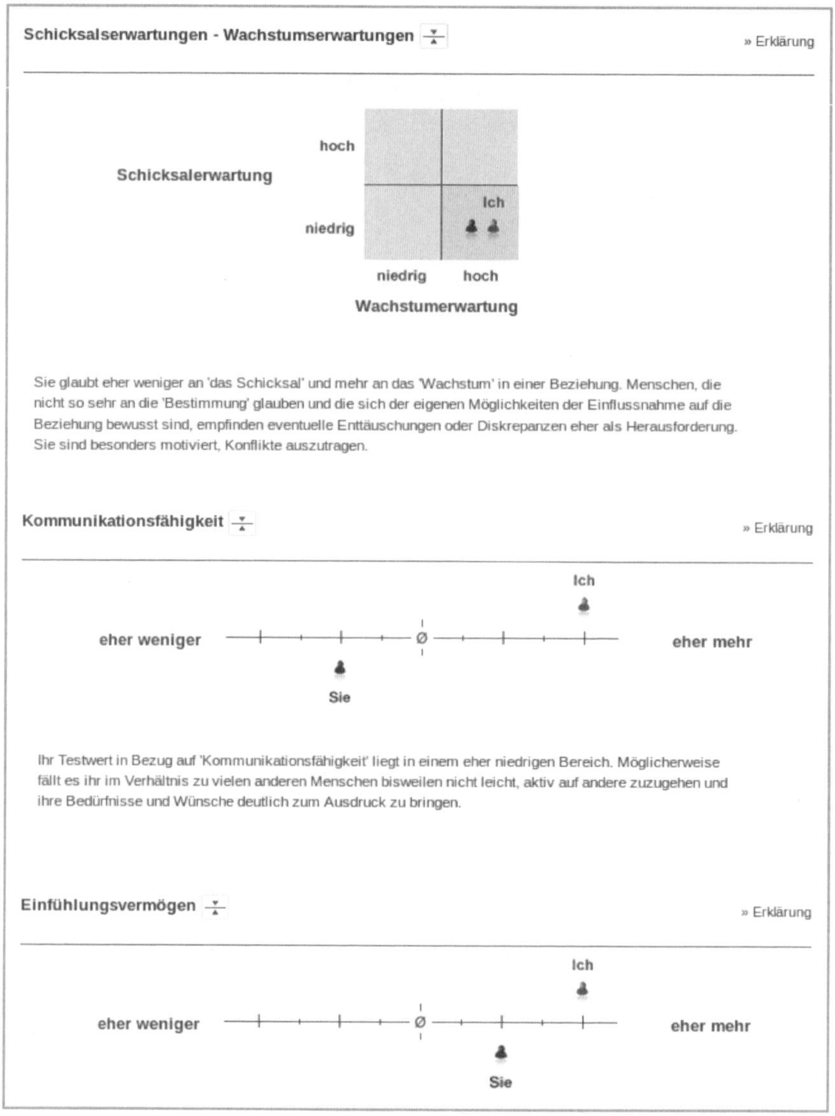

Bild 2.105 Elite-Partner vergleichen sich gerne mit anderen.

Einstellungen

Unter dem Tab „Meine Daten“ finden Sie die wichtigsten Einstellungen Ihres Profils. Hier können Sie festlegen, welche Informationen in Ihrem Profil angezeigt werden sollen (siehe Bild 2.106). Unter dem Menüpunkt „Basisdaten“ (siehe Bild 2.107) finden Sie vor allem Daten, die anderen Nutzern nicht eingeblendet werden und die der Verwaltung Ihres Nutzerkontos dienen. Abermals finden Sie hier die Angabe zu Ihrem jährlichen Einkommen. Auch hier empfehle ich Ihnen zu würfeln.

Bild 2.106 Meine Daten – ElitePartner

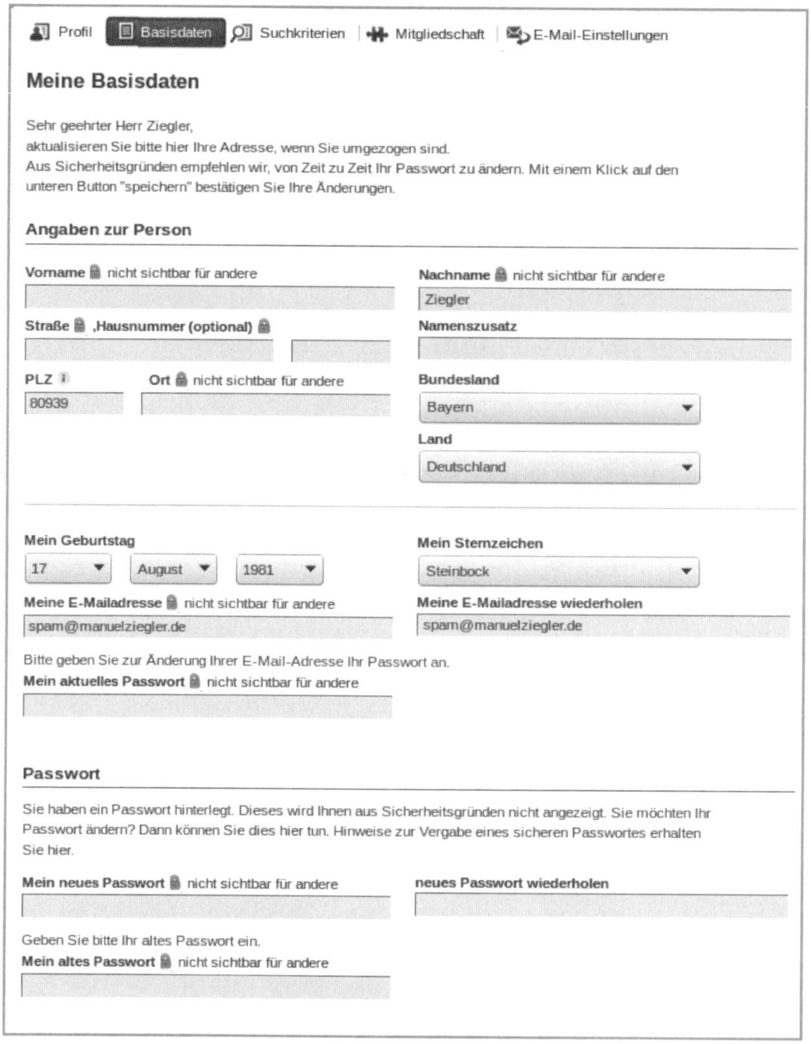

Bild 2.107 Meine Daten: Basisdaten – ElitePartner

Unter „Suchkriterien" können Sie festlegen, nach welchen Filtern Sie andere Mitglieder suchen. Sie können hier Angaben zu Rauchgewohnheiten, Körpergröße, Kinderwunsch/Kindern, Alter und Wohnort auswählen, die auf Ihren Partner zutreffen sollen (siehe Bild 2.108).

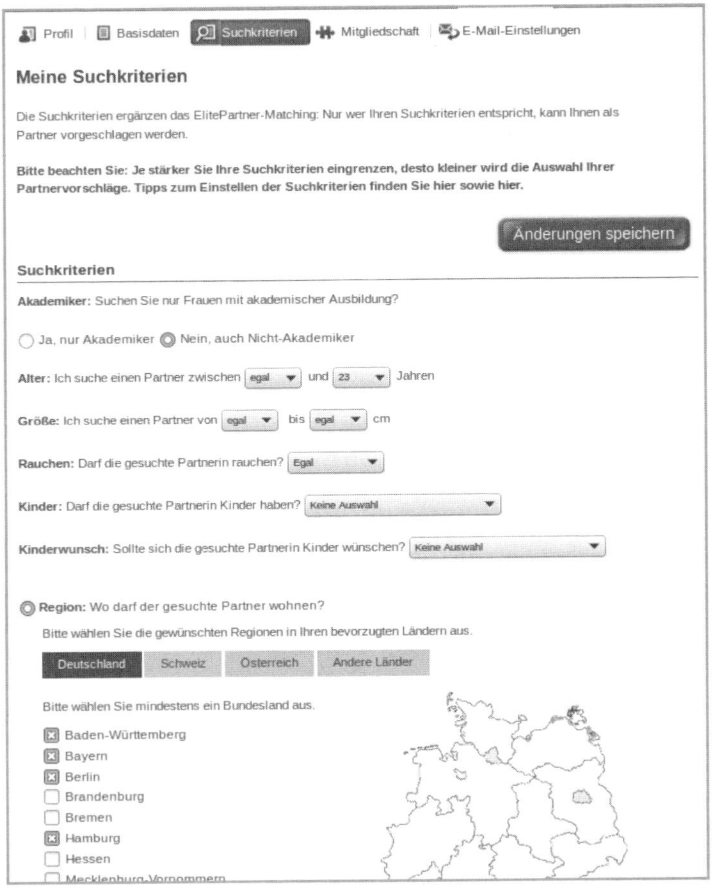

Bild 2.108 Meine Daten: Suchkriterien – ElitePartner

2.5.6.3 eDarling

Die Plattform eDarling ist ebenfalls eine Webseite zur Partnersuche. Dabei ist eDarling mit 13 Millionen Mitgliedern wesentlich größer als ElitePartner (4 Millionen Mitglieder). Wie Parship und ElitePartner ist eDarling dabei jedoch hautpsächlich für Mitglieder gedacht, die eine kostenpflichtige Mitgliedschaft abschließen. Als Nicht-Premiummitglied kann auch eDarling nicht zur Partnersuche genutzt werden.

Der Prozess der Partnersuche

Auch bei eDarling füllt der Nutzer nach der Registrierung einen Fragebogen aus, der dazu dienen soll, Charaktereigenschaften, Erwartungen und Interessen des Nutzers zu bestimmen. Auf dieser Basis werden dem Nutzer im Anschluss andere Mitglieder vorgeschlagen. Allerdings wird dem Nutzer dabei nicht wie bei Parship oder ElitePartner ein direktes Matching-Ergebnis angezeigt, sondern vielmehr wird dem Nutzer dann, wenn er mit einem Partner viele Gemeinsamkeiten hat, ein Hinweis eingeblendet.

Auch werden Sie auf den Profilen anderer Mitglieder nicht ständig mit diesen verglichen, sondern Sie haben vielmehr die Möglichkeit, diese ganz unvoreingenommen zu betrachten.

Benutzeroberfläche

Die eDarling-Benutzeroberfläche besteht im Grunde, ebenfalls wie die Parship- und die ElitePartner-Benutzeroberfläche, aus den wesentlichen Elementen „Nachrichten“, „Partnervorschläge“ und den Nutzerprofilen anderer Nutzer.

Nachrichten und Partnervorschläge sind relativ banal und den entsprechenden Oberflächenelementen bei Parship und ElitePartner sehr ähnlich.

Nutzerprofile enthalten in der Kopfzeile einige grundsätzliche Angaben zu Beruf, Körpergröße, Herkunft und Religion, Rauchgewohnheiten und Kinderwunsch (siehe Bild 2.109). Darunter gibt es die beiden verschiedenen Kategorien: „Über X“, „Persönlichkeitsprofil“. In ersterer sind vorrangig Fragen und Antworten des Nutzers zu unterschiedlichen Themen aufgelistet. In der Kategorie „Persönlichkeitsprofil“ ist das Ergebnis des eDarling-Persönlichkeitstests dargestellt (siehe Bild 2.110).

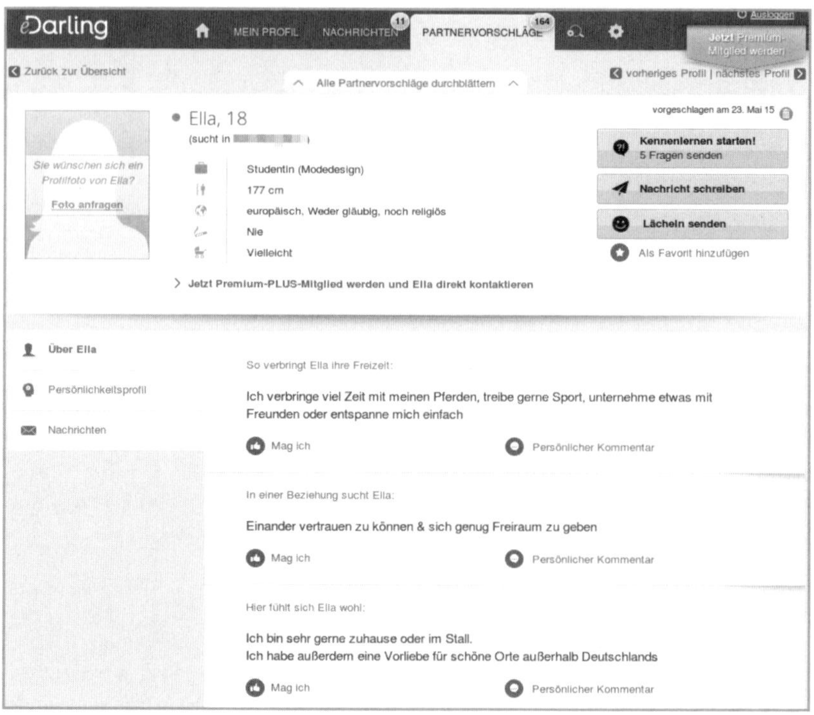

Bild 2.109 Ein Nutzerprofil auf eDarling

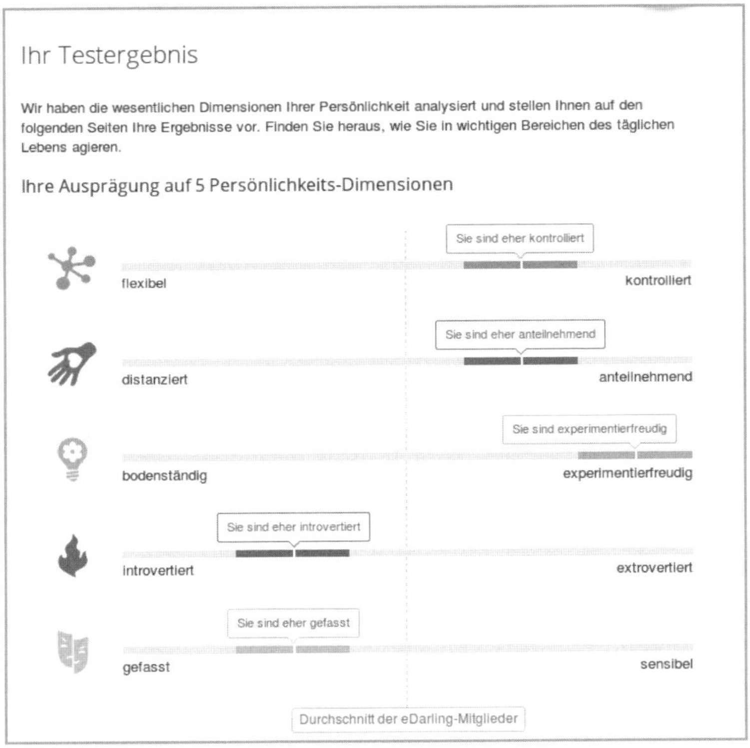

Bild 2.110 Persönlichkeitsprofil eines Nutzers

Einstellungen

Indem Sie auf das Einstellungssymbol in der rechten oberen Ecke klicken, können Sie sowohl die von Ihnen hinterlegten Daten bearbeiten (siehe Bild 2.111) als auch bestimmen, bei welchen Ereignissen Sie per E-Mail benachrichtigt werden möchten (siehe Bild 2.112).

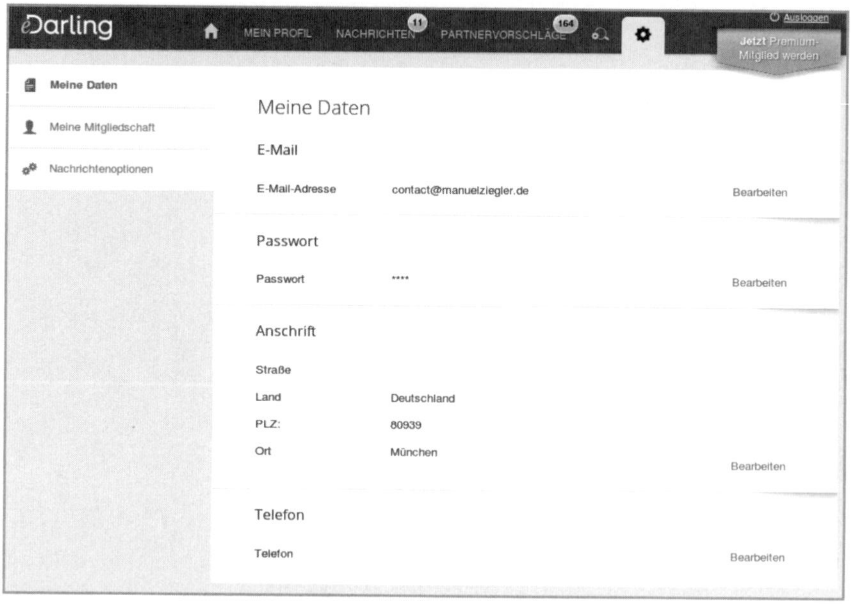

Bild 2.111 Einstellungen: Meine Daten – eDarling

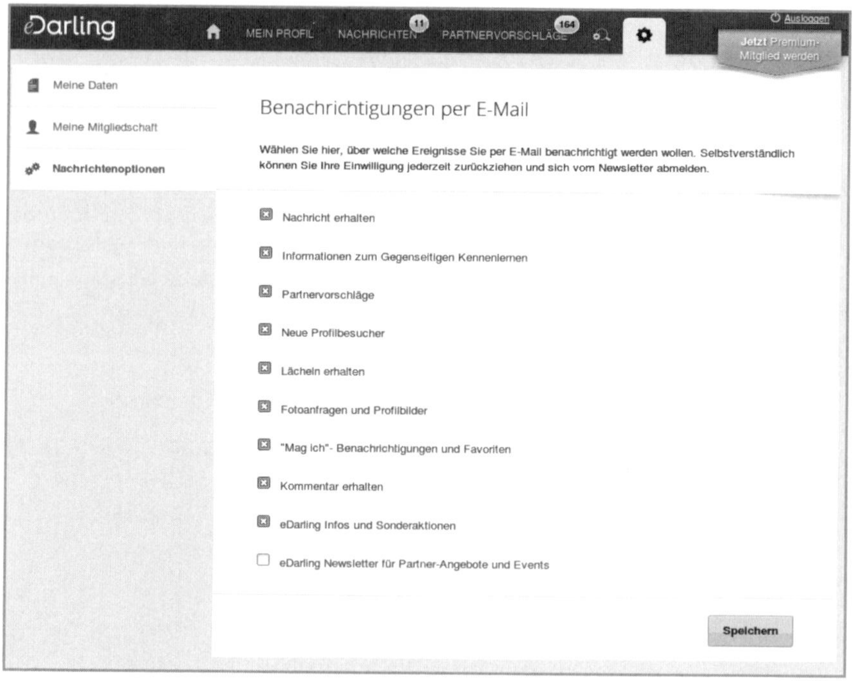

Bild 2.112 Einstellungen: Nachrichtenoptionen – eDarling

Weitere Einstellungen, die vor allem die in Ihrem Profil dargestellten Informationen betreffen, erreichen Sie mit einem Klick auf den Menüpunkt „Mein Profil“. Hier können Sie auch das Ergebnis Ihres Persönlichkeitstests einsehen (siehe Bild 2.113).

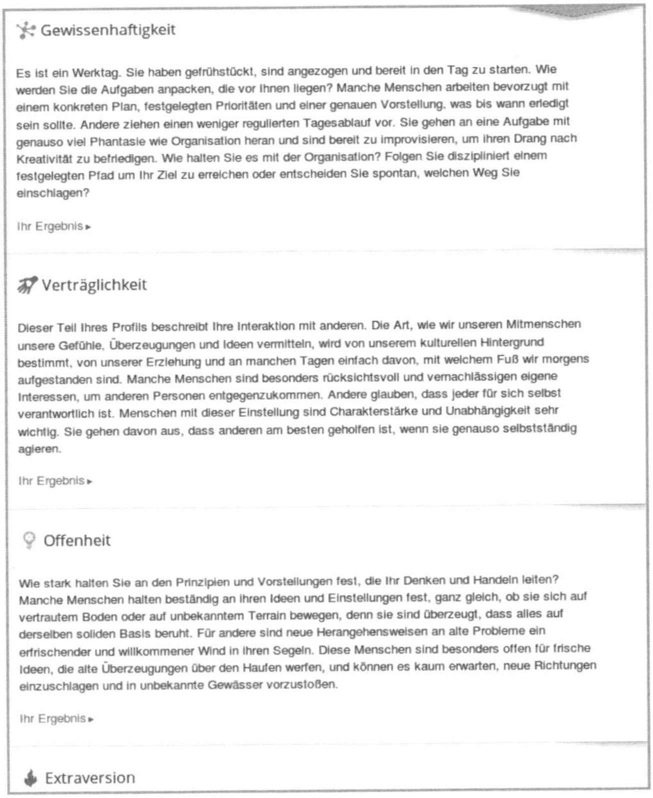

Bild 2.113
Ergebnis des Persönlichkeitstests

2.5.6.4 FriendScout 24

„Die einzig wahre Partnerbörse: ImmobilienScout 24.“
Patrick Salmen in der Kurzgeschichte „Brigitte“ beim Poetryslam Satznachvorn (2012)

Auf den Plattformen „ImmobilienScout 24“, „AutoScout 24“, „Check 24“ und Co. suchen Menschen seit Jahren nach Autos, Wohnungen und Versicherungen bzw. Geldanlagen. Warum sollte man einem Unternehmen mit so großer Erfahrung darin, Menschen mit Objekten ihrer Begierde zusammenzubringen, nicht auch dann vertrauen, wenn es darum geht, den Partner fürs Leben zu finden? Eine derartige Darstellung mag zynisch klingen, beschreibt jedoch den Prozess der heutigen Online-Partnersuche recht gut: Im Grunde werden dazu die gleichen oder sehr ähnliche Algorithmen angewendet, die auch bei der Suche nach anderen von Menschen begehrten Objekten zum Einsatz kommen.

Im Grunde spricht, zumindest dann, wenn man den Weg nicht als Teil des Ziels definiert, gar nichts gegen dieses Vorgehen. Das Problem ist vielmehr, dass im Kontext der Beziehungssuche die für den Algorithmus erforderlichen Parameter nicht hinreichend bekannt sind.

Der Prozess der Partnersuche

Es gibt bei FriendScout 24 drei unterschiedliche Prozesse zur Partnerfindung, die sich für die unterschiedlichen Vorstellungen, die Nutzer von einer Partnerschaft haben, unterschiedlich gut eignen. Zunächst gibt es unter dem Namen Dateroulette (siehe Bild 2.114) die eher auf Äußerlichkeiten bedachte, sexistische Form der Partnersuche, die vor allem bei Flirtplattformen wie Tinder oder Lovoo verbreitet ist. Hier werden Ihnen die Bilder anderer Nutzer eingeblendet und Sie müssen jeweils entscheiden, ob Sie Lust haben, die entsprechende Person zu treffen oder nicht (für Unentschlossene gibt es zusätzlich einen „Vielleicht"-Button). Nutzer, die Sie treffen möchten, werden Ihnen unter dem Menüpunkt „Will mich treffen" angezeigt, allerdings nur dann, wenn Sie eine Premiummitgliedschaft abschließen (siehe Bild 2.115).

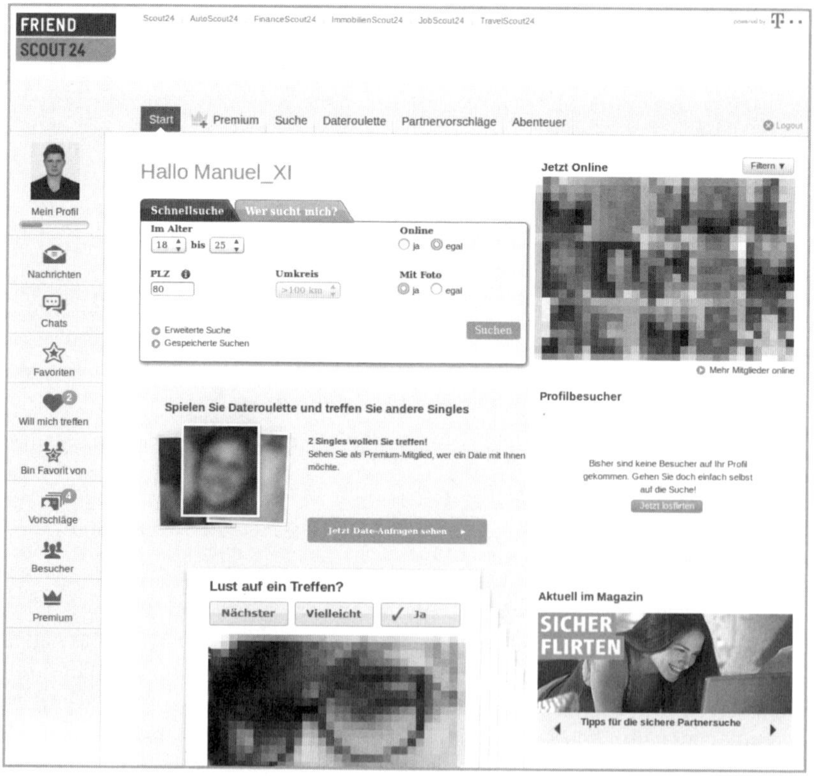

Bild 2.114 Beim Dateroulette können Sie andere Menschen ausschließlich aufgrund ihres Aussehens beurteilen.

Bild 2.115 Um anzusehen, welche Mitglieder Sie treffen möchten, müssen Sie zunächst eine kostenpflichtige Premiummitgliedschaft abschließen.

Die zweite Form der Partnersuche entspricht in etwa der Suche nach einer Immobilie. Über verschiedene Filter zu Alter, Region und Co. werden Benutzerprofile gefiltert und Ihnen in einer Liste angezeigt.

Die dritte Form der Partnersuche nutzt die Ergebnisse eines bei der Anmeldung absolvierten Persönlichkeitstests, bei dem Sie Fragen zu Ihrer Persönlichkeit sowie zu Ihren Vorlieben und Gewohnheiten beantwortet haben. Auf dieser Basis versucht FriendScout24, möglichst gut zu Ihnen passende Partner zu finden und Ihnen diese unter dem Punkt „Vorschläge" zu präsentieren.

Der Kontakt zu einem Mitglied ist selbstverständlich nur im Rahmen einer Premiummitgliedschaft möglich.

2.6 Literatur

1. *Finkel, Eli J.*; *Eastwick, Paul W.*; *Karney, Benjamin R.; Reis, Harry T.* und *Sprecher, Susan:*Online Dating: A Critical Analysis From the Perspective of Psychological Science, Psychological Science in the Public Interest (2012) 13, pp. 3 – 66.
2. *Ellison, Nicole; Heino, Rebecca* und *Gibbs, Jennifer*: Managing Impressions Online: Self-Presentation Process in the Online Dating Environment, Journal of Computer-Mediated Communications (2006) 11, pp. 415 – 441.
3. *Taigman, Yaniv; Yang, Ming; Ranzato, Marc Aurello* und *Wolf, Lior*: DeepFace: Closing the Gap to Human-Level Performance in Face Verification, Conference on Computer Vision and Pattern Recognition (2014) *https://research.facebook.com/publications/480567225376225/deepface-closing-the-gap-to-human-level-performance-in-face-verification/*
4. *Pagliery, Jose*: Snapchat isn't private. Period., CNN, 10. Oktober 2014, *http://money.cnn.com/2014/10/10/technology/mobile/snapchat-not-private/*
5. *Shu, Catherine*: Confirmed: Snapchat hack not a hoax, 4.6M usernames and numbers published, Techcrunch, 31. Dezember 2013, *http://techcrunch.com/2013/12/31/hackers-claim-to-publish-list-of-4-6m-snapchat-usernames-and-numbers/*
6. *Ramirez, Edith*; *Brill, Julie; Ohlhausen, Maureen K.; Wright, Joshua D.* und *McSweeny, Terrell*: *United States of America Federal Trade Commission*, Complaint in the matter of Snapchat, Inc., 2014, *https://www.ftc.gov/system/files/documents/cases/140508snapchatcmpt.pdf*
7. *Twitter, Inc.*: Twitter Reports Fourth Quarter and Fiscal Year 2014 Results, 5. Februar 2015, *https://investor.twitterinc.com/releasedetail.cfm?ReleaseID=894844*
8. Randale in Leipzig: Polizei beschlagnahmt Handys von Linksautonomen, Spiegel, 16. 01. 2015, *http://www.spiegel.de/netzwelt/netzpolitik/leipzig-polizei-beschlagnahmt-handys-von-demonstranten-a-1013452.html*
9. *http://blog.whatsapp.com/499/Facebook*
10. *Rich, Jessica L.*: *United States of America Federal Trade Commission*, 10. April 2014, *https://www.ftc.gov/system/files/documents/public_statements/297701/140410facebookwhatappltr.pdf*
11. BBC: Islamic State shifts to new platforms after Twitter block, 21. August 2014, *http://www.bbc.co.uk/news/world-middle-east-28843350* 7

3 Spionage durch Dritte

3.1 Motivationen

Von Lesern und Zuhörern auf Vorträgen höre ich zuweilen: „Warum sollte ich mich dafür interessieren, welche Daten von mir in sozialen Netzwerken sind?". „Ich habe ja nichts zu verbergen" ist dann ein häufiger Beisatz. Obwohl die meisten Fragenden zwischen 15 und 25 Jahren alt sind, gibt es auch ältere Fragende, die auf die Gegenfrage, was sie denn von der Volkszählung in den frühen 1980er-Jahren gehalten hätten, zumeist mit eher negativen Eindrücken antworten. Bei genauerem Nachfragen stellt sich sowohl bei diesen Menschen als auch bei den meisten Jugendlichen heraus: Das politische und gesellschaftliche Phänomen von Massenüberwachung sieht man meist durchaus kritisch, allerdings sieht man die Sache bei sich selbst dann eher locker. Mit anderen Worten: In der Theorie erkennen die meisten Menschen durchaus eine Gefahr im heutigen Informations-Overkill, in der Praxis jedoch sieht man das eher gelassen beziehungsweise pragmatisch und will auf die Nutzung von Facebook, Whatsapp und Co. keinesfalls verzichten und sich dabei auch nicht einschränken. Teilweise, das betrifft vor allem Jugendliche, kann auch die Verbindung zwischen den eigenen Online-Profilen und Massenüberwachung nicht hergestellt werden.

Was soll man jemandem, der „nichts zu verbergen hat", antworten? Offenbar hat dieser Mensch keine Probleme damit, wenn die Informationen, die er oder sie über soziale Netzwerke geteilt hat, für die Öffentlichkeit sichtbar sind, ja vielleicht sogar nicht einmal damit, dass alle Informationen über ihn oder sie öffentlich einsehbar sind. Vermutlich sind sich Menschen, die „nichts zu verbergen" haben, nicht immer aller Konsequenzen bewusst, die die öffentliche Verfügbarkeit aller persönlicher Informationen mit sich bringen würde. Auch wenn ein Mensch vordergründig nichts zu verbergen hat, so gibt es doch ganz unterschiedliche Ansichten darüber, was ein korrektes Verhalten ist, was man tun sollte und was nicht, und nicht zuletzt, was man mit Handlungen bewirkt oder nicht. Jemand, der vollständig transparent ist, muss sich auch an den Maßstäben der öffentlichen Meinung messen lassen, und diese sind weder konstant noch tolerant. Ich möchte das an einer Reihe von Beispielen verdeutlichen:

Im Jahr 1975 hat die katholische Kirche ein Dokument mit dem Titel „Persona Humana" [1] veröffentlicht, das die Position der Kirche in Sachen Sexualethik darlegt. Im Abschnitt VII des Dokuments proklamieren die Verfasser:

> *„This opinion is contrary to Christian doctrine, which states that* **every genital act must be within the framework of marriage.**"

In einer Fußnote ist gar noch Folgendes dazu vermerkt:

> *„Sexual intercourse outside marriage is formally condemned I Cor 5:1; 6:9; 7:2; 10:8 Eph. 5:5; I Tim 1:10; Heb 13:4; and with explicit reasons I Cor 6:12 - 20."*

Ich will Sie nicht als Sünder bezeichnen, aber ich glaube, ich darf annehmen, dass auch Sie schon einmal außerhalb der Ehe Geschlechtsverkehr hatten. Haben Sie deshalb etwas zu verbergen? Wohl kaum, aber wenn Sie die Vertreter der Kirche nach ihren Ansichten fragen, würden diese Sie „ausdrücklich verurteilen". Doch das ist nur ein Beispiel dafür, dass es durchaus verschiedene Meinungen in der Gesellschaft geben kann, von denen Sie die eine oder andere durchaus wegen intimer Details Ihres Lebens verurteilt. Das konkrete Beispiel mag einem heute egal sein, aber wenn Sie nur wenige Jahrzehnte zurückdenken, als die Kirche in Deutschland noch wesentlich größeren Einfluss hatte, oder wenn Sie sich religiös motivierte Diktaturen wie beispielsweise Saudi-Arabien ansehen, in denen für Ehebruch die Todesstrafe verhängt ist, wird klar, dass Sie selbst dann, wenn Sie sich selbst nichts vorzuwerfen haben, etwas zu verbergen haben können.

Für ein anderes Beispiel möchte ich Ihnen Daniel Bangert und seinen folgenreichen Spaziergang vorstellen: Kurz nach den Enthüllungen des Spionageprogramms Prism rief der 28-jährige Daniel Bangert auf Facebook zu einem Spaziergang an der nahe gelegenen US-Einrichtung „Dagger Complex" in Griesheim auf, um „gemeinsam den bedrohten Lebensraum der NSA-Spione zu erforschen". Vier Tage später passiert das Unglaubliche: Die Polizei klingelt frühmorgens an seiner Tür und will mit ihm über seinen Aufruf sprechen. Judith Horchert vom SPIEGEL erfragt später bei der Polizei den Grund für diesen Besuch und bekommt zur Antwort: *„die amerikanischen Sicherheitsbehörden [...] habe(n) [...] die Polizei benachrichtigt"* [2].

Später bekam Bangert noch einmal Besuch, diesmal vom Staatsschutz. Man fragte ihn, ob er „Bezug zum schwarzen Block habe oder zu gewaltbereiten Leuten". Dann legte man ihm nahe, für seinen Spaziergang eine Demonstration anzumelden, und empfahl ihm, das Besprochene nicht zu veröffentlichen.

Hatte Daniel Bangert etwas zu verbergen?

3.1.1 Journalisten

Soziale Netzwerke werden zuweilen auch von Journalisten für Recherchen genutzt. Vor allem die Bloggerszene, eine Form von bürgerlichem Journalismus, greift bei ihrer Berichterstattung über gesellschaftliche Themen vielfach auch auf Meinungsbekundungen anderer Menschen über soziale Netzwerke zurück, aber auch etablierte Nachrichtenmagazine zitieren häufig Tweets von Politikern und fachlichen Experten.

Will man vermeiden, dass die eigenen Aussagen von Journalisten und Bloggern mehr oder weniger aus dem Kontext gerissen oder schlichtweg fehlinterpretiert, für die Untermauerung einer These oder die Beschreibung eines Phänomens verwendet werden, ist es erforderlich, die Sichtbarkeit seiner Beiträge einzuschränken.

Natürlich kann es auch passieren, dass Journalisten Ihre Social-Media-Profile analysieren, wenn Sie eine Person des öffentlichen Lebens sind oder Ihre Person aus anderen Gründen für die journalistische Berichterstattung relevant ist, zum Beispiel weil Sie Kandidat bei einer Gemeinderatswahl sind. Besonders wenn diese Ihnen Schaden zufügen wollen, sollten Sie besser dafür sorgen, dass jene Profile keine schmutzigen Geheimnisse offenbaren.

3.1.2 Privatpersonen

Privatpersonen können aus den unterschiedlichsten Gründen auf der Suche nach Informationen über andere Benutzer sein. Vom eifersüchtigen Lebensabschnittsgefährten bis hin zum Social-Media-Schürzenjäger sind vor allem erotische Emotionen dafür verantwortlich, dass Menschen anderen Nutzern in sozialen Netzwerken nachstellen. Dabei kommt es zuweilen auch zu Konstellationen, die für die Betroffenen doch ein wenig beängstigend sein mögen.

Dass soziale Netzwerke wie Facebook, Twitter und Co. keine Plattformen zur Partnersuche sind, hindert manche Menschen, vor allem Männer, nicht daran, andere Nutzer, vor allem junge Frauen, zu eben diesem Ziel zu kontaktieren. In bestimmten Nutzerkreisen, zum Beispiel im Umfeld, das heißt im Freundeskreis von Betreibern erotischer Podcasts, kommt es wesentlich häufiger zu derartigen Kontaktversuchen. Dabei fällt zuweilen auf, dass vor allem bejahrte Herren junge Frauen im Alter von etwa 20 Jahren[1] kontaktieren. Zuweilen kommt es dabei auch zu, nach traditionellen Maßstäben als unethisch bewerteten, Angeboten.

Doch erotische Motivationen sind nicht der *einzige Grund dafür, dass Privatpersonen andere* Nutzer über soziale Netzwerke überwachen. Eltern versuchen über soziale Netzwerke häufig, die Aktivitäten ihrer Kinder und deren Freunde zu überwachen, und auch bei persönlichen Fehden zwischen zwei Personen werden zuweilen aus sozialen Netzwerken herangezogene Informationen verwendet, um die Streitigkeiten weiter zu befeuern.

[1] Dies ist eine rein empirische Beobachtung des Autors basierend auf einigen eigenen Benutzerkonten und dem Erfahrungsaustausch mit anderen Menschen. Insbesondere soll nicht der Eindruck erweckt werden, dass es sich hier um Pädophilie handelt. Die geschilderten Beobachtungen beziehen sich allesamt auf virtuelle Identitäten, die das Erwachsenenalter bereits erreicht haben.

3.1.3 Unternehmen und andere Organisationen

Auch Unternehmen und ähnliche Organisationen wie Vereine oder Parteien nutzen soziale Netzwerke, um mehr über bestimmte Menschen zu erfahren. Das klassische Beispiel hierfür ist wohl die Überprüfung des Facebook-Profils eines Bewerbers bei der Besetzung einer Stelle. Das Unternehmen überprüft dabei meist die Beiträge eines Bewerbers, um eventuell negative Charaktereigenschaften und Verhaltensweisen zu erkennen.

Doch nicht nur die präventive Überprüfung von Mitarbeitern anhand ihrer Social-Media-Profile ist mittlerweile zur Routine geworden. Vielfach schnüffeln Vorgesetzte auch in den Social-Media-Profilen eines krankgeschriebenen Mitarbeiters. Zuweilen kommt es auch vor, dass ein Mitarbeiter, der zum Beispiel ein in der Firma aufgenommenes Video auf YouTube veröffentlicht hat, mit negativen Folgen rechnen muss. Weil Firmen zwar einerseits über soziale Netzwerke vernetzt sein wollen und dafür auch auf die Aktivität ihrer Mitarbeiter setzen, andererseits jedoch Firmengeheimnisse bewahrt werden sollen, gibt es in vielen größeren Firmen heute sogenannte Social Media Guidelines, die den Mitarbeitern Aufschluss darüber geben, was erlaubt und was verboten ist.

3.1.4 Kriminelle

Die neben Staaten wohl gefährlichsten Dritten, die Ihre Daten in sozialen Netzwerken ausspionieren, sind Kriminelle. Sowohl Cyber-Kriminelle, die es womöglich auf Ihre Bankkonten abgesehen haben oder die Ihren Rechner mit einem Virus infizieren möchten, als auch Einbrecher, die über soziale Netzwerke mehr über Ihre Gewohnheiten erfahren, und nicht zuletzt politische Extremisten, die sich ihre Opfer über soziale Netzwerke suchen, gehören zu dieser Gruppe.

3.1.4.1 Cyber-Kriminelle

Auch wenn sogenannte Cyber-Kriminelle Straftaten (fast) ausschließlich über das Internet verüben, können Sie durchaus Opfer eines Cyber-Verbrechens werden und die Auswirkungen auch in Ihrem realen Leben erleiden. Die Ursache dafür ist, dass hinter den Taten eines Cyber-Kriminellen selbstverständlich eine Motivation steht, die Bezug auf das reale Leben nimmt. Stellen Sie sich zum Beispiel einen Angreifer vor, der mithilfe eines Virus, der es ihm erlaubt, Daten auf dem PC eines Nutzers abzuhören, Zugriff auf Ihr Bankkonto erlangen möchte. Selbstverständlich wird sich dieser Angreifer nicht damit zufriedengeben, sich in Ihr Bankkonto einzuloggen, zumindest in aller Regel nicht, sondern er wird versuchen, einen persönlichen, finanziellen Gewinn mithilfe des Zugriffs auf Ihr Bankkonto zu „erwirtschaften".

Bankkonten sind jedoch nicht das einzige Ziel von Cyber-Kriminellen. Es gibt einen sehr großen Markt für intime Daten von Internetnutzern, auf dem Angreifer zum Beispiel Ihre E-Mail-Adresse, Ihren Facebook-Nutzernamen oder sogar Ihre Passwörter an

Dritte verkaufen können. Ebenso gibt es Firmen, die möglichst vollständige Datensätze von Internetnutzern zum Zwecke der personalisierten Werbung kaufen. In jedem Fall müssen Sie, ist ein Cyber-Krimineller erst einmal an Ihre persönlichen Daten gelangt, mit unliebsamen Konsequenzen rechnen.

3.1.4.2 Einbrecher

Soziale Netzwerke eignen sich, wenn Sie keine besonderen Vorsichtsmaßnahmen ergreifen, auch hervorragend dazu, Ihre Gewohnheiten auszuspionieren. Damit sind diese ein effizientes Werkzeug für einen Einbrecher, der es auf Ihre Wohnung abgesehen hat, um zu ermitteln, wann er seinen Versuch am geschicktesten starten sollte. So könnte ein Einbrecher beispielsweise Informationen über einen Urlaub, den Sie vor lauter Freude Ihren Freunden und allen anderen Mitlesern über Facebook angekündigt haben, dazu nutzen, um während Ihrer Abwesenheit unbemerkt in Ihr Haus einzudringen.

Doch Urlaube sind nicht der einzige Fall. Anhand sozialer Netzwerke kann ein Einbrecher häufig ermitteln, wie viele Menschen in einem bestimmten Haushalt leben und wann diese jeweils zu Hause sind. So könnte ein Dieb Statusmitteilungen, die darauf hinweisen, dass Sie gerade in der Arbeit oder beim Sport sind, ebenso nutzen wie Statusmitteilungen über ein Konzert, das Sie in Kürze besuchen wollen, um zu ermitteln, wann er damit rechnen kann, dass ihn niemand bei seinem Einbruch stört.

3.1.4.3 Politische Extremisten

Politische Extremisten (zum Beispiel Neonazis oder gewalttätige Linksextremisten) haben mit sozialen Netzwerken völlig neue Möglichkeiten, ihre Opfer zu verfolgen oder gar neue Opfer anhand politischer Feindbilder zu identifizieren. Vor allem Suchmaschinen wie Facebooks Graph Search (siehe Abschnitt 3.7), die es erlauben, Nutzer aufgrund politischer Interessen zu finden, erweisen sich in diesem Kontext als ein gefährliches Werkzeug.

Verbale Gewalt in Form von Beleidigungen und Drohungen kann man zuweilen bereits auf den Profilen von Politikern beobachten, die sich gegen Rassismus stark machen, wie beispielsweise der Grünen-Politiker Cem Özdemir (siehe Bild 3.1). Da scheint es nur eine Frage der Zeit zu sein, bis diese verbale Gewalt in körperliche Gewalt umschlägt.

Bild 3.1 Wüste Beschimpfungen aus der rechten Szene muss sich beispielsweise Cem Özdemir auf Facebook gefallen lassen.

3.1.5 Staaten

Staaten haben in aller Regel ein ganz besonderes Interesse daran, ihre Bürger über soziale Netzwerke zu beobachten, allerdings gehen sie dabei völlig anders vor als die übrigen, bereits vorgestellten Interessensgruppen. Sie nutzen meist direkte Zugänge zu den Datenquellen der Betreiber sozialer Netzwerke, die ihnen durch gesetzliche Regelungen eingeräumt werden, oder sie überwachen das Internet auf einer technisch viel ausgeprägteren Ebene, die ihnen neben Einblicken in soziale Netzwerke auch andere Informationen über das Surfverhalten ihrer Bürger mitteilen.

Die unterschiedlichen Möglichkeiten von staatlichen Behörden und bekannte Programme stelle ich Ihnen in Kapitel 4 vor.

3.2 Gefällt-mir-Angaben und ähnliche Sympathiebekundungen

Die Gefällt-mir-Angaben, die Sie auf Facebook an die verschiedenen Seiten verteilen, können von Dritten ganz besonders gut dazu genutzt werden, um daraus Informationen über Ihren Charakter und Ihre Einstellungen abzuleiten. Das gilt natürlich nicht nur für die Gefällt-mir-Angaben auf Facebook, sondern auch für die „+1"-Angaben auf Google+ oder für die Informationen darüber, wem Sie auf Twitter folgen. Aus diesem Grund sollten Sie stets besonders vorsichtig mit derartigen Angaben umgehen, um zu vermeiden, dass Dritte tiefgreifende Einblicke in Ihr Leben erlangen.

3.2.1 Was sagen Interessen über einen Nutzer aus?

Die Gefällt-mir-Angaben eines Nutzers haben laut einer Studie von Kosinski et al. [3] eine sehr große Aussagekraft über die Persönlichkeit eines Nutzers. Daraus lassen sich nicht nur die Interessen eines Nutzers ablesen, sondern auch Rückschlüsse auf dessen Charakter ziehen. Vor allem lassen sich natürlich Informationen über die politischen Ansichten eines Nutzers erlangen, schließlich wird dieser, wenn er politische Parteien oder ähnliche Organisationen abonniert, in aller Regel vor allem diejenigen Organisationen abonnieren, die seinen Ansichten gerecht werden.

Doch meist muss man das Profil eines Nutzers gar nicht so wissenschaftlich analysieren wie Kosinski et al., um zu Erkenntnissen über den Charakter eines Nutzers zu gelangen. Vor allem dann, wenn man ohnehin weniger nach Beweisen, sondern lediglich nach Indikatoren einer Charaktereigenschaft Ausschau hält, genügen oft wenige Gefällt-mir-Angaben, um sich eine Meinung über einen Nutzer zu bilden.

3.2.2 Der Zugriff auf Gefällt-mir-Angaben

Ein grundsätzliches Problem an Gefällt-mir-Angaben auf Facebook oder den abonnierten Twitter-Profilen ist die Tatsache, dass diese öffentlich sichtbar sind und sich ihre Sichtbarkeit gar nicht beziehungsweise nur in besonderen Fällen einschränken lässt. Daher sollten Sie stets genau darüber nachdenken, ob Sie eine Seite mit „Gefällt mir" markieren.

3.3 Spionage auf Dating-Plattformen

Auf Dating-Plattformen fühlen sich die Nutzer aus unerklärlichen Gründen meist anonym und veröffentlichen deshalb weit mehr Details über ihr Leben als auf anderen Plattformen und oft auch Bilder, die sie so keinesfalls über soziale Netzwerke verbreiten würden. Leider gewähren die meisten Dating-Plattformen ihren Nutzern keine oder nur eine sehr eingeschränkte Anonymität. Die Nutzer geben sich so dem Schein hin, dass ihre Daten geschützt sind.

Immerhin kann man beobachten, dass Nutzer auf Online-Dating-Plattformen Pseudonyme verwenden, offensichtlich wollen sie also in aller Regel nicht, dass Dritte auf den ersten Blick erfahren, wer sie wirklich sind. Allerdings legen die Nutzer auf Dating-Seiten spätestens dann, wenn es um ihre Profilbilder geht, keinen gesteigerten Wert mehr auf Privatsphäre, bzw. den meisten Menschen ist womöglich gar nicht bewusst, wie leicht man sie anhand ihres Profilbildes identifizieren kann.

Für jedermann verfügbare Suchmaschinen, wie beispielsweise die Google-Bildersuche, bieten es an, das Web nach einem Bild zu durchsuchen. Dazu muss lediglich die entsprechende URL des Bildes in die Suchmaske eingetragen werden und Google liefert anschließend alle Treffer für dieses Bild oder sehr ähnliche Bilder (siehe Bild 3.2). Auch wenn momentan noch recht viele „false positives“ in den Ergebnissen enthalten sind, eignet sich eine solche Suche bereits dazu, andere Mitglieder zu identifizieren, wenn diese ein auch auf anderen Webseiten verwendetes Bild auf Dating-Plattformen verwenden.

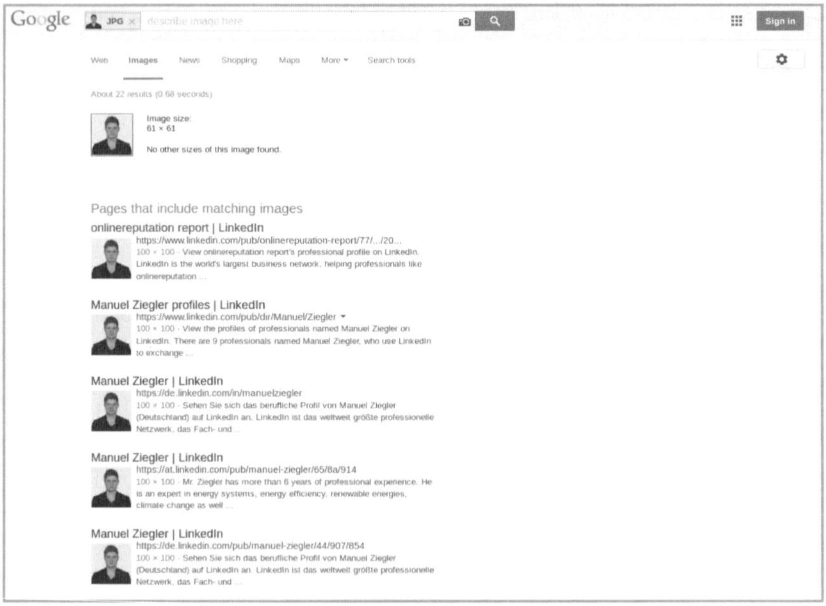

Bild 3.2 Google-Suche nach einem Bild

Doch auch ohne die Bildersuche von Google und Co. können Profilbilder auf Dating-Plattformen von Dritten dazu verwendet werden, um Sie zu identifizieren, nämlich dann, wenn diese Personen Sie persönlich kennen. Gerade weil Dating-Plattformen in aller Regel nur eine beschränkte Mitgliederanzahl haben, ist es einem Dritten, der Personen aus seinem Bekanntenkreis auf diesen Dating-Seiten finden möchte, möglich, schon mit wenigen Filtern bezüglich des Wohnorts oder des Alters ganz gezielt nach einer bestimmten Person zu suchen. Dabei gilt selbstverständlich: Je dünner die Zielregion besiedelt ist, desto besser können die Ergebnisse eingeschränkt werden (siehe Bild 3.3).

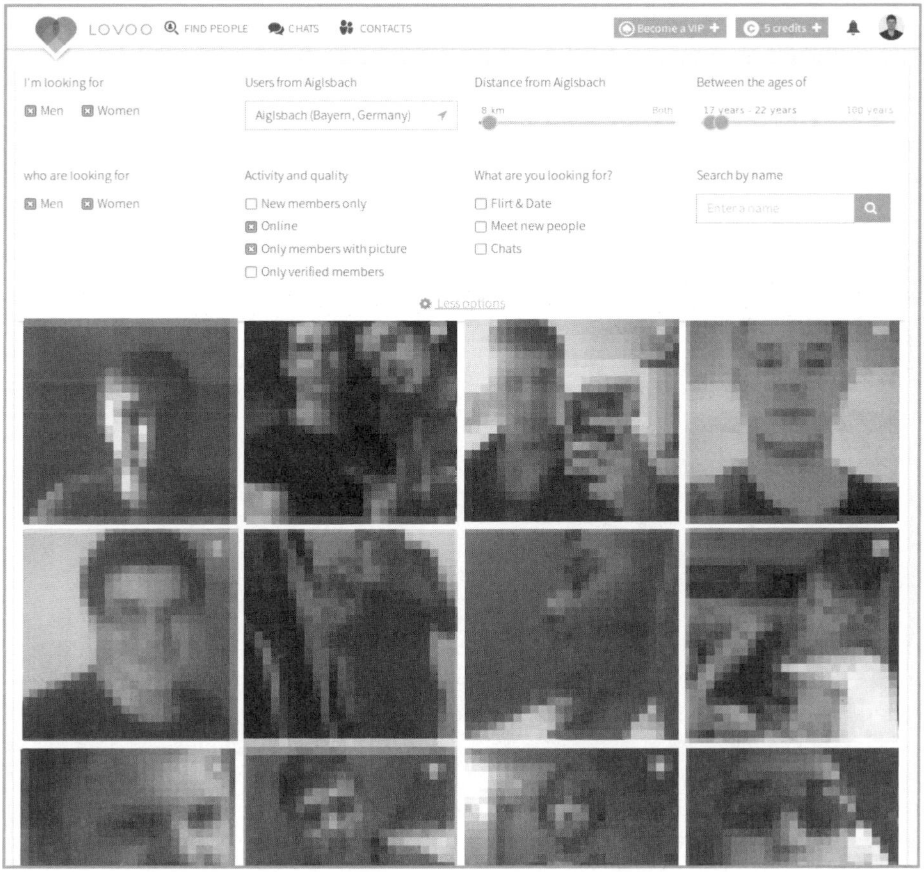

Bild 3.3 Eine Suchanfrage auf der Plattform Lovoo, die die registrierten Mitglieder eines Dorfes ermittelt

Dass Sie von Bekannten auf Dating-Plattformen gefunden werden, mag Ihnen je nach Plattform peinlich sein. Schlimmer wird es jedoch, wenn Sie dort Bilder von sich veröffentlicht haben, von denen Sie nicht möchten, dass jeder Ihrer Bekannten diese sehen kann. Nicht zuletzt haben natürlich auch eifersüchtige Lebenspartner die Möglichkeit, Ihre Profile anhand derartiger Filter zu identifizieren. Das ist besonders dann, wenn Sie eine der Plattformen für „diskrete Seitensprünge" nutzen, äußerst brisant. In diesem Fall genügt es auch nicht, Ihr Gesicht wie auf der Plattform Secret mit einer Maske zu verfremden (siehe Bild 3.4), schließlich werden Sie von Ihrem Partner und unter Umständen auch von einigen anderen Menschen nicht nur an Ihrem Gesicht, sondern an Eigenschaften und Attributen wie Muttermalen, Kleidung und Statur erkannt. Letztendlich gilt also online wie offline: Die beste Möglichkeit, einen Seitensprung diskret zu behandeln, ist, ihn gar nicht erst zu wagen. Mit der Gefahr aufzufliegen müssen Sie immer rechnen, vor allem online.

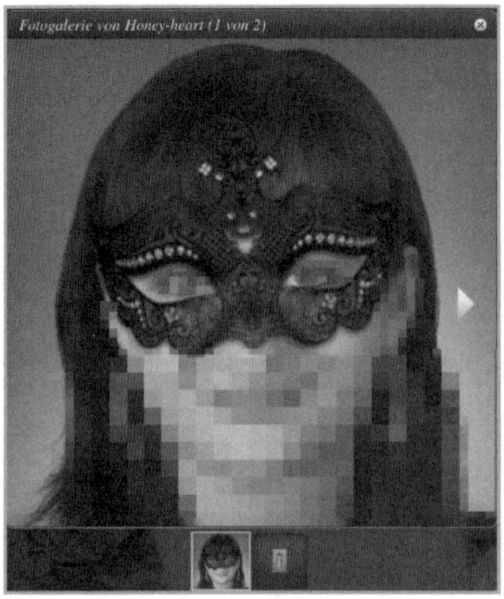

Bild 3.4
Identitätsverschleierung auf Secret mit Maske

Neben diesen Privatsphäre-Problemen beobachtet man auch vielfach, dass Nutzer in Dating-Plattformen auf ihre Social-Media-Benutzerkonten verlinken (siehe Bild 3.5). Dabei ist zu beachten, dass ein Dritter, der mehr über Sie erfahren möchte, natürlich auch alle auf diesem Profil gespeicherten Daten sehen und nutzen kann. Auf diese Art und Weise verlieren Sie schnell den Überblick darüber, welche Daten ein Besucher Ihrer Profile auf Dating-Plattformen über Sie ermitteln kann. Außerdem legen Sie in anderen sozialen Netzwerken womöglich nicht eine ausreichend große Sensibilität an den Tag, weil Sie nicht davon ausgehen, dass dieses Profil für alle Internetnutzer sichtbar ist.

Bild 3.5
Verlinkung von Social-Media-Benutzerprofilen auf Dating-Plattformen

■ 3.4 Kompromittierende Fotos

Bilder, die in sozialen Netzwerken veröffentlicht werden, können nicht nur dazu genutzt werden, andere Profile eines Nutzers aufzuspüren, sondern sie können zuweilen auch dazu geeignet sein, Sie als Nutzer oder eine befreundete Person zu kompromittieren, wenn Sie in falschem Kontext betrachtet werden. So kann ein „Selfie“ (also ein Bild, bei dem sich eine Person oder eine Gruppe von Personen selbst fotografiert), das auf einer Party aufgenommen wurde, nicht nur die positive Stimmung dieses Moments transportieren, sondern einen Betrachter auch zu dem Schluss verleiten, zumindest bei einem vermehrten Auftreten derartiger Bilder auf dem Profil eines Nutzers, bei jenem handle es sich um einen regelmäßigen Partygänger.

Auch wenn das keineswegs grundsätzlich negativ zu bewerten ist, könnte ein (potenzieller) Arbeitgeber von derartigen Gewohnheiten gar nicht begeistert sein und Sie womöglich deshalb ablehnen oder Ihnen den Arbeitsalltag erschweren. Feierlaune, Alkohol- und Tabakkonsum sind jedoch nur die Spitze des Eisbergs an Inhalten, die auf Bildern zu Missinterpretationen führen können. Im Grunde ist alles, was allgemein nach unterschiedlichen moralischen Maßstäben beurteilt werden kann, ungeeignet, zumindest dann, wenn man sich vor negativen Konsequenzen schützen möchte.

3.4.1 Virale Verbreitung

Bilder, auf denen besonders kompromittierende Inhalte zu sehen sind, haben leider meist die Eigenschaft, dass sie sich besonders schnell und besonders weit verbreiten. Im Grunde liegt das an dem offenbar menschlichen Interesse an Skandalen. Unter dem Begriff virale Verbreitung versteht man die Verbreitung einer Information über soziale Netzwerke, die dem Prinzip einer Telefonlawine gleicht. Mithilfe einer Gefällt-mir-Angabe, dem Teilen der Information oder einem Retweet leiten Nutzer die Information dabei an ihre Freundeskreise weiter. Die Empfänger der Information leiten diese dabei wiederum an ihre Freundeskreise weiter und so fort.

Nimmt man an, dass die Information dabei auf jeder Stufe des Verbreitungsprozesses von einem festen Prozentsatz der Empfänger weitergegeben wird, kann man die Anzahl der Empfänger dieser Information zum Zeitpunkt t als die Reihe $N = \sum_{k=0}^{t} a_k$ ausdrücken, wobei die Folge a mit $a_n (n \in N); a_n := a_{n-1} \cdot r \cdot K; a_0 = K$ den absoluten Zuwachs der erreichten Personen zum Zeitpunkt n angibt, K die durchschnittliche Freundesanzahl eines Nutzers und r den Anteil an Empfängern, die die Nachricht weiterleiten.

Man kann nun leicht nachrechnen, wie schnell eine Nachricht, die sich auf diese Art und Weise verbreitet, für die unterschiedlichen Werte von K und r eine kritische Masse von erreichten Personen überschreitet (siehe Tabelle 3.1).

Tabelle 3.1 Virale Verbreitung einer Nachricht bei konstantem Benutzerverhalten

t	K	r	N
0	50	0,2	50
	100	0,2	100
	100	0,5	100
1	50	0,2	550
	100	0,2	2100
	100	0,5	5100
2	50	0,2	5550
	100	0,2	45100
	100	0,5	255100
3	50	0,2	55550
	100	0,2	845100
	100	0,5	12755100

Natürlich wird sich eine Nachricht in der Praxis nicht ganz so schnell verbreiten. Das liegt vor allem daran, dass das Nutzerverhalten, also der Anteil an Personen, die eine Nachricht weiterleiten, keineswegs konstant, sondern eher degressiv ist. Nimmt man also an, dass für r in Abhängigkeit von t gilt: $r(t) = -t \cdot \frac{r_0}{k} + r_0; D_r = [0, k]$. Das bedeutet, dass das Interesse der Nutzer, einen Beitrag zu teilen, linear abnimmt, bis sich nach *k* Stufen ausgehend vom Verfasser der Nachricht keiner mehr für diese interessiert. Dennoch ergibt sich ein sehr starker Anstieg der erreichten Personen und eine hohe Gesamtzahl an erreichten Nutzern, wenn man von einem *k* zwischen 2 und 5 ausgeht (siehe Bild 3.6).

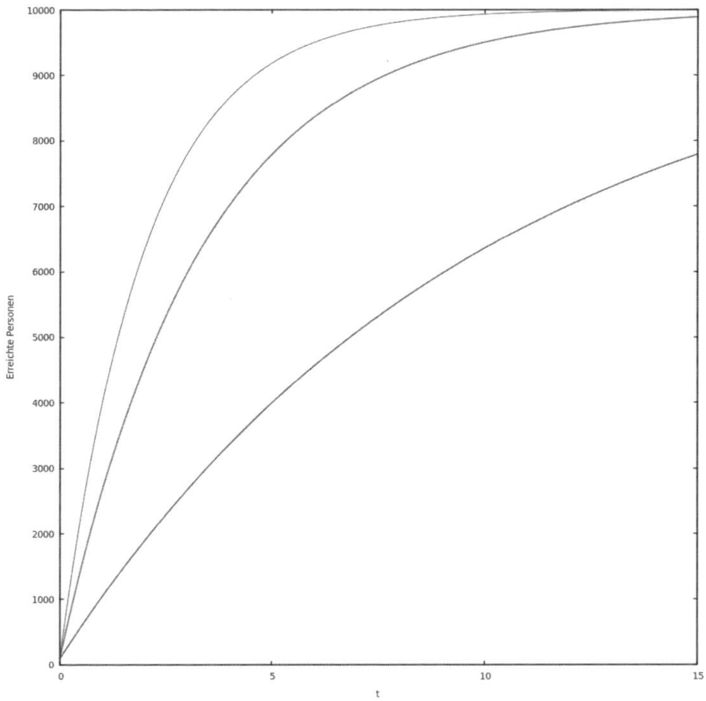

Bild 3.6 Anzahl erreichter Personen zum Zeitpunkt *t* für unterschiedlich degressives Nutzerverhalten

3.4.2 Verlinkung auf Bildern

Kompromittierende Bilder werden Sie in aller Regel gar nicht selbst veröffentlichen, schließlich wollen Sie Ihrem Ruf sicherlich nicht absichtlich schaden. Stattdessen werden kompromittierende Bilder meist von Dritten veröffentlicht, in aller Regel von (Facebook-)Freunden, zuweilen jedoch auch von völlig fremden Personen. Schlimm genug, dass Sie dabei von Ihren Bekannten auf diesen Bildern erkannt werden können. Doch Sie können auch auf diese Bilder verlinkt werden, sodass selbst Betrachter, die Sie nicht persönlich kennen, einen Verweis zu Ihrem Benutzeraccount haben. Zwar können Sie eine solche Verlinkung meist entfernen, aber gerade dann, wenn sich ein Bild viral verbreitet, kommt diese Maßnahme meist zu spät.

Vollständig verhindern können Sie den Upload von Bildern, auf denen Sie abgebildet sind, im Grunde nicht, schließlich haben Sie keine Kontrolle über andere Menschen.

3.5 Verratener Aufenthaltsort

Aufenthaltsorte sind ein sehr mächtiges Werkzeug, um mehr über andere Nutzer zu erfahren. Das Prinzip des Bewegungsprofils nutzen vor allem die Betreiber sozialer Netzwerke, um Informationen zu den Gewohnheiten eines Nutzers zu ermitteln. Doch auch andere Nutzer können Standortinformationen, die Sie explizit oder implizit auf Ihrem Profil hinterlassen haben, nutzen, um mehr über Sie zu erfahren. Häufig können Dritte dabei trotz der lückenhaften Standortinformationen eines Nutzers in sozialen Netzwerken ein aussagekräftiges Bewegungsprofil des Nutzers rekonstruieren. Daraus wiederum lassen sich Informationen über den Arbeitsplatz eines Nutzers, bevorzugte Orte oder den Wohnort ermitteln.

3.5.1 Explizite Ortsangaben

Viele soziale Netzwerke erlauben es ihren Nutzern, explizite Ortsangaben zu veröffentlichen. So können Nutzer beispielsweise die Adresse ihres aktuellen Aufenthaltsortes veröffentlichen, aber auch das Restaurant, die Bar oder das Geschäft, in dem sie sich gerade befinden, auf ihrem Nutzerprofil verlinken. Natürlich können Nutzer auch unabhängig von einer derartigen Verlinkung des Aufenthaltsortes ihren Standort an andere Nutzer weitergeben, zum Beispiel in einfacher Textform. In der Praxis sind jedoch meist verlinkte Standortangaben anzutreffen.

Häufig werden Standortangaben auch ohne den Einfluss eines Nutzers durch einen Dritten preisgegeben, der verrät, an welchem Ort er sich befindet und wer ihn oder sie begleitet. Wie auch beim Upload von Bildern durch Dritte können Sie diese Preisgabe Ihres Standortes kaum verhindern. Sie können bestenfalls Ihre Freunde darum bitten, Sie nicht zu verlinken.

3.5.2 Implizite Ortsangaben

Neben den sofort erkennbaren, expliziten Ortsangaben gibt es auch eine Reihe von Möglichkeiten, implizite Ortsangaben über einen Nutzer zu identifizieren und diese anschließend als ergänzende Standortinformationen in einem Bewegungsprofil zu nutzen. Unter impliziten Ortsangaben sind alle Informationen zu verstehen, aus denen ein Dritter Ihren (ungefähren) Standort ableiten kann. Dazu gehören Bilder, bei denen die

Kulisse möglicherweise Aufschluss über den Ort gibt, an dem Sie sich befinden, Erwähnungen von Bauwerken oder Naturschauplätzen, Aufnahmen von Bahndurchsagen, Fotografien von Autos (Kennzeichen) und etwas vagere Informationen, wie beispielsweise vermehrt neue Freunde aus einer bestimmten Region.

Bilder, auf denen die Kulisse Aufschluss über den Aufenthaltsort gibt, kommen sehr häufig vor. Egal ob „Selfies" mit dem Eiffelturm im Hintergrund oder eine Fotografie pittoresker Naturgebilde, wie beispielsweise der Uluru oder der Grand Canyon, sobald eine Kulisse eindeutig einem bestimmten Ort zugeordnet werden kann, handelt es sich bei einem Bild um eine implizite Ortsangabe. Wenn es die Betreiber sozialer Netzwerke versäumt haben, die Metadaten eines Bildes zu entfernen, lassen sich Informationen über die Zeitzone oder Geotags zusätzlich dazu nutzen, um Rückschlüsse auf den Aufenthaltsort eines Nutzers zu ziehen (siehe Abschnitt 5.3.2.4). Auch für die Erwähnung von Bauwerken oder Naturschauplätzen gibt es zahlreiche Beispiele. Ein Nutzer, der beispielsweise gerade den „Checkpoint Charlie" besucht hat, befindet sich wohl in Berlin, während sich ein Besucher des Blautopfs in Blaubäuren befindet.

Viele Nutzer machen ihrem Ärger über verspätete öffentliche Verkehrsmittel über soziale Netzwerke Luft. Dabei werden besonders häufig die Durchsagen des Bahnpersonals in S-Bahnen zitiert. Darin enthalten sind oft Namen der Orte, zwischen denen es ein Problem, wie eine kaputte Weiche, gibt. Daraus lässt sich natürlich ebenfalls ablesen, wo sich ein Nutzer gerade befindet.

Ebenfalls anhand von Verkehrsmitteln, in diesem Fall von Autos und ihren Kennzeichen, lässt sich die Region ermitteln, in der sich ein Nutzer befindet. Natürlich ist hier Vorsicht geboten, schließlich tauchen Kennzeichen auch außerhalb ihrer Landkreise auf. Gerade dann, wenn auf einem Bild jedoch mehrere Autos zu sehen sind, lassen sich einigermaßen sichere Aussagen über die Region treffen, in der sich der Nutzer befindet.

Doch nicht nur diese vermutlich sofort einleuchtenden, impliziten Ortsangaben können verwendet werden, um den Aufenthaltsort eines Nutzers zu ermitteln. Besonders dann, wenn ein Nutzer für längere Zeit an einem Ort oder wenn er dort viel unter Leuten ist, eignen sich auch die neuen Freundschaftsbeziehungen zwischen ihm und anderen Menschen dazu, Aussagen über den Aufenthaltsort eines Nutzers zu treffen. Kann man beobachten, dass mehrere neue Freunde eines Nutzers aus einer bestimmten Region stammen, legt das nahe, dass sich der Nutzer in dieser Region befand und dort die entsprechenden Kontakte geknüpft hat.

3.6 Graph Search und ähnlich mächtige Suchmaschinen für soziale Netzwerke

Mit Graph Search hatte Facebook im März 2013 eine semantische Suchmaschine vorgestellt, die es Nutzern erlaubte, strukturiert mithilfe von Filtern nach Nutzern und anderen Inhalten auf Facebook zu suchen. Das Ziel von Graph Search war es laut Facebook, Antworten auf in natürlicher Sprache gestellte Anfragen zu liefern. Tatsächlich erinnerte die Bedienung von Graph Search jedoch viel eher an Datenbank-Abfragesprachen wie SQL. So war es mit Graph Search möglich, Nutzer nach politischen Interessen, religiösen Ansichten, Wohnort und vielen weiteren Informationen zu filtern. Die wohl mächtigsten Filter bestanden aus Abfragen auf Basis der Gefällt-mir-Angaben eines Nutzers. So konnte man beispielsweise Nutzer, die die Facebook-Seite der NPD geliked hatten, identifizieren und anschließend zusätzlich danach filtern, welchen Nutzern die Seite der Alternative für Deutschland gefiel (siehe Bild 3.7). Diese Schnittmenge war damals besonders interessant.

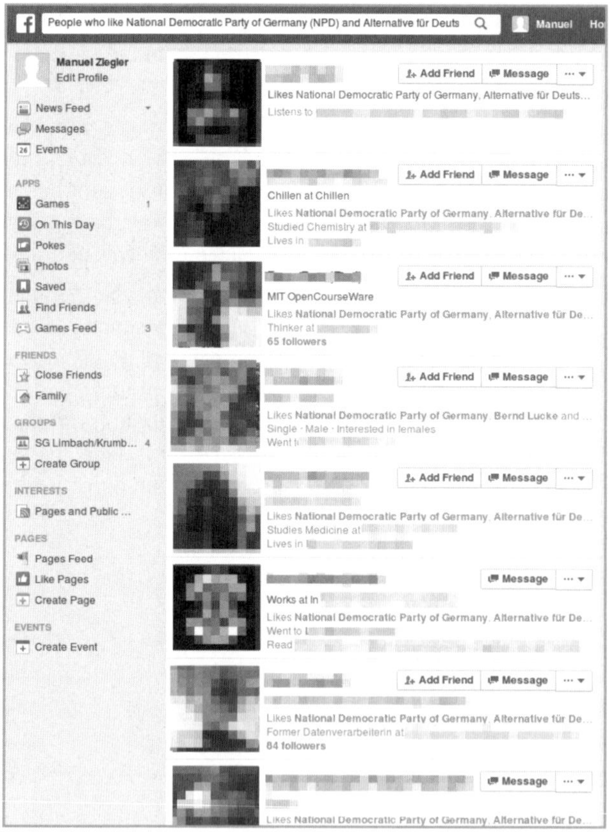

Bild 3.7
Eine Abfrage mithilfe von Graph Search zum Zwecke der Identifizierung rechtspolitischer Anhänger

2014 hatte Facebook einige der Suchmuster entfernt, sodass die Nutzung von Graph Search nur noch eingeschränkt möglich ist. Abfragen müssen nun genau dem Schema entsprechend formuliert werden, um Ergebnisse zu erhalten, während Facebook den Nutzern nicht länger durch Vorschläge unter die Arme greift.

3.6.1 Funktionsweise

Die Funktionsweise von Suchmaschinen wie Graph Search beruht zu einem großen Anteil auf sogenannten Big-Data-Analysemethoden, die mithilfe einer einfachen Form von künstlicher Intelligenz Muster in Datensätzen suchen, um Treffer für eine Abfrage zu ermitteln. Dabei werden im Wesentlichen logische Annahmen getroffen und mithilfe logischer Operatoren (und, oder) miteinander verknüpft. Um einen Treffer zu landen, muss ein Datensatz diese Annahmen erfüllen.

Ähnliche Ansätze, allerdings in Kombination mit einer wesentlich weiter entwickelten künstlichen Intelligenz, nutzen Personal-Assistant-Suchmaschinen wie Googles Spracheingabe oder Siri (Wolfram Alpha).

3.6.2 Problematik

Problematisch für einen Nutzer ist in diesem Kontext die Tatsache, dass mithilfe dieser Suchmaschinen jegliche jemals erstellten Inhalte ebenso wie alle jemals getätigten Gefällt-mir-Angaben ausgewertet werden können. Während selbst in sozialen Netzwerken Inhalte im Laufe der Zeit verschwinden, weil sie einfach nicht länger aktuell sind, können diese Inhalte mithilfe von Graph Search oder anderen Suchmaschinen wieder an die Oberfläche geraten.

Das bedeutet insbesondere, dass Nutzer regelmäßig überprüfen müssen, ob die älteren Inhalte ihres Profils Informationen enthalten, die nicht ans Licht gelangen sollten und diese löschen müssen. Das ist eine Aufgabe, die mit der Zeit äußerst nervenaufreibend sein kann.

3.7 Literatur

1. *Sacred Congregation for the Doctrine of the Faith*: Persona Humana – Declaration on certain questions concerning sexual ethics (*http://www.vatican.va/roman_curia/congregations/cfaith/documents/rc_con_cfaith_doc_19751229_persona-humana_en.html*), 1975
2. *Horchert, Judith:* NSA-Skandal Prism: Spaziergang ruft Staatsschutz auf den Plan, Spiegel (15. 07. 2013) *http://www.spiegel.de/netzwelt/netzpolitik/spaziergang-zum-dagger-complex-interessiert-die-polizei-a-911215.html*
3. *Kosinski, Michal*; *Stillwell, David* und *Graepel, Thore*: Private traits and attributes are predictable from digital records of human behavior, Proceedings of the National Academy of Sciences (PNAS) (2013) 110

4 Spionage und Zensur durch staatliche Behörden

Bereits 1996 veröffentlichte der neuseeländische Journalist Nicky Hager in seinem Buch „Secret Power: New Zealand's Role in the International Spy Network“ [1] Details über das weltweite Netzwerk zur Überwachung von Telefon-, Fax- und Internetverbindungen namens ECHELON. Mithilfe von ECHELON hörten die sogenannten FiveEyes, ein Zusammenschluss der Geheimdienste der USA, Großbritanniens, Australiens, Neuseelands und Kanadas, die über Satellitenverbindungen gesendeten Daten der genannten Verbindungstypen ab. Ein Standort dieses Überwachungsnetzwerkes befand sich bis 2004 in Bad Aibling (Bayern). Geschlossen wurde diese Abhörstation damals nur deswegen, weil sie auch zu Zwecken der Wirtschaftsspionage genutzt worden war.

Seit damals klar hätte sein müssen, welche Aufwände Nachrichtendienste, insbesondere die NSA, die die in Bad Aibling liegende Station unterhalten hatte, betreiben, um an die Kommunikationsdaten einfacher Bürger zu gelangen. Trotzdem ist die Welt aus allen Wolken gefallen, als sich Edward Snowden mit den Geheimdokumenten der NSA im Juni 2013 an die Öffentlichkeit wandte. So schnell hatten wir vergessen.

In diesem Kapitel sollen im Wesentlichen die relevantesten Enthüllungen von Edward Snowden und deren Bedeutung für Ihre Kommunikation im Internet im Allgemeinen und über soziale Netzwerke im Speziellen aufgearbeitet werden. Dabei sollten Sie stets bedenken, dass bislang nur ein sehr kleiner Teil der Informationen, die Snowden aus dem Netzwerk der NSA kopiert hat, veröffentlicht wurde. Sie können also davon ausgehen, dass noch eine ganze Reihe weiterer Skandale aufgedeckt werden wird.

4.1 Motivationen

Obwohl Staaten scheinbar unendlich viele Gründe dafür anführen können, ihre Bürger und die Bürger anderer Staaten zu überwachen, lassen sich zumindest die bekannten Gründe auf einen der drei Gründe Terrorprävention, politische Verfolgungen und Verbrechensaufklärung zurückführen. Alle Gründe, die sonst hinter der Spionage von Staaten stehen können, werden heute zumindest nicht laut ausgesprochen. Man könnte aber vermuten, dass neben den genannten Gründen auch allgemeine Macht und die Kontrolle der Bürger eine Rolle spielen. Um genau zu sein, wird auch der Grund der politischen Verfolgung nicht wirklich explizit ausgesprochen, ich habe mir aber erlaubt, Programme, die Hochverrat, also gemeinhin allem, was mit rechtsstaatlichen Gesetzen nicht wirklich erfasst werden kann, vorbeugen sollen, in diese Kategorie einzuordnen.

4.1.1 Terrorprävention

Das wohl häufigste Argument für eine staatliche bzw. geheimdienstliche Überwachung des Internets ist wohl die Terrorprävention. Gleichzeitig ist dieses Argument auch das am schwersten nachvollziehbare. Ob es wohl deswegen verwendet wird? Wie kann man verhindern, dass es Terroristen gelingt, Anschläge zu verüben, bei denen Menschen ums Leben kommen oder kritische Infrastruktur zerstört wird?

Eine der zur Verfügung stehenden Möglichkeiten ist intensive Polizeipräsenz, wie das in aller Regel bei Staatsbesuchen von hochrangigen und umstrittenen Politikern aus dem Ausland der Fall ist. Ein Beispiel für eine meiner Meinung nach weit übertriebene Maßnahme zur Terrorprävention nach diesem Schema wurde 2005 in Mainz praktiziert, als der damalige US-Präsident George W. Bush zu Besuch in Deutschland war. Im Vorfeld des Besuchs wurden vier Autobahnen gesperrt, Gullideckel verschweißt, Scharfschützen auf den Dächern platziert und sogar Kampfjets in Bereitschaft versetzt. Rund 1200 Menschen durften ihre eigenen Wohnungen nur nach vorheriger Kontrolle betreten und es wurde ein allgemeines Balkonverbot für Zivilisten verhängt [2]. Glücklicherweise, zumindest für diejenigen, die nicht in einem Polizeistaat leben wollen, ist eine derart flächendeckende staatliche Kontrolle nicht praktikabel.

Eine andere Möglichkeit sehen viele Staaten in der präventiven Überwachung ihrer Bürger und der Bürger fremder Staaten. Ziel vieler Geheimdienste ist es dabei, jegliche Kommunikation, sowohl das gesprochene Wort als auch schriftliche Kommunikation, zu erfassen und zu analysieren. Praktikabel geworden ist das durch die Digitalisierung unserer Kommunikation. Botschaften, die über das Internet oder über Telefonnetze gesendet werden, können wesentlich leichter und vor allem einheitlicher erfasst werden als Kommunikation auf klassischem Wege, zum Beispiel per Brief oder in Form von Vieraugengesprächen. Das soll jedoch nicht darüber hinwegtäuschen, dass auch der Briefverkehr überwacht wird. In seinem Artikel „U.S. Postal Service Logging All Mail for Law Enforcement" berichtet Ron Nixon in der New York Times darüber, dass die US-Postbehörde USPS im Rahmen des „Mail Isolation Control and Tracking"-Programms Absender und Empfänger jeder einzelnen Sendung erfasst und an das FBI übermittelt [3]. Trotzdem ist es noch wesentlich leichter, elektronischen Verkehr abzuhören.

Die aus der Überwachung von elektronischer Kommunikation gewonnenen Informationen werden anschließend automatisch nach bestimmten Filtern, die von Datenanalysten festgelegt wurden, bewertet und je nachdem, ob sie dabei ein bestimmtes Muster erfüllen, dauerhaft gespeichert. Wenn man dieses Prinzip einmal genauer betrachtet, stellt man zwei besonders brisante Dinge fest: Einerseits entscheiden letztendlich Maschinen oder, wenn man das etwas gelassener sehen möchte, zumindest einzelne Datenanalysten darüber, ob wir als Terrorverdächtige gelten, andererseits, und das ist vielleicht einer der wichtigsten Punkte, werden vielfach Meinungsäußerungen gegen eine Reihe vom Staat definierte, valide Meinungen abgeglichen. Fällt man aus der Reihe, gilt man als Terrorverdächtiger.

Lassen Sie mich das vorausgreifend auf die noch folgenden, detaillierten Erläuterungen der einzelnen Überwachungsprogramme erklären: Man sucht in der aufgezeichneten Kommunikation nicht nur nach Schlagwörtern wie „Bombe" oder „Anschlag", das wäre bei Weitem zu primitiv und fehleranfällig. Stattdessen versucht man, typische Verhaltensmuster und Denkweisen von Terroristen zu erfassen und danach zu filtern. Nehmen wir zum Beispiel an, man habe herausgefunden, dass Terroristen häufig eine politisch linksliberale Meinung vertreten[1]. Natürlich ist es jetzt Unsinn zu sagen, alle Menschen, die eine politisch linksliberale Meinung vertreten, wären Terroristen, aber es kann durchaus sein, dass Analysten linksliberale Kommunikation, also beispielsweise den Besuch einer linksliberalen Nachrichtenplattform, als Filter hinzufügen. Man versucht dann durch weitere Filter zu evaluieren, ob es sich hier tatsächlich um einen potenziellen Terroristen handelt. Zum Beispiel könnte man untersuchen, ob die Person in Kontakt mit bekannten Terroristen oder deren Umfeld steht.

Doch gehen wir einen Schritt zurück, nämlich zu dem Punkt, als eine Person, die eine bestimmte politische Haltung vertrat, aus der Masse der gesamten Internetkommunikation herausgefiltert wurde, weil sie eine linksliberale Plattform besuchte. Einerseits könnte es sein, dass diese Person beispielsweise ein Journalist ist, der diese Plattform zu Recherchezwecken besucht. Unabhängig davon jedoch wurde diese letztendlich nur aufgrund einer politischen Einstellung herausgefiltert. Das widerspricht doch letztendlich der Meinungsfreiheit, schließlich wird von staatlicher Seite aus[2] ein Generalverdacht gegen Personen erhoben, die nicht konform mit einer konventionellen, von staatlicher Seite her als „richtig" bewerteten Meinung gehen.

4.1.2 Politische Verfolgungen

Während die Programme zur Terrorprävention recht vage sind, schließlich folgt man hier nur Verhaltensmustern, die sich empirisch als richtig herausgestellt haben oder die überhaupt nicht über das Stadium einer Hypothese hinausgekommen sind, sollte man meinen, die Verfolgung politischer Gegner sei zumindest präzise, wenngleich man sonst nicht viel von einem derartigen Vorgehen halten kann.

---

[1] Bitte bedenken Sie, dass das ein fiktives Beispiel ist und in keinster Weise eine gültige Regel.

[2] Das ist meiner Meinung nach ein wesentlicher Unterschied zu Privatpersonen, die durchaus auch Vorurteile gegen gewisse politische Strömungen haben, jedoch nicht in der Position eines demokratischen Staates sind.

Zumindest die politischen Verfolgungen vonseiten der US-Regierung kann man in zwei Kategorien einordnen, die drastische Verfolgung und die fatale Verfolgung. Während sich die drastische Verfolgung hauptsächlich gegen unliebsame Journalisten wie Wikileaks-Gründer Julian Assange oder den an Wikileaks und dem Tor-Projekt beteiligten Jacob Appelbaum richtet, hat die fatale politische Verfolgung das Ziel, bekannte Terroristen, aber auch Terrorverdächtige im Ausland zu exekutieren. Das wohl prominenteste Beispiel dafür ist die gezielte Ermordung Osama Bin Ladens am 2. Mai 2011 auf pakistanischem Boden durch US-amerikanische Truppenmitglieder.

Jacob Appelbaum wurde, nachdem er den Wikileaks-Gründer Julian Assange, der seit dem 19. Juni 2012 im Asyl als politischer Flüchtling in der Botschaft von Equador in London festsitzt, bei einer Rede auf der Konferenz Hackers on Planet Earth (HOPE) vertrat, von den US-amerikanischen Behörden mehrfach durchsucht und verhört und dabei unter anderem mit unausgesprochenen Drohungen von sexuellem Missbrauch im Gefängnis unter Druck gesetzt, wie er im April 2012 bei einem Interview mit Juan Gonzalez und Amy Goodman erzählte [4]. Außerdem wurde Twitter dazu gezwungen, die über Jacob Appelbaum gespeicherten Daten an die Ermittlungsbehörden preiszugeben. Ein konkreter Verdacht gegen Jacob Appelbaum lag dabei nie vor.

Auch wenn Osama Bin Ladens Ermordung das wohl prominenteste Beispiel dafür ist, welche extremen Vorgehensweisen die USA gegen Staatsfeinde für angebracht hält, gibt es weitaus besorgniserregendere Beispiele für Exekutionen von Terrorverdächtigen. Neuerdings setzen die US-amerikanischen Geheimdienste dafür nämlich Drohnen ein, die von Soldaten aus weiter Entfernung ähnlich wie ein Computerspiel gesteuert werden. Mithilfe von aus diesen Drohnen abgefeuerten Raketen werden die Feinde der USA anschließend eliminiert. Der amerikanische Präsident entscheidet in solchen Situationen über Leben und Tod der Terroristen. Wenn er den Befehl gibt, die Raketen abzufeuern, fällt er damit das Todesurteil über die Zielperson und alle Personen in seinem Umfeld. Die beiden Autoren Mark Halperin und John Heilemann schreiben in ihrem Buch „Double Down" US-Präsident Barack Obama das Zitat „Turns out I'm really good at killing people, didn't know that was gonna be a strong suit of mine" zu [5].

Doch die Tatsache, dass von den USA verfolgte Menschen ohne einen Gerichtsbeschluss, zudem in einem fremden Land, dessen Souveränität die USA ignorieren[3], ohne Rücksicht auf zivile Opfer ermordet werden, ist nur der Anfang. Glenn Greenwald, der Journalist, der zusammen mit Laura Poitras Edward Snowden in Hongkong zu seinen Motiven interviewt hat und der eine äußerst wichtige Rolle bei den Veröffentlichungen von Snowdens Dokumenten spielt, veröffentlichte zusammen mit Jeremy Scahill auf der Enthüllungsplattform „The Intercept" im Februar 2014 einen Artikel mit dem Titel „The NSA's secret role in the U.S. assassination program" [6], in dem die beiden Journalisten unter Berufung auf die von Edward Snowden veröffentlichten Dokumente und die Aus-

[3] In einem Artikel des Spiegels zitiert Sebastian Fischer Barack Obama bezüglich des Einsatzzweckes von Drohnen folgendermaßen: Sie gäben dem US-Militär die Fähigkeit, „da zu operieren, wo gegnerische Parteien uns den Zugang zu verweigern suchen". [40]

sage eines ehemaligen Drohnenpiloten enthüllen, dass die Anschlagsziele von Drohnenangriffen teilweise aufgrund der Handys der Zielpersonen bestimmt werden.

> *„Once the bomb lands or a night raid happens, you know that phone is there, but we don't know who's behind it, who's holding it. It's of course assumed that the phone belongs to a human being who is nefarious and considered an ‚unlawful enemy combatant.' This is where it gets very shady."*
>
> *ehemaliger Drohnenpilot*

Zu Deutsch: „Wenn die Bombe explodiert oder ein Night Raid stattfindet, wissen wir, ob das Mobiltelefon dort ist, wir wissen jedoch nicht, wer es gehalten hat. Natürlich nimmt man an, dass das Handy einem ungesetzlichen, feindlichen Kämpfer gehört. Das ist der Punkt, an dem es sehr fragwürdig wird."

Derartige Methoden sind in der Tat äußerst fragwürdig, nicht nur dann, wenn man bedenkt, dass es hier um Menschenleben geht.

4.1.3 Verbrechensaufklärung

Der dritte Grund für eine flächendeckende Überwachung der Internetnutzer ist das Argument der Verbrechensaufklärung, das in Deutschland immer dann, wenn die sogenannte Vorratsdatenspeicherung diskutiert wird, auftaucht. Die Argumentation dabei ist, dass Verbrechen, die über das Internet stattfanden oder bei denen der Verbrecher womöglich durch seine Internetaktivitäten identifiziert werden kann, durch eine Überwachung der Menschen schneller oder überhaupt aufgeklärt werden können. Wieder einmal ist es problematisch, dass die Menschen unter einen Generalverdacht gestellt werden.

Vor allem bei Internetverbrechen ist es ohnehin fragwürdig, ob diese mit einer derartigen Überwachung aufgeklärt werden können, denn es gibt sehr wirksame Maßnahmen, seine Identität im Internet zu verbergen, die auch durch eine flächendeckende Überwachung nicht außer Kraft gesetzt werden können. Internetverbrecher, also vor allem Hacker, die durchaus in der Lage sind, die dazu erforderlichen Techniken anzuwenden, lachen über diesen Versuch, ihrer habhaft zu werden.

Wenn es jedoch darum geht, gewöhnliche Verbrechen mithilfe von Überwachung im Internet aufzuklären, stellt sich meines Erachtens doch die Frage, inwiefern das angebracht ist. Natürlich will man, dass Verbrechen aufgeklärt werden, aber wollen Sie deshalb Kameras überall? Auf der Straße, in öffentlichen Gebäuden, an Ihrem Arbeitsplatz, bei Ihnen im Wohnzimmer und sogar im Schlafzimmer? Ähnlich ist es mit der flächendeckenden Überwachung des Internets: Sie steht in keinem Verhältnis dazu, was sie bezüglich Verbrechensaufklärung leisten kann.

4.2 Wege zu Benutzerinformationen

Speziell im Hinblick auf soziale Netzwerke gibt es ganz unterschiedliche Möglichkeiten, Benutzerdaten auszuspähen, die sich jeweils im Hinblick auf den Aufwand und in der Tiefe des Eingriffs unterscheiden. Unterschiedliche staatliche Behörden wenden in aller Regel unterschiedliche Verfahren an. Während eine flächendeckende Überwachung, wie sie von Geheimdiensten betrieben wird, manuelle Analysen kaum ermöglicht, ist in der forensischen Polizeiarbeit eher eine manuelle Analyse erforderlich.

4.2.1 Manuelle Analyse von (öffentlichen) Benutzerprofilen

Eine kleine Anfrage der Fraktion DIE LINKE an die Bundesregierung unter dem Titel „Nutzung sozialer Netzwerke zu Fahndungszwecken" [7] hat ergeben, dass unterschiedliche Polizeibehörden in Deutschland, darunter das Bundeskriminalamt (BKA), die Bundespolizei (BPOL) und der Zollfahndungsdienst, bei ihren Ermittlungen fallbezogen auf soziale Netzwerke zurückgreifen.

Dabei nutzen die Ermittler unter anderem die öffentlich verfügbaren Informationen eines Benutzers, agieren jedoch auch als sogenannte „virtuelle Ermittler", das heißt, sie bauen sich unter einem Pseudonym virtuelle Identitäten auf und versuchen auf diese Art und Weise, in Kontakt mit den Personen oder dem Personenkreis, gegen den ermittelt wird, zu kommen.

Das Bundeskriminalamt nutzt soziale Netzwerke zwar unterstützend zu den sonstigen Ermittlungsverfahren, konnte jedoch zumindest bis 2011 in keinem Fall für die Aufklärung einer Straftat maßgebliche Informationen aus sozialen Netzwerken gewinnen. Allerdings baut das BKA offenbar ein Netzwerk an „virtuellen Ermittlern" auf, die für „eine längerfristige, gezielte Teilnahme an der Kommunikation in sozialen Netzwerken" [7] geeignet sein sollen.

Obwohl die Bundesregierung einräumt, über „virtuelle Ermittler" nicht regelmäßig zu Straftaten aufzurufen, Texte mit strafbarem Inhalt zu erstellen und Dateien mit strafbarem Inhalt weiterzugeben, da dies rechtswidrig wäre, erteilt sie mit dem Verweis darauf, dass eine Veröffentlichung solcher Fälle die Offenlegung sensibler polizeilicher Vorgehensweisen und Taktiken bedeuten würde, weiteren Nachfragen in diese Richtung eine Absage.

4.2.2 Automatisiertes Crawling von Benutzerinformationen

Natürlich kann man Benutzerprofile bei Facebook und anderen sozialen Netzwerken nicht nur von Hand auswerten. Durch sogenanntes Crawling, also das maschinelle Herunterladen von Informationen, kann man zunächst die öffentlich einsehbaren Daten von

Benutzerprofilen sozialer Netzwerke sammeln und diese anschließend mit geeigneten Tools auswerten.

Auf diese Art und Weise kann man Freundschaftsbeziehungen, Gefällt-mir-Angaben und Postings eines Nutzers ermitteln und maschinell auswerten. Geheimdienste und andere staatliche Behörden bedienen sich dieser Technik jedoch nicht oder nur in Ausnahmefällen, was vermutlich daran liegt, dass ihnen mit den im Folgenden vorgestellten Techniken weitaus wirkungsvollere Methoden zur Verfügung stehen.

4.2.3 Zugriffe auf die Datenbestände der Betreiber

Warum sollte man Daten von sozialen Netzwerken crawlen, wenn man auch direkt auf die Datensätze der Betreiber zugreifen kann? Diese speichern ohnehin eine enorme Menge an Daten. Grundsätzlich benötigt man für derartige Zugriffe einen richterlichen Beschluss, doch Edward Snowdens Enthüllungen haben gezeigt, dass Daten auch ohne Beschluss von den Betreibern abgegriffen werden (siehe Abschnitt 4.3.2).

4.2.3.1 ... mit richterlichem Beschluss

Nach Edward Snowdens Enthüllungen im Jahr 2013 haben viele Betreiber sozialer Netzwerke Berichte über die Anfragen von Regierungen, über Zugriffe auf gespeicherte Daten bestimmter Nutzer, veröffentlicht. Wenig überraschend ist, dass die USA die meisten Anfragen stellt. Überraschend jedoch ist, dass Deutschland nach den USA und Indien auf Platz Drei rangiert, was die Anfragen über Zugriffe auf Benutzerdaten bei Facebook und Google+ angeht (siehe Tabelle 4.1). Damit rangieren wir noch vor Großbritannien und Frankreich.

Tabelle 4.1 Anzahl der von Regierungsanfragen betroffenen Benutzerkonten auf Facebook, Google+ und Twitter. Quellen: *https://govtrequests.facebook.com/*, *https://www.google.com/transparencyreport/userdatarequests/*, *https://transparency.twitter.com/information-requests*

		2013/H1	2013/H2	2014/H1	2014/H2
USA	**Facebook**	ca. 20000	18715	23667	
	Google	21683	18254	21576	
	Twitter	1319	1323	1918	3229
Indien	**Facebook**	4144	4711	5958	
	Google	4161	4401	5002	
	Twitter	6	27	44	1938
Deutschland	**Facebook**	2068	1950	3078	
	Google	3079	3255	4272	
	Twitter	6	3	28	18

(Fortsetzung nächste Seite)

		2013/H1	2013/H2	2014/H1	2014/H2
United Kingdom	**Facebook**	2337	2277	2619	
	Google	1818	3124	1991	
	Twitter	29	117	220	371
Frankreich	**Facebook**	1598	1845	2599	
	Google	2481	3378	3826	
	Twitter	35	102	51	81

Neben Facebook, Google und Twitter veröffentlichen mittlerweile auch weitere Unternehmen die Anzahl der Regierungsanfragen bezüglich der Zugriffe auf Benutzerdaten. Dazu gehören LinkedIn und Dropbox. Auch im Telekommunikationsbereich haben sich einige Provider dazu entschlossen, die Anzahl der Regierungsanfragen bezüglich ihrer Nutzer zu veröffentlichen. Dazu gehören beispielsweise Vodafone, Verizon und die deutsche Telekom.

4.2.3.2 ... uneingeschränkt

Die von den verschiedenen Unternehmen veröffentlichten Zahlen über Regierungszugriffe sind gewissermaßen bedeutungslos, wenn man bedenkt, dass die NSA im Rahmen des PRISM-Programms uneingeschränkten Zugriff auf die Daten der meisten sozialen Netzwerke hat und diese teilweise mit den anderen Geheimdiensten des FiveEyes-Zusammenschlusses teilen. Ausführliche Informationen dazu erhalten Sie in Abschnitt 4.3.2.

4.2.4 Überwachung des Netzwerkverkehrs

Neben dem Zugriff auf die bei den Betreibern sozialer Netzwerke gespeicherten Daten ist auch eine direkte Überwachung des Netzwerkverkehrs ein einfacher Weg, um automatisiert an eine große Menge von Daten zu gelangen und sogar eine Art Live-Überwachung zu ermöglichen. Wir wollen das an einem Beispiel betrachten. Mithilfe des Programmes Wireshark ist man in der Lage, den Netzwerkverkehr, der die Netzwerkschnittstelle eines Rechners passiert, aufzuzeichnen und zu analysieren.

Mithilfe von Wireshark habe ich eine Anfrage an die Erotikplattform Treffpunkt18 aufgezeichnet. Sie sehen einen Screenshot eines Ausschnittes aus dieser Aufzeichnung in Bild 4.1. In dem Fenster rechts oben sehen Sie die Anfrage, die von meinem Rechner aus gesendet wurde, in dem Fenster links unten sehen Sie die vom Treffpunkt18 Server gesendete Antwort, eine Weiterleitung an die Adresse `http://www.treffpunkt18.de`.

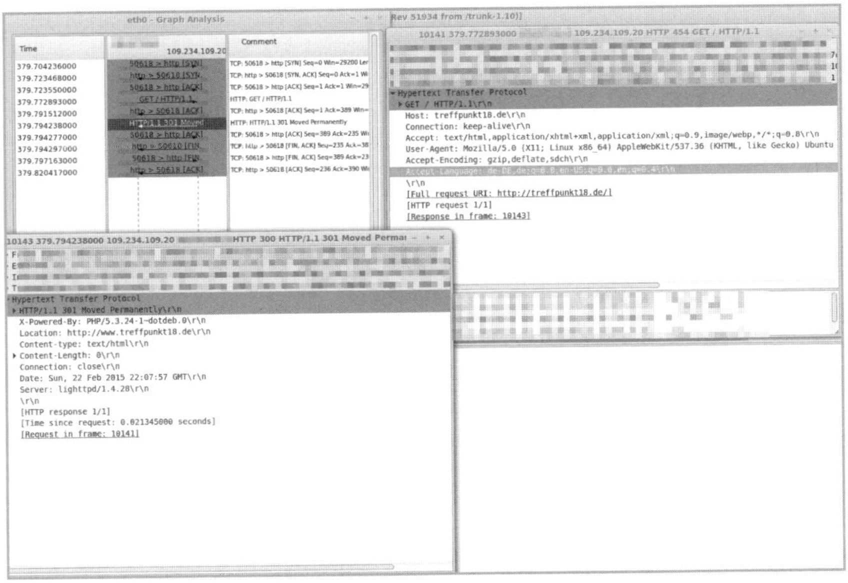

Bild 4.1 Ein Verbindungsaufbau zur Seite Treffpunkt18, der mit Wireshark aufgezeichnet wurde

Bislang hat ein Beobachter also mitbekommen, dass ich die Seite Treffpunkt18 besucht habe. Um Ihnen gleich zu zeigen, wie kritisch es ist, unsichere Verbindungen zu benutzen, versuche ich nun, mich auf der Seite einzuloggen. Dazu gebe ich meine Mailadresse spam@manuelziegler.de[4] in das Feld „Benutzername" ein und das zugehörige Passwort „dasistmeinpasswort" im zugehörigen Feld für das Passwort. In Bild 4.2 sehen Sie das von Wireshark aufgezeichnete HTTP-Paket, so wie es auch ein Angreifer, der irgendwo zwischen meinem Rechner und dem Treffpunkt18-Server lauscht, sehen kann.

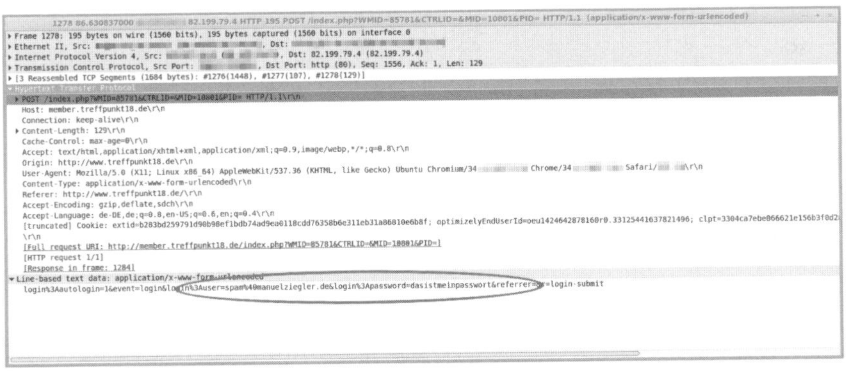

Bild 4.2 Ein mit Wireshark aufgezeichneter Login-Versuch, der über eine HTTP-Verbindung gesendet wurde. Benutzername und Passwort sind im Klartext für Angreifer sichtbar.

---

[4] Ich würde Ihnen nicht unbedingt dazu raten, E-Mails an diese Adresse zu senden.:-)

Das ist denkbar ungünstig, denn in der letzten Zeile kann der Angreifer sowohl meinen Benutzernamen als auch mein Passwort im Klartext mitlesen. Treffpunkt18 bietet leider keine verschlüsselte Verbindung an. Sehen wir uns am Beispiel von Facebook an, wie eine sichere Kommunikation aussieht. Man kann sich mit Wireshark auch einfach den sogenannten TCP-Stream ausgeben lassen. Dieser enthält alle Daten einer Verbindung. In Bild 4.3 sehen Sie die verschlüsselte Verbindung mit Facebook.

Bild 4.3
Eine mit Wireshark aufgezeichnete, verschlüsselte Verbindung zur Seite *www.facebook.com* als TCP-Stream

Auch verschlüsselte Verbindungen können für Geheimdienste wertvoll sein, denn sie enthalten trotz allem wichtige Metadaten wie beispielsweise die Domain. Im Beispiel ist das *www.facebook.com*. Ein Beobachter kann nun zwar nicht mehr alles mitlesen, er weiß jedoch, dass ich irgendeine Seite auf der Plattform Facebook besuche.

4.3 Bekannte Überwachungsprogramme

Den größten Teil der heute bekannten Programme der NSA und anderer Geheimdienste haben wir erst durch Edward Snowdens Veröffentlichungen erfahren, die im Juni 2013 mit den Veröffentlichungen zu den Programmen BOUNDLESSINFORMANT und PRISM begannen. Vor allem die Dokumentarfilmerin Laura Poitras und der Journalist Glenn Greenwald haben sich um die Veröffentlichung der Dokumente verdient gemacht.

Das Programm BOUNDLESSINFORMANT wurde der Öffentlichkeit am 11. Juni 2013 durch einen Artikel von Glenn Greenwald und Ewen MacAskill im Guardian vorgestellt [8]. Es dient dazu, Metadaten, die weltweit von der NSA gesammelt werden, zu zählen und zu kategorisieren. NSA-Mitarbeiter können auf diese Art und Weise in Echtzeit sehen, welche Daten gerade in welchem Teil der Welt gesammelt werden. Im Vergleich zu den Programmen, die ich Ihnen im Folgenden vorstellen möchte, ist dieses Programm jedoch geradezu harmlos.

4.3.1 Die Bedeutung von Edward Snowdens Enthüllungen

Edward Snowden arbeitete bis Mai 2013 als Systemadministrator im Auftrag der NSA für das Unternehmen Booz Allen Hamilton im Kunia Regional SIGINT Operations Center. Snowden hatte von 2005 bis 2009 für die CIA gearbeitet und war dann über das Unternehmen Booz Allen Hamilton als externer Mitarbeiter bei der NSA angestellt worden [9].

Dort begann Edward Snowden damit, Informationen über die Spionageprogramme der NSA und kooperierender Geheimdienste zu sammeln, auf die er als Systemadministrator Zugriff hatte. Mit diesem Daten wandte sich Snowden im Frühjahr des Jahres 2013 an die Dokumentarfilmerin Laura Poitras, nachdem er zuvor seit Anfang Dezember 2012 erfolglos versucht hatte, Glenn Greenwald dazu zu überreden, PGP, ein Protokoll zur sicheren Verschlüsselung von E-Mails, auf seinem Rechner zu installieren. Laura Poitras wandte sich auf Snowdens Wunsch hin, mit Glenn Greenwald zusammenzuarbeiten, Mitte April 2013 an selbigen und gemeinsam reisten die beiden Ende Mai/Anfang Juni 2013 nach Hongkong, an den Ort, an den sich Edward Snowden zuvor abgesetzt hatte. Einen eindrucksvollen Bericht über diese Ereignisse sowie über viele Details von Edward Snowdens Enthüllungen schildert Glenn Greenwald in seinem Buch „No Place to hide - Edward Snowden, the NSA and the U. S. Surveillance State" [10], das unter dem Titel „Die globale Überwachung: Der Fall Snowden, die amerikanischen Geheimdienste und die Folgen" [11] übrigens auch auf Deutsch erhältlich ist. Laura Poitras hat ihre Erlebnisse in Hongkong ebenfalls festgehalten. Der Dokumentarfilm „CITIZENFOUR" [12] zeigt nicht nur die Methoden der NSA, sondern vermittelt auch einen Eindruck davon, wie es sich anfühlt, von einem solchen Geheimdienst verfolgt zu werden.

Edward Snowden wurde und wird noch heute von den Vereinigten Staaten von Amerika wegen seiner Enthüllungen verfolgt. Momentan befindet er sich in Russland und genießt dort politisches Asyl. Russland war eines der wenigen Länder, das bereit war, Snowden dieses Asyl zu gewähren. Die Europäische Union und ihre Nationalstaaten, die, das muss man dabei einfach erwähnen, 2012 mit dem Friedensnobelpreis bedacht wurden, sahen ebenfalls, oder womöglich vielmehr gerade, in Anbetracht der Tatsache, dass US-Präsident Obama und seine Regierung ausdrücklich davor warnten, Snowden Asyl zu gewähren, keine Möglichkeit, Edward Snowden Hilfe zu bieten.

Von einem politischen Standpunkt her betrachtet kein Wunder, denn die in den von Edward Snowden enthüllten Dokumenten enthaltenen Informationen schaden nicht nur den Geheimdiensten der USA, sondern direkt auch dem britischen GCHQ, Kanada, Neuseeland und Australien und indirekt unter anderem dem BND (Bundesnachrichtendienst) und vielen weiteren Geheimdiensten europäischer Staaten.

Dies gibt einen Hinweis darauf, welche Bedeutung die von Snowden enthüllten Dokumente für Menschen auf der ganzen Welt haben. Erst durch die Veröffentlichung derartiger Beweise für teilweise sogar illegale Aktivitäten von Geheimdiensten, kann dieses Thema politisch ernsthaft diskutiert werden. Das will Edward Snowden mit seinen Enthüllungen auch erreichen. Wenn eine so umfangreiche und in vielen Fällen die Grundrechte der Menschen verletzende Überwachung überhaupt existieren soll, dann, so Snowden, muss sie unter allen Umständen von den Bürgern, nicht von einem in diesem Punkte hochgradig autoritären Staat oder gar einer autoritären Organisation entschieden und kontrolliert werden.

4.3.2 Das PRISM-Programm der NSA

Wie bereits erwähnt, nutzen Geheimdienste häufig Daten, die sie direkt von den Anbietern sozialer Netzwerke und ähnlicher Dienste beziehen. Die National Security Agency ist dazu selbst ohne Gerichtsbeschluss in der Lage. Dank PRISM. Glenn Greenwald und Ewen MacAskill berichteten am 07. Juni 2013 im Guardian unter dem Titel „NSA Prism program taps in to user data of Apple, Google and others" [13]. Seit 2007 hat die NSA demnach damit begonnen, Daten direkt von den Servern großer Internetfirmen, darunter Microsoft, Google, Facebook, Yahoo!, YouTube, Skype und Apple, abzugreifen. Auf diesem Weg erlangte die NSA Zugriff auf E-Mails, Suchanfragen, Chatnachrichten Videos, Fotos, Voice-over-IP-(VoIP-)Anrufe, Dateiübertragungen, Videokonferenzen und in sozialen Netzwerken gespeicherte Informationen, das geht aus einer Folie der enthüllten Präsentation über PRISM hervor.

Während zumindest in der enthüllten Präsentation der Eindruck entsteht, die beteiligten Firmen wüssten darüber Bescheid, dass die NSA unkontrollierten Zugang zu ihren Servern habe (siehe Bild 4.4), stritten alle Firmen, die der Guardian im Vorfeld der Veröffentlichung gefragt hatte, die Mitwisserschaft ab.

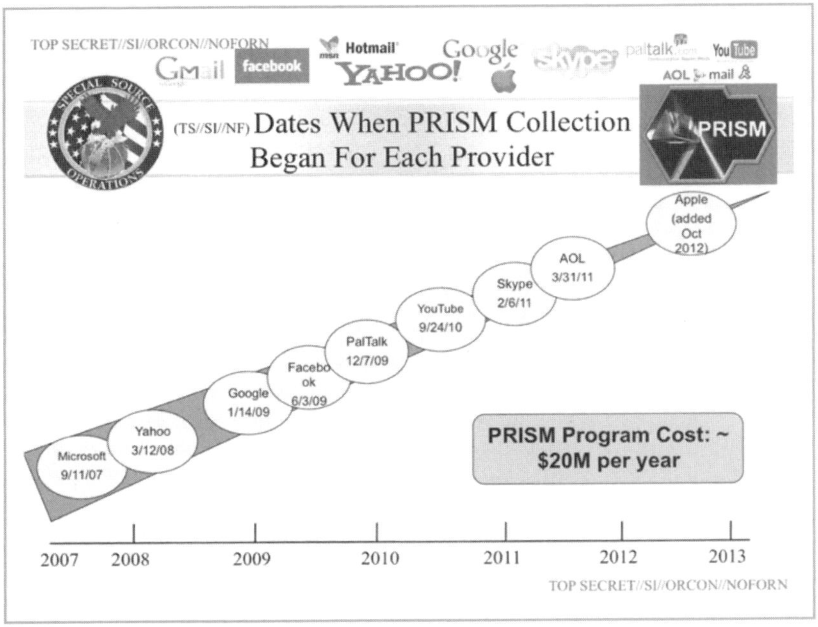

Bild 4.4 Die an PRISM beteiligten Firmen. Dokument der NSA. Veröffentlicht von The Guardian.

Apple ließ beispielsweise verlauten, noch nie etwas von PRISM gehört zu haben, während Google beteuerte: „Google cares deeply about the security of our users' data. We disclose user data to government in accordance with the law, and we review all such requests carefully. From time to time, people allege that we have created a government ‚back door' into our systems, but Google does not have a back door for the government to access private user data." Zu Deutsch: „Google bemüht sich sehr um die Sicherheit seiner Nutzer. Wir geben Nutzerdaten nur aufgrund gesetzlicher Regelungen an die Regierung weiter und prüfen jede Anfrage sorgfältig. Von Zeit zu Zeit behaupten Personen, wir haben eine Hintertür für die Regierung in unseren Systemen, aber Google besitzt keine solche Hintertür für den Zugriff auf persönliche Benutzerdaten."

Der direkte Zugriff auf die Server der großen Internetunternehmen erlaubt der NSA nicht nur die Live-Überwachung von Kommunikation, sondern ermöglicht auch eine rückwirkende Suche. Das ist ein Vorteil gegenüber der direkten Überwachung des Internetverkehrs. Hier werden die Daten zwar teilweise bis zu drei Tage lang gespeichert, wenn in diesem Zeitraum jedoch nichts Verdächtiges gefunden wird, gehen diese wieder verloren. Die direkte Überwachung des Internets eignet sich also hervorragend für Metadaten, das PRISM-Programm dient hauptsächlich der Überwachung der Inhalte von Kommunikation.

4.3.3 Überwachung der Internet-Kommunikation

Neben PRISM beschäftigen sich die meisten Programme der NSA und anderer Geheimdienste entweder mit der Überwachung des Internet-Traffics oder mit der Analyse von Daten. Im Folgenden sollen verschiedene Ansätze, das Internet zu überwachen, vorgestellt werden.

4.3.3.1 Aufbau des Internets

Das Internet ist zwar, was die Verteilung der Daten auf Webserver angeht, ein dezentrales Netzwerk, die Netzwerkarchitektur ist jedoch alles andere als dezentral. Wenn Sie sich von zu Hause aus mit dem Internet verbinden und die Daten einer Webseite abrufen, wird Ihre Anfrage zunächst in das Netz des lokalen Internet Service Providers[5] eingespeist. Das muss nicht immer Ihr eigener Internet Service Provider sein. Häufig haben kleinere Internet Service Provider Verträge mit den größeren, die ihnen die Nutzung derer Netze erlauben. Das Netz eines Internet Service Providers nennt man auch Backbone. Man unterscheidet hier zwischen drei verschiedenen Größen von Backbones, den globalen Tier-1-Netzwerken, den überregionalen Tier-2-Netzwerken und den lokalen Tier-3-Netzwerken. Der Internet Service Provider leitet Ihre Anfrage durch sein Backbone, in aller Regel zu einem sogenannten Internet Exchange Point (IXP). Internet Exchange Points verbinden die Netzwerke unterschiedlicher Internet Service Provider mit großen Rechenzentren (siehe Bild 4.5) und untereinander. Diese Internet Exchange Points sind ein Grund dafür, warum das Internet von Geheimdiensten so gut überwacht werden kann, denn es gibt ihrer weltweit nur rund 340 Stück. An diesen zentralen Knotenpunkten werden Daten aus den Netzwerken der Internet Service Provider in die Backbones anderer ISPs eingeschleust oder direkt an angeschlossene Rechenzentren übermittelt.

Der größte Internet Exchange Point heißt DE-CIX und steht in Frankfurt am Main. Zu Spitzenzeiten werden hier rund 3,9 TBit/s (Terra Bit pro Sekunde)[6] übertragen. Das sind $3{,}9 \cdot 10^{12}$ Bit pro Sekunde, wobei ein Bit die kleinste Informationseinheit in der Informatik ist. Ein Bit kann demnach genau zwei Zustände annehmen, entweder den Wert 0 oder den Wert 1. Um eine sinnvolle Einheit zu haben, mit der man Daten repräsentieren kann, fasst man 8 Bits zu einem Byte zusammen. Ein Byte kann demnach $2^8 = 256$ unterschiedliche Zustände annehmen. Sicher kennen Sie aus dem Alltag (Dateigrößen) die Einheiten kB (Kilobyte), MB (Megabyte), GB (Gigabyte) und TB (Terabyte). 3,9 TBit entsprechen in etwa 454 Gigabyte. Das ist in etwa die Speichergröße einer Festplatte oder, um einen greifbaren Vergleich zu liefern, in etwa die Speichergröße, die Sie benötigen würden, um 96 857 Bilder der Auflösung 5 Megapixel abzuspeichern.

---

[5] Der wichtigste deutsche Internet Service Provider (ISP, dt. Internetdienstanbieter) ist die Telekom.

[6] Stand: Januar 2015. Quelle: *https://www.de-cix.net/about/statistics/*

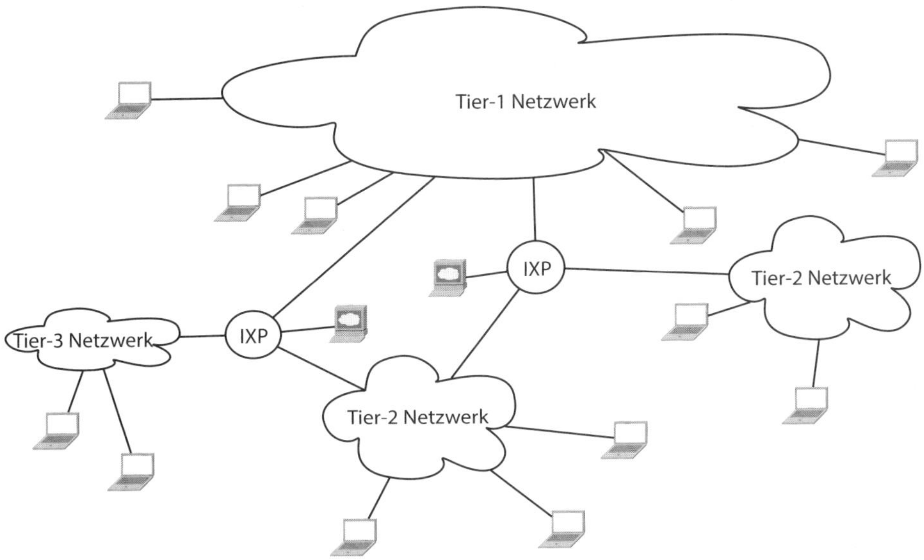

Bild 4.5 Internet Exchange Points, Internet Service Provider und ihr Zusammenspiel im Internet.

Um zum Anwendungsfall Netzwerkverkehr zurückzukommen, wollen wir abschätzen, wie viele IP-Pakete pro Sekunde den DE-CIX passieren. Anfragen an eine Webseite sowie die Antworten der Webseite werden über Netzwerkpakete transportiert. Dabei werden verschiedene Ebenen unterschieden. Im Falle des sogenannten OSI-Referenzmodells[7], das sich als Standard durchgesetzt hat, sind das die in Bild 4.6 dargestellten Ebenen.

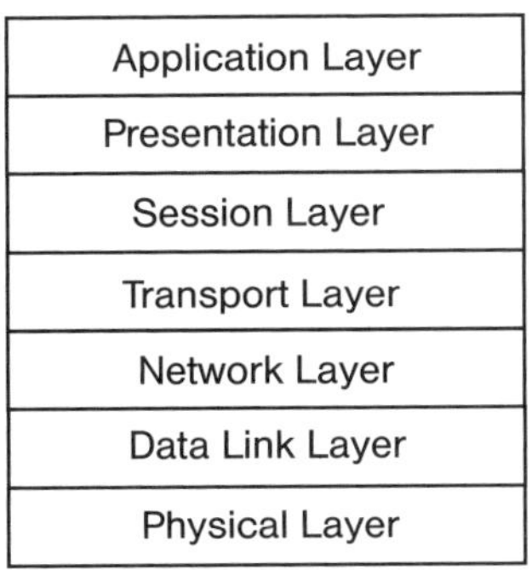

Bild 4.6
Die sieben Schichten des OSI-Referenzmodells

Vereinfacht dargestellt können Sie sich vorstellen, dass die Daten zunächst auf der Anwendungsschicht in ein Paket verpackt werden, wie Sie das beispielsweise tun würden, wenn Sie einen Gegenstand per Post verschicken wollen. Von Schicht 6 bis 1 wird dieses Paket nun wie eine russische Matrjoschka-Puppe in ein jeweils größeres Paket

[7] Open Systems Interconnection model

verpackt. Das sieht dann aus wie in Bild 4.7. IP-Pakete sind die Pakete der Vermittlungsschicht. Sie sind gewissermaßen die größten einheitlichen Pakete des Internets, da die Pakete der darunter liegenden Schichten hardwarespezifisch bzw. netzwerkspezifisch sind. Deshalb wollen wir die Anzahl der IP-Pakete abschätzen, die pro Sekunde durch den DE-CIX übertragen werden.

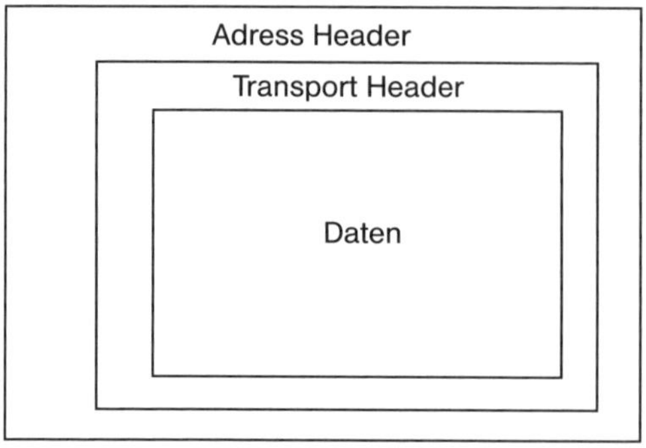

Bild 4.7
Netzwerkpakete unterschiedlicher Schichten des OSI-Referenzmodells

IP-Pakete haben eine Mindestgröße von 20 Byte und eine Maximalgröße von 65 535 Byte. Als durchschnittliche Größe von IP-Paketen nehmen wir 1500 Byte an. Tabelle 4.2 zeigt, wie viele Pakete minimal, durchschnittlich und maximal über den DE-CIX übertragen werden. Da eine Paketgröße von 20 Byte keinen Sinn macht (das wäre ein leeres Paket), nehmen wir als Minimalgröße 64 Byte an.

Tabelle 4.2 Minimale, maximale und durchschnittliche Anzahl von IP-Paketen, die den DE-CIX zu Spitzenzeiten pro Sekunde passieren.

Szenario	angenommene Paketgröße	Anzahl der Pakete
maximale Paketanzahl	64 Byte	7617187500
durchschnittliche Paketanzahl	1500 Byte	325000000
minimale Paketanzahl	65535 Byte	7438773

Zu Spitzenzeiten durchlaufen den DE-CIX also ca. 325 Millionen IP-Pakete pro Sekunde.

Doch was bedeuten diese Zahlen im Zusammenhang mit der Behauptung eines zentralisierten Internets? Um das beurteilen zu können, wollen wir uns den weltweiten Netzwerkverkehr des Internets ansehen. Natürlich gibt es hier keine exakten Messungen, sondern lediglich Schätzungen. Der „Visual Networking Index" der Firma CISCO bietet hier einen guten Anhaltspunkt. In unserem Fall interessieren besonders die Zahlen der Vorhersage für die Jahre 2013 bis 2018 [14]. Während der globale Internet Traffic 2013 durchschnittlich 28 875 GB/s betrug, rechnet CISCO für das Jahr 2015 mit 76 Exabyte (= 79 691 776 TB) pro Monat. Heruntergebrochen auf den Traffic einer Sekunde wären das etwa 30,75 TB/s, was in etwa 245,96 TBit/s entspricht. Da der Netzwerkverkehr im Laufe des Jahres steigen wird, ist die Datenrate des DE-CIX zu Spitzenzeiten ein guter

Vergleichswert, um dessen Anteil am weltweiten Internet Traffic zu messen. Dieser würde demnach rund 1,59 % betragen.

Zugegeben, das klingt zunächst nicht gerade nach einem großen Anteil, aber wenn man bedenkt, dass ein Geheimdienst 1,59 % des weltweiten Internet Traffics[8] abhören kann, indem er nur einen einzigen Knotenpunkt überwacht, klingt das dagegen äußerst erschreckend. Gerade weil es nur rund 340 solcher Knotenpunkte gibt, kann man hier wohl kaum von einem dezentralen Netzwerk sprechen. Geheimdienste müssen also nur ein- bis zweihundert Internet Exchange Points kontrollieren, um beinahe den gesamten weltweiten Internetverkehr zu überwachen.

Neben den zentralen Internet Exchange Points gibt es in der Netzwerkarchitektur des Internets noch ein weiteres Zentralitätsmerkmal: Die bereits erwähnten Tier-1-Netzwerke. Tier-1-Netzwerke sind die Netze großer Internet Service Provider. Sie erstrecken sich meist über weite Teile des Globus und haben zumindest regional so großen Einfluss, dass die meisten anderen Anbieter darauf angewiesen sind, ihren Netzwerkverkehr durch diese Netze zu leiten. Das Einspeisen von Internet-Traffic in das Netz eines anderen Betreibers nennt man dabei auch Peering.

Peering zwischen den Betreibern von Tier-1-Netzwerken untereinander erfolgt in aller Regel unentgeltlich, da beide Internet Service Provider daraus Vorteile für sich und ihre Kunden ziehen. Das Peering kleiner Internet Service Provider mit den Betreibern von Tier-1-Netzwerken ist dagegen in aller Regel kostenpflichtig für die kleineren Internet Service Provider.

Insgesamt gibt es etwas mehr als ein Dutzend Tier-1-Netzwerke. Dazu gehören die Backbones von AT&T (USA), Verizon (USA), Telecom Italia (Italien), Zayo Group (USA), Tata Communications (Indien), Orange (Frankreich), Level 3 (USA), Telekom (Deutschland), GTT (USA), NTT Com (Japan), XO Communications (USA), CenturyLink (USA), Cogent (USA), TSIC (Schweden), Telefonica (Spanien) und Sprint (USA).

Von den 16 aufgezählten Tier-1-Netzwerken werden insgesamt neun, das sind 56,25 %, von US-amerikanischen Internet Service Providern betrieben. Das ist deshalb problematisch, weil in den USA eine recht ungünstige Rechtslage, was die Privatsphäre betrifft, herrscht. Ohnehin werden nur die Daten der US-Bürger rechtlich einigermaßen geschützt, was die NSA, wie Edward Snowdens Enthüllungen gezeigt haben, jedoch nicht daran hindert, trotzdem auf diese Daten zuzugreifen.

Leider herrscht in Deutschland eine diesbezüglich recht ungünstige Situation: Wenn kleinere Internet Service Provider mit der deutschen Telekom peeren möchten, lautet die Antwort der deutschen Telekom grundsätzlich „¥€$“ [15].

Deshalb entscheiden sich die meisten kleineren Internet Service Provider aus ökonomischen Gründen dafür, ihren Netzwerk-Traffic mit den wesentlich günstigeren US-amerikanischen Anbietern, hauptsächlich mit Level 3 und Cogent, zu peeren. Die Folge ist,

[8] Welchen Anteil der Traffic des DE-CIX am deutschen Internet Traffic ausmacht, kann man zwar so leicht nicht abschätzen, aber wenn man bedenkt, dass der DE-CIX geografisch gesehen äußerst günstig gelegen ist, um den deutschen Internetverkehr abzuwickeln, kann man sich leicht eine Vorstellung davon machen.

dass die Kommunikation der Internetnutzer durch den Atlantik in die USA und von dort weiter an sein Ziel geleitet wird.

Mithilfe des Kommandozeilenprogramms `traceroute` (unter Windows: `tracert`) können Sie testen, welche Knotenpunkte eine Seitenanfrage passiert, bis sie an ihr Ziel kommt. Dazu sendet `traceroute` nacheinander sogenannte ICMP Echo Request-Pakete, besser bekannt unter dem Namen `ping`, an den Zielserver, wobei es das TTL-Feld (Time to Live) des IP-Protokolls bei 1 beginnend stetig hochzählt. Das TTL-Feld bestimmt, wie viele Knotenpunkte, sogenannte Hops, das IP-Paket passieren darf, bevor es verworfen wird. Dazu wird dieses TTL-Feld an jedem Knotenpunkt um eins verringert. Erreicht es den Wert 0, wird das Paket verworfen und der Absender wird darüber benachrichtigt, dass das Paket nicht angekommen ist. Das Programm `traceroute` erhält also nacheinander Antworten von den jeweils auf dem Weg liegenden Knotenpunkten. In Listing 4.1 sehen Sie beispielsweise einen Aufruf des `traceroute`-Programms für das Ziel google.com.

Listing 4.1 traceroute zur Adresse google.com

```
$ traceroute google.com
traceroute to google.com (173.194.112.225), 30 hops max, 60 byte packets
1  10.221.64.1 (10.221.64.1)  7.989 ms  7.991 ms  8.430 ms
2  xxx.xxx.xxx.xxx.xxx.de (xx.xx.xx.xx)  8.712 ms  8.719 ms  9.310 ms
3  * * *
4  209.85.246.64 (209.85.246.64)  16.126 ms  16.300 ms  16.289 ms
5  209.85.242.51 (209.85.242.51)  16.848 ms  16.844 ms  17.001 ms
6  fra02s18-in-f1.1e100.net (173.194.112.225)  16.167 ms  16.930 ms  16.903 ms
```

Da Google weltweit Server betreibt, um seine Seite immer möglichst schnell ausliefern zu können, ist die Strecke, die ein Paket zu Google braucht, recht kurz. Anders sieht das für die Webseite von Tinder unter der Adresse gotinder.com aus.

Listing 4.2 traceroute für die Seite gotinder.com

```
$ traceroute gotinder.com
traceroute to gotinder.com (174.129.25.170), 30 hops max, 60 byte packets
1  10.221.64.1 (10.221.64.1)  8.421 ms  8.283 ms  8.246 ms
2  xxx.xxx.xxx.xxx.xxx.de (xx.xx.xx.xx)  8.166 ms  8.177 ms  8.522 ms
3  85.232.1.156 (85.232.1.156)  15.227 ms  15.220 ms  15.195 ms
4  xe-2-2-2.franco31.fra.seabone.net (89.221.34.188)  21.839 ms  22.059 ms
   22.065 ms
5  xe-0-0-2.ashburn2.ash.seabone.net (195.22.216.205)  117.313 ms xe-10-0-0.
   ashburn2.ash.seabone.net (195.22.216.207)  114.799 ms xe-0-0-2.ashburn2.ash.
   seabone.net (195.22.216.205)  117.642 ms
6  amazon.ashburn2.ash.seabone.net (195.22.206.51)  117.641 ms amazon.ashburn2.
   ash.seabone.net (195.22.206.59)  114.793 ms  114.755 ms
7  72.21.220.27 (72.21.220.27)  115.547 ms 72.21.220.59 (72.21.220.59)  118.118 ms
   72.21.220.43 (72.21.220.43)  114.661 ms
8  205.251.245.174 (205.251.245.174)  117.885 ms  115.973 ms  117.831 ms
9  * * *
10  * * *
11  * * *
```

```
12  216.182.229.13 (216.182.229.13)  122.842 ms 216.182.229.7 (216.182.229.7)
    117.655 ms 216.182.229.5 (216.182.229.5)  117.077 ms
13  * * *
```

Während das Ende von Googles `traceroute` in Frankfurt am Main liegt, führt die `traceroute` der Seite gotinder.com irgendwo in eine Amazon-Cloud in den USA. Es ist zuweilen ganz interessant, sich die `traceroute` verschiedener Webseiten anzusehen. Um festzustellen, wem eine bestimmte IP-Adresse gehört, können Sie dabei den `whois`-Service benutzen. In Listing 4.3 sehen Sie zum Beispiel die `whois`-Abfrage zur IP-Adresse 31.13.30.98, einem Knoten in einem Facebook-Rechenzentrum.

Listing 4.3 whois 31.13.30.98

```
$ whois 31.13.30.98
% This is the RIPE Database query service.
% The objects are in RPSL format.
%
% The RIPE Database is subject to Terms and Conditions.
% See http://www.ripe.net/db/support/db-terms-conditions.pdf
% Note: this output has been filtered.
%       To receive output for a database update, use the "-B" flag.
% Information related to '31.13.28.0 - 31.13.31.255'
% Abuse contact for '31.13.28.0 - 31.13.31.255' is 'domain@fb.com'
inetnum:        31.13.28.0 - 31.13.31.255
netname:        INT
descr:          Facebook
country:        IE
admin-c:        RD4299-RIPE
tech-c:         RD4299-RIPE
status:         ASSIGNED PA
mnt-by:         fb-neteng
mnt-lower:      fb-neteng
mnt-routes:     fb-neteng
source:         RIPE # Filtered
role:           RIPE DBM
address:        1601 Willow Rd.
address:        Menlo Park, CA, 94025
admin-c:        PH4972-RIPE
tech-c:         PH4972-RIPE
nic-hdl:        RD4299-RIPE
mnt-by:         fb-neteng
source:         RIPE # Filtered
abuse-mailbox:  domain@fb.com
% This query was served by the RIPE Database Query Service version 1.76.1 (DB-3)
```

Neben den beiden physikalischen Zentren des Internets, den IXPs und den Backbones, kommt noch hinzu, dass es auch zentrale Internetseiten gibt, die von fast allen Internetbenutzern angesteuert und teilweise sogar dazu verwendet werden, auf andere Internetseiten zuzugreifen. Die Rede ist natürlich von Google, Facebook, YouTube, Yahoo!, Baidu, Amazon und Co. [16].

Im vorangehenden Abschnitt 4.3.2 über das Spionageprogramm Prism konnten Sie bereits lesen, welche Wege die NSA nutzt, um die bei diesen Anbietern gespeicherten Daten zu erhalten.

4.3.3.2 Programme zum Datenzugriff

Die NSA und das britische GCHQ (Government Communications Headquarters) betreiben zahlreiche Programme, die dazu geeignet sind, das Internet flächendeckend zu überwachen. Um dieses Ziel zu erreichen, werden ganz unterschiedliche Strategien angewandt: So werden beispielsweise transatlantische Glasfaserkabel mit Spezial-U-Booten angezapft, Wanzen in Cisco-Netzwerkgeräte implantiert und Partnerschaften mit ausländischen Geheimdiensten und Telekommunikationsunternehmen geschlossen, um das Ziel einer vollständigen Überwachung zu erreichen.

Im Rahmen des Projektes MUSCULAR hat die NSA sogar die Glasfaserkabel zwischen Google- und Yahoo!-Rechenzentren angezapft, um Daten, die zwischen den Rechenzentren synchronisiert werden, auszuspionieren [17].

FAIRVIEW, BLARNEY, OAKSTAR, STORMBREW

BLARNEY ist ein Programm aus dem Jahre 1978, zu dem die meisten US-amerikanischen Geheimdienste und auch Regierungsorganisationen, wie das weiße Haus, Zugang haben. Glenn Greenwald präsentiert in seinem Buch „No place to hide“ eine Folie der NSA, auf der die Ziele von BLARNEY aufgelistet sind. Diese umfassen neben der Terrorprävention unter anderem militärische, diplomatische, politische und wirtschaftliche Ziele. Welche das im Fall von Mexiko, Japan und Venezuela sind, das kann Greenwald mithilfe einer Folie des PRISM-Programms aufklären: Energie, Handel und Öl [44].

BLARNEY macht sich zentrale Knotenpunkte bei den Telekommunikationsbetreibern zunutze, um Daten abzuschnorcheln. So gehört der legendäre Raum 641A (Room 641A) bei AT&T in San Francisco dazu, in dem das Netzwerk der NSA direkt mit AT&Ts Backbone verkabelt ist. Bereits im Jahr 2006 veröffentlichte der Techniker Mark Klein seine Beobachtungen zu diesem Raum [43]. Erkenntnisse über das Gesamtbild haben wir jedoch erst durch Snowden erlangt.

Doch BLARNEY ist nicht das einzige der von der NSA als „Upstream Collection“ bezeichneten Programme zum Sammeln von Daten. Unter den Schirmprogrammen FAIRVIEW, STORMBREW und OAKSTAR werden zahlreiche weitere Programme zum Ausspähen von Telekommunikation betrieben. Durch Verträge mit Betreibern von transatlantischen Glasfaserkabeln ist die NSA nicht länger darauf angewiesen, diese sensiblen Leitungen mithilfe von Spezial-U-Booten (derer gibt es insgesamt vier) heimlich anzuzapfen, sondern es ist nun möglich, die Daten an Land abzugreifen [45].

Eine weitere Form dieser Überwachung sind die von der NSA in Cisco Router implantierten Wanzen. Die Firma Cisco stellt Netzwerkgeräte, die auf den unteren Layern des OSI-Referenzmodells eingesetzt werden (Switches, Router, Hubs usw.), her. Die NSA fängt Pakete der Firma Cisco im großen Stil ab, öffnet diese vorsichtig und installiert

Wanzen in den darin enthaltenen Geräten. Anschließend werden diese Geräte wieder verpackt und an den Empfänger weiterversendet. Da Cisco-Geräte vor allem in den Backbones der ISPs und an Internet Exchange Points eingesetzt werden, kann die NSA mit diesen Wanzen einen großen Teil des Internets überwachen [44].

TEMPORA

TEMPORA ist ein Spionageprogramm des britischen Geheimdienstes GCHQ, in dessen Rahmen beinahe die gesamte Internetkommunikation für drei (Inhalte) bis 30 Tage (Metadaten) zwischengespeichert wird. Diese aufgezeichnete Kommunikation kann dabei mithilfe des in Abschnitt 4.3.5 beschriebenen XKEYSCORE-Programms durchsucht und analysiert werden. Damit sind die in TEMPORA gespeicherten Daten nicht nur für den britischen Geheimdienst, sondern auch für die NSA und teilweise auch für einige andere Mitglieder der FiveEyes abrufbar [18].

Auch wenn die Speicherkapazitäten des GCHQ gigantisch sind, ist es selbstverständlich keineswegs möglich, tatsächlich die gesamte Internetkommunikation für drei Tage zwischenzuspeichern[9]. Deshalb benutzt das GCHQ fortgeschrittene Techniken, um den „high-volume, low value traffic" [19] von den gehaltvolleren Daten zu trennen. Zu solchen wertlosen Daten gehören beispielsweise gestreamte Videos oder andere Dateidownloads. Diese Daten können oft auch nachträglich erfasst werden, sollte sich das als nötig erweisen, beinhalten in aller Regel jedoch nur sehr wenige aussagekräftige Informationen über die Internetnutzer. Etwa 30 Prozent der Internetkommunikation können so bereits aus den zu speichernden Daten herausgefiltert werden.

Insgesamt sind rund 300 Datenanlysten des GCHQ und etwa 250 Analysten der NSA damit beschäftigt, die enorme Datenflut des TEMPORA-Programms durchzusehen. Zugang zu den Datenbanken des GCHQ haben alleine bei der NSA rund 850 000 Beschäftigte. Nach dem Prinzip „Collect it all" sammelt das GCHQ Daten von mehr als 200 Glasfaserkabeln, jedes mit einer potenziellen Datenrate von 10 Gigabits pro Sekunde, weltweit. Zugang erhält das GCHQ dabei vorrangig durch geheime Kooperationen mit kommerziellen Firmen, die im Gegenzug eine, vermutlich nicht ganz geringfügige, „Aufwandsentschädigung" erhalten [20].

Die Art und Weise, wie Mitarbeiter des GCHQ, aber auch Angestellte anderer Geheimdienste mit ihrer Position umgehen, ist dabei mindestens so beängstigend wie die technischen Möglichkeiten der Geheimdienste. In einem Memo an Datenanalysten des GCHQ, das vom Guardian veröffentlicht wurde, steht die Aufforderung: „You are in an enviable position – have fun and make the most of it." [21] (Ihr seid in einer beneidenswerten Position – habt Spaß und macht das Beste daraus.)

[9] Sie erinnern sich: Zu Spitzenzeiten laufen 3,9 TBit Daten pro Sekunde durch den DE-CIX.

4.3.4 SQUEAKY DOLPHIN

Während viele Programme der Geheimdienste zwar im Rahmen der Überwachung des Internets auch Daten von Nutzern sozialer Netzwerke erfassen und auswerten, sind diese Programme meist nicht besonders gut dazu geeignet, das Nutzerverhalten in sozialen Netzwerken im Detail zu analysieren. Der GCHQ hat zu diesem Zweck das Programm SQUEAKY DOLPHIN entwickelt, das in der Lage dazu ist, das Nutzerverhalten in sozialen Netzwerken zu analysieren und in Echtzeit auszuwerten.

SQUEAKY DOLPHIN basiert dabei hauptsächlich auf den durch TEMPORA aufgezeichneten Daten, die mithilfe der kommerziellen Analysesoftware für Big Data Splunk [22] ausgewertet werden. Dabei werden im Rahmen des SQUEAKY DOLPHIN-Programms vor allem die von Nutzern angesehenen YouTube-Videos, die besuchten Webseiten, wie sie mithilfe des Like-Buttons von Facebook ermittelt werden, sowie Seitenbesuche bei Bloggern der von Google bereitgestellten Bloggingplattform Blogger abgegriffen und ausgewertet [23].

Das GCHQ kann durch diese Analysen nicht nur bestimmen, in welcher Region der Welt welche Themen gerade relevant sind, sondern er kann auch Anomalien identifizieren und die Aktivitäten der einzelnen Nutzer überwachen. Insbesondere kategorisiert der GCHQ die Nutzer sozialer Netzwerke aufgrund ihrer Aktivität und versucht, daraus psychologische Befunde abzuleiten. Wenn man bedenkt, wie unzuverlässig und wissenschaftlich fragwürdig eine solche Einstufung der Nutzer ist und welche weitreichenden Folgen ein fehlerhafter Befund haben kann, ist diese Methodik besonders brisant.

4.3.5 XKEYSCORE

Die NSA und der GCHQ sammeln über die unterschiedlichen Datenquellen eine so große Masse an Daten, dass es spezieller Software bedarf, um diese Daten zu filtern, verwalten und durchsuchen. NSA-Datenanalysten können dazu mithilfe des Programms XKEYSCORE verschiedene Filter definieren, mit deren Hilfe sogar eine Echtzeitüberwachung einer Zielperson im Internet möglich ist. Das bedeutet, dass NSA-Agenten Ihnen beim Surfen im Internet zusehen können.

XKEYSCORE liefert im Grunde die Oberfläche für NSA-Datenanalysten, um die von den „Upstream-Collection"-Programmen eingehenden Daten zu filtern, zu kategorisieren und auszuwerten. Datenanalysten können zu diesem Zweck komplexe Filter definieren, die je nach Priorisierung an die unterschiedlichen Stellen des Überwachungsnetzwerkes verteilt werden. So werden Filter entweder auf zwischengespeicherte Datensätze oder schon bei der Erfassung der Daten angewendet. Besonders Letztere entscheiden letztendlich darüber, ob Daten von einem Nutzer gespeichert werden oder nicht. Der NDR hat im Juli 2014 einige dieser Filterregeln veröffentlicht. Jacob Appelbaum et al. [46] haben diese Regeln analysiert und erschreckende Erkenntnisse darüber gewonnen, wie die NSA von Nutzern von Anonymisierungssoftware wie Tor und Linux-Nutzern generell denkt.

Schlimm genug, dass gegen alle Nutzer von Tor, also gegen alle Menschen, die sich um ihre Privatsphäre Sorgen machen, ein Generalverdacht erhoben wird, indem deren Kommunikation herausgefiltert und abgespeichert wird. Menschen, die Tools zur sicheren und anonymen Kommunikation wie das „Amnesiac Incognito Live System" entwickeln oder verbreiten, aber auch solche, die es nutzen, gelten für die NSA als „Extremisten". Folgerichtig ist da selbstverständlich, dass diese „Extremisten" vorrangig über „extremistische Foren", wie die seit Neustem offenbar extremistische Plattform der Zeitschrift linuxjournal, eine Zeitschrift über das Betriebssystem Linux und verwandte Themen, kommunizieren.

Listing 4.4 Regeln zur Identifikation von „Extremisten" in XKEYSCORE

```
// START_DEFINITION
/* These variables define terms and websites relating to the TAILs
(The Amnesic Incognito Live System) software program, a comsec mechanism
advocated by extremists on extremist forums.
*/
$TAILS_terms=word('tails' or 'Amnesiac Incognito Live System')
and word('linux' or ' USB ' or ' CD ' or 'secure desktop' or
' IRC ' or 'truecrypt' or ' tor ');
$TAILS_websites=('tails.boum.org/') or ('linuxjournal.com/content/linux*');
// END_DEFINITION
```

Die entsprechenden, in XKEYSCORE definierten Regeln können Sie in Listing 4.4 sehen. Mit derartigen Filtern werden alle IT-Sicherheitsexperten und viele andere Menschen, die sich für sichere und anonyme Kommunikation interessieren, zu Zielpersonen. Wenn das alles Extremisten sein sollen, stellt sich die Frage, wer auf dieser Welt kein Extremist ist.

4.4 Staatliche Zensur

Neben einfacher Überwachung der Internetnutzer betreiben die meisten großen Geheimdienste autoritärer Staaten, aber auch viele Geheimdienste demokratischer Staaten, in denen die Bürger zumindest auf dem Papier Meinungs- und Pressefreiheit genießen, Programme, die dazu dienen, systematisch unerwünschte Inhalte im Internet zu zensieren. Das wohl größte Programm zur Zensur unliebsamer Inhalte im Internet wird von der chinesischen Regierung betrieben und ist unter dem Namen „Projekt Goldener Schild" (engl. The Golden Shield Project) bekannt. Man kann Projekt Goldener Schild vereinfacht wie eine Firewall betrachten, die das gesamte chinesische Internet vom Rest der Welt trennt[10]. Jegliche Seitenaufrufe von Webseiten außerhalb des abgeschotteten

[10] In Abschnitt 4.4.2 sehen Sie, dass das so nicht ganz stimmt, aber der Einfachheit halber soll uns das an dieser Stelle noch nicht interessieren.

Netzwerkes müssen zunächst das „Goldene Schild" passieren. Handelt es sich bei den angefragten Inhalten um von der Regierungspartei als unerwünscht eingestuften Content, wird die Verbindung von dieser unterbrochen.

Doch nicht nur die autoritäre chinesische Regierung betreibt ein äußerst wirkvolles Programm zur Zensur des Internets. Unter dem Namen QUANTUMTHEORY HACKING betreiben die NSA und der britische GCHQ einige Programme (siehe Abschnitt 4.4.1), die sowohl zur Zensur als auch zur Auslieferung von eigenen Inhalten anstelle der angefragten Inhalte an individuell ausgewählte Internetnutzer geeignet sind. „Be any IP in the world" beispielsweise ist das Ziel des QUANTUMSQIRREL-Programms. Das geht aus einer auf der Seite „The Intercept" veröffentlichten Präsentation mit dem Titel „QUANTUMTHEORY" von der SIGINT Development Conference 2010 hervor [24].

Doch vom Staat ausgehende Zensur ist oft gar nicht unbedingt auf derart aufwendige Programme angewiesen. In vielen Staaten kann die Zensur unliebsamer Inhalte von der autoritären Regierung selbst oder zumindest von Gerichten veranlasst und durchgesetzt werden. Für ganz bestimmte Inhalte wie beispielsweise Kinderpornografie existieren Übereinkommen zwischen vielen Staaten und auch Internet Service Providern, bestimmte Listen von Internetseiten zu zensieren. Wenngleich das grundsätzlich einem guten Zweck, nämlich dem Missbrauchsschutz von Kindern, dient, muss darauf geachtet werden, dass derartige Übereinkommen nicht missbraucht werden. So gibt es sogar demokratische Staaten, namentlich Großbritannien, in denen Internet Service Provider nach einer gesetzlichen Regelung jegliche Seiten, auf denen Pornografie angeboten wird, zensieren, und zwar so lange, bis die Internetnutzer, die diese Inhalte konsumieren wollen, einen schriftlichen Antrag dazu an ihren Internet Service Provider stellen.

4.4.1 QUANTUMTHEORY Hacking durch NSA und GCHQ

Die Bezeichnung QUANTUMTHEORY Hacking ist eine Sammelbezeichnung von NSA und GCHQ für eine Reihe von fortgeschrittenen Angriffstechnologien auf bestehende Internetprotokolle und -infrastrukturen. QUANTUMTHEORY hat dabei nichts mit Quantencomputing zu tun, sondern der Begriff beruht wohl eher auf der Protocol-Injection-Technologie, die im Rahmen des QUANTUMTHEORY Hackings genutzt wird. Dabei werden Netzwerkpakete, die über das Internet versendet werden, in Echtzeit manipuliert, sodass Protokollschwächen wie mangelnde Integritätsprüfungen oder das The-Winner-takes-it-all-Prinzip ausgenutzt werden können, um mithilfe von „Man-on-the-Side"-Angriffen Daten zu fälschen[11].

Die unter dem Namen QUANTUMTHEORY Hacking zusammengefassten Programme sind sowohl dazu geeignet, die Verbindungen einzelner Internetnutzer zu sabotieren und entweder Inhalte für diese zu zensieren, oder gar Schadsoftware auf deren Rechnern zu installieren, als auch dazu, einzelne, unliebsame Internetseiten wie beispiels-

[11] Details zur Funktionsweise solcher Techniken erfahren Sie im Laufe dieses Kapitels.

weise die von Julian Assange gegründete Enthüllungsplattform Wikileaks für längere Zeit verschwinden zu lassen. Gerade was die Zensur einer solchen Plattform betrifft, kommen auch für Geheimdienste äußerst fragwürdige Methoden, wie die unter den Programmnamen QUANTUMBOT und QUANTUMBOT2 geführten Botnets zum Einsatz [24]. Unter dem Begriff Botnet versteht man eine große Anzahl in aller Regel privater Computer, die von einem Angreifer (beispielsweise mithilfe eines Virus, unter seine Kontrolle gebracht wurden und die dazu genutzt werden können, vom Angreifer vorgegebene Operationen durchzuführen. Typischerweise werden Botnets für sogenannte Distributed Denial-of-Service-(DDoS-)Angriffe genutzt, bei denen ein Webserver durch massenhafte, zeitlich koordinierte Verbindungsanfragen absichtlich verlangsamt oder gar zum Absturz gebracht wird. Die Folge ist, dass die auf dem Webserver gehosteten Internetseiten für den Zeitraum der Attacke nicht länger erreichbar sind. Im Grunde kann so in zeitkritischen Situationen zumindest vorübergehend eine Zensur erreicht werden.

Die Enthüllungsplattform Wikileaks hatte in der Vergangenheit bereits mehrfach mit solchen Denial-of-Service-(DoS-)Angriffen zu kämpfen. Als die Plattform im Jahr 2010 die Veröffentlichung von Depeschen US-amerikanischer Botschafter ankündigte, wurde die Erreichbarkeit der Seite bereits am Vortag der angekündigten Veröffentlichung durch Denial-of-Service-Attacken gemindert und teilweise vollständig verhindert. Craig Labovitz zeigt im Arbor Networks Blog mithilfe einer Grafik, wie der Traffic des größten Wikileaks Hosting Providers um 2 bis 4 Gbps (Gigabits per second) ansteigt [25]. Das sind etwa 15 bis 30 Prozent des sonst üblichen Traffics. In einem Folgeartikel vom nächsten Tag zitiert Craig Labovitz Wikileaks, die über Twitter davon berichtet, dass die Denial-of-Service-Attacke nun einen Traffic von mehr als 10 Gbps überschreite [26]. Zum Vergleich: Der weltweit größte Internet Exchange Point De-CIX hat in einer Pressemitteilung vom 31. August 2010 unter dem Titel „Der DE-CIX knackt die 1-Terrabit-Marke“ [27] nur wenige Monate zuvor verkündet, in Spitzenzeiten einen Datendurchsatz von rund 1,2 Terrabit pro Sekunde zu leisten.

Über die Frage, wer hinter den DDoS-Attacken auf Wikileaks steckt, kann man nur mutmaßen, aber die schiere Größe der Attacke legt nahe, dass der Angreifer entweder ein enormes Botnet unter seiner Kontrolle hatte oder aber dass besonders leistungsfähige Rechner, wie sie beispielsweise in den Rechenzentren der NSA oder anderer Geheimdienste stehen, an den Angriffen beteiligt waren. Beides deutet zumindest auf die Beteiligung eines Geheimdienstes, mit derartigen Möglichkeiten, an den Angriffen hin. Man muss selbstverständlich auch überdenken, wer wohl ein Interesse daran hatte zu verhindern, dass die insgesamt 251 287 internen Berichte von US-Diplomaten, von denen etwa die Hälfte als geheim oder vertraulich eingestuft war und die zum Teil kritische Informationen über politische, militärische und geheimdienstliche Ziele und Aktivitäten der USA enthielten, an die Öffentlichkeit gelangen.

Doch was Zensur betrifft, sind Vorgehensweisen wie im Fall von Wikileaks eher die Ausnahme und zeugen eigentlich von einer Verzweiflungstat, schließlich muss klar sein, dass die Veröffentlichung von Informationen durch Wikileaks von einer Denial-of-Service-Attacke, egal wie intensiv und umfangreich diese ausfällt, nicht aufgehalten werden kann. Früher oder später werden diese Informationen an die Öffentlichkeit gelangen. Die heute von den USA und Großbritannien etablierten Technologien zur Zensur gehen weit über den Wirkungsgrad einer Denial-of-Service-Attacke hinaus.

4.4.1.1 QUANTUMINSERT

Das QUANTUMINSERT-Programm wird in der von Edward Snowden geleakten QUANTUMTHEORY-Präsentation [24] der SIGINT Development Conference 2010 als ein Service zur HTML-Weiterleitung von Internetnutzern beschrieben, entspricht im Wesentlichen jedoch einem klassischen Man-in-the-Middle- bzw. Man-on-the-Side-Angriff.

Bei einem Man-in-the-Middle-Angriff versucht der Angreifer (in der Literatur meist als Mallory bezeichnet), sich zwischen zwei miteinander kommunizierende Partner (in der Literatur meist als Alice und Bob bezeichnet) zu drängen. Im einfachsten Fall täuscht Mallory sowohl Bob als auch Alice vor, er sei der jeweils andere, und bewirkt damit, dass beide ihre Nachrichten an ihn senden (siehe Bild 4.8). Damit hat Mallory die Kontrolle über die Kommunikation und kann Nachrichten nicht nur lesen, sondern auch darüber entscheiden, welche Nachrichten an den echten Kommunikationspartner weitergeleitet werden. Außerdem kann Mallory Nachrichten verändern oder vollständig fälschen.

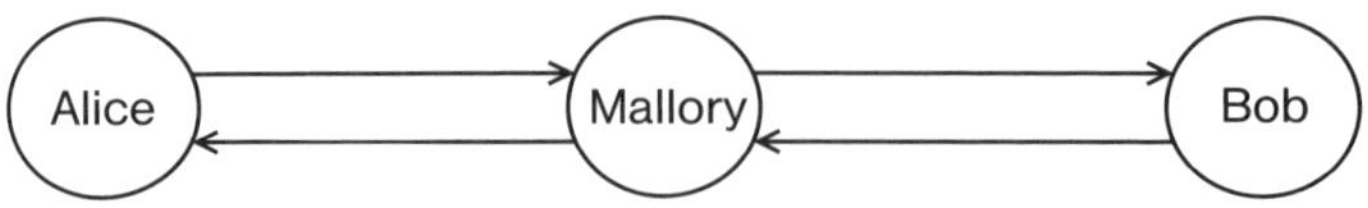

Bild 4.8 Die einfachste Form eines Man-in-the-Middle-Angriffs

Es gibt jedoch auch andere Möglichkeiten, einen Man-in-the-Middle-Angriff durchzuführen. Gerade dann, wenn man wie die NSA oder das GCHQ weite Teile des Internets überwachen und sogar kontrollieren kann, ist es möglich, die Man-in-the-Middle-Position als außenstehender, zunächst die Kommunikation nur passiv beobachtender Beteiligter zu erlangen. Dieser spezielle Man-in-the-Middle-Angriff wird auch Man-on-the-Side-Angriff genannt. Dabei kann man zum Beispiel darauf setzen, dass man selbst in der Lage ist, schneller auf eine Anfrage zu antworten als das eigentliche Ziel (siehe Bild 4.9). Die NSA ist das teilweise aufgrund ihrer Server, die sich dank Kooperationen mit großen US-amerikanischen Internet Service Providern direkt in den großen Backbones befinden und dadurch meist eine strategisch günstigere Position als die Rechenzentren der eigentlichen Zielseiten haben.

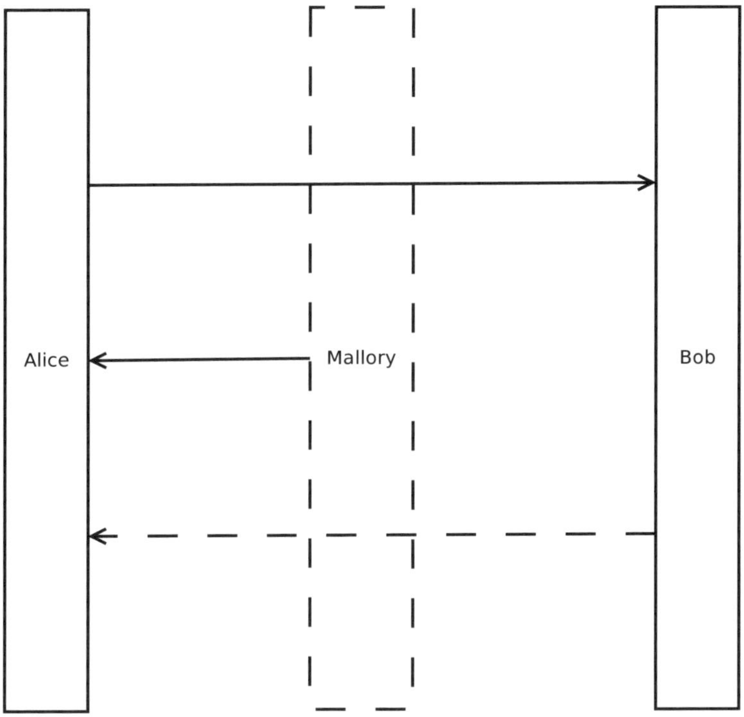

Bild 4.9 Prinzip und zeitlicher Verlauf einer Man-on-the-Side-Attacke

Wenn die Geheimdienste also aufgrund bestimmter Filter eine Anfrage einer Person identifizieren, für die eine gefälschte Seite anstelle des Originals ausgeliefert werden soll, antworten sie einfach mit einer solchen gefälschten Seite. Trifft die Antwort vor der Antwort des eigentlichen Anfrageziels beim Internetnutzer ein, wird die eigentliche korrekte Antwort verworfen[12].

Der Spiegel berichtete im November 2013 von einem mithilfe von QUANTUMINSERT gestarteten Angriff des GCHQ auf Angestellte der belgischen Telekommunikationsfirma Belgacom [28]. Der britische Geheimdienst habe demnach zunächst Angestellte des sogenannten Network Operations Center (NOC), die in den Bereichen Systemadministration oder Sicherheit tätig waren, identifiziert. Anschließend habe man ausfindig gemacht, dass diese Mitarbeiter unter anderem das soziale Netzwerk LinkedIn und die Nachrichtenplattform Slashdot.org nutzten, und habe dann das QUANTUMINSERT-Programm dazu genutzt, eine gefälschte Version von LinkedIn (oder Slashdot) an diese Mitarbeiter auszuliefern. Mit dieser gefälschten Seite wurde jedoch auch Schadsoftware

[12] Das liegt am TCP (Transmission Control Protocol). Dieses Protokoll nummeriert die einzelnen Nachrichten mit einer Sequenznummer. Trifft ein Paket mit einer bereits behandelten Sequenznummer ein, wird es verworfen, weil davon ausgegangen wird, dass dieses Paket bereits zugestellt wurde und es sich bei dem zuletzt eingetroffenen Paket um ein Duplikat handelt.

übertragen, die mithilfe eines Browser Exploits auf den Rechnern der Opfer installiert wurde. Damit erlangte das GCHQ die Kontrolle über diese im NOC privilegierten Rechner der Angestellten. Nick Kolakowski hat in seinem Artikel „GCHQ Responds to Slashdot, LinkedIn Hack“ [29] bei Dice eine entsprechende Folie des GCHQ veröffentlicht.

4.4.1.2 QUANTUMSKY/QUANTUMCOPPER

Während NSA und GCHQ mit QUANTUMINSERT zwar theoretisch in der Lage dazu sind, unerwünschte Inhalte im Internet zu zensieren, ist diese Technik für eine flächendeckende Zensur viel zu aufwendig und regional unter Umständen auch zu fehleranfällig, da die von den Geheimdiensten ausgelieferte, gefälschte Seite unter allen Umständen vor dem Original beim Opfer eintreffen muss. QUANTUMINSERT wird daher weniger zur Zensur von Inhalten als vielmehr für gezielte und individuelle Kompromittierung von Verbindungen genutzt; beispielsweise mit dem Ziel, Schadsoftware auf dem Rechner des Opfers zu installieren.

Um Personen daran zu hindern, bestimmte Webseiten aufzurufen oder Dateien auszutauschen, verwendet die NSA die Programme QUANTUMSKY und QUANTUMCOPPER [30, 31].

QUANTUMSKY ist eine seit 2004 entwickelte Software, die Internetnutzer daran hindern soll, bestimmte Webseiten aufzurufen. Dazu wird ein sogenanntes TCP-Reset-Paket von NSA-Servern, die sich als die eigentliche Zielseite ausgeben, an den Nutzer gesendet. Das TCP-Reset-Paket wird dazu verwendet, eine Verbindung zu beenden. Alle weiterhin eintreffenden Daten der Webseite werden dann ignoriert. Der Vorteil gegenüber QUANTUMINSERT liegt einerseits darin, dass keine auf den Benutzer zugeschnittenen Seiten, die womöglich erst noch dynamisch erzeugt werden müssen, versendet werden. Dadurch wird die Reaktionszeit der NSA -Server dramatisch verringert. Ein ähnliches Vorgehen verwendet auch die nationale chinesische Firewall „Projekt Goldener Schild“, die in Abschnitt 4.4.2 vorgestellt ist.

Neben QUANTUMSKY gibt es auch das seit 2008 entwickelte QUANTUMCOPPER-Programm, mit dessen Hilfe analog zur Zensur mittels QUANTUMSKY der Dateiaustausch über das Internet unterbunden werden soll. Vermutlich bedient man sich dabei einer sehr ähnlichen Technologie wie beim QUANTUMSKY-Programm und unterbindet damit Dateiuploads und Dateidownloads von ausgewählten Zielpersonen.

4.4.1.3 QUANTUMDNS

Während das Man-on-the-Side-Szenario des QUANTUMINSERT-Programms einige Nachteile mit sich bringt, erlaubt das QUANTUMDNS-Programm die Rolle des zunächst passiven, außenstehenden Beobachters in eine tatsächliche Man-in-the-Middle-Position umzuwandeln. Das verschafft der NSA gerade dann, wenn sichere, also kryptografisch abgesicherte Verbindungen genutzt werden, den notwendigen Vorteil, um weiterhin intervenieren zu können.

Das Problem bei verschlüsselten Verbindungen ist für die NSA und andere Geheimdienste nicht nur, dass sie die meisten Daten, die über die Verbindung gesendet werden, nicht lesen können, sondern auch (und vor allem), dass nach Abschluss das Handshakes, bei dem sich die beiden Parteien gegenseitig authentifizieren und einen geheimen Schlüssel für die Verschlüsselung festlegen, eine Spoofing[13]-Attacke, wie bei QUANTUMINSERT quasi unmöglich wird.

Bei einer tatsächlichen Man-in-the-Middle-Situation, bei der die Geheimdienste vor einem Eingriff in die Kommunikation nicht nur passiv beobachten, sondern zwischen den beiden Seiten vermitteln, sprich Netzwerkpakete weiterleiten, kann eine verschlüsselte TLS-(Transport-Layer-Security-)Verbindung mithilfe von gefälschten Zertifikaten kompromittiert werden.

QUANTUMDNS dient den Geheimdiensten dabei dazu, die Man-in-the-Middle-Position zu erlangen. Dazu nutzen NSA und GCHQ das DNS (Domain Name System), um ihre Opfer auf gefälschte Seiten weiterzuleiten. Das Domain Name System dient dazu, Domainnamen wie beispielsweise „facebook.com“ in tatsächlich adressierbare IP-Adressen umzuwandeln. Das ist notwendig, weil das IP-Protokoll, über das letztendlich jegliche Kommunikation im Internet abgewickelt wird, keine Domains, sondern nur IP-Adressen kennt[14].

Das Domain Name System ist ein hierarchisch aufgebautes, verteiltes System zur Namensauflösung von Domains in IP-Adressen. Die einzelnen sogenannten Nameserver sind dabei hierarchisch gegliedert. Root-Nameserver unterscheiden anhand der sogenannten Top-Level-Domain (TLD), an welchen Nameserver eine Anfrage delegiert werden soll. Eine TLD ist zum Beispiel com, de oder org. Es gibt insgesamt 13 Root-Nameserver weltweit.

Weblink

Eine Auflistung dieser Nameserver inklusive ihrer Betreiber finden Sie auf der Webseite zum Buch unter der Adresse

network-privacy.org/de/information/root-dns-server-list.

Nachdem man eine Anfrage an einen Root-Nameserver gestellt hat, bekommt man als Antwort die Adresse des zuständigen Nameservers für die entsprechende TLD. Nun sendet man die Anfrage an diesen Nameserver. Für die Top-Level-Domain „de“ ist beispielsweise die DENIC Verwaltungs- und Betriebsgesellschaft eG zuständig. Als Antwort bekommt man, immer vorausgesetzt, dass die angefragte Domain tatsächlich existiert,

[13] Bei einer Spoofing-Attacke gibt sich der Angreifer als ein anderer aus; im Falle von QUANTUMINSERT als der Zielserver einer Anfrage.

[14] Wenn Sie sich nun fragen, warum wir keine IP-Adressen anstelle von Domains nutzen, um uns mit Internetseiten zu verbinden, überlegen Sie sich einfach einmal, was besser zu merken ist: facebook.com oder 173.252.120.6.

die Adresse des Nameservers, der für die entsprechende Region zuständig ist, zurückgeliefert. In einer letzten[15] Anfrage an diesen Nameserver erhält man dann die IP-Adresse des Servers, der unter der angefragten Domain erreichbar ist. In Bild 4.10 sehen Sie ein Beispiel für eine solche hierarchische Anfrage.

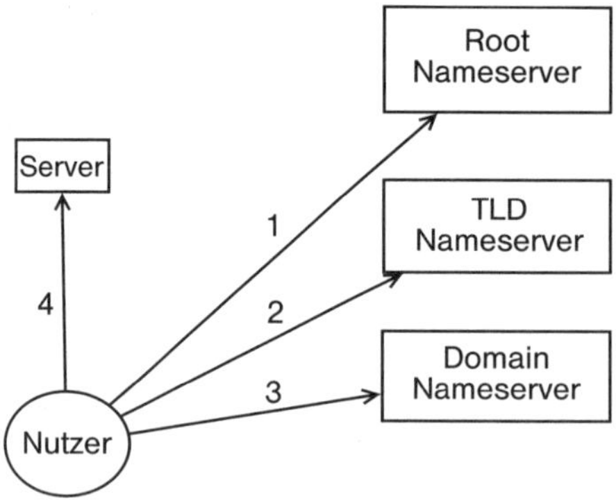

Bild 4.10
Beispiel für eine iterative Namensauflösung mithilfe von DNS

Problematisch ist bei diesem System jedoch die große Abhängigkeit von den Root-Nameservern. Da jede DNS-Anfrage zunächst an den Root-Server gerichtet werden muss, stehen diese unter besonders großer Last. Diese Last wäre so groß, dass diese Server unweigerlich unter ihr zusammenbrechen würden, obwohl diese meist ohnehin mithilfe von Anycast auf viele Hunderte physikalische Server auf der ganzen Welt verteilt ist. Deshalb gibt es zusätzlich zu den bereits vorgestellten, autoritativen Nameservern auch eine ganze Reihe von rekursiven und Caching-basierten Nameservern. Rekursiv bedeutet, dass der Nameserver den in aller Regel dreistufigen Prozess der Namensauflösung selbst durchführt und am Ende die richtige IP-Adresse der Domain zurückliefert. Caching bedeutet, dass der Nameserver die einmal ermittelte IP-Adresse zu einer Domain vorübergehend zwischenspeichert, um im Falle einer erneuten Anfrage nicht wieder den gesamten Namensauflösungsprozess durchlaufen zu müssen.

An diesem Punkt setzen viele sogenannten DNS-Spoofing-Attacken an. Sie versuchen durch sogenanntes Cache-Poisoning die temporär zwischengespeicherten Einträge eines solchen Servers zu manipulieren, denn wenn es gelingt, dort eine eigene IP-Adresse zu einer Domain, die einem selbst nicht gehört, zu platzieren, ist man in der Lage, sich für alle Nutzer dieses Nameservers als Eigentümer der Domain auszugeben. Diese Technik des Cache-Poisonings wird von NSA und GCHQ teilweise angewendet. Außerdem werden durch gefälschte Antworten von DNS-Servern teilweise auch einzelne Nutzer an falsche IP-Adressen weitergeleitet [30].

[15] Theoretisch könnten Sie auch bei dieser Anfrage noch einmal an einen weiteren Nameserver verwiesen werden.

Weblink

Wenn Sie daran interessiert sind, wie DNS-Cache-Poisoning im Detail funktioniert, können Sie dies auf der Webseite zum Buch unter der Adresse

network-privacy.org/de/information/dns-cache-poisoning

nachlesen.

QUANTUMDNS setzt NSA und GCHQ also in die Lage, sowohl eine großflächig angelegte Zensur einzelner Webseiten zu erzwingen, als auch ganz individuell Nutzer auf gefälschte Seiten zu leiten. Gerade was großflächige Zensur von Inhalten im Web angeht, hat die Strategie des DNS-Cache-Poisoning den Vorteil, dass nicht bei jeder einzelnen Anfrage der Internetnutzer intervenieren muss. Das verringert insgesamt das Risiko, dass die eingesetzte Methode einmal nicht greift.

4.4.1.4 QUANTUMSQUIRREL

Leider sind kaum technische Details über das QUANTUMSQUIRREL-Programm bekannt. In der bereits mehrfach erwähnten QUANTUMTHEORY-Präsentation [24] ist jedoch das Ziel dieses Programms aufgeführt: „Be any IP in the World". Da es selbst für die NSA vermessen wäre, tatsächlich jeden Computer der Welt mit einem entsprechenden Virus zu infizieren, ist anzunehmen, dass damit verschiedene IP-Spoofing-Techniken gemeint sind.

Grundsätzlich ist IP-Spoofing sehr simpel: Man muss nur in das entsprechende Feld des IP-Protokolls die IP-Adresse, die man gerne annehmen möchte, einsetzen, und schon kann man Pakete im Namen dieser IP versenden. Das einzige Problem ist, dass die Antwortpakete zu dem Rechner, der diese IP tatsächlich besitzt, zurückkehren. Die NSA muss dazu also ihre Infrastruktur einsetzen, mit der sie auch QUANTUMINSERT oder gar die Überwachung des Netzwerkverkehrs realisiert, denn dann kann sie Pakete, die zu der vorgehaltenen, gefälschten IP-Adresse zurückgesendet werden, abfangen und selbst verarbeiten.

Dass diese Möglichkeit bereits offenbar weitestgehend besteht, bestätigt nur das Ausmaß der weltweiten geheimdienstlichen Überwachung.

Die Einsatzmöglichkeiten von QUANTUMSQUIRREL sind praktisch unbeschränkt, denn wann immer man sich als eine IP ausgeben kann, kann man auch alle Dienste, die unter dieser IP-Adresse betrieben werden, überwachen und manipulieren.

4.4.2 Projekt Goldener Schild in China

Das Projekt Goldener Schild[16] (engl.: Golden Shield Project oder Great Firewall of China) galt lange Zeit als das größte System zur Zensur des Internets. Diese unangefochtene Stellung muss nach den Erkenntnissen der letzten zwei Jahre zwar noch einmal grundsätzlich überdacht werden, fest steht jedoch weiterhin, dass das Projekt Goldener Schild das größte in aktivem Einsatz befindliche System zur flächendeckenden Zensur des Internets ist.

Betrieben wird das Projekt Goldener Schild vom chinesischen Ministerium für Staatssicherheit mit dem Ziel der Überwachung und Zensur des Internets.

Eigentlich ist der Begriff Firewall für das Projekt Goldener Schild nicht ganz richtig, wenngleich die Wirkungsweise ähnlich ist. Während bei einer Firewall Verbindungen tatsächlich blockiert werden, entspricht die Vorgehensweise der vom Projekt Goldener Schild eingeleiteten Zensurmaßnahmen eher dem nachträglichen Durchtrennen einer Leitung (bevor ein Antwortpaket vom Empfänger zurück zum Absender gelangt). Das liegt daran, dass der zu überwachende Netzwerkverkehr die Knotenpunkte des Projekts Goldener Schild nicht direkt passiert, sondern gesplittet und gleichzeitig zu seinem eigentlichen Empfänger gesendet wird. Auch die physikalische Position der zum Projekt Goldener Schild gehörenden Knotenpunkte ist keineswegs zentralisiert irgendwo am Rande des chinesischen Webs. Im Gegenteil, die zum Projekt Goldener Schild gehörenden Knotenpunkte sind sehr dezentral gelegen, sodass diese meistens einen lokal einigermaßen beschränkten Bereich überwachen.

Um Internetnutzer daran zu hindern, unliebsame Inhalte zu betrachten, werden verschiedene Methoden angewendet, die sich im Wesentlichen nicht besonders von den Methoden der NSA und des GCHQ unterscheiden.

Das chinesische Ministerium für Staatssicherheit filtert die Inhalte von unverschlüsselten Netzwerkpaketen nach Keywords, so wie das die NSA beispielsweise mit Google-Suchanfragen macht. Neben der Anfrage eines Benutzers wird jedoch auch der Inhalt der Serverantwort gefiltert. Kommt eine bestimmte, kritische Anzahl an Keywords in einem Paket vor, so wird die Verbindung mithilfe eines TCP-Reset-Pakets, das sowohl an den Sender als auch an den Empfänger (an diesen sogar in doppelter Ausführung) gesendet wird. Grundsätzlich gibt das Internetnutzern die Möglichkeit, Chinas „Great Firewall" zu ignorieren, wie es Richard Clayton et al. in ihrem Artikel „Ignoring the Great Firewall of China" [32] beschreiben. Allerdings muss dieses Verhalten sowohl vom Server als auch vom Client unterstützt werden, was den praktischen Einsatz dieses Verfahrens auf wenige Fälle einschränkt.

Wird eine Verbindung zurückgesetzt, werden für rund 20 Minuten alle weitere Verbindungsanfragen zwischen den beiden Kommunikationspartnern unterbunden.

---

[16] Daniel Anderson zitiert in seinem Artikel „Splinternet Behind the Great Firewall of China" [41] einen Artikel aus dem Jahr 2010, der beschreibt, dass der Name Projekt Goldener Schild eigentlich für ein völlig anderes Projekt, nämlich die Implementierung eines Polizei-Intranets, steht. Da er zumindest im Deutschen, aber auch im Englischen als Synonym für das chinesische Zensursystem steht, soll er hier in diesem Kontext gebraucht werden.

Neben dem Filtern von IP-Paketen setzt das Sicherheitsministerium auch DNS Spoofing ein, um ausgewählte, unliebsame Webseiten zu blockieren. Dabei werden entweder falsche IP-Adressen oder keine Ergebnisse zurückgeliefert.

Verschlüsselt man seine Netzwerkkommunikation, beispielsweise durch die Nutzung von SSL bzw. TLS, SSH (Secure Shell) oder die Nutzung von Virtual Private Networks (VPN), um sich mit einem Rechner außerhalb von China zu verbinden, kann man zumindest verhindern, dass die Great Firewall Datenpakete auf Inhalte filtert. Trotzdem blockt das Projekt Goldener Schild Verbindungen zu bestimmten Seiten, die vom zuständigen Ministerium als unerwünscht eingestuft wurden. Außerdem berichten Menschen aus China und dort ansässige Unternehmen davon, dass verschlüsselte Verbindungen bis zur Unbenutzbarkeit verlangsamt, ja teilweise sogar vollständig unterbrochen werden. Dieses Vorgehen soll Nutzer von Verschlüsselung dazu bringen, aufgrund der damit verbundenen Unannehmlichkeiten unverschlüsselte Verbindungen zu nutzen. Eine ähnliche Idee verfolgt die NSA bei Tor-Benutzern [33].

Je nachdem wo bzw. in welchem Netzwerk sich ein Benutzer in China befindet, hat er unterschiedlich ausgeprägten Zugang zum Internet. Während Nutzer des Wissenschaftsnetzes CERNET (China Education and Research Network) zum Teil privilegierten Zugang zu bestimmten Seiten haben, wird der Rest der chinesischen Internetnutzer stark zensiert.

4.4.3 Zensur durch Gerichtsbeschlüsse, Gesetze und internationale Verträge

Um Zensur im Internet zu betreiben, bedarf es für Regierungen gar nicht immer technischer Lösungen, wie man an zahlreichen Beispielen sehen kann. Vielfach genügen Gerichtsbeschlüsse, Gesetze oder gar internationale Verträge, um unliebsame Inhalte aus dem Internet zu entfernen. Wenngleich es sich bei solchen Lösungen zumindest in Deutschland meist um die Entfernung rechtswidriger Inhalte handelt, bergen derartige Zensurmaßnahmen immerhin ein gewisses Missbrauchspotenzial. Auch das zeigen verschiedene Fälle aus der Praxis.

Egal ob im Internet oder in klassischen Medien, Zensur ist und bleibt ein sehr heikles Thema.

4.4.3.1 Zensur von Inhalten auf Twitter und YouTube in der Türkei

Im März 2014 machten die Türkei und ihr Premierpräsident Recep Tayyip Erdoğan Schlagzeilen damit, dass die Regierung die Seiten von Twitter und YouTube landesweit blockierten, nachdem über diese Plattformen Gesprächsmitschnitte aus dem türkischen Parlament verbreitet wurden [34]. Die Zensur der beiden Plattformen wurde dabei zunächst durch eine Veränderung der DNS-Einträge bei den türkischen Telekommunikationsanbietern und später durch eine Blockade der IP-Adressen erreicht [35].

Durch ein Gericht wurde diese Maßnahme nicht legitimiert. Im Gegenteil, wenige Tage später wurde diese Maßnahme der türkischen Regierung im Fall Twitter vom türkischen Verfassungsgericht für verfassungswidrig erklärt [36]. Allerdings stimmte ein anderes Gericht, das die Sperre von YouTube wenige Tage später ebenfalls als rechtswidrig einstufte, der Zensur von insgesamt 15 einzelnen Videos zu [37]. Trotz dieses Gerichtsbeschlusses ließen sich die Behörden und die Telekommunikationsanbieter mindestens 24 Stunden Zeit, das Gerichtsurteil zu ratifizieren und die Blockade der Seiten aufzuheben.

Die Tatsache, dass die Blockade einer ganzen Internetseite innerhalb eines so kurzen Zeitraums eigenmächtig von der türkischen Regierung herbeigeführt wurde, und die Tatsache, dass im Nachhinein keinerlei rechtliche Konsequenzen auf die Verantwortlichen zukamen, zeigt, wie einfach Zensur im Internet heute sein kann. Wer mittels politischer Macht Internetprovider dazu zwingen kann, Webseiten zu blockieren, der ist in der Lage dazu, Internetnutzer daran zu hindern, unliebsame Inhalte zu betrachten!

4.4.3.2 Politische Diskussionen zur Zensur des Internets in Deutschland

Auch in Deutschland werden immer wieder politische Diskussionen über Internetsperren geführt. Die Inhalte, um die es dabei geht, reichen von Kinderpornografie über „gewöhnliche" pornografische Inhalte bis hin zu Hasspropaganda und Killerspielen. Der ein oder andere Politiker hat sich dabei durch unüberlegte Äußerungen einen neuen Spitznamen in der Netzgemeinschaft verdient.

Vor allem die Zensur von Inhalten, die gegen das Gesetz verstoßen, darunter zum Beispiel Kinderpornografie, wird häufig diskutiert. Durch die Zensur von Kinderpornografie will man beispielsweise Kinder vor Missbrauch schützen, ein grundsätzlich durchaus lobenswerter Gedanke. Doch die Kritik an Zensurprogrammen greift nicht deren Motive, sondern die Art und Weise, wie diese durchgeführt werden, an. Das verstehen viele Politiker und andere Fürsprecher derartiger Zensurmaßnahmen oft nicht. So kritisierten die Organisationen UNICEF, ECPAT, Innocence in Danger und Save the Children im Oktober 2009 die Pläne der damaligen Bundesregierung, die Sperrung von Kinderpornografieseiten auszusetzen [38]. Selbstverständlich ist es nachvollziehbar, dass zum Schutz der Kinder eine Sperrung von Seiten, die Kinderpornografie anbieten, eine naheliegende Lösung zu sein scheint, doch in Anbetracht der Tatsache, dass eine wirklich wirkungsvolle Zensur dieser Seiten eine flächendeckende Überwachung des Internets gebieten würde, und auch in Anbetracht dessen, dass eine solche Zensur das Problem ohnehin nicht lösen kann, dafür jedoch ein gewisses Missbrauchspotenzial mit sich bringt, muss man auch die Zensur von Webseiten, auf denen Inhalte veröffentlicht werden, die gegen das Gesetz verstoßen, kritisch sehen.

Die Debatte um die Zensur von Kinderpornografie im Netz, die im Jahr 2009 mit großer Leidenschaft geführt wurde, drehte sich vonseiten der Kritiker hauptsächlich um die Art und Weise, wie diese Zensur gestaltet werden sollte. Das BKA solle eine Liste mit Seiten erstellen, die von den Internetprovidern blockiert werden sollen und von denen zusätzlich direkt an das BKA berichtet werden solle, welche Nutzer versucht haben, diese Seiten aufzurufen. Das ist besonders perfide, wenn man bedenkt, dass Nutzer durchaus versehentlich auf eine solche Seite gelangen könnten, durch die Meldung an das BKA jedoch automatisch zu Straftatverdächtigen werden.

Doch nicht nur die grundsätzliche Unschuldsvermutung der Internetnutzer wurde mit dem 2010 in Kraft getretenen und 2011 wieder aufgehobenen Gesetz zur Erschwerung des Zugangs zu kinderpornografischen Inhalten in Kommunikationsnetzen (Zugangserschwerungsgesetz - ZugErschwG)[17] unterwandert, sondern es wurde auch eine Grundlage für Zensur generell geschaffen. Auch die vom BKA geführten Listen könnten grundsätzlich dazu benutzt werden, um unliebsame Internetseiten zu sperren. Dass es durchaus Menschen mit solchen Gedanken gibt, zeigt die Aussage von Thomas Strobl, der direkt nach der Verabschiedung des Zugangserschwerungsgesetzes durch den Bundestag die Sperrung von Killerspielen ins Spiel brachte [39].

Ebenfalls einen Schritt weiter ging der CSU-Abgeordnete Norbert Geis im Sommer 2013, als er eine Sperre von Pornografie generell nach dem in Abschnitt 4.4.3.4 beschriebenen Vorbild Großbritanniens forderte. Pornografische Inhalte würden demnach von den Internetprovidern so lange blockiert werden, bis der Nutzer bei diesen die Aufhebung dieser Sperre beantrage. Das ist nicht nur aus Sicht der Privatsphäre fatal, sondern birgt auch, wie der Fall Großbritannien zeigt, ein sehr großes Missbrauchspotenzial.

4.4.3.3 Die gesetzliche Zensur von Pornografie in Großbritannien

„Is the UK Sleepwalking towards Internet Censorship?“, fragt Emma Woollacott in ihrem gleichnamigen Artikel [47] vom 27. November 2013. Ihr Fazit: Die Bestrebungen der britischen Regierung, immer mehr Inhalte im Internet zu zensieren, und vor allem das Verständnis der Bevölkerung für diese Maßnahmen lassen befürchten, dass die Bevölkerung eine zunehmend größere Akzeptanz gegenüber Zensur im Internet entwickelt. Tatsächlich scheinen die Briten die Zensurmaßnahmen ihrer Regierung, die hauptsächlich dem Kinderschutz diene, gutzuheißen, so Premierminister Cameron.

Während man durchaus noch Verständnis für die Blockade von Seiten mit kinderpornografischen Inhalten haben mag, ist die Blockade von pornografischen Inhalten generell, mit dem Ziel der Zugangserschwerung für Jugendliche, äußerst fragwürdig, doch spätestens wenn eine Regierung verkündet, aus ihrer Sicht extremistische Webseiten im Internet blockieren zu wollen, sollte man hellhörig werden! Was Regierungen zuweilen als extremistisch ansehen, haben Sie bereits im Abschnitt zu XKEYSCORE (siehe Abschnitt 4.3.5) gelesen.

Tatsächlich wird bereits durch die Filter für Zensur von Pornografie laut einem Bericht der Seite „The Independent“ fast jede fünfte Seite (19 %) der Top 100 000 Webseiten blockiert. Dabei schätzt Pam Cowburn, Sprecher der Open Rights Group, den Anteil der Seiten mit pornografischen Inhalten nur auf rund 4 Prozent. Zwar sei es abhängig vom Provider, welche Seiten tatsächlich blockiert würden, wenn man sich jedoch mithilfe der Seite *www.blocked.org.uk* die Zensurergebnisse für einige der Regierung von Groß-

[17] Der amtierende Bundespräsident Horst Köhler hatte sich zunächst geweigert, den Gesetzesbeschluss zu unterzeichnen [42].

britannien sicherlich unliebsamen Webseiten ausgeben lässt, stellt man schnell fest, dass trotz allem eine ganze Reihe von Internet Service Providern Seiten, die keinesfalls pornografische Inhalte enthalten, blockieren (siehe Bild 4.11 und Bild 4.12).

Results

http://torproject.org

ISP	Result	Last check on	Last blocked on
AAISP	ok	2015-03-16 23:31:54	No record of prior block
BT-Light	ok	2015-03-16 23:31:54	2014-09-24 18:07:17
BT-Moderate	blocked	2014-07-03 16:04:53	2014-07-03 16:04:53
BT-Strict	blocked	2014-06-03 02:49:52	2014-06-03 02:49:52
EE	blocked	2015-03-16 23:32:00	2015-03-16 23:32:00
O2	blocked	2015-03-16 23:31:56	2015-03-16 23:31:56
Plusnet	ok	2015-03-16 23:32:24	No record of prior block
Sky filter default	blocked	2015-03-16 23:31:53	2015-03-16 23:31:53
TalkTalk Kidsafe	ok	2015-03-16 23:31:54	No record of prior block
TalkTalk Strict	ok	2014-07-02 20:59:29	No record of prior block
Three	blocked	2015-02-26 16:21:36	2015-02-26 16:21:36
VirginMedia	ok	2015-03-16 23:31:53	2014-11-06 22:21:13
Vodafone	ok	2015-03-17 00:04:53	2014-11-25 22:12:18

Bild 4.11
Zensur-Bericht der Seite *www.blocked.org.uk* über die Seite torproject.org vom 17. 03. 2015

Results

http://gnunet.org

ISP	Result	Last check on	Last blocked on
AAISP	ok	2015-03-17 11:38:39	No record of prior block
BT-Light	ok	2015-03-17 11:38:39	No record of prior block
BT-Moderate	ok	2014-07-03 14:51:39	No record of prior block
EE	ok	2015-03-17 11:38:43	No record of prior block
O2	ok	2015-01-20 11:00:50	No record of prior block
Plusnet	ok	2015-03-17 11:38:49	No record of prior block
Sky filter default	blocked	2015-03-17 11:38:39	2015-03-17 11:38:39
TalkTalk Kidsafe	ok	2015-03-17 11:38:39	No record of prior block
Three	ok	2014-12-05 07:33:02	No record of prior block
VirginMedia	ok	2015-03-17 11:38:39	No record of prior block
Vodafone	ok	2015-03-17 11:38:48	No record of prior block

Bild 4.12
Zensur-Bericht der Seite *www.blocked.org.uk* über die Seite gnunet.org vom 17. 03. 2015

Dass Seiten wie das Torprojekt oder die Seite von GNUnet, einer freien Peer-to-Peer-Netzwerk-Software, blockiert werden, ist äußerst dramatisch!

4.4.3.4 Regierungsanfragen zur Zensur von Inhalten durch Dienstanbieter im Internet

Die Betreiber sozialer Netzwerke und ähnlicher Plattformen erhalten nicht nur Regierungsanfragen, bei denen Nutzerdaten erfragt werden sollen, sondern teilweise auch Aufforderungen, bestimmte Inhalte zu entfernen. Während Facebook diese Anfragen leider nicht veröffentlicht, lassen sich bei Twitter und Google sehr detaillierte Auskünfte darüber, wie viele Anfragen zur Zensur von Inhalten von welchem Land eingehen, einholen. Im Grunde sprechen hier die Zahlen für sich und bedürfen keiner weiteren Interpretation (Tabelle 4.3).

Tabelle 4.3 Regierungsanfragen zur Zensur von Inhalten. Quellen: *https://www.google.com/transparencyreport/removals/government/data/?hl=en*, *https://transparency.twitter.com/removal-requests/*

		2012 HJ 1	2012 HJ 2	2013 HJ 1	2013 HJ 2	2014 HJ 1	2014 HJ 2
Türkei	Google	501	157	1673	895		
	Twitter	1	6	7	2	186	477
USA	Google	273	321	545	481		
	Twitter	0	4	2	8	31	32
Deutschland	Google	247	231	138	164		
	Twitter	0	2	4	2	2	43
Brasilien	Google	191	697	321	388		
	Twitter	0	16	10	12	8	27
Großbritannien	Google	97	103	117	132		
	Twitter	1	6	2	9	17	22

4.5 Literatur

1. *Hagger, Nicky*: Secret Power: New Zealand's Role in the International Spy Network, 1996, Craig Potton Publishing: Nelson (Neuseeland)
2. *Langenau, Lars*: Bush-Besuch: Alarmstufe eins in Mainz, Spiegel (17. Februar 2005), *http://www.spiegel.de/politik/deutschland/bush-besuch-alarmstufe-eins-in-mainz-a-342261.html*
3. *Nixon, Ron*: U.S. Postal Service Logging All Mail for Law Enforcement, The New York Times (3. Juli 2013), *http://www.nytimes.com/2013/07/04/us/monitoring-of-snail-mail.html*
4. *Gonzalez, Juan* und *Goodman, Amy*: „We Don't Live in a Free Country": Jacob Appelbaum on Being Target of Widespread Gov't Surveillance, 20. April 2012, Democracy Now, *http://www.democracynow.org/2012/4/20/we_do_not_live_in_a*
5. *Halperin, Mark* und *Heilemann, John*: Double Down – The explosive Inside Account of the 2012 Presidential Election, 7. November 2013 WH Allen
6. *Scahill, Jeremy* und *Greenwald, Glenn*: The NSA's secret role in the U.S. assassination program, 10. Februar 2014, *https://firstlook.org/theintercept/2014/02/10/the-nsas-secret-role/*
7. *Die, Bundesregierung*: Antwort der Bundesregierung auf die Kleine Anfrage der Abgeordneten Ulla Jelpke, Jan Korte, Dr. Petra Sitte, weiterer Abgeordneter und der Fraktion DIE LINKE: Nutzung sozialer Netzwerke zu Fahndungszwecken, 14. Juli 2011 (*http://dip21.bundestag.de/dip21/btd/17/065/1706587.pdf*)
8. *Greenwald, Glenn* und *MacAskill, Ewen*: Boundless Informant: the NSA's secret tool to track global surveillance data, 11. Juni 2013, The Guardian, *http://www.theguardian.com/world/2013/jun/08/nsa-boundless-informant-global-datamining*
9. *Pitzke, Marc*: Prism-Whistleblower: „Ich erwarte nicht, mein Zuhause wiederzusehen", 10. Juni 2013, Spiegel, *http://www.spiegel.de/politik/ausland/ex-cia-mitarbeiter-outet-sich-als-prism-whistleblower-a-904676.html*
10. *Greenwald, Glenn*: No Place to hide – Edward Snowden, the NSA, and the U.S. Surveillance State, 1 (2014) Metropolitan Books: New York
11. *Greenwald, Glenn*: Die globale Überwachung: Der Fall Snowden, die amerikanischen Geheimdienste und die Folgen, 1 (2014) Droemer HC
12. *Poitras, Laura*: CITIZENFOUR, *https://citizenfourfilm.com*
13. *Greenwald, Glenn* und *MacAskill, Ewen*: NSAPrism program taps in to user data of Apple, Google and others, 07. Juni 2013, The Guardian, *http://www.theguardian.com/world/2013/jun/06/us-tech-giants-nsa-data*
14. *CISCO*: The Zettabyte Era: Trends and Analysis (Juli 2014) *http://www.cisco.com/c/en/us/solutions/collateral/service-provider/visual-networking-index-vni/VNI_Hyperconnectivity_WP.html*
15. *Neumann, Linus*: Bullshit made in Germany, 2013 (*https://www.youtube.com/watch?v=p56aVppK2W4*)
16. *http://www.alexa.com/topsites* (Stand: Dezember 2014)
17. *Gellman, Barton* und *Soltani, Ashkan*: NSA infiltrates links to Yahoo, Google data centers worldwide, Snowden documents say, 30. Oktober 2013, The Washington Post, *http://www.washingtonpost.com/world/national-security/nsa-infiltrates-links-to-yahoo-google-data-centers-worldwide-snowden-documents-say/2013/10/30/e51d661e-4166-11e3-8b74-d89d714ca4dd_story.html?tid=pm_world_pop*

18. *Shubber, Kadhim*: A simple guide to GCHQ's internet surveillance programme Tempora, WIRED, 24. Juni 2013, *http://www.wired.co.uk/news/archive/2013-06/24/gchq-tempora-101*

19. Spiegel: *http://www.spiegel.de/media/media-34103.pdf*

20. *MacAskill, Ewen, Borger, Julian, Hopkins, Nick, Davies, Nick* und *Ball, James*: GCHQ taps fibre-optic cables for secret access to world's communications, the Guardian 21. Juni 2013, *http://www.theguardian.com/uk/2013/jun/21/gchq-cables-secret-world-communications-nsa*

21. *MacAskill, Ewen*; *Borger, Julian*; *Hopkins*; *Nick, Davies, Nick* und *Ball, James*: Mastering the internet: how GCHQ set out to spy on the world wide web, the Guardian, 21. Juni 2013, *http://www.theguardian.com/uk/2013/jun/21/gchq-mastering-the-internet*

22. *Kobie, Nicole*: Splunk and the Squeaky Dolphin: when Big Data goes rogue, PC Pro, 28. Januar 2014*http://www.pcpro.co.uk/blogs/2014/01/28/splunk-and-the-squeaky-dolphin-when-big-data-goes-rogue*

23. *GCHQ*: Psychology – A new Kind of SIGDEV, NBC news, *http://msnbcmedia.msn.com/i/msnbc/Sections/NEWS/snowden_youtube_nbc_document.pdf*

24. Unbekannt, NSA & GCHQ, QUANTUMTHEORY, SIGINT Development Conference (2010); The Intercept – 12. März 2014, The NSA and GCHQ's QUANTUMTHEORY HACKING Tactics, *https://firstlook.org/theintercept/document/2014/03/12/nsa-gchqs-quantumtheory-hacking-tactics/*

25. *Labovitz, Craig*: Wikileaks Cablegate Attack, 29. November 2010, *http://www.arbornetworks.com/asert/2010/11/wikileaks-cablegate-attack/*

26. *Labovitz, Craig*: Round 2: DDoS Versus Wikileaks, 30. November 2010, *http://www.arbornetworks.com/asert/2010/11/round2-ddos-versus-wikileaks/*

27. *DE-CIX*: Der DE-CIX knackt die 1 Terrabit-Marke, 31. August 2010*http://presse.de-cix.net/uploads/media/PM_DE-CIX_1Terabit_final_01.pdf*

28. *Redaktion, Spiegel*: Quantum Spying: GCHQ Used Fake LinkedIn Pages to Target Engineers, 11. November 2013, *http://www.spiegel.de/international/world/ghcq-targets-engineers-with-fake-linkedin-pages-a-932821.html*

29. *Kolakowski, Nick*: GCHQ Responds to Slashdot, LinkedIn Hack, 11. November 2013, *http://news.dice.com/2013/11/11/gchq-responds-to-slashdot-linkedin-hack/*

30. *NSA*: There is More Than One Way to QUANTUM, veröffentlicht vonThe Interept, 12. März 2014*https://firstlook.org/theintercept/document/2014/03/12/one-way-quantum/*

31. *Gallagher, Ryan* und *Greenwald, Glenn*: How the NSA plans to infect ‚millions' of Computers with maleware, 12. März 2014*https://firstlook.org/theintercept/2014/03/12/nsa-plans-infect-millions-computers-malware/*

32. *Clayton, Richard*; *Murdoch, Steven J.* und *Watson, Robert N. M.*: Ignoring the Great Firewall of China, Proceedings of the 6th international conference in Privacy Enhancing Technologies (2006)

33. *NSA*: Tor Stinks veröffentlicht von The Guardian, *http://www.theguardian.com/world/interactive/2013/oct/04/tor-stinks-nsa-presentation-document*

34. *Gallagher, Sean*: Freedom-schmeedum: Turkey's government moves to „wipe out" Twitter, 21. März 2014*http://arstechnica.com/tech-policy/2014/03/freedom-shmeedum-turkeys-government-moves-to-wipe-out-twitter/*

35. *Gallagher, Sean*: After DNS change fails, Turkish government steps up Twitter censorship, 23. März 2014, *http://arstechnica.com/tech-policy/2014/03/after-dns-change-fails-turkish-government-steps-up-twitter-censorship/*

36. Hurriyet Daily News: Constitutional Court orders authorities to unblock Twitter, 02. April 2014, *http://www.hurriyetdailynews.com/constitutional-court-orders-authorities-to-unblock-twitter.aspx?pageID=238&nID=64481&NewsCatID=339*

37. Aljazeera: Turkey court eases YouTube restrictions, 04. April 2015, *http://www.aljazeera.com/news/europe/2014/04/turkey-court-eases-youtube-restrictions-20144492837103847.html*

38. *UNICEF*: Vorrang für Kinderschutz, 16. Oktober 2009, *http://www.unicef.de/presse/2009/vorrang-kinderschutz/36024*

39. Kölner Stadt-Anzeiger, 18. 06. 2009, *http://www.presseportal.de/pm/66749/1425454*

40. *Fischer, Sebastian*: Obamas neue Militärstrategie: Der Schattenkrieger, 01. Juni 2012, *http://www.spiegel.de/politik/ausland/obama-setzt-auf-drohnen-attacken-und-cyberwar-a-836373.html*

41. *Anderson, Daniel*: Splinternet Behind the Great Firewall of China – Once China opened its door to the world, it could not close it again, Web Security (30. November 2012) vol.10

42. Der Spiegel: Köhler verweigert Unterschrift fürs Internetsperren-Gesetz, 28. November 2009, *http://www.spiegel.de/spiegel/vorab/a-663991.html*

43. *Klein, Mark*: AT&T Whistle-Blower's Evidence, WIRED, 17. Mai 2006, *http://archive.wired.com/science/discoveries/news/2006/05/70908*

44. *Greenwald, Glenn*: No place to hide – Edward Snowden, the NSA, and the U. S. surveillance state, First Edition(2014) Metropolitan Books: New York

45. *Timberg, Craig* und *Nakashima, Ellen*: Agreements with private companies protect U. S. access to cables' data for surveillance, The Washington Post, 6. Juli 2013, *http://www.washingtonpost.com/business/technology/agreements-with-private-companies-protect-us-access-to-cables-data-for-surveillance/2013/07/06/aa5d017a-df77-11e2-b2d4-ea6d8f477a01_story.html*

46. *Applebaum, J.*; *Gibson, A.*; *Goetz, J.*; *Kabisch, V.*; *Kampf, L.* und *Ryge, L.*: NSA targets the privacy-conscious, NDR, 03. Juli 2014, *http://daserste.ndr.de/panorama/aktuell/nsa230_page-1.html*

47. *Woollacott, Emma*: Is the UK sleepwalking towards Internet Censorship?, Forbes, 27. November 2013, *http://www.forbes.com/sites/emmawoollacott/2013/11/27/is-the-uk-sleepwalking-towards-internet-censorship/*

5 Datenmissbrauch durch Netzbetreiber

Die Betreiber sozialer Netzwerke verdienen ihr Geld in aller Regel damit, ihren Nutzern Werbeanzeigen einzublenden. Generell gilt dabei: Je mehr Informationen über einen Benutzer bekannt sind und je besser diese ausgewertet werden können, desto effektiver ist eine Werbeanzeige. Deshalb sind die Betreiber sozialer Netzwerke darauf angewiesen, nicht nur möglichst viele Daten über ihre Nutzer zu sammeln, sondern auch, die gesammelten Daten so auszuwerten, dass aus ihnen weitere oder zumindest für die Einblendung von Werbung relevantere Informationen gewonnen werden.

Das bedingt eine ganze Reihe von Problemen für Sie als Nutzer sozialer Netzwerke. Das wohl größte Problem ist das Bestreben der Betreiber, möglichst alle Ihre Daten, inklusive der intimsten Details Ihres Lebens, zu sammeln. Denn Wissen bedeutet nicht nur Geld, sondern auch große Macht über einen Benutzer. Abgesehen von den erstaunlich zielgerichteten und oft tatsächlich zielführenden Manipulationen der Nutzer sozialer Netzwerke, die diese zum Kauf von darüber beworbenen Produkten animieren sollen, besteht selbstverständlich auch ein enormes Missbrauchspotenzial der gespeicherten Nutzerdaten. Bereits heute werden diese Daten in einer mehr oder weniger anonymisierten Form an Dritte, nämlich die Werbetreibenden, weiterverkauft, Nutzer werden aufgrund statistischer Auswertungen ihrer Daten in Kategorien einsortiert und dementsprechend behandelt. Die Macht der Betreiber sozialer Netzwerke steigt jeden Tag, mit beinahe jedem Website-Besuch, jedem Schritt und jeder persönlichen Nachricht eines Nutzers.

5.1 Der finanzielle Wert von Benutzerdaten

Der finanzielle Wert eines einzelnen Nutzers lässt sich nur sehr schwer beziffern, schließlich verdienen die Betreiber sozialer Netzwerke an jedem Nutzer unterschiedlich, je nachdem wie intensiv dieser das jeweilige soziale Netzwerk nutzt. Dennoch sind die Geschäftsberichte der Unternehmen Facebook und Google wohl der beste Anhaltspunkt dafür, den Wert eines Nutzers sozialer Netzwerke zu bestimmen.

Sowohl Facebook als auch Google haben zwischen 2010 und 2014 beim Umsatz deutlich zugelegt. Google konnte seinen Umsatz in diesem Zeitraum von 29,321 Milliarden US-Dollar auf 66,001 Milliarden US-Dollar mehr als verdoppeln [1], Facebook schaffte es sogar, 2014 das Sechsfache seines Umsatzes von 2010 zu erreichen. Konkret wuchs der Umsatz von Facebook von 1,974 Milliarden US-Dollar auf 12,466 Milliarden US-Dollar [2].

Bricht man Facebooks Umsatz auf die Anzahl der laut Facebook monatlich aktiven Nutzer vom Dezember 2014 (1,39 Milliarden [3]) herunter, so ergibt sich ein Umsatz von 8,97 US-Dollar pro Nutzer und Jahr. Bei Google lässt sich dieser Umsatz leider nicht so einfach auf den einzelnen Nutzer umrechnen, schließlich erzielt Google den größten Teil seines Umsatzes durch die Einblendung von Werbeanzeigen in den Suchergebnissen seiner Suchmaschine.

Fest steht jedoch, dass Benutzerdaten hoch im Kurs sind, und weil das so ist, sind die Betreiber sozialer Netzwerke ständig auf der Suche nach neuen Informationsquellen über einen Nutzer. In welchem Umfang die Nutzerdaten zu Werbezecken genutzt werden, lässt sich nicht restlos klären, fest steht jedoch, dass zu diesem Zweck immer mehr Daten gesammelt und immer bessere Auswertungsverfahren entwickelt werden. Die Nutzer sozialer Netzwerke sind das eigentliche Produkt der Betreiber, das diese gewissenlos an ihre Kunden, nämlich werbetreibende Unternehmen, verkaufen.

5.2 Missbrauch freiwillig veröffentlichter Daten

Um die Interessen ihrer Nutzer zu identifizieren und auf Basis dieser Erkenntnisse möglichst optimal auf den Benutzer abgestimmte Werbeanzeigen zu schalten, liegt es für die Betreiber sozialer Netzwerke nahe, die von Mitgliedern freiwillig im jeweiligen sozialen Netzwerk veröffentlichten Informationen zu analysieren. Dazu gehören nicht nur Textinhalte wie Statusmitteilungen und Kommentare, sondern auch Bilder, Videos, Gefällt-mir-Angaben und sogar persönliche Nachrichten.

Zusammen mit zahlreichen weiteren Daten, die die Betreiber sozialer Netzwerke selbst ermitteln, ergeben diese Inhalte weit mehr Informationen, als man auf den ersten Blick erwarten würde.

5.2.1 Gefällt-mir-Angaben

Indem Sie bei einer Facebook-Seite auf „Gefällt mir“ drücken oder bei Twitter einem Nutzer folgen, geben Sie indirekt bekannt, dass Sie an Statusupdates von der entsprechenden Seite interessiert sind. Wären Sie das nicht, würden Sie die entsprechende

Seite schließlich nicht abonnieren. Betreiber sozialer Netzwerke und auch viele andere Personen, nämlich alle, die auf Ihre Gefällt-mir-Angaben zugreifen können, sind anhand dieser Angaben in der Lage dazu, Sie bezüglich Ihrer Interessen, Ihrer politischen Meinungen und Ihrer Ansichten einzuschätzen.

In ihrem Artikel „Private traits and attributes are predictable from digital records of human behaviour" [4] haben Michal Kosinski, David Stillwell und Thore Graepel analysiert, welche Aussagen über einen Nutzer auf Basis der Gefällt-mir-Angaben bei Facebook abgeleitet werden können. Das Ergebnis zeigt, dass mithilfe geeigneter Auswertungen Eigenschaften wie die Zugehörigkeit zu ethnischen Gruppen, Religionsangehörigkeiten und politische Haltungen ebenso wie sexuelle Vorlieben eines Facebook-Nutzers auf Basis seiner Gefällt-mir-Angaben besonders gut bestimmt werden können.

Derartige Auswertungen können selbstverständlich auch von den Betreibern sozialer Netzwerke erzeugt werden. Je mehr Gefällt-mir-Angaben ein Nutzer dabei gemacht hat, desto präziser ist die Einschätzung derartiger Algorithmen.

PRAXISTIPP

Die von Kosinski et al. entwickelte Analysemethode zur Einstufung Ihrer Persönlichkeit auf Basis Ihrer Gefällt-mir-Angaben können Sie übrigens selbst ausprobieren. Besuchen Sie dafür die Seite

http://youarewhatyoulike.com

und lassen Sie Ihre Persönlichkeit durch einen Klick auf den Button „Log In" bestimmen. Das Ergebnis ist eine Einschätzung Ihrer wichtigsten Persönlichkeitsmerkmale (siehe Bild 5.1).

Bild 5.1
Ergebnis des „One-Click"-Persönlichkeitstests auf der Seite *youarewhatyoulike.com*

5.2.2 Soziale Netzwerke

Wenngleich der Begriff soziales Netzwerk im deutschen Sprachraum vorrangig die von Betreibern angebotenen Dienste bezeichnet, über die Nutzer ihre sozialen Netzwerke online pflegen können, bezeichnet er in seiner ursprünglichen Bedeutung die als Netzwerk darstellbaren Beziehungen eines Menschen zu seinen Mitmenschen. In der Forensik werden soziale Netzwerke schon sehr lange dazu genutzt, die Beziehungen von Tatverdächtigen zum Opfer und untereinander zu visualisieren.

Im einfachsten Fall kann man sich ein soziales Netzwerk folgendermaßen vorstellen: Zwei Personen sind genau dann durch eine Kante in einem Graphen miteinander verbunden, wenn sie miteinander in einer bestimmten Beziehung stehen (siehe Bild 5.2), zum Beispiel wenn sie die Freundschaftsbeziehung auf Facebook erfüllen.

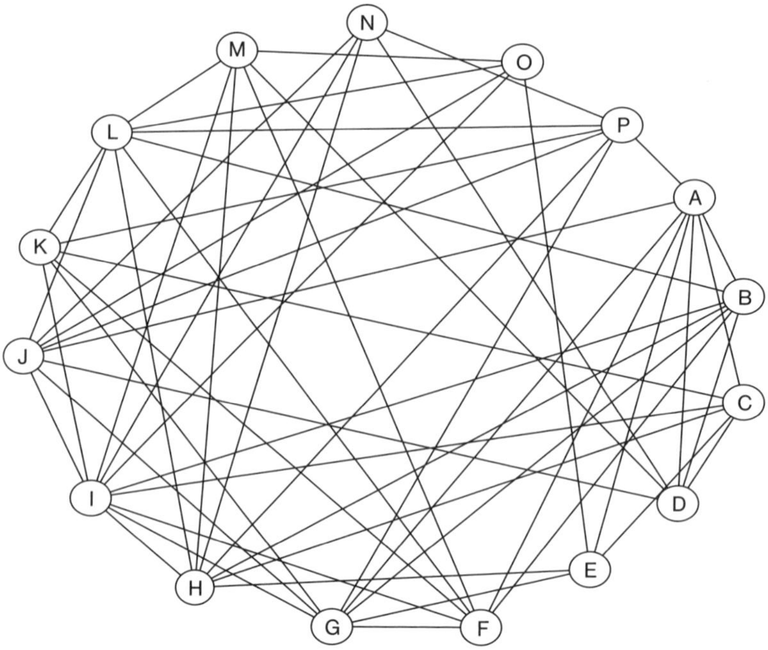

Bild 5.2 Ein einfaches Beispiel für visualisierte Freundschaftsbeziehungen in einem sozialen Netzwerk

Die dafür erforderlichen Informationen können soziale Netzwerke direkt aus ihren Datenbeständen ermitteln, schließlich ist dort direkt hinterlegt, welche Personen miteinander befreundet sind. Die auf diesem Weg nutzbar gemachten Informationen lassen sich zwar bereits für viele Zwecke verwenden, beispielsweise dazu, Personen Produktempfehlungen auf Basis von Produkten einzublenden, die von Freunden einer Person favorisiert werden. Mithilfe der auf Plattformen wie Facebook und Co. verfügbaren Informationen lassen sich jedoch weitaus bessere Darstellungen platzieren, die viele weitere Informationen beinhalten und durch eine Gewichtung der Beziehungen zwischen je zwei Personen zwischen guten Freunden und einfachen Bekannten unterscheiden können.

Wiederum im einfachsten Fall könnten zu diesem Zweck Daten über die Kommunikation zwischen den Nutzern ausgewertet werden, um anhand dieser Daten beurteilen zu können, welcher Nutzer mit welchem anderen Nutzer besonders gut befreundet ist. Wichtig sind hier vor allem die Metainformationen, die Aussagen darüber treffen, wer wann mit wem kommuniziert hat. Kommunikation kann dabei sowohl den Austausch persönlicher Nachrichten, wie Chatnachrichten, als auch Kommunikation in Form von Kommentaren und Postings bedeuten.

Die Betreiber sozialer Netzwerke können nun bestimmen, wie häufig Sie mit welchen Personen kommunizieren und die Kanten des in Bild 5.2 dargestellten Graphs entsprechend gewichten (siehe Bild 5.3), sodass erkennbar ist, mit welchen Personen Sie besonders gut und mit welchen Sie weniger gut befreundet sind. Eine einfache, aber bereits recht aussagekräftige Metrik zur Berechnung des Freundschaftsgrades zwischen den Personen A und B (aus Sicht von A) wäre beispielsweise der Quotient aus den zwischen A und B ausgetauschten Nachrichten und den insgesamt zwischen A und anderen Nutzern ausgetauschten Nachrichten. Für den in Bild 5.3 dargestellten Graphen wurden die in Tabelle 5.1 aufgelisteten Kommunikationsdaten verwendet.

Dass beispielsweise Facebook durchaus auf derartige Analysemethoden zurückgreift, um Ihr persönliches soziales Netzwerk zu analysieren, sehen Sie daran, dass Ihnen im Chatfenster von Facebook ganz oben vor allem die Personen, mit denen Sie in der (jüngeren) Vergangenheit am meisten kommuniziert haben, angezeigt werden.

Tabelle 5.1 Von Person X (Spalte) an Person Y (Zeile) gesendete Nachrichten

Person	A	B	C	D	E	F	G	H	I	J	K	L	M	N	O	P	Σ
A	0	15	3	6	1	21	4	0	0	2	0	0	0	0	0	3	55
B	13	0	0	1	0	10	16	12	3	0	0	23	0	0	0	0	78
C	7	0	0	21	14	0	0	8	6	0	17	0	0	0	0	0	73
D	6	2	24	0	0	0	0	0	0	1	0	0	15	7	0	0	55
E	0	0	11	0	0	0	3	16	0	0	0	0	0	0	31	0	61
F	30	9	0	0	0	0	27	0	12	0	9	1	14	0	0	0	102
G	3	18	0	0	5	19	0	0	22	5	1	0	0	0	0	8	81
H	1	9	8	0	20	0	0	0	4	0	0	7	15	8	0	3	75
I	0	5	4	0	0	16	23	4	0	7	14	0	3	1	24	0	101
J	3	0	0	3	0	0	7	0	4	0	0	16	0	12	6	9	60
K	0	0	28	0	0	8	3	0	17	0	0	5	0	0	0	14	75
L	0	17	0	0	0	3	0	5	0	13	5	0	3	0	15	7	68
M	0	0	0	15	0	15	0	14	1	0	0	1	0	0	4	0	50

(Fortsetzung nächste Seite)

Person	A	B	C	D	E	F	G	H	I	J	K	L	M	N	O	P	∑
N	0	0	0	3	0	0	0	9	7	8	0	0	0	0	0	23	50
O	0	0	0	0	25	0	0	0	21	9	0	18	3	0	0	0	76
P	3	0	0	0	0	0	4	7	0	13	16	10	0	21	0	0	74
∑	66	75	78	49	65	92	87	75	97	58	62	81	53	49	80	67	1134

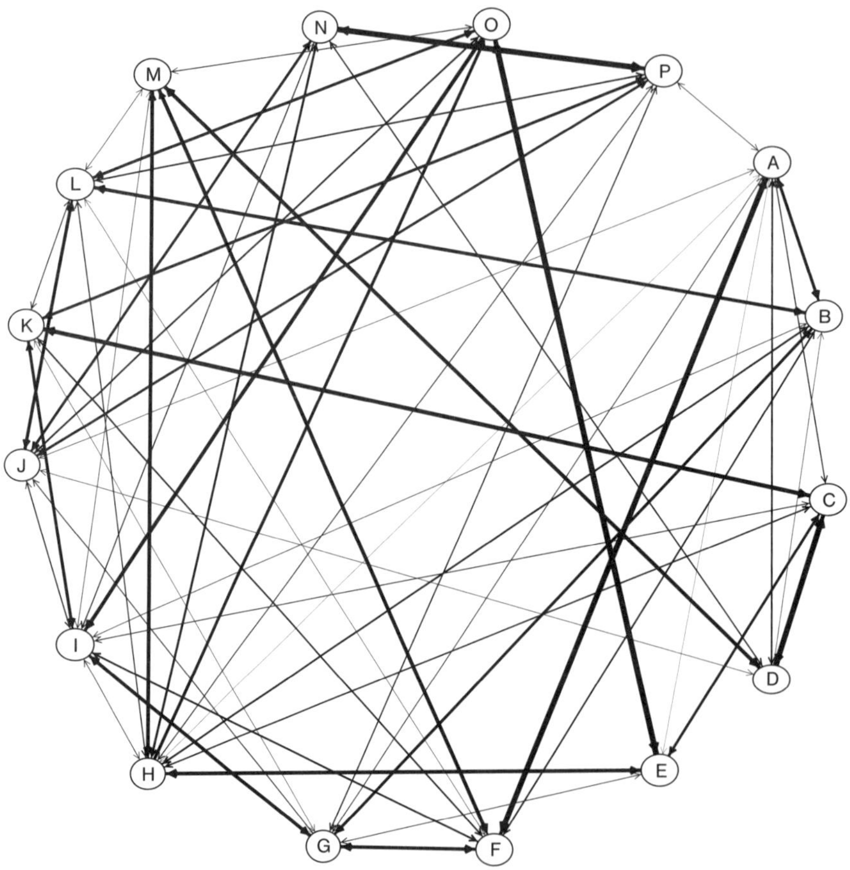

Bild 5.3 Gewichtete Freundschaftsbeziehungen in einem sozialen Netzwerk

Für noch komplexere Auswertungen lassen sich nun beliebige weitere Informationen in den Graphen integrieren. So könnten zum Beispiel Gefällt-mir-Angaben der einzelnen Nutzer abgebildet werden. Nimmt man vereinfacht an, dass es sich bei Gefällt-mir-Angaben um Sympathiebekundungen zu einem Produkt handelt, so kann man sich leicht vorstellen, auf welchem Weg die Betreiber sozialer Netzwerke entscheiden, welche Produkte sie Nutzern empfehlen: Um beispielsweise eine neue Gefällt-mir-Angabe für ein Produkt zu gewinnen, würden die Betreiber sozialer Netzwerke bei einem Nutzer die Produkte bewerben, von denen die meisten und die am stärksten gewichteten Pfade zum entsprechenden Nutzer führen. Anders ausgedrückt, sind es die Produkte, die von den meisten und besten Freunden eines Benutzers mit einer Gefällt-mir-Angabe versehen wurden.

Für die in Bild 5.4 mit Zahlen markierten Produkte würden sich damit beispielsweise die personenbezogenen Gewichtungen aus Tabelle 5.2 ergeben.

Tabelle 5.2 Produktgewichtungen der Produkte aus Bild 5.4

	A	B	C	D	E	F	G
1	0,4	0,35	1	1	0,4	1	0,4
2	0,5	0,3	0,145	0,145	1	0,8	0,5
3	0,1	0,4	1	1	0,04	0,08	1

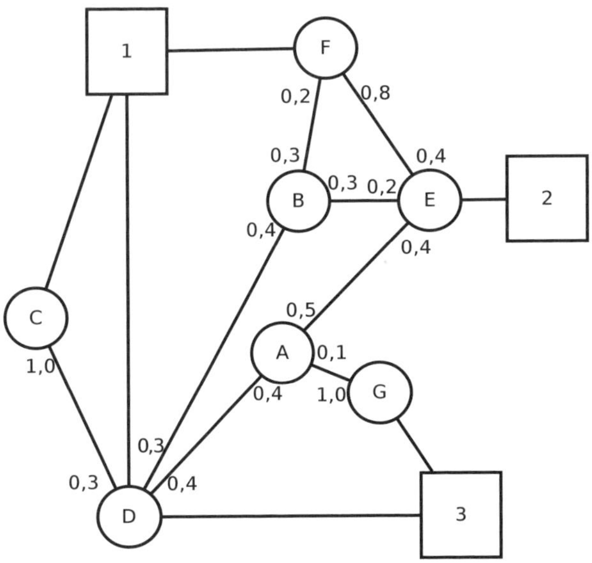

Bild 5.4 Freundschaftsbeziehungen und Produktvorlieben in sozialen Netzwerken (Nutzer sind mit Großbuchstaben, Produkte mit Ziffern bezeichnet)

Algorithmus zur Berechnung der benutzerbezogenen Produktgewichtung

Um auf Basis der Vorlieben seiner Freunde zu bewerten, wie wahrscheinlich es ist, dass ein Nutzer empfänglich für Werbeanzeigen zu einem bestimmten Produkt ist, empfiehlt es sich, den unterschiedlichen Produkten jeweils eine benutzerspezifische Gewichtung zuzuordnen. Diese sollte auf Basis der Vorlieben seiner Freunde erstellt werden und abhängig davon sein, welche Bindung ein Nutzer zum jeweiligen Freund hat.

Der für die Gewichtung der in Bild 5.4 angezeigten neun Produkte verwendete Algorithmus nutzt dazu eine einfache Pfadanalyse und soll hier vorgestellt werden:

Zu Beginn wird überprüft, ob es eine direkte Verbindung zwischen dem Produkt und dem Nutzer gibt. Falls ja, hat das Produkt die Gewichtung 1, denn durch seine Gefällt-mir-Angabe hat der Nutzer bereits bekundet, dass er Interesse an dem jeweiligen Produkt hat; es ist damit allerdings auch nicht mehr notwendig, dieses Produkt beim Nutzer zu bewerben.

Existiert eine solche direkte Verbindung nicht, werden alle Pfade der Länge zwei von dem jeweiligen Nutzer zum jeweiligen Produkt ausgewählt (siehe Bild 5.5).

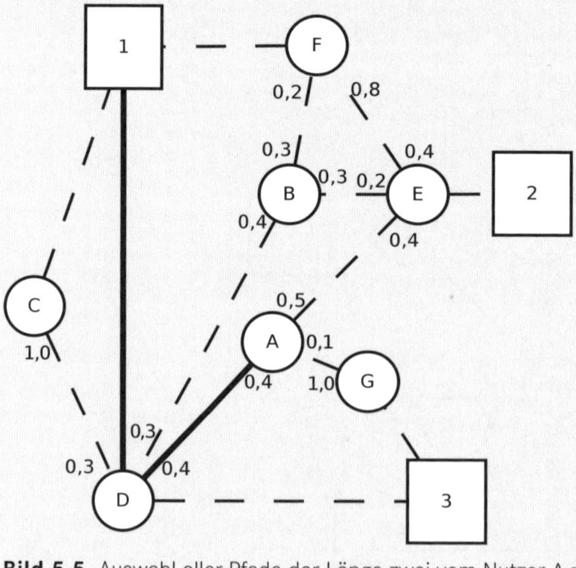

Bild 5.5 Auswahl aller Pfade der Länge zwei vom Nutzer A zum Produkt 1

Der Reihe nach werden die Gewichtungen dieser Pfade berechnet und addiert, wobei sich die Gewichtung eines Pfades jeweils aus dem Produkt seiner Kanten berechnet. Die sich ergebende Summe wird gemittelt. Dadurch ergibt sich die Gewichtung des Produktes. Für das in Bild 5.16 gezeigte Beispiel beträgt die Gewichtung des Produktes 1 für den Benutzer A damit 0,4.

Führen keine Pfade der Länge zwei vom Nutzer zum Produkt, werden alle Pfade der Länge drei (siehe Bild 5.6), falls keine solchen existieren, alle Pfade der Länge vier usw. herangezogen.

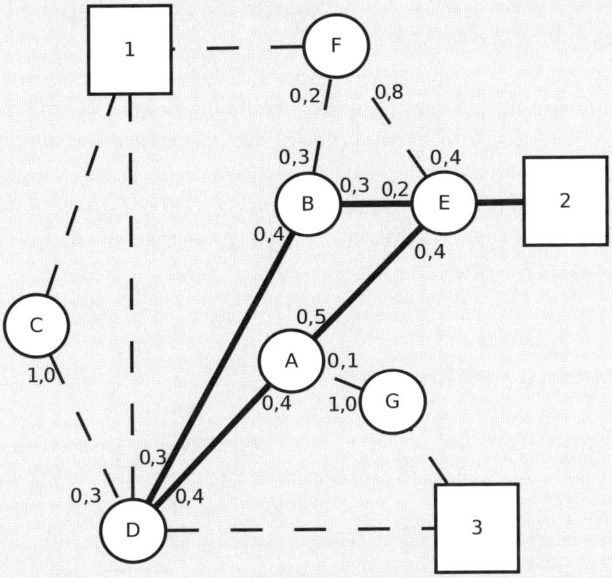

Bild 5.6 Auswahl aller Pfade der Länge drei vom Nutzer D zum Produkt 2

Natürlich führt dieser Algorithmus keineswegs zu idealen Ergebnissen. Für unsere Zwecke soll er jedoch genügen.

Die hier gezeigten Analysemethoden sind natürlich recht einfach gehalten, doch bereits mit diesen Methoden lassen sich sehr viele Aussagen über die Nutzer sozialer Netzwerke anhand vorhandener Daten treffen. Das zeigt, wie wichtig Metadaten sein können.

5.2.3 Beiträge und andere Textinhalte

Auch wenn bereits die Metadaten Ihrer Kommunikation mit anderen Mitgliedern besonders wertvoll für die Betreiber sozialer Netzwerke sind, bieten die Inhalte Ihrer Kommunikation den Betreibern noch einmal wesentliche Informationen. Während aus den

Metadaten hervorgeht, mit wem Sie kommunizieren, lässt sich aus den Inhalten ablesen, worüber Sie mit anderen Nutzern sprechen. Damit lassen sich Rückschlüsse auf Ihre Interessen, Ihren Beruf und Arbeitgeber sowie alle weiteren Informationen über Ihr Leben, die Sie mit Ihren Freunden teilen, ziehen.

Analysiert werden können dabei nicht nur die mit mehreren Personen geteilten Beiträge eines Nutzers, sondern auch die persönlichen Nachrichten, die dieser Nutzer mit anderen Nutzern austauscht. Die Analyse der Kommunikation funktioniert dabei nach einem ähnlichen Verfahren, nach dem Suchmaschinen die Inhalte einer Webseite scannen. Neben einfachen Häufigkeitsanalysen von Begriffen können mithilfe von Informationen darüber, welche Begriffe welchem Thema zuzuordnen sind, auch Analysen bezüglich der Kommunikationsinhalte erstellt werden.

Dass Facebook und Co. die Inhalte von Beiträgen und Kurznachrichten scannen, kann man daran erkennen, dass zum Beispiel Links automatisch erkannt werden. Dabei folgen Facebook und Google diesen Links sogar, um ein Vorschaubild der entsprechenden Seite einzubetten. Natürlich ist es denkbar, dass dabei auch die Inhalte der entsprechenden Seite ausgewertet und dem Nutzer zugeordnet werden. Ebenfalls erkennen kann man die automatische Analyse von Textinhalten daran, dass zum Beispiel bei Google+ Beiträge automatisch mit Tags versehen werden.

5.2.4 Datenspeicherung verhindern

Wenn Sie verhindern wollen, dass die Betreiber sozialer Netzwerke Daten über Sie speichern, ist die beste Möglichkeit selbstverständlich, sich gar nicht erst dort anzumelden. Wenn das für Sie nicht möglich ist, können Sie einige Strategien befolgen, die es Ihnen womöglich erlauben, die Betreiber sozialer Netzwerke hinters Licht zu führen. Leider sind die hier vorgestellten Verfahren sehr aufwendig und werden von vielen Menschen wohl als nicht praktizierbar angesehen. Dazu sei gesagt, dass es leider keine anderen Alternativen gibt, wenn Sie verhindern möchten, dass die Betreiber sozialer Netzwerke Informationen über Sie sammeln, die akkurat Ihre Persönlichkeit repräsentieren.

PRAXISTIPP

Sie haben einen rechtlichen Anspruch darauf zu erfahren, welche Informationen die Betreiber sozialer Netzwerke über Sie gespeichert haben. Der damalige Jura-Student Maximilian Schrems hat bereits im Jahr 2011 durchgesetzt, dass Facebook alle über ihn gespeicherten Daten herausgeben musste. Damals erhielt Max Schrems ein rund 1200 Seiten umfassendes PDF-Dokument, das unter anderem auch Daten, die Max Schrems bereits gelöscht hatte, enthielt [5]. Die von Schrems gegründete Organisation Europe vs. Facebook kämpft heute gegen die Datensammelwut von Facebook. Auf deren Webseite unter der Adresse *http://www.europe-v-facebook.org/DE/Daten_verlangen_/daten_verlangen_.html*

erfahren Sie, auf welchem Weg Sie versuchen können, Facebook zur Herausgabe dieser Daten zu bewegen.
Falls Sie sich mit einem Bruchteil der bei Facebook gespeicherten Daten zufriedengeben wollen, können Sie versuchen, unter den allgemeinen Einstellungen Ihres Facebook-Kontos eine Kopie Ihrer persönlichen Daten herunterzuladen (siehe Bild 5.7). „Versuchen" deswegen, weil häufig die beim Anklicken des Links versprochene Informationsmail von Facebook ausbleibt oder das Formular aus anscheinend „technischen Gründen" nicht funktioniert.

Bild 5.7 Hier können Sie einen Teil der von Ihnen bei Facebook gespeicherten persönlichen Daten herunterladen.

5.2.4.1 Informations-Jamming

Der Begriff Jamming bezeichnet in der Informationstechnik die Störung von Signalen durch den Versand von unbrauchbaren Daten, also quasi ein künstlich erzeugtes Rauschen. Um Betreiber sozialer Netzwerke davon abzuhalten, relevante Daten über Sie zu ermitteln, können Sie eine ähnliche Technik nutzen. Dabei erzeugen Sie so viele unterschiedliche Informationen, dass die tatsächlich relevanten Informationen in der entstehenden Datenflut untergehen. Zum Beispiel könnten Sie im Rahmen einer „Gefällt-mir-Orgie" alle Seiten, die Sie etwa über die Profile Ihrer Freunde kennenlernen, mit einem „Gefällt mir" markieren.

Ähnlich können Sie auch mit Inhalten oder mit Nachrichten umgehen. Indem Sie dafür sorgen, dass sich Ihre Kommunikation nicht auf wenige Ihrer Freunde beschränkt, sondern dass Sie mit allen Ihren Freunden in regem Kontakt stehen, verhindern Sie die Analyse Ihrer sozialen Netzwerke. Natürlich erfordert das eine sehr große Anzahl an Facebook-Freunden, was wiederum die gleichberechtigte Kommunikation mit allen Ihren Freunden schier unmöglich macht.

Ähnliches gilt auch für die Inhalte Ihrer Nachrichten. Von Kunst und Kultur bis hin zu naturwissenschaftlichen Themen, von Tanzen bis zum Jagdsport müssen Sie möglichst alle Themen abdecken, um ein wirksames Informations-Jamming zu betreiben. Sie sehen: Diese Methode ist nicht sonderlich praktikabel.

5.2.4.2 Gezielte Täuschung

Eine Alternative zum Informations-Jamming stellt die gezielte Täuschung der Betreiber sozialer Netzwerke dar. Hier erschaffen Sie eine virtuelle Identität, mit der Sie einen erdachten Charakter, der Ihnen möglichst unähnlich ist, verkörpern. Das Problem dabei ist, dass soziale Netzwerke dann keinerlei Sinn mehr machen, wenn Sie ausschließlich damit beschäftigt sind zu verhindern, dass die Betreiber reale Daten von Ihnen erhalten. Sie sollten also lieber erwägen, auf soziale Netzwerke zu verzichten, als Ihre Zeit mit derartigen Maßnahmen zu verschwenden.

5.3 Ermittlung zusätzlicher Daten

Neben den Daten, die Sie über soziale Netzwerke freiwillig preisgeben, erheben die Betreiber sozialer Netzwerke fast ausnahmslos eine ganze Reihe weiterer Daten von Ihnen, und das ohne dass Sie darüber in Kenntnis gesetzt werden. Mithilfe sogenannter Tracking-Technologien sind die Betreiber großer sozialer Netzwerke wie Facebook oder Google in der Lage, Sie beinahe durch das gesamte Internet zu verfolgen und dabei nicht nur Erkenntnisse darüber zu sammeln, welche Webseiten Sie besuchen, sondern auch, wie lange Sie auf diesen verweilen. Aus diesen Informationen wiederum können Schlüsse auf Ihre Interessen, Vorlieben und Gewohnheiten gezogen werden. Diese Informationen gewinnt Google übrigens bereits seit Jahren aus Ihren Suchanfragen.

Doch die Überwachung mithilfe von Tracking ist längst nicht der einzige Weg, auf dem die Betreiber sozialer Netzwerke versuchen, ihr Wissen über Sie zu maximieren. Über Smartphone-Apps greifen diese Unternehmen ein umfassendes Bewegungsprofil von Ihnen ab und übertragen heimlich Ihr Adressbuch an die eigenen Server.

Im Hintergrund laufende Gesichtserkennungssoftware ist in der Lage dazu, Sie auf beliebigen Bildern, die den Betreibern sozialer Netzwerke vorliegen, zu identifizieren. Es wäre leichtgläubig und naiv, nicht davon auszugehen, dass die Konzerne diese Technologie für ihre Zwecke missbrauchen, die in Anbetracht der heute fast vollständig fotografisch kartografierten Welt geradezu beängstigend ist.

Doch das ist erst der Anfang. Technologische Innovationen werden heute kaum noch hinterfragt und erfahren stets eine so weite Verbreitung, dass es beinahe unmöglich ist, diese im Nachhinein zu boykottieren, bevor man sich auch nur ansatzweise der Implikationen dieser Technologien im Zusammenhang mit dem streng kapitalistischen Denken der Konzerne bewusst werden kann. Diese Tatsache gewährt den großen Technologiekonzernen immer größere Macht. Die heutigen Möglichkeiten, Menschen mithilfe von Smartphones, SmartTVs, Tablets, SmartWatches oder gar Augmented-Reality-Systemen wie Google Glass auszuspionieren, sind geradezu grenzenlos.

5.3.1 Tracking-Technologien

Unter dem Begriff Tracking fasst man verschiedene Technologien zur webseitenübergreifenden Identifizierung eines einzelnen Nutzers zusammen. Mithilfe von Tracking will man einerseits weitere Informationen über einen Internetnutzer sammeln, andererseits kann man Tracking dazu nutzen, dem identifizierten Nutzer individuelle Inhalte, die auf Basis bereits gewonnener Informationen generiert wurden (Werbung), zur Verfügung zu stellen.

Generell gibt es zwei verschiedene Ansätze, die ein Tracking der Internetnutzer erlauben. Die erste Möglichkeit basiert darauf, dass zur eindeutigen Identifikation geeignete Zeichenketten auf dem Rechner des Internetnutzers gespeichert werden. Klassischerweise passiert das mithilfe von Cookies, viele Browser bieten hier jedoch noch weitere Möglichkeiten, ein Tracking dieser Art durchzuführen. Die zweite Möglichkeit ist etwas passiver, jedoch mindestens ebenso effektiv wie die erste. Es handelt sich um einige unter dem Namen Fingerprinting zusammengefasste Techniken der Benutzeridentifizierung. Wie der Name bereits sagt, wird bei dieser Form des Trackings versucht, einen eindeutigen Fingerabdruck Ihres Webbrowsers zu erhalten. Dazu werden lediglich bereits erhaltene Informationen genutzt. Dazu gehören beispielsweise der Browserheader, die Bildschirmabmessungen und installierte Browser-Plugins.

5.3.1.1 Cookies und andere Tracking-Technologien auf Basis einer clientseitig gespeicherten ID

Klassische Cookies

Die einfachste und klassische Art des Trackings ist das sogenannte cookie-basierte Tracking der Benutzer. Cookies sind im Grunde kleine Textdateien, die auf dem Rechner des Nutzers abgelegt werden, wenn diese eine Seite das erste Mal besuchen. Später kann dann auf diese Textdateien zugegriffen und ihr Inhalt ausgelesen werden. Die ursprüngliche Idee ist es, Sitzungsinformationen wie beispielsweise den Benutzer, der momentan auf einer Webseite eingeloggt ist, in Cookies zu speichern. Das ist notwendig, weil das im Internet verwendete HTTP (Hypertext Transfer Protocol) ein sogenanntes zustandsloses Protokoll ist. Das bedeutet, jede neue Anfrage wird ungeachtet des Kontextes vorheriger Anfragen verarbeitet.

Login-Prozesse widersprechen eigentlich einem zustandslosen Protokoll, schließlich ist für die Anzeige einer Seite wichtig zu wissen, ob und wenn ja mit welchen Berechtigungen ein Benutzer eingeloggt ist. Da Nutzer sich jedoch nicht bei jedem Seitenaufruf erneut einloggen wollen, sondern möglichst nur einmalig beim ersten Besuch einer

Seite, ist es erforderlich, Informationen darüber, welcher Nutzer momentan eingeloggt ist, bei jeder an den Server gesendeten Anfrage zu übermitteln.

Cookies sollen dieses Problem lösen. Die in ihnen abgelegten Informationen werden bei jedem einzelnen Seitenaufruf an den Server übertragen. Daher könnnen Informationen darüber, welcher Benutzer momentan auf einer Seite eingeloggt ist, hervorragend in Cookies gespeichert werden. In der Praxis wird dazu jedoch nicht der Name des Benutzers, sondern meist eine sogenannte Sitzungsnummer (engl.: Session ID) in Form eines Cookies auf dem Rechner des Benutzers gespeichert. Diese Session ID wird beim Login des Benutzers als eine in aller Regel zufällige Zeichenfolge generiert, zu der auf dem Server der Name und die Berechtigungen des Benutzers gespeichert sind. Da ein Angreifer diese zufällig ermittelte Sitzungsnummer wesentlich schwerer erraten kann als den Benutzernamen des Besuchers, beugt man auf diese Art und Weise Angriffen vor[1].

Doch Cookies können nicht nur dazu verwendet werden, einen bequemen Loginprozess für eine Webseite zu ermöglichen. Sie eignen sich auch dazu, Nutzer unabhängig von einem Login zu identifizieren. Dies geschieht aufgrund der Tatsache, dass sie, einmal auf dem Rechner eines Benutzers gespeichert, für die gesamte Dauer ihrer Gültigkeit (maximal zwei Jahre) automatisch bei jeder Anfrage an die Domain, von der sie ausgestellt wurden, mit übertragen werden. Dazu wird bei einem Besuch eines Benutzers zunächst überprüft, ob ein entsprechendes Cookie mit einer gültigen Benutzer-ID bereits gespeichert wurde. Falls dies nicht der Fall ist, wird eine neue, eindeutige Benutzer-ID generiert und als Cookie auf dem Rechner des Besuchers gespeichert. Beim nächsten Besuch des Benutzers kann diese ID dann dazu verwendet werden, den Besucher eindeutig zu identifizieren.

Dieses Konzept kann nun dazu verwendet werden, Internetnutzer websiteübergreifend zu identifizieren. Dazu müssen lediglich kleine Codeschnipsel, die nichts anderes tun, als Inhalte der zum Tracking genutzten Domain anzufragen, in den HTML-Quelltext einer beteiligten Seite eingebunden werden. Beim Aufruf der Seite durch den Benutzer werden die angefragten Inhalte dann durch den Browser automatisch geladen, das heißt, es wird eine Anfrage mit den dazu hinterlegten Parametern an den Tracking-Server gesendet (siehe Bild 5.8). In diesen Parametern wird typischerweise die URL der Seite übertragen, in der der betreffende Codeschnipsel eingebunden wurde. Damit kann dann auf dem Tracking-Server der beobachtete Internetnutzer mit dem Besuch einer bestimmten Internetseite assoziiert werden. Ist der für das Tracking verantwortliche Codeschnipsel auf möglichst vielen Webseiten integriert, kann mit seiner Hilfe eine beinahe lückenlose Chronik (ähnlich des im Webbrowser gespeicherten Browserverlaufs) jedes einzelnen Internetbenutzers erzeugt werden.

[1] Dass das in Anbetracht der Tatsache, dass Sitzungsnummern zuweilen über ungesicherte Verbindungen, also unverschlüsselt und für jeden Angreifer sichtbar, übermittelt werden, geradezu lächerlich ist, ist eine andere Sache. Sie sehen in *Kapitel 6* einen entsprechenden Angriff im Detail.

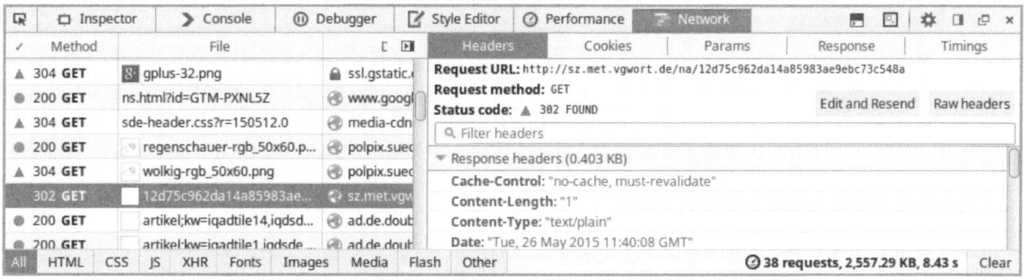

Bild 5.8 Eine Anfrage an den Tracking-Server

Flash-Cookies

Bei sogenannten Flash-Cookies handelt es sich eigentlich um Local Shared Objects, die von Flash-Programmierern dazu genutzt werden können, Daten im Browser des Benutzers abzulegen. Zum Beispiel können so die Spielstände von Flash-Spielen gespeichert werden [6]. Flash ist ein Dateiformat der Firma Adobe, das, lange Zeit ohne nennenswerte Alternativen, dazu genutzt wurde und auch heute noch häufig dazu genutzt wird, Videos wiederzugeben, und teilweise auch dazu, um aufwendig animierte, dynamische Seiteninhalte wie Spiele zu implementieren.

Für Angreifer waren Flash-Plugins seit jeher eine willkommene Gelegenheit dazu, sich Zugriff zum Rechner des Nutzers zu verschaffen. Deshalb, aber auch deswegen, weil das Flash-Format aus vielerlei anderen Gründen besonders ungünstig und völlig inkompatibel zu anderen Formaten ist, verschwinden Flash-Inhalte langsam, aber sicher aus dem Internet. Der Tor-Browser und Apple-Geräte gehen sogar so weit, Flash überhaupt nicht zu unterstützen.

Trotzdem sind Flash-Cookies heute noch eine weit verbreitete Technologie, um Internetnutzer zu tracken. Der große Vorteil von Flash-Cookies gegenüber HTTP-Cookies ist nicht nur der um das 25-fache größere Speicherplatz (Flash-Cookies haben in der Regel eine maximale Größe von 100 Kilobyte, während HTTP-Cookies mit maximal 4 Kilobyte auskommen müssen), sondern vor allem die Tatsache, dass Flash-Cookies längst nicht so einfach gelöscht werden können wie HTTP-Cookies.

Im Grunde tauchen Flash-Cookies nur in den Einstellungen des Flash-Players auf. Dementsprechend ist es nicht nur sehr schwierig, Flash-Cookies selbst zu löschen, sondern es gibt auch nur sehr wenige Plugins, die in der Lage dazu sind, diese zu blockieren. Eine Möglichkeit, Flash-Cookies zu blockieren, bietet das Firefox-Plugin BetterPrivacy (siehe Abschnitt 5.3.1.6). Eine noch bessere Alternative ist es, das Flash-Plugin zu deaktivieren. Wie das geht, erfahren Sie in Abschnitt 10.1.

ETag Tracking

Während klassische Cookies dafür bekannt sind, dass sie von Tracking-Unternehmen dazu verwendet werden, Internetnutzer zu verfolgen, gibt es auch einige Möglichkeiten zu überwachen, welche Seiten Internetnutzer besuchen, die verhältnismäßig unbekannt sind. Meist nutzen diese Möglichkeiten das sogenannte Caching der Internetbrowser aus. Beim Caching werden Inhalte mit großer Dateigröße (zum Beispiel Bilder) und dementsprechend hohen Ladezeiten, die sich außerdem nicht bei jedem Seitenaufruf verändern, vom Browser lokal zwischengespeichert. Bei einem erneuten Aufruf einer Seite, auf der gespeicherte Inhalte eingebunden sind, brauchen diese nicht erneut übertragen zu werden. Die Ladezeiten von vielen Webseiten werden damit dramatisch reduziert und das Surferlebnis der Benutzer dementsprechend gesteigert.

Die Überwachung von Internetnutzern mithilfe von ETags ist eine der Möglichkeiten, den Caching-Mechanismus von Webbrowsern zur Überwachung auszunutzen. ETags dienen beim Caching dazu zu gewährleisten, dass eine Datei, die lokal gespeichert wurde, in der Zwischenzeit nicht geändert wurde. Also sind sie im Grunde dazu da festzustellen, ob die lokal gespeicherte Kopie noch mit dem Original übereinstimmt. Dazu werden sogenannte ETags mit Dateien wie Bildern an den Browser eines Internetnutzers übertragen. Ist in Zukunft eine Einbettung eines im Cache existierenden Bildes in eine Webseite erforderlich, überprüft der Browser, ob das ETag des lokal gespeicherten Bildes noch aktuell ist, und schickt es dazu an den Server. Ist das ETag weiterhin gültig, so antwortet dieser mit einem OK. Hat sich das Bild in der Zwischenzeit geändert, schickt der Server das geänderte Bild und ein neues, dazugehöriges ETag zurück an den Browser (siehe Bild 5.9).

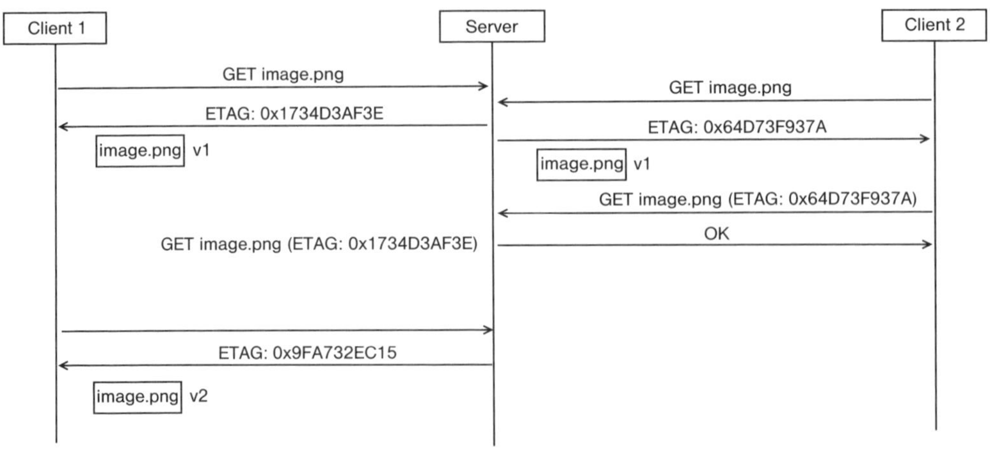

Bild 5.9 Funktionsweise des ETag Trackings

Indem ein Server nun für unterschiedliche Benutzer jeweils individuelle ETags generiert, kann eine Überwachung der Internetnutzer mithilfe dieser Technologie erreicht werden. Dazu sieht der Server bei einer Anfrage mit einem bereits bestehenden ETag in einer Datenbank nach, ob dieses ETag bereits einem Nutzer zugewiesen wurde. Falls ja, steht fest, dass es sich bei dem aufrufenden Benutzer um den jeweils bereits bekannten Besucher handelt, und der Aufruf der Datei kann mit diesem Nutzer assoziiert werden. Handelt es sich bei dem übertragenen ETag um ein unbekanntes ETag oder wird gar kein ETag mitübertragen, wird die jeweilige Datei zusammen mit einem neu generierten, eindeutigen ETag ausgeliefert, und der Besucher kann in Zukunft weiter verfolgt werden. Sollte sich die Datei, für die ein ETag ausgeliefert wird, tatsächlich einmal ändern, können die bestehenden ETags einfach einmalig durch neue ersetzt werden, sodass die Änderungen trotz des eigentlichen Missbrauchs des Konzepts zur Benutzerverfolgung aktualisiert werden können.

Tracking mithilfe des Web-Storage

Neben klassischen Cookies und Flash-Cookies gibt es für die Betreiber von Webanwendungen noch eine weitere „legale" bzw. vorgesehene Möglichkeit, Daten auf dem Rechner des Benutzers abzulegen, den sogenannten Web-Storage. Dieser Speicher kann mithilfe von JavaScript beschrieben und ausgelesen werden und soll eigentlich dazu dienen, Daten einer Webseite auf dem Nutzerrechner zu speichern, sodass diese nicht bei jedem Besuch erneut geladen werden müssen.

Tracking-Unternehmen missbrauchen diesen Speicher auch dazu, wer hätte das gedacht, Tracking-IDs auf dem Rechner eines Nutzers zu platzieren. Damit ist der Web-Storage im Grunde ebenso gut zum Tracking von Internetnutzern geeignet wie klassische Cookies auch.

HSTS Tracking

Tracking-IDs können nicht nur mithilfe klassischer HTTP-Cookies oder ähnlicher Mechanismen, bei denen mehrere Bytes auf dem Rechner des Intenetnutzers zur Verfügung stehen, gespeichert werden. Prinzipiell können sehr viele Möglichkeiten, bei denen auch nur sehr kleine Informationseinheiten vom Browser des Nutzers an den Server übertragen werden, dazu genutzt werden, Tracking-IDs auf dem Rechner der Internetnutzer zu speichern.

HSTS (HTTP Strict Transport Security) ist eigentlich eine Technologie, mit der die Sicherheit im Internet erhöht werden soll. Zwar sind heute sehr viele Webseiten in der Lage dazu, ihre Inhalte über sichere Verbindungen zu übertragen, in aller Regel erfolgt der erste Zugriff eines Nutzers auf diese Webseiten jedoch mithilfe einer ungesicherten HTTP-Verbindung. Zwar werden die Nutzer dann auf dem Server mithilfe eines sogenannten 301 Redirects über eine gesicherte Verbindung an ihr jeweiliges Ziel geleitet, doch wenn Angreifer noch vor dieser Weiterleitung eine gefälschte Antwort an den Nutzer senden, sind diese weiterhin in der Lage dazu, die Verbindung abzufangen und zu manipulieren.

Aus diesem Grund wurde für die Betreiber von Webseiten die Möglichkeit, einen sogenannten HSTS-Header zu senden, in moderne Browser eingebaut. Hat ein Browser einmal einen HSTS-Header von einer Seite empfangen, wird er Seitenanfragen zukünftig nur noch über verschlüsselte Verbindungen an den jeweiligen Server senden. Angreifer haben dann keinerlei Möglichkeit mehr, die Verbindung zu manipulieren.

Dieses Verhalten der Browser kann jedoch auch zum Tracking der Nutzer verwendet werden [7]. Da die Betreiber einer Seite zwischen verschlüsselten und unverschlüsselten Verbindungen unterscheiden können, können mit einer Anfrage an den Server trivialerweise zwei Zustände übermittelt werden, entweder der Zustand „Sichere Verbindung" oder der Zustand „Keine sichere Verbindung". Indem ein Betreiber den HSTS-Header also an nur eine Person senden würde, wäre er in der Lage dazu, diese Person stets zu identifizieren.

Da der HSTS-Header jedoch für unterschiedliche Subdomains jeweils entweder gesetzt werden kann oder nicht, hat der Betreiber nicht nur die Möglichkeit, einen einzigen Benutzer, sondern alle Benutzer zu identifizieren, wenn er entsprechend viele Subdomains einrichtet. Dabei bindet der Betreiber einer Webseite einfach eine Reihe von Ressourcen unterschiedlicher Subdomains ein. Da für die unterschiedlichen Benutzer der HSTS-Header einer Seite jeweils individuell entweder gesetzt oder nicht gesetzt werden kann, stehen dem Betreiber insgesamt 2^n verschiedene Kombinationen zur Verfügung. Dabei steht n für die Anzahl der eingebundenen Ressourcen, die dazu verwendet werden können, jeweils einen Benutzer zu identifizieren. Für eine Webseite könnten die Ressourcen etwa wie in Listing 5.1 eingebunden werden.

Listing 5.1 HSTS Tracking mithilfe von Ressourcen

```
<img src="http://a.example.com/imga.png"/>
<img src="http://b.example.com/imgb.png"/>
<img src="http://c.example.com/imgc.png"/>
<img src="http://d.example.com/imgd.png"/>
<img src="http://e.example.com/imge.png"/>
<img src="http://f.example.com/imgf.png"/>
<img src="http://g.example.com/imgg.png"/>
<img src="http://h.example.com/imgh.png"/>
<img src="http://i.example.com/imgi.png"/>
<img src="http://j.example.com/imgj.png"/>
<img src="http://k.example.com/imgk.png"/>
<img src="http://l.example.com/imgl.png"/>
<img src="http://m.example.com/imgm.png"/>
<img src="http://n.example.com/imgn.png"/>
<img src="http://o.example.com/imgo.png"/>
<img src="http://p.example.com/imgp.png"/>
<img src="http://q.example.com/imgq.png"/>
```

Für einen beliebigen Nutzer kann der HSTS-Header für die jeweilige Subdomain `x.example.com` mit $x \in [a,q]$ entweder gesetzt oder nicht gesetzt sein. Damit ergeben sich insgesamt $2^{17} \simeq 130\,000$ verschiedene Möglichkeiten, von denen jeweils eine einem Nutzer zugeordnet werden kann. Benötigt man mehr Möglichkeiten, ist das auch kein großes Problem. Man ergänzt einfach weitere Subdomains.

Im Gegensatz zu Cookies können mithilfe von HSTS gesetzte Tracking-Codes (man nennt diese zuweilen auch HSTS Supercookies) nicht einfach entfernt werden. Außerdem gibt es keine Möglichkeit, dieses Verhalten zu deaktivieren, ohne den ursprünglichen Einsatzzweck von HSTS ebenfalls zu eliminieren. Auch wenn bislang keine Fälle von aktiv eingesetztem HSTS Tracking bekannt sind, ist davon auszugehen, dass Tracking-Unternehmen, sofern sie diese Möglichkeiten nicht bereits unbemerkt nutzen, auf die Möglichkeiten von HSTS Supercookies zurückgreifen werden, wenn es für sie erforderlich ist.

5.3.1.2 Fingerprinting

Neben den klassischen Tracking-Methoden, bei denen eine ID oder vergleichbare Daten auf dem Rechner des Nutzers gespeichert werden, anhand derer dieser eindeutig identifiziert werden kann, besteht auch die Möglichkeit, Nutzer passiv, also aufgrund bestehender Daten zu identifizieren. Techniken, die das ermöglichen, fasst man unter dem Namen Fingerprinting zusammen.

Generell wird beim Fingerprinting versucht, Browsereigenschaften und -einstellungen auszunutzen, um einen möglichst eindeutigen Fingerabdruck des Browsers zu erhalten. Aufgrund der zahlreichen Plugins, ihrer Versionsnummern und unterschiedlichen Bildschirmabmessungen sind die meisten Browser eindeutig identifizierbar. Das machen sich die Tracking-Unternehmen zunutze, um Internetnutzer mithilfe der Technologie des Fingerprintings zu verfolgen.

Weblink

Auf der Seite *https://panopticlick.eff.org* haben Sie die Möglichkeit, den Fingerprint Ihres eigenen Browsers zu testen. ■

... anhand des HTTP-Headers

Fingerprinting auf Basis des Browserheaders gehört zu den am schwierigsten identifizierbaren Tracking-Methoden, weil die Datenerhebung vollständig passiv und aufseiten des Servers stattfindet. Verschiedene Webbrowser übertragen in aller Regel eine für sie spezifische Zeichenkette, den sogenannten Browserheader, oft auch User Agent Header genannt, an den Webserver. Darin stehen Informationen zum Betriebssystem, zum Browser selbst und zu seiner Versionsnummer. Zusätzlich gibt es eine Reihe weiterer Informationen, die vom Browser ungefragt an den Server gesendet werden. Darunter sind beispielsweise der Do Not Track Header[2], diverse HTTP Accept Header, die unter anderem angeben, welche Zeichensätze, welche Sprachen und welche Kompressionsverfahren der Browser unterstützt [8] und Informationen darüber, ob der Browser Cookies unterstützt, oder nicht. Bei der Nutzung von SSL/TLS-Verbindungen enthält der Browserheader auch Informationen über unterstützte Verschlüsselungsalgorithmen.

---

[2] Eigentlich ist es ein Hohn, dass gerade dieser Header, der den Unternehmen eigentlich mitteilen soll, dass Nutzer nicht getrackt werden wollen, mindestens ein Bit (siehe Abschnitt 5.3.1.3) Information für Fingerprinting-Technologien liefert und damit zum passiven Benutzertracking beiträgt.

Diese und auch ihre Reihenfolge kann zum Teil ebenfalls zum Fingerprinting verwendet werden, besonders dann, wenn der Nutzer die Reihenfolge verändert hat.

Die Idee der Übermittlung dieser Informationen stammt aus den frühen Zeiten des Internets, als unterschiedliche Browser unterschiedliche Funktionalitäten unterstützten und außerdem bestimmte Plugins wie Java oder das Flash-Plugin dazu genutzt wurden, um Webseiten Funktionalitäten zur Verfügung zu stellen. Glücklicherweise wird der Browserheader zunehmend weniger wichtig für die Funktion einer Webseite, sodass Nutzer entweder mithilfe von Plugins oder mithilfe der Browsereinstellungen einen beliebigen Browserheader einstellen können, der das Fingerprinting auf dessen Basis möglichst verhindern sollte.

Trotzdem ist mithilfe des Browserheaders teilweise eine recht gute Identifizierung der Benutzer möglich, sodass Tracking-Unternehmen diese Technologie dazu einsetzen können, um Benutzer passiv und effektiv zu tracken.

... mithilfe von JavaScript

Neben Fingerprinting auf Basis der im HTTP-Protokoll übertragenen Informationen eines Browsers können auch diverse, mithilfe von JavaScript ermittelbare Informationen über den Browser und den Nutzer ausgelesen und an den Server übertragen werden. Im einfachsten Fall umfassen diese Informationen Werte wie die Bildschirmauflösung, installierte Plugins und Schriftarten sowie die Zeitzone des Nutzers. Komplexere Mechanismen zur Identifizierung eines Webbrowsers nutzen entweder sogenannte Canvas-Fingerprinting-Technologien, bei denen zunächst eine Grafik generiert und anschließend auf charakteristische Merkmale untersucht wird, oder sogenannte Benchmarks, mit denen die Ausführungszeit bestimmter JavaScript-Anweisungen und Anweisungsfolgen gemessen wird, um für das Tracking relevante Informationen zu erlangen.

Browserspezifische Informationen

Mit JavaScript lassen sich einige Informationen abrufen, die dazu genutzt werden können, einen eindeutigen Fingerabdruck des Browsers bzw. des Systems eines Nutzers zu ermitteln. JavaScript ist eine Skriptsprache, mit der dynamische Inhalte im Browser eines Benutzers geladen und angezeigt werden können. Dementsprechend kann mit JavaScript auf einige Einstellungen und Eigenschaften des Browsers zugegriffen werden, die erforderlich sind, um eine optimale Darstellung der Inhalte zu gewährleisten.

Zum Beispiel können Informationen zu installierten Browser-Plugins bzw. sogenannten MIME Types gesammelt werden. Meist können diese Informationen direkt ermittelt werden, zuweilen ist dies jedoch auch nur durch indirekte Methoden möglich. Dabei wird in aller Regel geprüft, ob von bestimmten Plugins bereitgestellte Objekte im Browser verfügbar sind oder nicht.

Neben Browser-Plugins kann mithilfe von JavaScript zusätzlich eine Liste aller installierter Schriftarten abgerufen werden. Das ist nützlich, um zu prüfen, ob die zur Darstellung verwendete Schriftart auf dem Browser vorhanden ist, und diese, falls nicht, dynamisch nachzuladen. Zum Fingerprinting eines Browsers sind Informationen über installierte Schriftarten jedoch ebenso geeignet.

Ebenfalls zur Optimierung der Darstellung können Informationen über die Bildschirmauflösung des Nutzers ermittelt werden. Um genauer zu sein: Es werden die Abmessungen des Anzeigebereichs im Browser ermittelt. Gerade dann, wenn Ihr Browser nicht den vollen Bildschirm einnimmt, oder dann, wenn Sie Plugins wie das populäre Tree Style Tab für Firefox installiert haben, das die Abmessungen der Anzeigefläche Ihres Bildschirms von der Norm entrückt, können Sie auf Basis dieser Informationen womöglich bereits eindeutig identifiziert werden.

Nicht zuletzt kann mithilfe von JavaScript auch die Zeitzone des Nutzers ermittelt werden. Diese Information wirkt zwar zunächst unscheinbar, gibt jedoch in Kombination mit der Sprache meist gute Hinweise auf das Land des Benutzers und kann in Einzelfällen außerdem eine eindeutige Identifizierung von Nutzern ermöglichen, zum Beispiel dann, wenn nur ein regelmäßiger Benutzer einer Seite aus der entsprechenden Zeitzone stammt.

Die mithilfe von JavaScript ermittelten Informationen werden in aller Regel in Kombination mit den auf Basis des HTTP-Headers ermittelten Informationen verwendet, um einen Browser eindeutig zu identifizieren. Peter Eckersley von der Electronic Frontier Foundation hat im Rahmen des Panopticlick-Projekts seinen Artikel „How Unique Is Your Web Browser?“ [9] veröffentlicht, in dem die Aussagekraft der verschiedenen, mithilfe von JavaScript ermittelten browserspezifischen Informationen untersucht wird.

Canvas Fingerprinting

Canvas Fingerprinting bezeichnet eine Technologie zur Identifizierung eines Browsers auf Basis der unterschiedlichen Rendering-Mechanismen, die im jeweiligen Browser bzw. auf dem jeweiligen Betriebssystem oder auf der jeweiligen Grafikkarte zum Einsatz kommen. Rendering bezeichnet den Vorgang, aus vorliegenden Daten ein Bild zu generieren. So würde man, vereinfacht ausgedrückt, beispielsweise den Vorgang als Rendering bezeichnen, bei dem aus den einzelnen Messpunkten eines Diagramms eine Linie gezeichnet wird. HTML5-Seiten können sogenannte Canvas-Elemente enthalten. Das sind im Grunde Zeichenflächen, auf denen mithilfe von JavaScript Objekte gezeichnet werden können.

Beim Canvas Fingerprinting macht man sich zunutze, dass das Zeichnen von Objekten auf diesen Canvas-Zeichenflächen nicht in allen Browsern und meist auch nicht beim gleichen Browser auf unterschiedlichen Betriebssystemen und unterschiedlicher Hardware zu gleichen Ergebnissen führt. Aufgrund unterschiedlicher Techniken, die beim Rendering zum Einsatz kommen, sind selbst bei einfachen Bildern nicht alle Pixel auf den unterschiedlichen Browsern/Systemen gleich. Das kann man sich natürlich zum Tracking zunutze machen, denn mit JavaScript kann man auch die einzelnen Pixel eines Canvas-Elements auslesen und auf diese Art und Weise einen Fingerabdruck des Browsers extrahieren [10].

Keaton Mowery und Hovav Shacham beschreiben in ihrem Artikel „Pixel Perfect: Fingerprinting Canvas in HTML5“ [11] diverse Tests, bei denen sie HTML5-Canvas-Elemente in Kombination mit dem Rendering von Texten in verschiedenen Schriftarten und der WebGL API verwenden, einer für JavaScript verfügbaren Bibliothek zum Rendern von 3D-Inhalten mit Hardware-Unterstützung, um Fingerabdrücke verschiedener Browser zu erhalten. Dabei gelang es den beiden Forschern, Ergebnisse zu erzielen, die sowohl auf dem gleichen System reproduziert werden konnten als auch eine recht gute Aussagekraft bezüglich ihrer Eindeutigkeit hatten. Canvas Fingerprinting sei damit die Folge der Entwicklung, dass Webbrowser immer stärkeren Zugriff auf systemnahe Funktionalitäten bieten und damit zu betriebssystemähnlichen Plattformen verkommen, so Keaton Mewery und Hovav Shacham.

Micro-Performance Benchmarks

In ihrem Artikel „Fingerprinting Information in JavaScript Implementations“ [12] beschreiben Keaton Mowery, Dillon Bogenreif, Scott Yilek und Hovav Shacham verschiedene Vorgehensweisen zum Fingerprinting von Browsern auf Basis von Performance Benchmarks. Unter einem Benchmark versteht man einen Vergleichstest, mit dem in aller Regel die Performance, also die Geschwindigkeit eines Systems, getestet wird.

Mowery et al. waren in der Lage, mithilfe eines solchen Performance Benchmarks die Browserfamilie zu 98,2 % richtig zu bestimmen. Zwar gelang es nicht zuverlässig, auch das zugrunde liegende Betriebssystem zu bestimmen, die Forscher gehen jedoch davon aus, dass das mit geeigneten Tests möglich wäre.

Für Internetnutzer bedeutet das, dass Tracking-Unternehmen womöglich trotz Einschränkungen durch Browser-Plugins etc. in der Lage dazu sein könnten, mithilfe von JavaScript für Fingerprinting relevante Informationen von ihnen zu ermitteln.

5.3.1.3 Ab wann ist ein Internetnutzer eindeutig identifizierbar?

Für das Tracking von Internetnutzern ist es wichtig, entscheiden zu können, ab wann ein Benutzer eindeutig identifizierbar ist. Im einfachsten Fall weisen die Tracking-Unternehmen Nutzern bzw. deren Webbrowsern eine eindeutige Identifikationsnummer zu, mithilfe derer der Nutzer in Zukunft identifiziert werden kann. Während der Speicherplatz in Cookies, ETags, Flash-Cookies und im Web-Storage völlig ausreicht, um jedem Nutzer eine eindeutige Kennung zuzuweisen, wird es spätestens beim Tracking via HSTS schwierig, eine große Menge an Nutzern zu tracken. Um wie in Listing 5.1 rund 130 000 Nutzer tracken zu können, sind bereits 17 verschiedene, ausschließlich zu diesem Zweck eingebundene Ressourcen unterschiedlicher Domains oder zumindest Subdomains erforderlich. Bedenkt man, dass die meisten Nutzer mehrere Geräte (Smartphone, Notebook und ggf. Arbeitsrechner, also etwa drei verschiedene Geräte pro Person) nutzen, um im Internet zu surfen, lassen sich mit 17 verschiedenen Ressourcen nur rund 43 000 Benutzer tracken. Das ist zwar bereits eine ganze Menge, für große Tracking-Unternehmen sind das jedoch bei Weitem zu wenige Nutzer.

Um mehr als eine Milliarde Nutzer tracken zu können (entspricht etwa den aktiven Facebook-Nutzern), werden über 30 Ressourcen von unterschiedlichen Domains benötigt. Das sind beinahe so viele Ressourcen, wie auch ohne HSTS Tracking auf einer durchscnittlichen Webseite eingebunden sind. Natürlich könnte man die Ressourcen der Webseiten auf die zum Tracking genutzten Domains verteilen, sodass nicht mehr Ressourcen als üblich geladen werden müssen. Allerdings ist das nur sehr schwierig praktizierbar, schließlich sind die Tracking-Unternehmen in den meisten Fällen nicht mit den Website-Betreibern identisch.

Fest steht also, dass Tracking-Unternehmen auf Basis einer möglichst kleinen Datenmenge entscheiden können sollten, mit welchem Nutzer sie es zu tun haben. Das gilt vor allem auch für das Browser-Fingerprinting, wo die Tracking-Unternehmen obendrein selbst keinen Einfluss auf die Verfügbarkeit von Informationen haben, die zur Identifizierung eines Nutzers herangezogen werden.

Die Informationstheorie gibt Aufschluss darüber, wie viele Bits erforderlich sind, um einen einzelnen Nutzer eindeutig zu identifizieren.

Peter Eckersley von der Electronic Frontier Foundation, einer Organisation zur Verteidigung der Nutzerrechte im Internet, hat in seinem Artikel mit dem Titel „A Primer on Information Theory and Privacy“ [13] den Informationsgehalt einzelner, mithilfe von Fingerprinting-Technologien ermittelten Informationen angegeben. Damit lässt sich für das Fingerprinting bestimmen, ab welcher Informationsmenge ein Nutzer eindeutig identifizierbar ist. Aus diesem Artikel geht auch hervor, wie viele Bit Informationen bzw. Entropie erforderlich sind, um einen Nutzer eindeutig zu bestimmen, nämlich rund 33 Bit.

Betrachten wir dazu ein Beispiel: Angenommen, es gäbe für eine Webseite 10 000 Besucher. Davon nutzen 3000 den Webbrowser Firefox in der Version 30.0, 500 Personen nutzen Firefox in der Version 29.0, 300 Menschen nutzen noch Firefox 28.0 und 200 Personen nutzen Firefox in der Version 27.0. 2000 Menschen nutzen Google Chrome in Version 34.0, 1000 Menschen nutzen Chrome in Version 30.0, 1500 Menschen nutzen den Internet Explorer 10, 1000 Personen nutzen den IE 8 und 500 Personen nutzen den IE 6.

Man kann nun für die unterschiedlichen Nutzergruppen (unterteilt nach Browserversion) die benötigte Restentropie[3] bestimmen, die erforderlich ist, um einen Benutzer dieser Gruppe eindeutig zu identifizieren. Für 10 000 Nutzer ist eine Entropie $S = -\log_2\left(\frac{1}{10000}\right) = 13{,}29$ erforderlich, um eine möglichst sichere Aussage darüber zu treffen, ob es sich bei einem Nutzer um einen bestimmten Nutzer handelt. Von dieser Gesamtentropie kann man nun die Entropie, die bereits durch die Zugehörigkeit eines Nutzers zu einer der Gruppen von Browserversionen gegeben ist, abziehen, um die notwendige Restentropie zu bestimmen, die erforderlich ist, um einen Nutzer eindeutig zu identifizieren. Die durch die Zugehörigkeit eines Nutzers zur Nutzergruppe eines Browsers gegebene Entropie kann man mit Formel 5.1 nach Eckersley [13] errechnen,

[3] Entropie bezeichnet in der Informationstheorie den mittleren Informationsgehalt bzw. die Informationsdichte einer Nachricht.

wobei Pr[X=x] die Wahrscheinlichkeit dafür angibt, dass ein Nutzer zur jeweiligen Nutzergruppe eines Browsers gehört. Für die Restentropie ergibt sich damit die Formel 5.2.

$$\Delta S = -\log_2(Pr[X = x]) \tag{5.1}$$

$$S - \Delta S = -\log_2\left(\frac{1}{10000}\right) + \log_2(Pr[X = x]) \tag{5.2}$$

Tabelle 5.3 gibt die zur eindeutigen Identifizierung eines Nutzers erforderliche Restentropie in Bit in Abhängigkeit von der Benutzergruppe der Browser an.

Tabelle 5.3 Die zur Bestimmung eines Nutzers erforderliche Restentropie für die verschiedenen Browsernutzer

Nutzergruppe	Anzahl Nutzer	Pr[X=x]	ΔS = -$\log_2$(Pr[X=x])	Restentropie (S - ΔS)
Firefox 30.0	3000	0,3	1,74 Bit	11,55 Bit
Firefox 29.0	500	0,05	4,32 Bit	8,97 Bit
Firefox 28.0	300	0,03	5,06 Bit	8,23 Bit
Firefox 27.0	200	0,02	5,64 Bit	7,65 Bit
Chrome 34.0	2000	0,2	2,32 Bit	10,97 Bit
Chrome 30.0	1000	0,1	3,32 Bit	9,97 Bit
Internet Explorer 10	1500	0,15	2,74 Bit	10,55 Bit
Internet Explorer 8	1000	0,1	3,32 Bit	9,97 Bit
Internet Explorer 6	500	0,05	4,32 Bit	8,97 Bit

Angenommen, wir wollten einen Nutzer des Browsers Firefox in der Version 27.0 mithilfe von HSTS Tracking eindeutig identifizieren. In diesem Fall bräuchten wir lediglich 7,65 Bit, also acht Ressourcen, um einen einzelnen Nutzer eindeutig zu identifizieren. Dass eine Kombination unterschiedlichster Tracking-Methoden durchaus dazu führen kann, Benutzer trotz schwieriger Tracking-Methoden und dem Einsatz von Anti-Tracking-Tools zu identifizieren, sehen Sie in Abschnitt 5.3.1.4.

5.3.1.4 Fortgeschrittene Tracking-Möglichkeiten

Das ID-basierte Tracking und die verschiedenen Methoden des Fingerprintings sind zwar bereits außerordentlich effektiv und können in vielen Fällen auch nur sehr umständlich unterbunden werden, sie haben jedoch gemein, dass ein Großteil des Trackings unter Ausnutzung von Browserfunktionalitäten stattfindet. Egal ob Browserheader, JavaScript, die Möglichkeit, Cookies zu speichern, oder Caching. Alle diese Funktionalitäten lassen sich vom Benutzer deaktivieren. Das geht zwar mit gewissen Einschränkungen einher, ist jedoch prinzipiell möglich. Auch die diversen Browser-Plugins, die ein Tracking verhindern sollen, machen den Tracking-Unternehmen immer häufiger einen Strich durch die Rechnung. Da ist guter Rat teuer.

Leider ist es mit entsprechend ausgereifter Technologie möglich, die unter anderem Gebrauch von künstlicher Intelligenz, neuronalen Netzen und anderen Analyseverfahren für BigData macht, Benutzer auch auf anderen Wegen zu identifizieren. In diesem Abschnitt sollen solche Möglichkeiten und einige Techniken, mit denen die Ergebnisse der unterschiedlichen, bisher behandelten Technologien zusammengeführt werden können, vorgestellt werden. Damit sollen Sie einen Eindruck von den teilweise gravierenden Schwächen unserer Internetarchitektur und deren Einfluss auf Ihre Privatsphäre bekommen.

IP-Adressen, Bandbreite und Hops

Der ursprünglichen Idee von IP-Adressen gemäß, ist jedem Internetnutzer eine IP-Adresse zugeordnet. Warum muss also überhaupt so ein Aufwand betrieben werden, um mithilfe von Fingerprinting und ID-basierten Tracking-Technologien einzelne Nutzer zu identifizieren? Das Problem bei IP-Adressen ist, dass diese heute meist dynamisch an Benutzer vergeben werden, das heißt, wenn Benutzer A heute die IP-Adresse `92.154.2.34` zugeordnet ist, kann es in wenigen Stunden bereits eine andere Person B geben, der diese Adresse dann zugeordnet ist. Außerdem werden viele Subnetzwerke über Proxies mit dem Internet verbunden, die die IP-Adressen der Nutzer durch eine eigene IP-Adresse ersetzen. Das bedeutet, dass sich hinter der nach außen sichtbaren IP-Adresse eines Proxys meist mehrere Benutzer verbergen.

Deshalb sind IP-Adressen nicht wirklich zum Tracking einzelner Personen geeignet, sie können jedoch trotzdem herangezogen werden, um zusätzliche Informationen über einen Nutzer zu erhalten. Mithilfe einer sogenannten Reverse-DNS-Anfrage lassen sich zu IP-Adressen die zugehörigen Domainnamen ermitteln. Außerdem kann dabei der Registrar der IP-Adresse herausgefunden werden. IP-Adressen, die von den Internet-Service-Providern an ihre Nutzer zugewiesen werden, lassen dabei meist Rückschlüsse auf die Region zu, in der sich der Nutzer befindet (siehe Abschnitt 5.3.2.1). Damit sind IP-Adressen zumindest dazu geeignet, die für Fingerprinting erforderliche Restentropie drastisch zu reduzieren, wenn man geeignete Annahmen darüber trifft, welche Aussage mit einer IP-Adresse verknüpft ist.

Angenommen, eine IP-Adresse würde in einer Region, die von rund 20 000 Menschen bevölkert wird, zufällig an einzelne Benutzer dieser Region vergeben werden, so könnte man die mit dieser IP-Adresse verbundene Entropie mithilfe der Formel $\Delta S = -\log_2(Pr[X = x]) = -\log_2\left(\frac{20000}{7238000000}\right) = 18{,}47$ errechnen, wobei Pr[X=x] die Wahrscheinlichkeit dafür bezeichnet, dass ein beliebiger Internetnutzer die entsprechende IP-Adresse zugeordnet bekommt. Dies wäre also die Anzahl der in der Region lebenden Menschen geteilt durch die Weltbevölkerung. Die Restentropie, die zur Identifizierung eines Nutzers mit dieser IP-Adresse erforderlich ist, beträgt demnach $S - \Delta S = -\log_2\left(\frac{1}{7238000000}\right) + \log_2(Pr[X = x]) = 14{,}29$ Bit. Diese Entropie lässt sich leicht mithilfe von Fingerprinting-Technologien aufbringen.

Eine weitere Möglichkeit, Fingerprints von einem Nutzer zu erstellen, der einen lokalen Rechner verwendet, um sich mit dem Internet zu verbinden, ist die Anzahl an Hops, die der Nutzer zu den verschiedenen Domains benötigt. Ein Hop bezeichnet im Grunde einen mithilfe des Traceroute-Programms anzeigbaren Weg von einem Knotenpunkt zum nächsten. Das IP-Protokoll beinhaltet ein Feld namens TTL (Time to Live), das an jedem Knotenpunkt verringert wird. Erreicht es den Wert 0, wird das IP-Paket verworfen. Tracking-Unternehmen könnten dieses Feld dazu nutzen, einen Fingerprint der Netzwerk-Position eines Nutzers zu erzeugen. Aufgrund unterschiedlicher Entfernungen zum Server und unterschiedlicher Netzwerkgegebenheiten unterscheidet sich der Wert des TTL-Feldes zum Zeitpunkt der Ankunft auf dem Server von Nutzer zu Nutzer. Typischerweise wird dieses Feld mit einem Wert von 32 bzw. 64 initialisiert, wenn das Paket den Rechner des Nutzers verlässt. Indem Tracking-Unternehmen ähnlich wie beim HSTS Tracking unterschiedliche Domains, die zu unterschiedlichen IP-Adressen geroutet werden, in einem Dokument einbinden, könnten sie anhand der Hops, die ein IP-Paket von einem Nutzer jeweils bis zum entsprechenden Server benötigt, einen Fingerprint des Nutzers erzeugen. In Kombination mit der IP-Adresse des Nutzers und weiteren Methoden könnten die Tracking-Unternehmen bei einer ausreichend guten Kenntnis der dem Internet zugrunde liegenden Infrastruktur vermutlich auch mithilfe des TTL-Feldes auf diese Art und Weise Nutzer identifizieren.

In Kombination mit den bereits vorgestellten Mechanismen zur Identifizierung eines Nutzers könnte man auch die Bandbreite eines Internetanschlusses dazu nutzen, Nutzer eindeutig zu identifizieren. Um diese zu ermitteln, könnte man mithilfe von JavaScript eine Verbindung zu einem entsprechend ausgestatteten Webserver aufbauen und anschließend eine Reihe von Netzwerktests durchführen. Zum Beispiel könnte die sogenannte Round Trip Time, also die Zeit, die Daten benötigen, um zum Server und von diesem wieder zurück zum Rechner des Nutzers zu gelangen, gemessen werden. Durch eine geeignete Normalisierung der Ergebnisse könnten auf diesem Weg Informationen, die zum Fingerprinting geeignet sind, gewonnen werden.

Login-basiertes Tracking

Ein Login-basiertes Tracking ist im Grunde nichts anderes als ein Tracking auf Basis von klassischen HTTP-Cookies. Der Unterschied dabei ist jedoch, dass keine Tracking-Cookies, sondern Cookies, die eine Sitzungs-ID speichern, zum Tracking verwendet werden. Will man auf einer Seite eingeloggt bleiben, gibt es keine Möglichkeit, diese Sitzungs-ID zu löschen, andernfalls würde man sich selbst ausloggen.

Das Tracking auf Basis eines Logins bietet sich also gerade dann an, wenn Nutzer beim Surfen im Internet ständig auf einer bestimmten Seite eingeloggt sind und es möglich ist, Inhalte dieser Seite auf möglichst vielen anderen Seiten einzubinden. Erst wenn sich ein Nutzer ausloggt oder die Cookies der entsprechenden Seite löscht, ist das login-basierte Tracking nicht mehr möglich.

Backend Tracking

Indem sich die Betreiber mehrerer Webseiten zusammenschließen, könnten sie eine von anderen Tracking-Technologien einigermaßen unabhängige Form des Trackings etablieren. Dazu würde jeder Betreiber einer Seite beim Besuch eines Nutzers die IP-Adresse des Nutzers zusammen mit einer Liste aller auf der zurückgelieferten Seite enthaltenen Links auf externe (und gegebenenfalls auch interne) Seiten an einen Tracking-Server senden. Hier könnten diese Daten dann zentral ausgewertet werden:

Erhält der Tracking-Server innerhalb einer sinnvoll gewählten Zeitspanne einen Seitenzugriff von der gleichen IP-Adresse auf eine der verlinkten Seiten, kann dieser Zugriff mit einer recht großen Wahrscheinlichkeit dem bereits bekannten Nutzer zugeordnet werden. Auf diese Art und Weise lassen sich für die meisten Nutzer Klickpfade für ganze Internetbesuche ermitteln (zum Beispiel in Form eines Graphen: Bild 5.10). Gibt der Nutzer nun auf einer der Seiten, die er besucht, Informationen ein, die dazu dienen, ihn zu identifizieren, zum Beispiel eine Mail-Adresse, so kann der bis dahin und ab da erzeugte Pfad seines Internetbesuchs ihm nicht nur temporär, sondern auch dauerhaft zugeordnet werden.

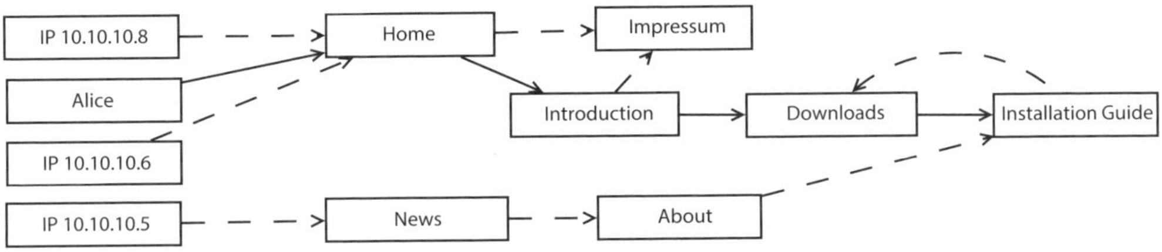

Bild 5.10 Seitenaufrufe unterschiedlicher Benutzer mit hervorgehobenen Klickpfaden identifizierbarer Nutzer

Glücklicherweise erfordert ein derartiges Vorgehen sehr große Rechenkapazitäten und ist deshalb nicht lukrativ, solange es für Tracking-Unternehmen andere Möglichkeiten gibt, Nutzer zu verfolgen. Trotzdem wäre ein solches Tracking möglich. Der Benutzer hätte dabei weder Kenntnis davon, dass er überwacht wird, noch wäre er in der Lage dazu, dieses Tracking zu verhindern. Selbst bei Verwendung des Anonymisierungsnetzwerkes Tor würde dieses Verfahren teilweise funktionieren.

Tracking des One-Step-Clickpath durch Weiterleitungen

Einem ähnlichen Ansatz wie dem vorgestellten Backend Tracking, jedoch bei Weitem auffälliger und vermutlich auch schwieriger zu implementieren, folgt das Tracking des One-Step-Clickpath mithilfe von Weiterleitungen. Die Idee dabei ist, dass (externe) URLs nicht direkt referenziert, sondern mithilfe eines Weiterleitungsmechanismus aufgerufen werden. Dazu wird zunächst eine dem Seitenbetreiber zugehörige URL verlinkt, die beim Aufruf einen sogenannten 301 Redirect auf die eigentlich verlinkte Seite zurückliefert. Der Seitenbetreiber kann dabei ermitteln, auf welchen Link ein Nutzer geklickt hat. Wenn Seitenbetreiber diese Daten untereinander zusammenführen, können sie ähnlich wie beim Backend Tracking Klickpfade der Nutzer identifizieren.

Tracking auf Basis von Browserverhalten

Um Benutzer zu verfolgen, können auch fortgeschrittene Methoden zum Fingerprinting verwendet werden, bei denen sogar Anti-Tracking-Plugins die dazu erforderlichen Daten liefern können. Keaton Mowery et al. stellen in ihrem Artikel „Fingerprinting Information in JavaScript Implementations" [12] einen solchen Ansatz vor, bei dem das populäre NoScript-Plugin (siehe Abschnitt 5.3.1.6) dazu genutzt wird, für das Fingerprinting relevante Informationen zu ermitteln. Die vorgestellte Technologie nutzt die Tatsache aus, dass bei einem den Empfehlungen der Plugin-Entwickler folgenden Einsatz des NoScript-Plugins grundsätzlich allen Seiten verboten ist, Skripte auszuführen, und der Nutzer einzelnen, vertrauenswürdigen Seiten die Skriptausführung gestattet.

Technisch funktionieren das NoScript-Plugin und viele weitere Anti-Tracking-Browsererweiterungen folgendermaßen: Zunächst wird ermittelt, ob der Domain, von der ein Skript geladen wird, die Skriptausführung gestattet ist. Falls ja, wird das Skript wie gewöhnlich geladen und ausgeführt. Falls nein, blockieren die Anti-Tracking-Browsererweiterungen bereits das Laden des entsprechenden Skriptes, sodass die in dem Skript enthaltenen Funktionalitäten gar nicht erst zur Verfügung stehen.

In dem von Mowery et al. beschriebenen Szenario könnte ein Tracking-Skript, das zuvor über NoScript erlaubt wurde, versuchen, Skripte von beliebigen anderen Domains nachzuladen und auf Basis der Informationen, ob diese Skripte verfügbar sind oder durch NoScript blockiert werden, für einen Fingerprint relevante Informationen sammeln. (Schlimmer noch: Auf diese Art und Weise kann herausgefunden werden, welche Seiten der Nutzer vermutlich besucht hat.) Zwar muss das Tracking-Skript in diesem Szenario vom Nutzer explizit erlaubt werden, diese Tracking-Möglichkeit lässt sich also auf einen Bedienungsfehler des Nutzers zurückführen. Bei anderen Anti-Tracking-Plugins, die es erlauben, gezielt Seiten zu blockieren oder zu erlauben, könnte ein ähnlich funktionierendes Tracking-Skript jedoch unabhängig davon, ob der Nutzer einen Bedienungsfehler gemacht hat, derartige Informationen ermitteln.

Dieser Fall zeigt, wie kritisch es ist, bösartigen JavaScript-Code im Browser auszuführen. Es steht zu befürchten, dass Tracking-Unternehmen auch vor solchen Vorgehensweisen nicht zurückschrecken. Daher wird es langfristig erforderlich sein, einen Weg zu finden, Benutzertracking über JavaScript durch den Browser selbst zu unterbinden. Das steht jedoch der Entwicklung entgegen, immer hardwarenäheren Code (zum Beispiel 3D-Spiele) im Browser auszuführen. Womöglich wird die einzige Lösung sein, JavaScript vollständig zu deaktivieren.

5.3.1.5 Einsatz der Tracking-Methoden

Tracking-Unternehmen setzen in aller Regel einen Mix aus verschiedenen Tracking-Methoden ein, um Internetnutzer zu überwachen. Mithilfe dieses redundanten Trackings sind sie in der Lage dazu, Nutzer selbst dann, wenn diese Cookies mit Tracking-IDs löschen, weiterhin zu identifizieren. Mika Ayenson et al. haben herausgefunden, dass einige Tracking-Unternehmen so weit gehen, die Tracking-ID eines Cookies zum Beispiel anhand eines Flash-Cookies nach dem Löschvorgang durch den Benutzer eins zu eins wiederherzustellen [14]. Andere Unternehmen sind da ein wenig vorsichtiger. Auch sie nutzen redundante Tracking-Methoden, allerdings vergeben sie neue Tracking-IDs nach dem Löschen der Cookies und ordnen diese erst auf ihren Servern dem gleichen Nutzer zu.

Gerade was Methoden zum Fingerprinting von Internetnutzern angeht, kann man nur Vermutungen darüber anstellen, welche dieser Methoden von den unterschiedlichen Tracking-Unternehmen eingesetzt werden. Gesicherte Informationen darüber gibt es kaum.

Facebook

Unter dem Motto des geräteübergreifenden Trackings[4] will Facebook seinen Anzeigenkunden die Möglichkeit geben, Nutzer (in anonymisierter Form) vom ersten Kontakt mit einem Produkt bis hin zum Kauf des Produktes zu verfolgen und auf diesem Weg den Erfolg ihrer Werbeanzeigen zu steigern. Conversion Tracking nennt Facebook diese Vorgehensweise, doch sie ist nur die sichtbare Spitze des Eisbergs der Technologie, die Facebook einsetzt, um Nutzer zu tracken, natürlich mit dem Ziel, mehr über deren Surfverhalten zu erfahren und auf Basis dieser Daten Rückschlüsse auf die Interessen eines Nutzers zu ziehen.

Facebooks geräteübergreifendes Tracking basiert auf der Annahme, dass sich die Nutzer von Facebook nicht ausloggen. Auf diese Art und Weise können anfallende Daten direkt einem Nutzer zugeordnet werden. Welche Tracking-Technologien Facebook dazu einsetzt, ist nicht vollständig bekannt. Fest steht jedoch, dass Facebook dabei sowohl auf klassische Cookies als auch auf andere Tracking-Technologien, höchstwahrscheinlich auch auf Methoden zum Fingerprinting der Nutzer setzt.

Mit den am 30. Januar 2015 geänderten Nutzungsbedingungen haben Facebook-Nutzer implizit zugestimmt, dass das Unternehmen auch Werbeanzeigen auf Basis von außerhalb Facebook gesammelten Daten anzeigen darf.

Google

Google betreibt momentan das größte Werbe- und Tracking-Netzwerk weltweit. Es existiert kaum eine Seite im Internet, auf der kein Tracking-Code von Google eingebunden ist. Egal ob Google+ Social Media Buttons, YouTube, Google Analytics, ein kostenloses Tool für Webseitenbetreiber, das diese mit Daten bezüglich ihrer Besucher und deren Verhalten versorgt, Google AdSense und GoogleAdWords, egal ob die von Google angebotenen, kostenlosen Webschriftarten oder andere nützliche JavaScript-Bibliotheken, das Unternehmen Google ist fast immer dabei, wenn ein Nutzer eine Webseite besucht.

[4] Glaubt man dem Artikel „Solving the Cross-Device Problem“ (*http://atlassolutions.com/2015/03/23/solving-the-cross-device-problem/*) des Atlas-Chefs Erik Johnson (Atlas ist ein Subunternehmen von Facebook, das es seinen Kunden ermöglichen will, Werbeanzeigen auch außerhalb von Facebook zu schalten), so schließen mehr als 40 % der Nutzer, die auf einem Gerät zum ersten Mal in Berührung mit einem Produkt kommen, den Kauf auf einem anderen Gerät ab. Dass diese Information mit größter Vorsicht zu genießen ist, brauche ich sicherlich nicht zu betonen.

Hinzu kommt die Dominanz der Google-Suchmaschine. Kaum ein Nutzer verwendet die Google-Suchmaschine nicht als Dreh- und Angelpunkt seiner Aufenthalte im Internet, und nicht zuletzt hat Google mit dem Android-Betriebssystem auch eine große Macht über Smartphones und ihre Nutzer.

Ein Internet ohne Google ist für die meisten Menschen gar nicht mehr vorstellbar. Die Nutzerzahlen von Googles Diensten übersteigen die fantastischen Nutzerzahlen von Facebook bei Weitem. Während Facebook sich über 1,39 Milliarden monatlich aktive Nutzer freut, gibt es alleine rund 2,4 Milliarden registrierte Google-Nutzer, die die Google+-Funktion nicht deaktiviert haben.

Gegenüber Google haben Sie keine Privatsphäre, da braucht man sich nichts vorzumachen, und natürlich setzt Google die vermutlich fortgeschrittensten Tracking-Mechanismen ein, die neben klassischen Cookies auch Flash-Cookies und mit großer Sicherheit auch Fingerprinting-Methoden beinhalten.

Tracking-Unternehmen

Neben Facebook und Google gibt es eine ganze Reihe anderer Tracking-Unternehmen, die allesamt darauf aus sind, Internetnutzer auf Schritt und Tritt zu überwachen. Die dazu eingesetzten Methoden kennen erfahrungsgemäß nur technische Grenzen. Man kann davon ausgehen, dass diese Unternehmen alle Techniken einsetzen, die der Wissenschaft bekannt sind, um die Internetnutzer zu verfolgen.

5.3.1.6 Gegenmaßnahmen

Um Tracking zu verhindern, können Sie selbstverständlich in regelmäßigen Abständen die Cookies auf Ihrem Rechner löschen, Flash-Cookies entfernen und den Browser-Cache löschen (ETag Tracking). Trotzdem können Sie in den Intervallen zwischen Ihren Aufräuminitiativen von den Tracking-Unternehmen verfolgt werden. Außerdem ist Tracking mithilfe von Fingerprinting auch dann möglich, wenn Sie das regelmäßig tun. Aus diesen Gründen sollten Sie auf Plugins zurückgreifen, die es Ihnen erlauben, das Speichern von Tracking-Cookies bereits im Voraus zu verhindern, und die außerdem einen gewissen Schutz vor Fingerprinting-Mechanismen bieten.

In diesem Abschnitt stelle ich Ihnen die wichtigsten Browser-Plugins im Kampf gegen Tracking vor. Die beste Möglichkeit, sich effektiv vor Tracking-Unternehmen zu schützen, scheint derzeit die Nutzung mehrerer Browser-Plugins zu sein. In Tabelle 5.4 erhalten Sie einen Überblick über die Möglichkeiten der vorgestellten Browser-Plugins und deren Verfügbarkeit für die verschiedenen Webbrowser.

Tabelle 5.4 Funktionsumfang und Verfügbarkeiten der Anti-Tracking-Plugins

Plugin	Verfügbarkeit				Funktionen						
	Firefox	Chrome	Safari	Internet Explorer	Ad Blocking	Blacklist Blocking	Cookie Blocking	Flash-Cookie Blocking	JavaScript Blocking	Lernfähig	Anti-Fingerprinting
Adblock Plus	☑	☑	☑	☑	☑	☑	☒	☒	☒	☒	☒
Bluehell Firewall	☑	☒	☒	☒	☑	☑	☒	☒	☒	☒	☒
Ghostery	☑	☑	☑	☑	☐	☑	☒	☒	☒	☒	☒
Privacy Badger	☑	☑	☒	☒	☐	☒	☑	☑	☑	☑	☐
Better Privacy	☑	☒	☒	☒		☒	☒	☒	☑	☒	☒
Self-Destructing Cookies	☑	☒	☒	☒	☒	☒	☑	☒	☒	☒	☒
NoScript	☑	☒	☒	☒	☐	☑	☒	☒	☑	☒	☑
Tor Button	☑ (nur in Verbindung mit Tor)	☒	☒	☒	☒	☒	☒	☒	☒	☒	☑

Adblock Plus

Das für alle großen Browser verfügbare Open-Source-Plugin Adblock Plus ist ein Plugin, das vorrangig dazu dient, Werbeanzeigen auf Webseiten zu blockieren. Das alleine ist bereits eine sehr hilfreiche Funktion, die es wert ist, dieses Plugin zu installieren, schützt jedoch nicht bzw. nur bedingt gegen Tracking. Allerdings enthält das Adblock Plus-Plugin auch die Möglichkeit, Tracking-Unternehmen zu blockieren und damit Tracking zu verhindern.

Dazu nutzt Adblock Plus die EasyPrivacy-Liste, die die Domains bekannter Tracking-Unternehmen und einige typische Muster für Tracking-Skripte nutzt, um Tracking zu verhindern. Sie können die EasyPrivacy-Liste in Ihrem Adblock Plus-Plugin aktivieren und deaktivieren, indem Sie die EasyPrivacy-Liste abonnieren.

Sie können Adblock Plus ganz einfach installieren, indem Sie die Seite *https://adblockplus.org/* besuchen und dort auf den Button „Install" klicken (siehe Bild 5.11).

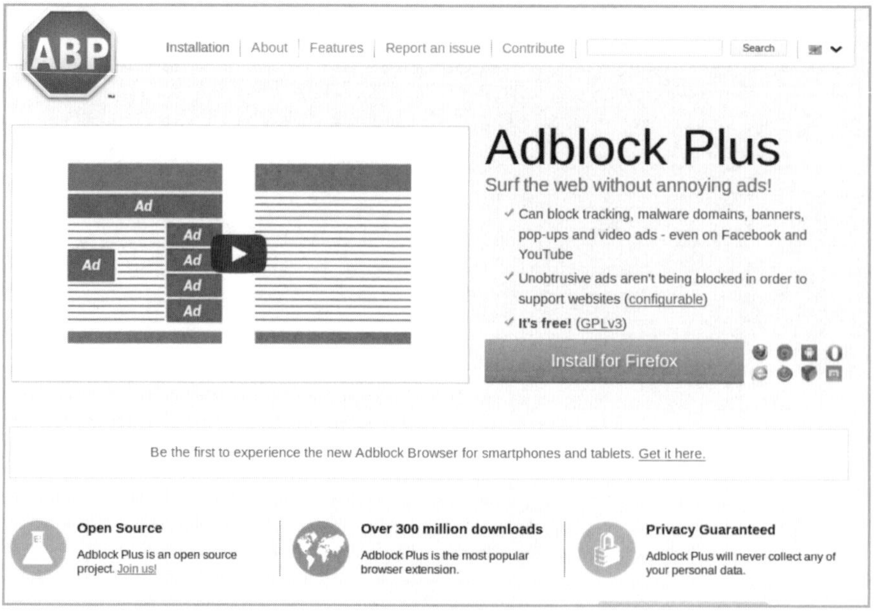

Bild 5.11 Installation des Adblock Plus-Browser-Plugins

PRAXISTIPP

Um die EasyPrivacy-Liste in Adblock zu installieren, besuchen Sie die Seite

https://adblockplus.org/en/features,

scrollen Sie bis zum Eintrag „Disable Tracking“ und klicken Sie auf den Link „Open this dialog“ (siehe Bild 5.12). Anschließend können Sie die EasyPrivacy-Liste mithilfe eines Klicks auf „Hinzufügen“ aktivieren.

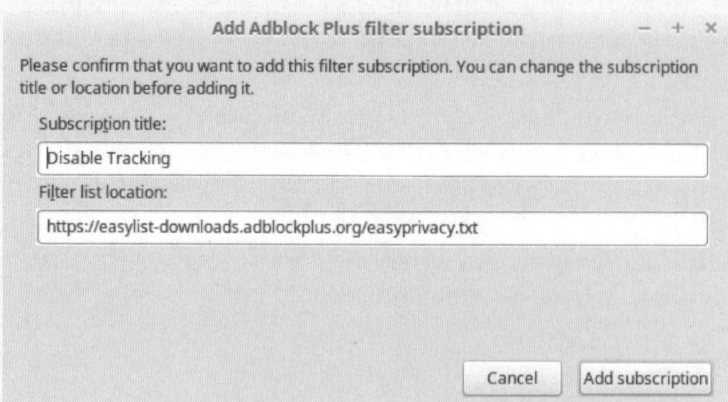

Bild 5.12 Installation der EasyPrivacy-Liste für Adblock Plus

Wenn Sie außerdem Social-Media-Buttons wie den Like-Button installieren wollen, wiederholen Sie die genannten Schritte für die unter dem Eintrag „Disable Social Media Buttons" zur Verfügung gestellte „Fanboy's Social Blocking List".

Bluehell Firewall

Ebenso wie Adblock Plus ist Bluehell Firewall vorrangig ein Plugin zum Blockieren von Werbeanzeigen. Ein Nebeneffekt dabei ist jedoch, dass auch sehr viele Tracking-Unternehmen mithilfe von Bluehell Firewall blockiert werden. Die Entwickler von Bluhell betonen vor allem den Performancevorteil, den Bluehell gegenüber anderen Adblockern hat. Aufgrund der Tatsache, dass die mehreren Hundert Regeln der zum Beispiel von Adblock Plus verwendeten EasyList in Bluehell Firewall auf nur sieben Regeln reduziert sind, mit denen laut Angaben der Entwickler trotzdem rund 8400 Domains blockiert werden können, soll das Plugin deutlich schneller als die Konkurrenz sein.

Ein weiterer Unterschied zu anderen Adblockern ist, dass es keine Konfigurationsmöglichkeiten für Bluehell Firewall gibt. Während Experten diese Optionen vermutlich vermissen werden, kommt das dem Laien zugute. Mit einem Klick auf das Symbol von Bluehell Firewall kann das Plugin aktiviert und deaktiviert werden. Mehr bekommt der Nutzer nicht mit.

PRAXISTIPP

Unter Firefox können Sie das Bluehell Firewall-Plugin über die Seite

https://addons.mozilla.org/en-US/firefox/addon/bluhell-firewall/

installieren. Gerade wenn Sie verhindern wollen, dass Sie von Tracking-Unternehmen überwacht werden, sollten Sie sich keinesfalls ausschließlich auf Bluehell Firewall verlassen.

Ghostery

Ghostery ist ein von der gleichnamigen Firma entwickeltes Browser-Plugin für Firefox, Google Crome, Internet Explorer, Safari und Opera zum Schutz der Privatsphäre der Internetnutzer. Das Plugin bietet die Möglichkeit, alle bekannten, mithilfe einer Blacklist identifizierten Tracking-Unternehmen zu blockieren und bei Bedarf ganz individuell einzelnen Unternehmen das Tracking zu erlauben, falls das erforderlich ist.

Zusätzlich ist es Ihnen möglich, mit Ghostery die blockierten Unternehmen anzuzeigen. Diese Möglichkeit liefert oft interessante Erkenntnisse darüber, welche Tracking-Unternehmen auf welchen Seiten lauern.

Bei der Installation von Ghostery können Sie mithilfe eines Assistenten einstellen, welche Tracking-Seiten Sie blockieren möchten (siehe Bild 5.13). Indem Sie in den Optionen das sogenannte „Warnfeld“ aktivieren, werden Ihnen, wie in Bild 5.14 dargestellt, beim Besuch einer Seite die blockierten und nicht blockierten, aber bekannten Tracking-Unternehmen angezeigt.

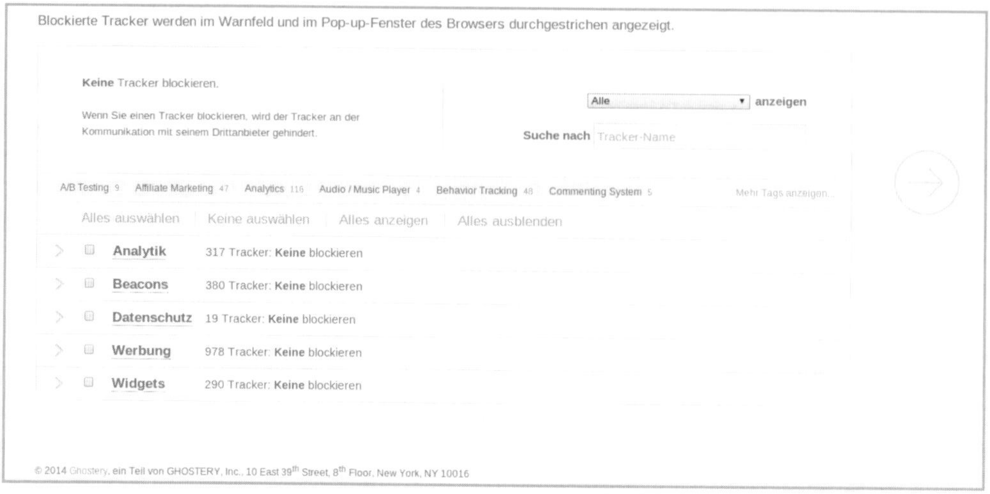

Bild 5.13 Der Ghostery-Assistent: Blockieren von Tracking-Seiten

Bild 5.14
Ghostery: Aktivierung des Warnfeldes

In den Optionen, die Sie über einen Klick auf das Ghostery-Logo in der Symbolleiste Ihres Browsers und einem anschließenden Klick auf das Einstellungssymbol erreichen, können Sie außerdem die Ersetzung von potenziell nützlichen, jedoch zum Benutzertracking verwendeten Schaltflächen aktivieren. Dabei können Sie auch die von Facebook, Twitter, Google+ und Co. eingeblendeten Social-Media-Buttons wie den Like-Button blockieren, sodass diese erst nach einem Klick auf die von Ghostery stattdessen eingeblendeten Ersatzschaltflächen aktiviert werden. So können Sie Tracking im Allgemeinen verhindern und trotzdem die (mehr oder weniger) nützlichen Funktionen der zum Tracking genutzten Elemente verwenden.

PrivacyBadger

Der von der Electronic Frontier Foundation entwickelte Privacy Badger ist ein momentan für Firefox und Chrome verfügbares Browser-Plugin, das versucht, statt Tracking-Unternehmen mithilfe von Blacklists zu identifizieren, Tracking anhand seiner Auswirkungen, also zum Beispiel anhand von auf unterschiedlichen Seiten eingebundenen Inhalten (wie beispielsweise Werbung), zu identifizieren und die von den Tracking-Unternehmen eingesetzten Methoden im Anschluss daran zu eliminieren.

Dieser Ansatz, der zumindest in seiner Grundidee auf einem maschinellen Lernen basiert, könnte in Zukunft auch dazu verwendet werden, Fingerprinting zu identifizieren und gegebenenfalls durch eine Manipulation der dazu verwendeten Daten zu eliminieren.

Weblink

Sie können den Privacy Badger der Electronic Frontier Foundation auf der Seite

https://www.eff.org/privacybadger

für Firefox und Chrome herunterladen und installieren. Hier erfahren Sie auch weitere Informationen über die Funktionsweise dieses Browser-Plugins.

BetterPrivacy

BetterPrivacy ist ein Plugin für Firefox, das es Nutzern erlaubt, Flash-Cookies zu löschen. Nutzer können über eine übersichtliche Oberfläche (siehe Bild 5.15) Flash-Cookies löschen, blockieren oder erlauben. Eine Installation des Plugins BetterPrivacy macht selbstverständlich nur dann Sinn, wenn Sie Gebrauch vom FlashPlayer machen. Sie sollten bedenken, dass dieser viele weitere Sicherheitslücken mitbringt und deshalb nur in Ausnahmefällen im Browser installiert und aktiviert werden sollte.

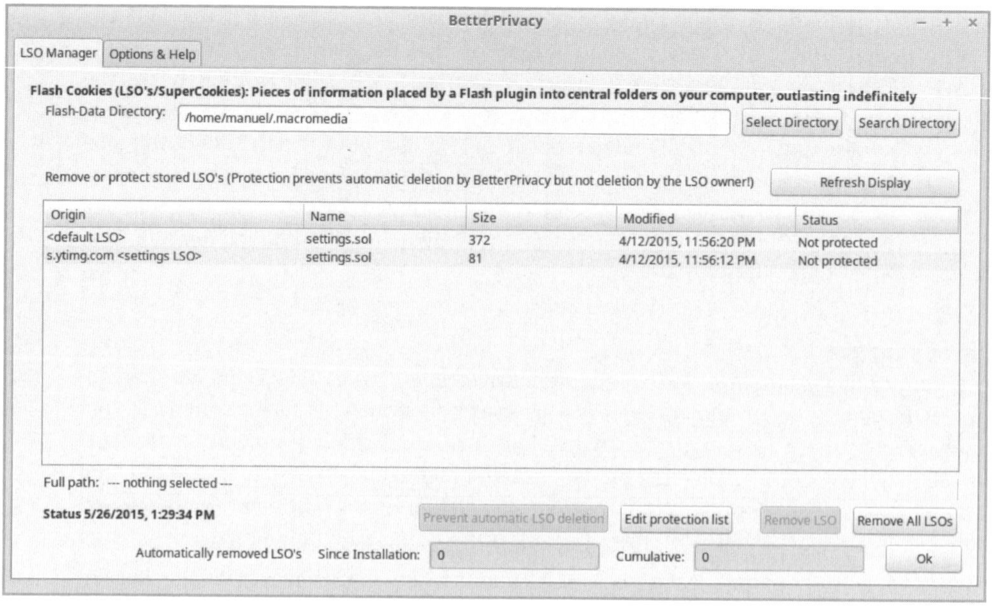

Bild 5.15 Einstellungen des BetterPrivacy-Plugins

Weblink

Sie können das BetterPrivacy-Plugin über die Seite

https://addons.mozilla.org/en-US/firefox/addon/betterprivacy/

herunterladen und installieren. Die Einstellungen erreichen Sie übrigens über den Add-ons-Manager.

Self-Destructing Cookies

Das Firefox-Plugin Self-Destructing Cookies nimmt Ihnen die lästige und deshalb oft vernachlässigte Arbeit des Cookie-Löschens ab. Per Default löscht „Self-Destructing Cookies" alle von einer Seite abgelegten Cookies beim Schließen des Tabs. Das erlaubt Ihnen, beispielsweise Login-Funktionalitäten und andere, über Cookies bereitgestellte Dienste zu nutzen und dennoch beim nächsten Besuch oder durch die Einbindung von Tracking-Skripten auf anderen Seiten nicht identifiziert zu werden.

Sie können auch einstellen, ob die Cookies einer Seite behalten werden oder ob diese erst beim Schließen des Browsers gelöscht werden sollen. Wenn Self-Destructing Cookies ein Cookie löscht, beispielsweise weil Sie einen Tab geschlossen haben, wird Ihnen eine Meldung angezeigt, die Sie über die Löschung benachrichtigt.

PRAXISTIPP

Sie können das Self-Destructing Cookies-Plugin unter Firefox über die Seite

https://addons.mozilla.org/en-US/firefox/addon/self-destructing-cookies/

installieren. Durch einen Klick auf das Symbol in Ihrer Browserleiste können Sie auswählen, ob die Cookies dieser Seite behalten werden sollen (siehe Bild 5.16).

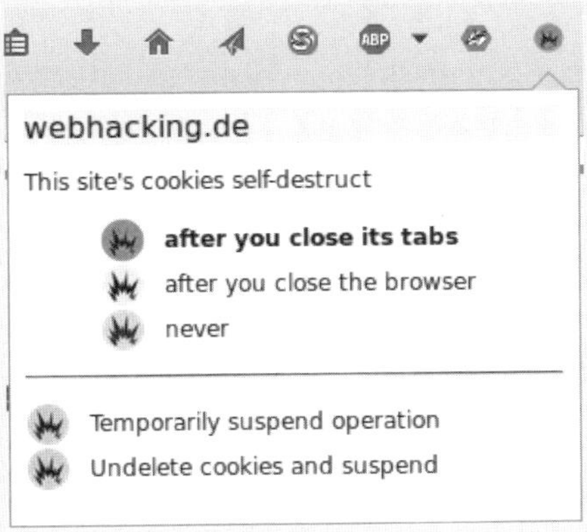

Bild 5.16
Durch einen Klick auf das grüne Symbol verhindern Sie, dass Cookies der aktuellen Seite niemals von Self-Destructing Cookies gelöscht werden. Mit einem Klick auf das gelbe Symbol weisen Sie Self-Destructing Cookies an, Cookies der aktuellen Seite bis zum Schließen des Browsers zu behalten.

NoScript

NoScript ist ein populäres Plugin für Firefox, das in der Lage dazu ist, die Ausführung von JavaScript auf Webseiten zu unterbinden. Dabei kann die Ausführung von JavaScript mithilfe von Whitelists und Blacklists gezielt für bestimmte Seiten erlaubt bzw. unterbunden werden. Neben diesen Regeln bietet NoScript auch noch Schutzmechanismen für sogenannte Cross-Site-Scripting-Angriffe, das soll hier jedoch nicht Thema sein.

Da Tracking (besonders Fingerprinting) in vielen Fällen mithilfe von JavaScript funktioniert, kann das NoScript-Plugin auch dazu genutzt werden, Tracking zu verhindern. Es empfiehlt sich, grundsätzlich alle Skripte zu blockieren und nur ganz gezielt einzelne Skripte zuzulassen, die für die Funktion einer Seite notwendig sind und denen man vertraut. Dabei sollte man jedoch bedenken, dass, gibt man ein bösartiges Skript frei, mithilfe des von Mowery et al. entwickelten Angriffs (siehe Abschnitt 5.3.1.4) Fingerprinting auf Basis von NoScript möglich ist.

Weblink

Sie können NoScript von der Seite *https://noscript.net/* herunterladen und in Ihrem Browser installieren.

Tor-Browser inklusive Tor-Button

Der Tor-Browser ermöglicht es Ihnen, anonym im Internet zu surfen. Dazu nutzt der Browser das sogenannte Onion-Routing-Prinzip (siehe Abschnitt 10.2), bei dem Ihre Daten anonym durch das Tor-Netzwerk transportiert und an ihr Ziel zugestellt werden. Doch diese Anonymisierung, die vor allem dazu dient, Daten vor Geheimdiensten und anderen Organisationen zu schützen, die den gesamten Internetverkehr überwachen, ist nicht die einzige Anonymisierungsmaßnahme. Die Standardeinstellungen des Tor-Browsers sorgen dafür, dass Cookies stets beim Schließen des Browsers gelöscht werden, sowie dafür, dass der Browserheader aller Tor-Nutzer identisch ist. Damit bleiben viele Fingerprinting-Techniken wirkungslos.

Diese Aufgabe, Tor-Nutzer untereinander ununterscheidbar zu machen, übernimmt der Tor-Button. Grundsätzlich wäre dieser unabhängig vom Tor-Browser installierbar, da er jedoch nicht im Release-Zyklus des Firefox angepasst werden kann, empfehlen die Entwickler, diesen nur in Kombination mit dem Tor-Browser zu nutzen.

Hinweis

In Abschnitt 10.2 erfahren Sie nicht nur, wie der Tor-Browser und das ihm zugrunde liegende Onion-Routing funktionieren, sondern auch, wie Sie den Tor-Browser verwenden können.

5.3.2 Standort-Analysen

Die Betreiber sozialer Netzwerk versuchen nicht nur, Sie in der digitalen Welt zu verfolgen, sondern nutzen auch sehr ausgefallene Technologien, um Sie in der realen Welt zu überwachen. Das Ziel ist dabei, ein möglichst umfassendes Bewegungsprofil von Ihnen zu ermitteln, aus dem sich nicht nur die Orte, die Sie besuchen, ablesen lassen, sondern auch die Zeiten, zu denen Sie sie besuchen. Auf diesem Wege lassen sich aus einem solchen Bewegungsprofil sehr viele Informationen ableiten.

So kann beispielsweise ermittelt werden, wo Sie arbeiten und wie Ihre Arbeitszeiten sind. Außerdem können Informationen über Ihre Freizeitaktivitäten und damit über Interessen und Hobbys gewonnen werden. Doch damit nicht genug. Kombiniert man die Daten von unterschiedlichen Nutzern miteinander, lässt sich auch feststellen, mit wem Sie sich zu den unterschiedlichsten Tageszeiten treffen, effektiv lassen sich also auch Ihre sozialen Kontakte an Ihrem Bewegungsprofil ablesen.

Zusammen mit dem Tracking im Internet sind Standortdaten die wichtigsten Daten, die die Betreiber sozialer Netzwerke von Ihnen besitzen, denn daran lässt sich sehr zuverlässig und auch einigermaßen automatisiert ablesen, welche Interessen Sie haben und für welche Werbeanzeigen Sie womöglich empfänglich sind.

5.3.2.1 ... auf Basis der IP-Adresse

Wenngleich mithilfe der IP-Adresse eines Nutzers keine besonders genauen Standortanalysen erfolgen können, ist diese Möglichkeit dafür eine sehr zuverlässige, die auf allen Endgeräten und bei fast allen Nutzern funktioniert.

Im Wesentlichen werden dazu die Personen und Organisationen, die hinter einer IP-Adresse stehen, ermittelt. Da die Internet-Service-Provider meist lokal registrierte IP-Adressen an ihre Nutzer zuweisen, geben die zu einer IP-Adresse hinterlegten Adressdaten Aufschluss darüber, in welcher Region sich ein Nutzer befindet. Große Betreiber sind unter Umständen auch in der Lage dazu, weitere Informationen aus eigenen Datenbanken zu nutzen, die eine granularere Aufschlüsselung der IP-Adresse in Standortdaten ermöglichen.

Man nennt den Vorgang, bei dem einer IP-Adresse geografische Informationen zugeordnet werden, auch Geolocation. Es gibt mittlerweile eine Reihe von Anbietern, die Geolocation Services für Firmen anbieten. Dazu pflegen diese meist Datenbanken, die Informationen von Internet-Service-Providern enthalten und damit eine gegenüber einfachen `whois`-Abfragen deutlich gesteigerte Qualität liefern. Geolocation wird in Form von automatischen Anpassungen der Sprache einer Webseite vielfach für den Nutzer nachvollziehbar eingesetzt. Wann und in welchem Umfang Betreiber von Webseiten Geolocation nutzen, um Standortdaten von Benutzern zu beziehen, kann vom Endnutzer nicht nachvollzogen werden.

PRAXISTIPP

Mithilfe von Webseiten wie *http://www.iplocation.net/* können Sie ausprobieren, welcher Region Ihre eigene IP-Adresse zugeordnet wird. ■

5.3.2.2 ... mithilfe von Sensoren in Smartphones

Wesentlich genauere Standortinformationen können von den Betreibern sozialer Netzwerke dann erfasst werden, wenn die Benutzer ihre Smartphone-Apps installiert haben. In Smartphones sind in aller Regel GPS-Sensoren verbaut, mit denen eine bis auf zehn Meter genaue Ortung der Besitzer mithilfe des Global-Positioning-Systems (GPS) möglich ist[5]. Beinahe alle Apps großer sozialer Netzwerke erfordern die Berechtigung zum Zugriff auf diese Sensoren.

Damit sind diese Apps jederzeit in der Lage dazu, Ihren genauen Standort zu ermitteln. Tatsächlich lässt sich der GPS-Sensor auf iOS- und Android-Geräten deaktivieren, sodass ein Zugriff auf diese Informationen selbst mit erteilten Berechtigungen nicht möglich ist. Es gibt jedoch auch Apps wie zum Beispiel Tinder, die in diesem Fall den

---

5 Auch wenn kein GPS-Sensor verbaut ist, bietet Google die Ermittlung des Standortes auf Basis von Daten des Mobilfunknetzes an. Damit können Nutzer zwar nicht bis auf wenige Meter exakt lokalisiert werden, jedoch je nach Besiedlungsdichte und Netzabdeckung der Region zumindest bis auf wenige Hundert Meter genau.

Dienst verweigern mit dem Hinweis darauf, dass sie den Standort des Nutzers benötigen (siehe Bild 5.17).

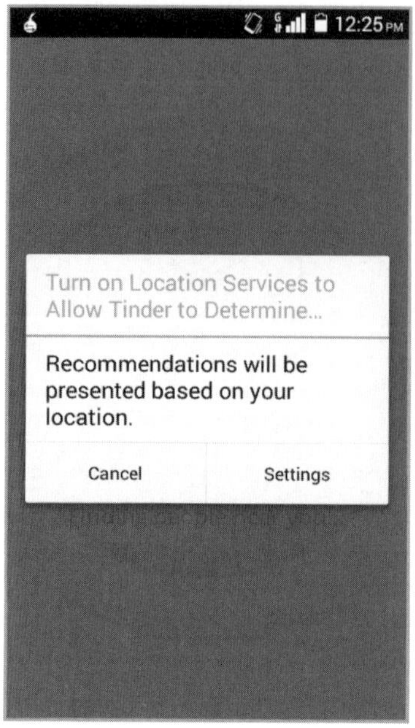

Bild 5.17
Tinder verweigert den Dienst, wenn man der App nicht erlaubt, den Standort des Benutzers abzurufen.

Doch auch andere Applikationen schaffen Anreize für den Nutzer, die Standortdienste zu aktivieren. Ist das einmal getan, vergessen Nutzer oft, diese wieder zu deaktivieren, sodass es für die Apps dauerhaft oder zumindest für eine längere Zeitspanne möglich ist, genaue Standortdaten eines Nutzers zu ermitteln.

5.3.2.3 ... durch Metadaten in Bildern

Auch mithilfe der von Nutzern hochgeladenen Bilder können Betreiber sozialer Netzwerke Standortinformationen über ihre Nutzer ermitteln. Viele Kameras und vor allem Smartphones erlauben es ihren Nutzern, sogenannte Geotags zu Bildern hinzuzufügen (siehe Bild 5.18).

Dabei werden Standortinformationen zu einem Bild hinzugefügt. Wird dieses Bild nun in sozialen Netzwerken hochgeladen, können die Betreiber diese Daten einfach extrahieren und abspeichern. Dass Bilder in aller Regel auch ein Aufnahmedatum haben, ermöglicht es den Betreibern sozialer Netzwerke sogar, die Standortinformationen in ein existierendes Bewegungsprofil einzubetten.

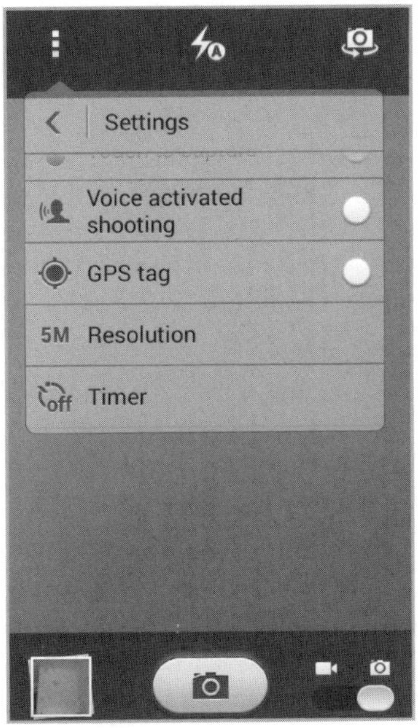

Bild 5.18
Unter Android kann man meist einstellen, ob Geotags zu Bildern hinzugefügt werden sollen oder nicht.

Doch Bilder können nicht nur Standortinformationen in den Metadaten enthalten. Üblicherweise sind darunter auch Informationen über die zur Aufnahme verwendete Kamera sowie zahlreiche Informationen zur Belichtungszeit, zum Zoom und sogar darüber, ob ein Blitz verwendet wurde oder nicht. Vor allem bei Verwendung des GPS-Geotaggings, bei dem teilweise „nur" der Zeitstempel eines im GPS-Log gespeicherten Eintrags mit Standortinformationen zu den Metainformationen des Bildes hinzugefügt wird, lassen sich sehr einfach Rückschlüsse auf die Zeitzone ziehen, in der das Bild aufgenommen wurde (siehe Listing 5.2)[6]. Sie können alle zu einem Bild gespeicherten Metadaten, sogenannte EXIF-Daten, mithilfe des Kommandozeilenprogramms `exiftool` sichtbar machen.

Listing 5.2 Rückschlüsse auf die Zeitzone dank Geotagging

```
$exiftool -a -u -g1 <BILDDATEI>
[...]
---- System ----
File Name                   : <BILDDATEI>
Directory                   :.
File Size                   : 1778 kB
File Modification Date/Time: 2015:03:24 14:35:40[...]
---- GPS ----
GPS Time Stamp              : 13:35:38
GPS Date Stamp              : 2015:03:24
[...]
```

[6] Zuweilen ist die Zeitzone jedoch auch bei den dateispezifischen Datumsangaben enthalten.

Generell gilt: Entfernen Sie die in Bildern enthaltenen Metadaten möglichst, bevor Sie das Bild irgendwo hochladen. Vor allem dann, wenn das Bild Standortinformationen enthält, sollten Sie die Daten jedoch unter allen Umständen entfernen. Wie das geht, erfahren Sie in Abschnitt 5.3.2.4.

5.3.2.4 Gegenmaßnahmen

Je nachdem auf welchem Wege Betreiber sozialer Netzwerke versuchen, Standortinformationen über ihre Nutzer zu vermitteln, haben Sie unterschiedliche Möglichkeiten, dies zu verhindern. Leider ist das meist mit Einschränkungen verbunden. Zwar kann eine Ermittlung des Standorts über Smartphones unterbunden werden, die Nutzung der nativen Apps ist damit jedoch meist nicht mehr möglich.

Auch dann, wenn Sie die Ermittlung von Standortinformationen anhand der IP-Adresse oder mithilfe von Bildern verhindern möchten, entstehen Ihnen Zusatzaufwände.

Tor-Browser

Um zu verhindern, dass die Betreiber von sozialen Netzwerken mithilfe von Geolocation herausfinden, in welcher Region Sie sich gerade befinden, eignet sich der bereits in Abschnitt 5.4.1.6 vorgestellte Tor-Browser. Dank des von Tor verwendeten Onion-Routing-Prinzips, das ausführlich in Abschnitt 10.2 vorgestellt ist, verbergen Sie Ihre reale IP-Adresse. Typischerweise würden die Betreiber sozialer Netzwerke und anderer Webseiten Sie sogar einem anderen Land zuordnen.

Dadurch werden mithilfe von Geolocation gewonnene Standortinformationen über Sie wertlos und Sie müssen nicht befürchten, das Betreiber sozialer Netzwerke Bewegungsprofile anhand Ihrer IP-Adresse erstellen.

Smartphones

Um zu verhindern, dass die Betreiber sozialer Netzwerke Standortdaten mithilfe Ihres Smartphones ermitteln, sind teilweise sehr radikale Maßnahmen erforderlich. Da vor allem bei Android einer App Berechtigungen entweder erteilt oder verweigert werden müssen, gibt es oft keinen Mittelweg, sondern nur die Entscheidung, ob man eine App installiert oder eben nicht.

Erschwerend kommt die Tatsache hinzu, dass die Unternehmen, von denen die Betriebssysteme der gängigen Smartphones (Apple: iOS, Google: Android) stammen, meist ein eigenes Interesse daran haben, Ihre Standortdaten zu überwachen.

Sowohl Apple als auch Google erfassen in regelmäßigen Zeitintervallen Standortdaten von ihren Nutzern und legen diese in einer Datenbank auf dem Gerät ab. In regelmäßigen Abständen werden diese Daten an die Server von Google bzw. Apple gesendet. Diese Unternehmen sind also dazu in der Lage, mehr oder weniger lückenlose Bewegungsprofile von ihren Nutzern zu erfassen [15].

Ohne ein gewisses Vertrauen zum Hersteller eines Smartphones und zu seinen Zulieferern bleibt eigentlich nur eine Option: keine Smartphones zu benutzen. Gerade was das Betriebssystem angeht, gibt es kaum Alternativen zu Googles Android und Apples iOS[7]. Zu einer interessanten Alternative könnte sich das von Mozilla betreute Firefox OS entwickeln, es bleibt jedoch abzuwarten, welche Firmen ihre Geräte mit diesem System ausliefern und welche Kompromisse dabei eingegangen werden.

Deinstallation der nativen Apps

Wenn Sie die Apps von Facebook, Whatsapp, Twitter, Google+ und anderen sozialen Netzwerken auf Ihrem Smartphone installiert haben, haben Sie diesen unweigerlich die Berechtigung zum Zugriff auf Ihren Standort erteilt (siehe beispielsweise Bild 5.19). Wenn Sie in der Lage dazu sind, die Standortabfrage auf Ihrem Smartphone ständig zu deaktivieren, ist das kein so großes Problem.

Bild 5.19 Bei der Installation von Whatsapp erteilen Sie der App die Berechtigung, auf Ihren Standort zuzugreifen.

[7] Tatsächlich gibt es noch Windows Phone, aber da gerät man ohnehin vom Regen in die Traufe.

In aller Regel benötigen Sie den GPS-Sensor Ihres Smartphones jedoch von Zeit zu Zeit, zum Beispiel dann, wenn Sie zur besseren Orientierung in einer fremden Stadt einen entsprechenden Dienst verwenden. Sobald Sie den GPS-Sensor aktivieren, haben auch die Apps von Facebook, Google usw. Zugriff auf Ihren Standort. Daher ist es sinnvoller, die entsprechenden Apps möglichst gar nicht oder zumindest nur dann, wenn Sie diese unbedingt benötigen, auf Ihrem Smartphone zu installieren.

Meist haben Sie die Möglichkeit, statt der nativen Apps die mobile Webseite des entsprechenden Netzwerkes zu nutzen; so zum Beispiel im Fall von Facebook, Twitter oder Google+. Leider gibt es keine mobile Webseite für Whatsapp, und auch Apps wie Tinder, Snapchat und andere mobile Messenger bieten diese Möglichkeit nicht. In diesem Fall müssen Sie abwägen, ob Sie diese Apps weiter nutzen oder auf Alternativen umsteigen möchten. Ich kann nur immer wieder empfehlen, hier auf die App TextSecure (siehe Abschnitt 2.3.3.3) umzusteigen.

Orbot/Orweb

Wenn Sie die nativen Apps der sozialen Netzwerke deinstallieren und stattdessen die mobile Webseite nutzen, haben Sie zwar die Gefahr der Standortermittlung mithilfe von Smartphone-Sensoren eliminiert, die Möglichkeit, Ihren Standort auf Basis der IP-Adresse abzurufen, existiert jedoch weiterhin. Verhindern können Sie das ähnlich wie auch auf Ihrem Desktop-Computer durch den Einsatz von Tor.

Für Android gibt es dafür die App Orbot, die in der Lage ist, eine Verbindung zum Tor-Netzwerk aufzubauen und Daten über dieses zu versenden. Prinzipiell kann Orbot sich mit jeder App, die einen Proxy unterstützt, mit dem Internet verbinden. Wenn Sie zufällig Root-Zugang zu Ihrem Smartphone haben, können Sie den gesamten Netzwerkverkehr über Tor umleiten (man nennt das auch Torification).

Andernfalls können Sie statt des Standard-Webbrowsers einfach den Orweb-Browser verwenden. Dieser nutzt Orbot, um sich mit dem Tor-Netzwerk zu verbinden und Ihre Daten über dieses umzuleiten. Anschließend können die Betreiber sozialer Netzwerke Sie auch mithilfe von Geolocation nicht länger orten. Mehr über Orbot und Orweb erfahren Sie in Abschnitt 10.2.2.2.

Metadaten von Bildern bereinigen

Mit dem bereits vorgestellten Kommandozeilenprogramm `exiftool` können Sie die Metadaten eines Bildes nicht nur anzeigen, sondern auch manipulieren. Insbesondere können Sie diese Daten auch entfernen. Das ist nicht nur dann sinnvoll, wenn Standortinformationen in Form von Geotags im Bild enthalten sind, sondern eine Maßnahme, die generell Sinn macht, wenn Sie Bilder auf eine Webseite hochladen oder anderweitig an Dritte weitergeben.

Weblink

Sie können `exiftool` unter der Adresse *http://www.sno.phy.queensu.ca/~phil/exiftool/* für Ihr Betriebssystem herunterladen.

Indem Sie die Metadaten eines Bildes entfernen, verhindern Sie so zum Beispiel, dass Dritte Einblick in die Einstellungen Ihrer Kamera zum Aufnahmezeitpunkt erhalten und dadurch womöglich Rückschlüsse auf weitere Informationen gewinnen können. Nicht zuletzt verhindern Sie so, dass Dritte Namen und Modell Ihrer Kamera bzw. Ihres Smartphones auslesen können (siehe Listing 5.3).

Listing 5.3 Smartphone-Modell in den EXIF-Daten

```
$exiftool -a -u -g1 <DATEINAME>
[...]
---- IFD0 ----
Make                              : XXX
Camera Model Name                 : XXX MODELLNUMMER
[...]
```

Das Löschen aller Metadaten eines Bildes ist sehr einfach mit dem folgenden Befehl möglich:

```
exiftool -all= <DATEINAME>
```

Sie können jedoch auch einzelne Daten löschen. Wie das geht, erfahren Sie in der Dokumentation zu exiftool: *http://www.sno.phy.queensu.ca/~phil/exiftool/*

5.3.3 Freundefinder und Adressbuch-Uploads

Die Betreiber sozialer Netzwerke denken sich auf der einen Seite technisch immer kompliziertere Methoden aus, um ihre Nutzer zu tracken oder deren Standorte zu ermitteln. Auf der anderen Seite nutzen sie jedoch auch Möglichkeiten, bei denen sie den Nutzer gezielt in die Irre führen oder für dumm verkaufen, um an Daten zu gelangen. Während sich die Betreiber sozialer Netzwerke ausgefallene Gründe ausdenken, um Zugriff auf Ihre E-Mail-Konten zu erlangen, machen sie es sich einfach, Ihr Adressbuch von Ihrem Smartphone zu stehlen. Hier besitzen die entsprechenden Apps in aller Regel Zugriff auf Ihr Adressbuch. Warum also lange fragen, wenn man die gewünschten Daten ganz einfach im Hintergrund auf seine Server hochladen kann?

5.3.3.1 Freundefinder

Freundefinder werden Nutzern meist nach dem Motto „Importieren Sie Ihre Kontaktdaten von Ihrem E-Mail-Benutzerkonto" angezeigt. Nutzer sollen hier ihre Mail-Adresse und ihr Passwort eingeben. Anschließend loggen sich die Betreiber sozialer Netzwerke in dem entsprechenden E-Mail-Benutzerkonto ein und können auf alle dort hinterlegten Daten wie Kontaktdaten und auch E-Mails zugreifen. Dass die Betreiber beteuern, das Passwort zu Ihrem E-Mail-Konto nicht zu speichern, ist nur ein schwacher Trost[8]. Bereits bei einem einmaligen Zugriff könnten diese Ihre gesamten, bis dahin erhaltenen und versendeten E-Mails herunterladen und so an eine sehr große Menge persönlicher Daten von Ihnen und Ihren Kontakten gelangen.

5.3.3.2 Adressbuchdiebstahl

Apps, die auf Ihrem Smartphone installiert sind und die die Berechtigung dazu haben, Ihr Adressbuch anzusehen, erlauben es sich gelegentlich, dieses im Hintergrund an die eigenen Server zu übertragen.

Auf diese Art und Weise stehlen diese Apps im wahrsten Sinne des Wortes die Kontaktdaten Ihrer Freunde, Bekannten und Geschäftspartner. Sobald eine App die Berechtigung zum Zugriff auf Ihr Telefonbuch erfordert, ohne dass dies einen sofort einsehbaren Sinn hat, wie beispielsweise bei Messengern, sollten Sie kritisch hinterfragen, warum diese Berechtigung notwendig sein sollte.

Letztendlich müssen Sie entscheiden, ob Ihnen der mögliche Diebstahl Ihres Adressbuches die Installation der betreffenden App wert ist.

5.3.3.3 Gegenmaßnahmen

Es gibt im Grunde nur eine einzige wirksame Gegenmaßnahme, um dem Adressbuchdiebstahl vorzubeugen, der von Facebook und vielen anderen sozialen Netzwerken betrieben wird: Nutzen Sie um Himmels willen keine „Freundefinder". Ich denke, Sie sind in der Lage dazu, Ihre Freunde auf Facebook und in anderen sozialen Netzwerken selbst zu finden.

Auch dem Diebstahl von Kontaktlisten auf dem Smartphone können Sie nur auf dem Weg des Verzichts vorbeugen. Leider gibt es keine Möglichkeit, hier auf diesen „Service" gesondert zu verzichten. Um zu verhindern, dass die Betreiber sozialer Netzwerke die Kontaktdaten Ihrer Freunde von Ihren Smartphones entwenden, sind Sie darauf angewiesen, vollständig auf die Nutzung der jeweiligen Apps sozialer Netzwerke zu verzichten, denen Sie misstrauen.

---

[8] Mir persönlich fällt es außerdem schwer zu glauben, dass Facebook und Co. die Passwörter Ihrer E-Mail-Accounts nicht speichern. Warum sollte ich einem Unternehmen glauben, das praktisch alle Daten über seine Nutzer speichert und dabei deren Privatsphäre keineswegs toleriert, dass es das Passwort meines E-Mail-Accounts löscht, wo es doch hier regelmäßig viele weitere, wertvolle Daten von mir abgreifen kann?

5.4 Die grenzenlosen Überwachungsmöglichkeiten durch „Smart"-Technologie

Smartphones, Smart-TVs, Smartwatches und Smart-Homes sollen heute unser Leben erleichtern. Egal ob mobil oder zu Hause vor dem Fernseher, Smart-Technologie soll möglichst intuitive Eingaben (zum Beispiel Sprache) entgegennehmen und darauf möglichst intelligente Antworten liefern. Apples Siri-Anwendung, eine intelligente, persönliche Assistentin, die im Jahr 2011 vorgestellt wurde, war eine der ersten Anwendungen, die das Konzept der Spracheingabe mit künstlicher Intelligenz verknüpft hat [16].

Seitdem haben andere Unternehmen nachgezogen und auch ihre Produkte mit intelligenten, sprachbasierten Assistenten ausgestattet. „Ok, Google" erweckt beispielsweise die sprachbasierte Suchmaschine von Google [17] auf Android-Smartphones und im Chrome-Browser zum Leben und viele Hersteller von Fernsehern haben mittlerweile Spracheingabe als Feature in ihre Produkte ergänzt.

Die Firma Samsung warnte im Februar 2015 in ihren Lizenzvereinbarungen davor, private Gespräche im Beisein eines ihrer Fernsehgeräte mit Sprachsteuerung zu führen [18]. Solche Gespräche würden zum Zwecke der Sprachverarbeitung über das Internet an Drittanbieter übertragen. Das ist gerade eines der großen Probleme intelligenter Sprachverarbeitung: Gesprochene Inhalte werden rund um die Uhr analysiert und teilweise auch an die Server der Technologieunternehmen übertragen. Damit werden Geräte, die diese Form von Sprachverarbeitung unterstützen, zu Wanzen und Sie selbst zum Opfer dieses Lauschangriffs.

Doch Spracheingabe ist nicht die einzige smarte Technologie, der wir erlauben, trotz großer Gefahren für unsere Privatsphäre in unser Privatleben einzudringen. Gesichtserkennungssoftware, Fingerabdrucksensoren, intelligente Gebäude und nicht zuletzt zur Bezahlung in Handys integrierte Mikrochips sind allesamt in der Lage dazu, intime Informationen über uns Nutzer zu sammeln und auszuwerten. Ihr Nutzen ist in vielen Fällen zweifelhaft, zumindest aber umstritten.

Gebäuden, die ihre Bewohner auf Schritt und Tritt überwachen [19] und dadurch in der Lage dazu sein wollen, die Umgebung der Menschen optimal an deren Bedürfnisse anzupassen, kann man nur sehr schwer einen besonderen Nutzen attestieren. Es hat sich beinahe ein ganzes Jahrhundert lang bewährt, das Licht beim Verlassen eines Raums mithilfe des Lichtschalters zu löschen. Im Vergleich zu einer automatischen Abschaltung des Lichts durch das Gebäude entsteht kein signifikanter Zeitgewinn für die Menschen[9].

---

[9] Zugegeben: Aus energetischer Sicht hat ein Smart Home zuweilen durchaus seine Berechtigung, doch da dieses Argument zwar von Wissenschaftlern hervorgehoben, vonseiten der Bevölkerung jedoch kaum angenommen wird, soll diese Tatsache hier vernachlässigt werden.

Gleiches gilt für sehr viele Anwendungen von Smart-Technologie. In aller Regel liefern wir uns mit dieser Technologie unbekannten Risiken aus, während der Nutzen bei genauerem Hinsehen zweifelhaft erscheint. Das freut natürlich die Unternehmen, die mit diesen Technologien in der Lage dazu sind, die Nutzer rund um die Uhr zu überwachen und auf diese Art und Weise wichtige Informationen über Interessen, Meinungen und Vorstellungen zu erhalten.

Teilweise, wie im Falle des biometrischen Fingerabdrucksensors, der im iPhone 5S verbaut ist, sind wir sogar dazu bereit, biometrische Informationen, gewissermaßen die einzigen Informationen über uns, die unser Leben lang unveränderbar sind, an Apple preiszugeben. Der Hamburger Datenschutzbeauftragte Professor Dr. Johannes Caspar warnte zusammen mit vielen anderen Datenschützern vor dem Verkaufsstart des iPhones 5S eindringlich davor, diese Möglichkeit der Authentifizierung zu nutzen [20], leider jedoch ohne nennenswerten Erfolg.

Selbstverständlich sollte man sich der Technologie gegenüber nicht grundsätzlich verschließen, aber ein kritisches Hinterfragen von Technologien, die heute von einer Handvoll Firmen auf den Markt gebracht werden, die dafür bekannt sind, ihre Nutzer im großen Stil auszuspionieren, wäre durchaus angebracht.

5.5 Die Macht der Technologiekonzerne

„Nam et ipsa scientia potestas est“

Francis Bacon

Es gibt heute einige wenige Technologiekonzerne, die einen unverhältnismäßig großen Einfluss auf unsere Welt, unser Denken und unser Handeln haben. Die Ursache dieses Einflusses ist in dem enormen Wissen zu suchen, das diese Konzerne über jeden einzelnen Menschen gesammelt haben. Dass Unternehmen wie Facebook und Google durchaus dazu bestrebt sind, ihre Macht zu nutzen, das zeigen nicht zuletzt die von Facebook angestellten Studien zum Einfluss und zur Verbreitung von Stimmungen über soziale Netzwerke [21].

Bertrand Russell identifiziert in seinem Werk „Formen der Macht“ [22] die Macht über die Meinung als eine Form von Einfluss. Diese Macht zu erlangen, haben sich Unternehmen wie Facebook und Google aufgemacht. Im Grunde nutzen diese Unternehmen ihre Macht über die Meinungsbildung heute vor allem dazu, auf Benutzer zugeschnittene Werbeanzeigen einzublenden. Theoretisch könnten diese Konzerne ihre Macht jedoch auch dazu einsetzen, politische Meinungen zu verbreiten und dabei die Ansichten des Volkes zu steuern.

Im demokratischen Sinne als bedenklich einzustufen ist die Macht ohnehin, die Konzerne wie Google und Facebook heute haben. Die Tatsache, dass Unternehmen, übrigens keineswegs demokratische Einrichtungen, sondern vielmehr streng hierarchisch aufgebaute, autoritäre Organisationen, nicht nur einen sehr großen Einfluss auf die Meinungsbildung vieler Menschen haben, sondern letztendlich auch die Geschichte vieler Menschen kontrollieren, bedroht nicht nur die Privatsphäre der Menschen - die ist ohnehin bereits verloren -, sondern auch die Demokratie.

Ohne demokratische Legitimation werden diese Unternehmen zu einer Kontrollinstanz in unserem Gesellschaftsgefüge. Längst legen diese Unternehmen die Regeln fest, nach denen ihre Nutzer zu tanzen haben. Dabei sollten doch eigentlich die Nutzer bzw. das Volk die Regeln festlegen, nach denen Unternehmen handeln dürfen. Newton Lee geht in seinem Buch „Facebook Nation" [23] der Reihe „Total Information Awareness" so weit, Facebook und Google als internationale, digitale Nationen zu bezeichnen. Sosehr man auch hoffen mag, dass Newton Lee unrecht hat, so einleuchtend erscheint doch seine These: Wie Staaten an ihre Bürger gibt auch Facebook eine Art Pass an seine Nutzer aus: das Facebook-Profil. Dieses können Nutzer im Internet auf zahlreichen anderen Webseiten nutzen, um sich auszuweisen. Die Plattform Facebook ist das Land, das von den Nutzern besiedelt wird, und das Unternehmen Facebook ist die Regierung, die Gesetze für die Nutzer aufstellt, deren Einhaltung kontrolliert und bei Streitigkeiten sowohl zwischen den Nutzern als auch zwischen Nutzern und ihr selbst Recht spricht.

Gewaltenteilung ist für das Unternehmen Facebook ebenso wie für autoritäre Regierungen ein Fremdwort. Wahlen gibt es im Staat Facebook nicht.

Unser Leben findet zunehmend stärker im digitalen Raum statt. Es ist nicht nur das Unternehmen Facebook, das wie ein Staat für seine Nutzer funktioniert. Auch Google, Twitter und andere Technologieunternehmen wie Microsoft und Apple können als virtuelle Staaten aufgefasst werden. Warum sollten wir diese Staaten nach all unseren historischen Errungenschaften, die uns unsere heutigen demokratischen Systeme gebracht haben, als Diktaturen akzeptieren? Warum haben wir?

5.6 Literatur

1. *http://www.wallstreet-online.de/aktien/google-aktie/bilanz*
2. *http://www.wallstreet-online.de/aktien/facebook-aktie/bilanz*
3. *https://newsroom.fb.com/company-info/*, Stand: März 2015
4. *Kosinski, Michal, Stillwell, David;* und *Graepel, Thore*: Private traits and attributes are predictable from digital records of human behaviour, Proceedings of the National Academy of Sciences (2013)
5. Spiegel: Facebook-Kritiker: „Mein Gesicht ist nicht deren Geschäftsgeheimnis", 29. September 2011, *http://www.spiegel.de/netzwelt/web/facebook-kritiker-mein-gesicht-ist-nicht-deren-geschaeftsgeheimnis-a-789124.html*

6. *Brinkmann, Martin*: Flash Cookies explained, ghacks.net, 04. Mai 2007, *http://www.ghacks.net/2007/05/04/flash-cookies-explained/*
7. *Stockley, Mark*: Anatomy of a browser dilemma – how HSTS ‚supercookies' make you choose between privacy or security, naked security, 02. Februar 2015, *https://nakedsecurity.sophos.com/2015/02/02/anatomy-of-a-browser-dilemma-how-hsts-supercookies-make-you-choose-between-privacy-or-security/*
8. *Fielding, et al.*: Hypertext Transfer Protocol – HTTP/1.1 (RFC 2616), Kap. 14: Header Field Definitions, *http://www.w3.org/Protocols/rfc2616/rfc2616-sec14.html*
9. *Eckersley, Peter* (*Electronic Frontier Foundation*): How Unique Is Your Browser?, Proceedings of the Privacy Enhancing Technologies Symposium, 2010, *https://panopticlick.eff.org/browser-uniqueness.pdf*
10. Client-Side: HTML5 Canvas Fingerprinting, Browserleaks.com, *http://www.browserleaks.com/canvas*
11. *Mowery, Keaton* und *Shacham, Hovav*: Pixel Perfect: Fingerprinting Canvas in HTML5, 2012, *http://cseweb.ucsd.edu/~hovav/dist/canvas.pdf*
12. *Mowery, Keaton*; *Bogenreif, Dillon*; *Yilek, Scott* und *Shacham, Hovav*: Fingerprinting Information in JavaScript Implementations, 2011, *http://www.w2spconf.com/2011/papers/jspriv.pdf*
13. *Eckersley, Peter*: A Primer on Information Theory and Privacy, Electronic Frontier Foundation, 26. Januar 2010*https://www.eff.org/deeplinks/2010/01/primer-information-theory-and-privacy*
14. *Ayenson, Mika*; *Wambach, Dietrich James*; *Soltani, Ashkan*; *Good, Nathan* und *Hoofnagle, Chris Jay*: Flash Cookies and Privacy II: Now with HTML5 and ETag Respawning, 29. Juli 2011
15. *Petereit, Dieter*: Schlimmer als Apple: Android speichert Deine (!) Location auf Schritt und Tritt, t3n, 22. April 2011, *http://t3n.de/news/schlimmer-apple-android-speichert-deine-location-307050/*
16. *Murph, Darren*: iPhone 4S hands-on!, 2011, *http://www.engadget.com/2011/10/04/iphone-4s-hands-on/*
17. *http://www.google.com/insidesearch/features/voicesearch/*
18. *Beckedahl, Markus*: Samsung warnt: Bitte achten Sie darauf, nichts Privates vor unseren SmartTVs zu erzählen, 07. Februar 2015, *https://netzpolitik.org/2015/samsung-warnt-bitte-achten-sie-darauf-nichts-privates-vor-unseren-smarttvs-zu-erzaehlen/*
19. *Choi, Jonghwa, Choi, Soonyong, Shin, Dongkyoo;* und *Shin, Dongil*: Real-Time Human Tracker Based Location and Motion Recognition for the Ubiquitous Smart Home, Ubiquitous Intelligence and Computing (2006) pp708 – 713.
20. Heise online, 15. September 2013, *http://www.heise.de/newsticker/meldung/Datenschuetzer-warnt-vor-Fingerabdruck-Sensor-des-iPhone-5s-1956725.html*
21. *Kramer, Adam D. I.*; *Guillory, Jamie E.* und *Hancock, Jeffrey T.*: Experimental evidence of massive-scale emotional contagion through social networks, Proceedings of the National Academy of Sciences in the US (22. Juli 2014)
22. *Russel, Betrand*: Formen der Macht, Deutsche Ausgabe (1938) Anaconda
23. *Lee, Newton*: Facebook Nation – Total Information Awareness, Second Edition (2014) Springer
24. *https://www.facebook.com/about/terms-updates/?notif_t=data_policy_notice*

6 Identitäts- und Datendiebstahl

Während es zumindest rechtlich durchaus in Ordnung ist, wenn Dritte die ihnen zur Verfügung stehenden Methoden nutzen, um mehr über die Nutzer sozialer Netzwerke zu erfahren, können es Kriminelle durchaus darauf abgesehen haben, sensible Daten wie beispielsweise Ihre Anschrift oder gar Kreditkartendaten und ähnliche Zahlungsinformationen von Ihnen zu stehlen. Ein in diesem Kontext sehr häufiges Ziel ist der sogenannte Identitätsdiebstahl, bei dem Angreifer entweder die Benutzerkonten ihrer Opfer übernehmen oder so viele persönliche Daten von diesen entwenden, dass sie Profile in deren Namen anlegen können.

Der Schutz vor Identitäts- und Datendiebstahl obliegt sowohl Ihnen als auch den Betreibern sozialer Netzwerke und anderer Webseiten, die geeignete Maßnahmen ergreifen müssen, um sich selbst und Sie vor Angreifern zu schützen. In diesem Kapitel erfahren Sie mehr darüber, welche Maßnahmen Sie selbst zum Schutz Ihrer Benutzerkonten ergreifen können, und auch, welche Schutzmaßnahmen die Betreiber jeweils ergreifen müssen, um Sie zu schützen.

6.1 Passwörter und Brute-Force-Attacken

Passwörter dienen heute meist als Zugangskontrolle zu Computersystemen. So sind auch die Benutzerkonten auf Webseiten in aller Regel mit Passwörtern vor dem Zugriff durch nicht autorisierte Personen gesichert. Dabei ist die Sicherheit von Passwörtern durchaus umstritten, zumindest führt die Kontrolle des Nutzers über die Sicherheit eines Zugangs in aller Regel dazu, dass jene wesentlich geringer ausfällt, als das bei alternativen Methoden der Fall ist.

Alternativen zu Passwörtern sind beispielsweise sogenannte biometrische Verfahren, bei denen persönliche Eigenschaften wie Gesichtserkennung, Stimmenerkennung, ein Fingerabdruck, die Iris oder Retina oder gar die Handschrift oder die charakteristische Tippgeschwindigkeit eines Nutzers genutzt werden, um dessen Authentifizierung durchzuführen, oder Verfahren, bei denen sogenannte Security-Tokens eingesetzt werden, um einen Nutzer zu identifizieren. Beides hat Vor- und Nachteile.

Biometrische Verfahren basieren auf Mustern, von denen man ausgeht, dass sie für eine Person eindeutig sind. Da die Qualität der Eingabe nicht immer gleich gut ist, ist dabei meist ein Kompromiss zwischen Benutzerfreundlichkeit und Sicherheit erforderlich. Die sogenannte False Rejection Rate (FRR) gibt die Zahl der zurückgewiesenen Authentifizierungsversuche der richtigen Person im Verhältnis zur Anzahl aller Authentifizierungsversuche der entsprechenden Person an. Sie ist damit ein Maß für die Benutzerfreundlichkeit eines biometrischen Verfahrens. Die False Acceptance Rate (FAR) gibt das Verhältnis von fälschlicherweise akzeptierten Authentifizierungsversuchen zur Gesamtzahl betrügerischer Authentifizierungsversuche an und ist damit ein Maß für die Sicherheit eines biometrischen Verfahrens.

Wie man sich leicht vorstellen kann, verhalten sich FRR und FAR meist antiproportional zueinander (siehe Bild 6.1), es müssen also zugunsten der Benutzbarkeit eines biometrischen Verfahrens Kompromisse, was die Sicherheit angeht, eingegangen werden.

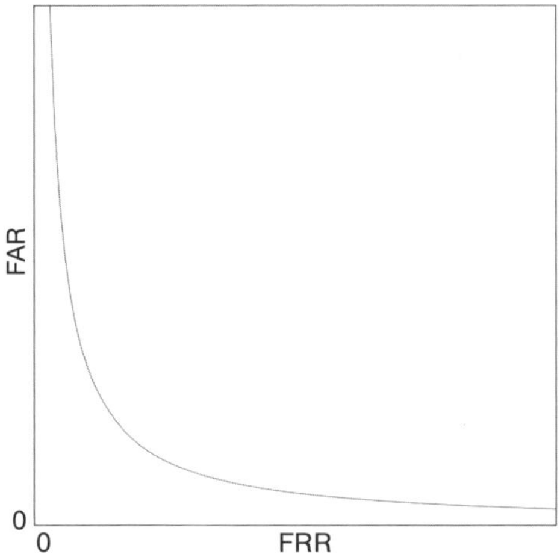

Bild 6.1
False Rejection Rate (FRR) und False Acceptance Rate (FAR) eines biometrischen Verfahrens verhalten sich meist antiproportional zueinander.

Der Vorteil biometrischer Verfahren dagegen ist, dass Nutzer den zur Authentifizierung erforderlichen Schlüssel in Form einer Eigenschaft stets mit sich herumtragen. So ist weder ein Vergessen möglich, noch ein unbemerktes Stehlen dieses Schlüssels durch einen Angreifer[1].

Bei Security-Tokens handelt es sich meist um einen auf einer Hardware-Komponente gespeicherten Schlüssel, mit dem eine Authentifizierung möglich ist. Security-Tokens

[1] Die Betonung liegt hier auf dem Wort unbemerkt. Auch biometrische Eigenschaften können entwendet werden. So kann einem Nutzer beispielsweise ein Finger abgetrennt werden, der anschließend zur Authentifizierung genutzt werden kann. In einigen Fällen ist es jedoch trotzdem möglich, eine Kopie des Authentifizierungsschlüssels anzufertigen. So könnte anhand eines Fingerabdrucks beispielsweise der zur Authentifizierung erforderliche Finger eines Nutzers rekonstruiert werden.

können so beispielsweise auf einem USB-Stick gespeichert sein, der zur Authentifizierung in den Rechner eingesteckt werden muss. Das Konzept eines Security-Tokens entspricht dabei also in etwa dem Konzept des Personalausweises: Wer in Besitz des Tokens ist, kann sich mit dessen Hilfe authentifizieren. Vorteil eines Security-Tokens ist die meist recht große Sicherheit vor Brute-Force-Angriffen, bei denen ein Angreifer versucht, den zur Authentifizierung verwendeten Schlüssel zu rekonstruieren. Da mehr oder weniger beliebig große Schlüssel auf einem Security-Token abgelegt werden können, ist die Sicherheit vor Brute-Force-Angriffen wesentlich größer als bei Passwörtern. Der Nachteil eines Security-Tokens ist, dass es leichter entwendet werden kann als ein Passwort, schließlich muss ein Passwort, sofern der Benutzer es nicht aufgeschrieben und an seinen Bildschirm oder eine ähnlich ungünstige Stelle geklebt hat, bewusst preisgegeben werden, während ein Token auf traditionellem Wege gestohlen werden kann.

In der Praxis werden token-basierte Authentifikationsverfahren meist in Kombination mit einem Passwort oder einem biometrischen Verfahren umgesetzt. Im Web gibt es derzeit jedoch keine Bestrebungen, die passwortbasierten Authentifizierungsmechanismen durch sicherere Verfahren zu ersetzen. Immerhin kommen einige sehr ähnliche, auf echten kryptografischen Schlüsseln basierende Public-Key-Verfahren in Messengern wie Wickr oder TextSecure und auch bei VoIP-Software wie RedPhone zum Einsatz.

6.1.1 Der richtige Aufbewahrungsort für Passwörter

Die Sicherheit eines Passwortes hängt vor allem davon ab, dass dieses geheim bleibt. Das bedeutet, dass Sie Passwörter weder öffentlich zugänglich notieren, noch anderen Menschen erzählen sollten. Das bedeutet jedoch auch, dass ein Angreifer ein Passwort nicht erraten können sollte. Daraus ergeben sich einige Implikationen, die Sie für alle Ihre Passwörter beachten sollten, um die Sicherheit Ihrer Benutzerkonten zu gewährleisten. Beachten Sie bitte auch die in Abschnitt 6.1.3 erläuterten Maßnahmen zum Erzeugen eines sicheren Passwortes.

Sichere Passwörter vergisst man allzu leicht, gerade wenn man sie nicht besonders häufig benutzt. Deshalb ist es verständlich, wenn Sie Ihre Passwörter irgendwo notieren möchten. Allerdings sollten Sie dabei einige Vorsichtsmaßnahmen ergreifen, denn wenn ein Angreifer an Ihre Notizen gerät, ist selbst das beste Passwort nichts mehr wert. Gerade dann, wenn Sie Ihre Passwörter digital speichern, sollten Sie besonders vorsichtig sein.

Für händisch aufgeschriebene Passwörter gilt im Grunde nur eines: Bewahren Sie diese an einem sicheren Ort auf. Doch was ist ein sicherer Ort? Ein sicherer Ort muss im Grunde zwei Kriterien erfüllen: Er sollte möglichst nur Ihnen bekannt und außerdem nur Ihnen zugänglich sein. Sie merken, worauf das hinausläuft: Ein sicherer Ort ist zum Beispiel ein Tresor, der ordnungsgemäß in Ihrem Haus oder Büro versteckt ist. Die Schublade unter Ihrem Schreibtisch ist dagegen keineswegs ein sicherer Ort.

Ähnlich verhält es sich auch mit digital gespeicherten Passwörtern. Ein digitaler Zugangsschutz ist zum Beispiel eine Verschlüsselung, die nur durch die Eingabe eines

Masterpasswortes aufgehoben werden kann. Allerdings sollten Sie dabei bedenken, dass dieses zur Entschlüsselung eingegebene Passwort implizit auch die Sicherheit Ihrer übrigen Passwörter bestimmt. Neben dem Zugriffsschutz durch Verschlüsselung Ihrer Passwortdatei ist auch der Ort relevant, an dem diese gespeichert ist. Derart brisante Daten sollten keineswegs in einer Cloud gespeichert werden, und auch lokal auf Ihrem Rechner sind diese Daten nur beschränkt sicher. Am besten wäre es, Ihre Passwörter in einer Datei auf einem ansonsten unbenutzten USB-Stick zu speichern (selbstverständlich weiterhin verschlüsselt) und diesen wie auch händisch niedergeschriebene Passwörter an einem physikalisch sicheren Ort (zum Beispiel in einem Tresor) zu lagern.

PRAXISTIPP

Vielleicht fragen Sie sich, wie Sie eine Datei sicher verschlüsseln können. Dafür gab es bisher ein sehr gutes Programm namens TrueCrypt, dessen Weiterentwicklung jedoch im Frühling 2014 völlig überraschend von den Entwicklern gestoppt wurde. Sie wiesen darauf hin, dass die Verwendung von TrueCrypt unsicher sein könnte:

„WARNING: Using TrueCrypt is not secure as it may contain unfixed security issues“

Warum die TrueCrypt-Entwickler die Entwicklung so überraschend eingestellt haben, ist unklar. Fest steht jedoch, dass führende Sicherheitsexperten zuvor diese Software eingesetzt und empfohlen haben. Womöglich hatten die Entwickler zuvor einen sogenannten National Security Letter erhalten, der sie zur Preisgabe von Informationen oder zum Einbau von Sicherheitslücken gezwungen hatte und sie zur Geheimhaltung verpflichtete. Das ist ein übliches Vorgehen von US-amerikanischen Geheimdiensten. Es ist durchaus möglich, dass die Entwickler sich daraufhin entschieden haben, das Projekt einzustellen anstatt zu kooperieren.

Mit dem Programm VeraCrypt gibt es seitdem eine Weiterentwicklug von TrueCrypt, deren Sicherheit jedoch bislang noch nicht zu 100 Prozent festgestellt werden konnte. Vorübergehend können Sie dieses Programm jedoch nutzen, um Ihre Daten zu verschlüsseln. Sie erhalten es auf der Webseite des Projektes für Windows, Mac OS X und Linux:

https://veracrypt.codeplex.com/

6.1.2 Aufwand zum Brechen eines Passwortes

Neben dem sicheren Aufbewahrungsort eines Passwortes ist vor allem wichtig für die Sicherheit, dass ein Passwort von Angreifern nicht gebrochen werden kann. Um diese Sicherheit beurteilen zu können, ist es erforderlich zu betrachten, auf welchem Wege

Angreifer Passwörter brechen. Dazu kann man das Brechen eines Passwortes mit dem Knacken eines Zahlenschlosses vergleichen.

Vielleicht haben Sie schon einmal versucht, ein Zahlenschloss zu knacken, sicherlich ist Ihnen jedoch bewusst, wie einfach das im Grunde ist. Ein Angreifer, der ein Zahlenschloss knacken möchte, muss alle Kombinationsmöglichkeiten für dieses Schloss durchprobieren, bis er das richtige Passwort gefunden hat. Generell entspricht diese Anzahl an Möglichkeiten der um die Anzahl der Stellen potenzierten Anzahl von Zeichen im sogenannten Eingabealphabet, im Falle eines Zahlenschlosses also zehn (Ziffern von 0 bis 9). Für ein Zahlenschloss mit drei Stellen ergeben sich damit $10^3 = 1000$ Kombinationsmöglichkeiten. Ist das sicher? Keineswegs. Nimmt man großzügig an, dass ein Angreifer fünf Sekunden für das Ausprobieren einer möglichen Kombination benötigt[2], so ist er in der Lage dazu, das Zahlenschloss in einer Zeit unter 1,5 Stunden zu knacken. Das Durchprobieren aller Möglichkeiten zum Knacken eines Passwortes nennt man auch Brute-Force-Angriff.

Beim Knacken eines Passwortes gibt es drei wesentliche Unterschiede zum Brechen eines Zahlenschlosses. Die Tatsache, dass das Eingabealphabet bei einem Passwort in aller Regel wesentlich größer ist als nur zehn Zeichen, und die Tatsache, dass ein Passwort keine feste Anzahl an Stellen hat und ein Angreifer daher alle Möglichkeiten für alle vorstellbaren Stellenanzahlen ausprobieren muss, wirken sich durchaus positiv auf die Sicherheit eines Passwortes aus. Hochgradig negativ jedoch wirkt sich die Tatsache aus, dass zum Brechen eines Passworts ein Computer eingesetzt werden kann, der bereits bei sehr geringer Leistung eine enorme Anzahl von Passwörtern pro Sekunde ausprobieren kann. Die Größenordnung ist hier einige Millionen Passwörter pro Sekunde.

Im Gegensatz zu einem Zahlenschloss kann man sich das Knacken eines Passwortes folgendermaßen vorstellen. Die einzelnen Zahlenräder enthalten nicht nur Ziffern, sondern auch Buchstaben und Sonderzeichen sowie einen Status, der angibt, ob dieses Rädchen momentan aktiv ist oder nicht (siehe Bild 6.2). Wurden alle Kombinationsmöglichkeiten für die aktiven Rädchen durchprobiert, ohne dass das richtige Passwort gefunden wurde, wird das nächste Rädchen aktiviert.

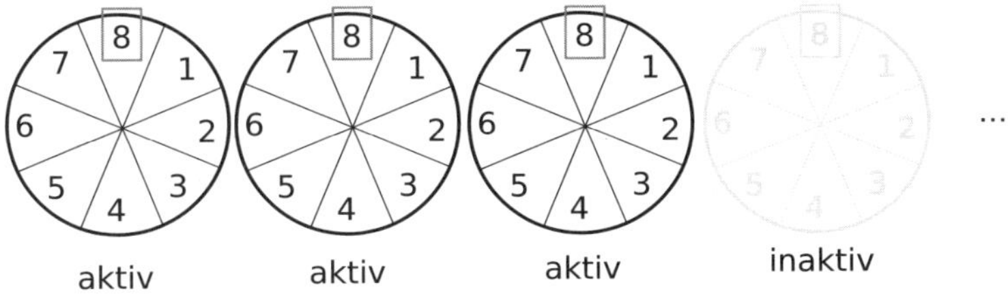

Bild 6.2 Schematische Darstellung einer Vorrichtung zum Knacken eines Passwortes

[2] Das ist durchaus großzügig, denn der Angreifer muss im Grunde immer nur ein Rad um eine Position weiterdrehen und ausprobieren, ob sich das Schloss öffnen lässt.

Der Aufwand zum Brechen eines Passwortes mit einer dem Angreifer unbekannten Anzahl an Stellen lässt sich damit als die Summe der Aufwände aller Stellenanzahlen bis zur tatsächlichen Stellenzahl n ausdrücken (siehe Formel 6.1). Neben der Stellenanzahl des Passwortes spielt dabei das Eingabealphabet A eine nicht unerhebliche Rolle dabei, wie groß der tatsächliche Aufwand zum Brechen eines Passwortes ist.

$$\sum_{i=0}^{n} |A|^n \tag{6.1}$$

Das ist der Grund, warum Sie häufig dazu aufgefordert werden, Großbuchstaben, Kleinbuchstaben, Ziffern und Sonderzeichen in Ihren Passwörtern zu verwenden, denn nur dann verwenden Sie Zeichen aus allen Klassen von Zeichen und vergrößern das Eingabealphabet auf ein Maximum. Trotzdem gibt es für Angreifer in aller Regel nur rund hundert verschiedene Zeichen, die sie pro Stelle ausprobieren müssen. Das liegt schlichtweg daran, dass kaum mehr Zeichen über eine übliche Tastatur erreicht werden können. Es ist daher unwahrscheinlich, dass Sie ein Zeichen verwenden, das nicht auf Ihrer Tastatur liegt.

Damit ergeben sich die in Tabelle 6.1 dargestellten, maximalen Aufwände für die unterschiedlichen Passwortlängen. Nimmt man an, dass ein Angreifer lediglich über einen einzigen, handelsüblichen Rechner verfügt, der nur rund 10 Millionen Passwörter pro Sekunde ausprobieren kann, erkennt man, dass die Verwendung von Passwörtern mit weniger als acht Zeichen geradezu sträflich fahrlässig ist. Um auch sicher vor mächtigeren Angreifern zu sein, benötigen Sie ein Passwort mit weit über zehn Zeichen – wobei sicher hier auch nur bedeutet, dass diese mehr als zwei Jahre benötigen, um Ihr Passwort zu knacken.

Tabelle 6.1 Aufwände zum Knacken von Passwörtern unterschiedlicher Längen

Passwortlänge	Kombinationsmöglichkeiten	maximaler Zeitbedarf eines Angriffs		
		mit einem Personal Computer (10 Mio./sek)	mit einem leistungsstarken Rechner (1 Mrd./sek)	mit einem (kleineren) Rechnerverbund oder (schwächeren) Supercomputer (1 Billiarde/sek)
3	1×10^6	0,1 sek	0,001 sek	0,000000001 sek
4	101×10^6	10,1 sek	0,101 sek	0,000000101 sek
5	$10{,}101 \times 10^9$	16,84 min	10,101 sek	0,000010101 sek
6	$1{,}010 \times 10^{12}$	28,06 h	16,83 min	0,001010 sek
7	$101{,}010 \times 10^{12}$	116,91 Tage	28,06 h	0,101010 sek
8	$10{,}101 \times 10^{15}$	32 Jahre	116,91 Tage	10,101 sek
9	$1{,}010 \times 10^{18}$	3202,69 Jahre	32,03 Jahre	16,83 min
10	$101{,}010 \times 10^{18}$	3203006,09 Jahre	3203 Jahre	28,06 h

Allerdings gelten diese Annahmen über die Sicherheit eines Passwortes nur dann, wenn Sie ein wirklich optimales Passwort nutzen, das nicht teilweise oder gar vollständig mithilfe von sogenannten Wörterbuchattacken gebrochen werden kann.

Wörterbuchattacken folgen der Idee, dass Nutzer oft Passwörter verwenden, die sie sich recht einfach merken können. Das können persönliche Informationen wie der eigene Geburtstag oder das Geburtsdatum des Partners sein, aber auch Begriffe, die einer Sprache entstammen. Im Dezember 2009 haben Angreifer rund 32 Millionen Benutzerpasswörter, die von unterschiedlichen Datenbanken gestohlen wurden, veröffentlicht. Eine Studie des Imperva Application Defense Centers [2] hat auf Basis dieser Daten eine Liste von rund 5000 Passwörtern ermittelt, die von insgesamt 20 % der Nutzer genutzt werden. Die Top-20-Passwörter dieser Liste sind in Tabelle 6.2 abgedruckt.

Tabelle 6.2 Die 20 meistverwendeten Passwörter (Quelle: „Consumer Password Worst Practices“ - Imperva)

Rang	Passwort
1	123456
2	12345
3	123456789
4	Password
5	iloveyou
6	princess
7	rockyou
8	1234567
9	12345678
10	abc123
11	Nicole
12	Daniel
13	babygirl
14	monkey
15	Jessica
16	Lovely
17	michael
18	Ashley
19	654321
20	Qwerty

Wenn Sie eines dieser Passwörter oder ähnliche Passwörter, die Angreifer in sogenannten Wörterbüchern zusammenfassen und bei einer Attacke zuerst ausprobieren, verwenden, ist die Sicherheit Ihres Passwortes gleich null.

6.1.3 Sichere Passwörter generieren

Auf Basis der Erkenntnisse über den Aufwand, der erforderlich ist, um Passwörter zu knacken, lassen sich einige Regeln formulieren, die Sie beachten sollten, wenn Sie Passwörter erzeugen. Zunächst einmal sollten Sie sicherstellen, dass Ihr Passwort in keinem Wörterbuch enthalten ist. Das betrifft sowohl Wörterbücher wie den Duden als auch Wörterbücher, die speziell zum Brechen von Passwörtern erzeugt wurden und die daher Einträge wie die in Tabelle 6.2 aufgeführten Top-20-Passwörter enthalten.

Das ist meist schwieriger getan als gesagt, denn während Sie Wörterbücher für natürliche Sprachen recht einfach nutzen können und in aller Regel gar nicht erst konsultieren müssen, um zu wissen, ob Ihr Passwort in diesen enthalten ist, sind die Wörterbücher von Angreifern in aller Regel nicht öffentlich einsehbar. Eine Ausnahme bildet das Wörterbuch des populären Brute-Force-Programms John the Ripper von Alexander Peslyak. Dieses ist über die Homepage des Programms frei zugänglich und kann dazu genutzt werden zu ermitteln, ob Ihre Passwörter in einem Wörterbuch für eine Wörterbuchattacke stehen. Beachten Sie jedoch, dass diese Liste keinen Anspruch auf Vollständigkeit erhebt.

Weblink

Sie finden die Passwortliste von John the Ripper unter der Adresse

http://cvsweb.openwall.com/cgi/cvsweb.cgi/Owl/packages/john/john/run/password.

Zusätzliche Listen finden Sie unter der Adresse

http://www.openwall.com/wordlists/ bzw. *http://download.openwall.net/pub/wordlists/.*

Eigentlich sollten Sie jedoch gar nicht erst in die Situation geraten, überprüfen zu müssen, ob Ihre Passwörter in einer solchen Liste stehen, sondern vielmehr sollten Sie bereits bei der Generierung eines Passwortes darauf achten, dass dieses möglichst einmalig ist und außerdem einige weitere Sicherheitsaspekte erfüllt.

So sollte Ihr Passwort sowohl aus Großbuchstaben als auch aus Kleinbuchstaben, Ziffern und Sonderzeichen bestehen. Nur so können Sie gewährleisten, dass Angreifer nicht durch eine Reduktion des Eingabealphabets in wesentlich kürzerer Zeit als bei einem maximalen Eingabealphabet zum Ziel gelangen. Außerdem sollten Sie darauf achten, dass Ihr Passwort mindestens acht, besser zwölf oder mehr Zeichen besitzt.

Als ein Verfahren zur Erzeugung von Passwörtern, die einigermaßen sicher und trotz allem gut zu merken sind, hat sich die Verwendung eines Satzes, dessen Satzzeichen und Anfangsbuchstaben das jeweilige Passwort bilden, herausgestellt. Sätze sind wesentlich leichter zu merken als kryptische Zeichenfolgen, allerdings lassen sich mit geeigneten Heuristiken auch Vorhersagen darüber treffen, welche Wörter in welchen Konstellationen in Sätzen auftreten. Daraus lassen sich Regeln ableiten, die dieses Verfahren bei einem Angriff rekonstruieren und auf diese Art und Weise schneller zu Ergebnissen kommen. Deshalb sollten Sie dieses Verfahren nur mit Vorsicht einsetzen und unter keinen Umständen Sätze Ihrer Lieblingsautoren oder andere veröffentlichte Sätze dafür nutzen, sondern sich stets eigene Sätze zurechtlegen.

Indem Sie das Verfahren um einige eigene Regeln erweitern, bei denen Sie beispielsweise bestimmte Buchstaben durch andere Zeichen (wie etwa Zahlen) ersetzen, können Sie die Sicherheit ebenfalls steigern. Zum Beispiel könnten Sie den folgenden Satz aus Goethes Faust zu den folgenden Passwörtern reduzieren:

> *„Des Menschen Tätigkeit kann allzu leicht erschlaffen,*
> *er liebt sich bald die unbedingte Ruh;*
> *Drum geb ich gern ihm den Gesellen zu,*
> *Der reizt und wirkt und muß als Teufel schaffen."*
>
> *Goethe in Faust*

- DMTkale,elsbduR;DgigidGz,DruwumaTs
- DMTka1e,e1sbduR;DgigidGz,DruwumaTs
- DMTka13,315bduR;DgigidGz,DruwumaT5
- DMTka13,31$bduR;DgigidGz,DruwumaT$
- DMTka13,31$bduR;D(gi)2dGz,DruwumaT$

Wie bereits erwähnt, wäre es äußerst fahrlässig, einen solchen Satz zu verwenden, als Anschauungsbeispiel ist er jedoch ebenso gut geeignet wie jeder andere Satz. Der Vorteil an einem Reim ist natürlich, dass er sich wesentlich leichter merken lässt, also lassen Sie Ihren lyrischen Fähigkeiten freien Lauf.

Da Passwörter im Vergleich zu anderen Authentifizierungsmechanismen relativ unsicher sind, sollten Sie diese regelmäßig wechseln. Setzen Sie sich doch einfach eine periodische Erinnerung in Ihren Kalender, die Sie am Anfang jedes Quartals auffordert, Ihre Passwörter zu ändern. Achten Sie dabei jedoch darauf, nicht den im nächsten Abschnitt beschriebenen Fehler zu machen.

6.1.4 Passwort-Recycling

Wenn Sie ein sicheres Passwort gefunden haben, das Sie sich gut merken können, liegt es zunächst einmal nahe, dieses Passwort für alle Ihre Benutzerkonten zu verwenden. Das ist jedoch äußerst riskant. Zum einen kann ein Angreifer, dem es dennoch gelingt, Ihr Passwort zu knacken oder abzuhören (siehe Abschnitt 6.3), mit einem Schlag auf alle Ihre Benutzerkonten zugreifen. Außerdem sind die Betreiber, bei denen das Passwort leider zuweilen im Klartext hinterlegt ist und auch in den meisten Fällen bei jedem Login zumindest kurzzeitig im Klartext verarbeitet wird, dann theoretisch in der Lage dazu, einen Blick in Ihre anderen Benutzerkonten zu werfen.

Aus diesen Gründen sollten Sie ein Passwort stets nur für jeweils ein Benutzerkonto verwenden, um es Angreifern nicht unnötig leicht zu machen, auf Ihre Konten zuzugreifen.

Ein ähnliches Problem ergibt sich dann, wenn Sie Ihre Passwörter regelmäßig ändern und dabei alte Passwörter des gleichen oder eines anderen Benutzerkontos verwenden. Die Gefahr bei der Verwendung eines alten Passwortes des gleichen Benutzeraccounts bleibt relativ überschaubar, schließlich kann ein Angreifer das Passwort zwar in der Zwischenzeit geknackt haben, er ist dann jedoch nur in der Lage dazu, auf einen einzigen Benutzeraccount zuzugreifen. Die Verwendung alter Passwörter anderer Benutzerkonten ist wesentlich gefährlicher, besonders wenn Sie Passwörter zwischen den Konten rotieren. In diesem Fall kann ein Angreifer, der ein Passwort geknackt hat, nach und nach auf alle Ihre Benutzerkonten zugreifen.

Gerade wenn ein Passwort einmal geknackt wurde, sollten Sie dieses nie wieder für irgendein Benutzerkonto verwenden, denn Angreifer speichern ihre geknackten Passwörter üblicherweise in Wörterbüchern und probieren diese in Zukunft zuerst aus.

6.2 Phishing

Unter Phishing versteht man eine besondere Form von Online-Betrug, bei der Angreifer versuchen, durch gefälschte Webseiten, E-Mails oder Kurznachrichten an Ihre persönlichen Informationen zu gelangen. Ziel des Phishings ist in aller Regel der Identitätsdiebstahl. Aus diesem Grund sind auch Passwörter ein besonders häufiges Ziel von Phishing-Attacken.

Doch auch zum Zwecke des Bankdatendiebstahls wird Phishing sehr häufig eingesetzt. Die Angreifer versenden dazu meist Mails im Namen der Banken bzw. des Online-Bezahlungsdienstes Paypal und fordern die Nutzer auf, sich auf der verlinkten Webseite einzuloggen. Dort erwartet die Nutzer jedoch eine gefälschte Webseite, die ihre Login-Daten abgreift und speichert. Anschließend können sich die Angreifer mithilfe der gespeicherten Daten in Ihr Online-Banking-Konto einloggen und dort beliebige Aktionen tätigen.

Typischerweise erkennt man solche betrügerischen E-Mails daran, dass die Absenderinformationen E-Mail-Adressen enthalten, die nicht zu Ihrer Bank gehören (siehe beispielsweise Bild 6.3). Doch auch wenn tatsächlich eine E-Mail-Adresse Ihrer Bank als Absender einer E-Mail hinterlegt ist, heißt das nicht unbedingt, dass diese Mail auch von Ihrer Bank stammt. Da es ziemlich einfach ist, den Absender einer E-Mail zu fälschen, ist es durchaus möglich, dass Angreifer derartige Schweinereien begangen haben, um Sie zu täuschen. Sie sollten auf keinen Fall Links in derartigen Mails anklicken und erst recht keine Login-Daten auf Seiten, auf die Sie über eine solche E-Mail gelangt sind, eingeben!

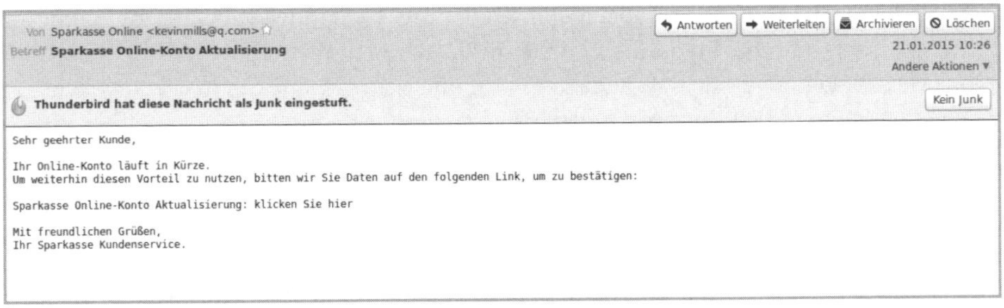

Bild 6.3 Der Absender dieser Mail ist nicht Ihre Sparkasse!

6.2.1 Eingabe von Login-Informationen auf Betrugsseiten

Sehr viele Phishing-Seiten machen sich Tippfehler in Domainnamen zunutze, um Ihnen gefälschte Webseiten anzuzeigen und Sie dazu zu bewegen, dort Login-Informationen zu hinterlassen. Oft verweisen Angreifer Sie auch selbst auf ähnlich lautende Domains, wo sie dann eine Kopie der Originalseite anzeigen. Wenn Sie auf einer solchen Betrugsseite Ihre Login-Daten eingeben, können Angreifer diese später dazu nutzen, um sich in Ihrem Namen auf der zuvor gefälschten Seite einzuloggen und Ihr Benutzerkonto zu übernehmen.

Zum Teil führen Angreifer mithilfe der Betrugsseiten auch sogenannte Man-in-the-Middle-Angriffe (siehe Abschnitt 6.3.3) durch, bei denen sie Ihre Login-Daten im Hintergrund tatsächlich an die entsprechende Seite weiterleiten und Ihnen die dazugehörige Ausgabe anzeigen. In diesem Fall werden Sie, wenn Sie nicht auf andere Anzeichen achten, tatsächlich glauben, Sie wären auf der richtigen Seite.

Sie können derartige Angriffsszenarien verhindern, indem Sie sich Lesezeichen für die Seiten, auf denen Sie sich regelmäßig einloggen, anlegen und stets diese benutzen, um auf sie zuzugreifen. Außerdem sollten Sie beim Aufruf einer Seite stets prüfen, ob die Domain der angezeigten Seite auch tatsächlich der von Ihnen erwarteten Domain entspricht. Achten Sie dabei besonders auf Details, denn häufig unterscheiden sich zum Phishing genutzte Domains nur durch einen einzigen Buchstaben von den tatsächlichen Domains.

6.2.2 Das Web of Trust-Browser-Plugin

Das für Firefox, Google Chrome, Internet Explorer, Safari und Opera erhältliche Browser-Plugin Web of Trust ist eine Erweiterung, die ein community-basiertes Bewertungssystem für Webseiten in Ihrem Browser installiert. Nutzer können das Plugin dazu verwenden, die Vertrauenswürdigkeit einer Webseite zu bewerten und Einschätzungen bezüglich der Eignung einer Webseite für Kinder und Jugendliche abzugeben. Beim Aufruf einer Seite werden Ihnen als Nutzer so die Bewertungen anderer Nutzer mithilfe einer Farbskala (siehe Bild 6.4) angezeigt. Auf diesem Weg sind Sie in der Lage dazu zu beurteilen, ob eine Webseite vertrauenswürdig ist oder nicht.

Bild 6.4 Eine laut Web of Trust vertrauenswürdige Seite

Bei Seiten, die hinsichtlich des Benutzervertrauens besonders schlecht abschneiden, wird zuweilen sogar eine Warnung beim Besuch der Seite angezeigt (siehe Bild 6.5). Trotz allem sollten Sie sich nicht ausschließlich auf die vom Web of Trust-Plugin zur Verfügung gestellten Informationen verlassen, sondern immer bedenken, dass Angreifer ihre eigenen Seiten mithilfe des Web of Trust-Plugins auch selbst positiv bewerten können. Gerade dann, wenn eine Betrugsseite noch nicht lange im Umlauf ist, besteht dabei die Gefahr, sich fälschlicherweise auf die Empfehlungen des Web of Trust-Plugins zu verlassen. Sie sollten also stets zumindest die Domain einer Seite überprüfen und im Falle einer verdächtigen Abweichung von der Domain, die Sie erwartet hätten, lieber auf die Eingabe von Login-Daten und anderen persönlichen Daten verzichten.

Weblink

Sie können das Web of Trust-Browser-Plugin über die Seite

https://www.mywot.com/en/download

herunterladen und installieren.

Bild 6.5
Bei Seiten mit besonders geringem Vertrauen blendet Web of Trust vor dem Besuch der Seite eine Warnung ein.

6.3 Ungesicherte Verbindungen

Verbindungen, die nicht gesichert, d.h. verschlüsselt sind, bergen gewisse Gefahrenpotenziale. Einerseits kann der gesamte, über sie gesendete Netzwerkverkehr von Angreifern mitgelesen werden, andererseits können Angreifer die über sie übermittelten Daten manipulieren und auf diese Weise zum Beispiel Schadcode in eine Seite, der der Nutzer vertraut, einschleusen. Leider findet heute immer noch ein Großteil der über das Internet abgewickelten Kommunikation über unverschlüsselte Verbindungen (http) statt.

Besonders brisant ist es, wenn Login-Informationen oder Sitzungsnummern, die eine autorisierte Sitzung identifizieren, über unverschlüsselte Verbindungen übertragen werden. Glücklicherweise ist das bei den meisten sozialen Netzwerken nicht der Fall, bei einigen, in diesem Buch womöglich nicht vorgestellten, sozialen Netzwerken fehlt eine Verschlüsselung der Verbindung jedoch. In diesem Abschnitt werden Sie für die Gefahren, die von unverschlüsselten Verbindungen ausgehen, sensibilisiert, sodass Sie in der Lage dazu sind, die Gefahren abzuschätzen und auf dieser Basis darüber zu entscheiden, ob Sie ein soziales Netzwerk oder eine andere Webseite ohne Verschlüsselung nutzen können.

6.3.1 Abhören von Passwörtern

Daten im Internet werden, wie in Kapitel 4 erläutert, über verschiedene Knotenpunkte im Internet an einen Webserver übertragen. An jedem dieser Knotenpunkte könnte ein Angreifer die übertragenen Daten theoretisch mitlesen, wenn diese unverschlüsselt sind. Auch auf einem Rechner installierte Viren sind in der Lage dazu, die Kommunikation mitzulesen, wenn diese unverschlüsselt ist. Deshalb sollten Verbindungen, bei denen brisante Daten übertragen werden, unter allen Umständen verschlüsselt werden. Leider wird das heute noch viel zu selten getan.

Mithilfe des Programms Wireshark kann der Netzwerkverkehr, der einen Rechner passiert, aufgezeichnet und analysiert werden. Wenn über eine unverschlüsselte Verbindung Passwörter übertragen werden, so werden diese auch im Klartext übermittelt. Die Folge: Angreifer können diese mitlesen und dazu nutzen, Zugang zur entsprechenden Seite zu erlangen. Dabei können Angreifer sogar Filter definieren, die unverschlüsselte HTTP-Pakete nach Schlagwörtern wie beispielsweise „password“ durchsuchen, um automatisch nur relevanten Traffic herauszufiltern.

In Bild 6.6 sehen Sie ein mit Wireshark aufgezeichnetes HTTP-Paket, das einen Benutzernamen und ein Passwort für die Seite C-Date enthält.

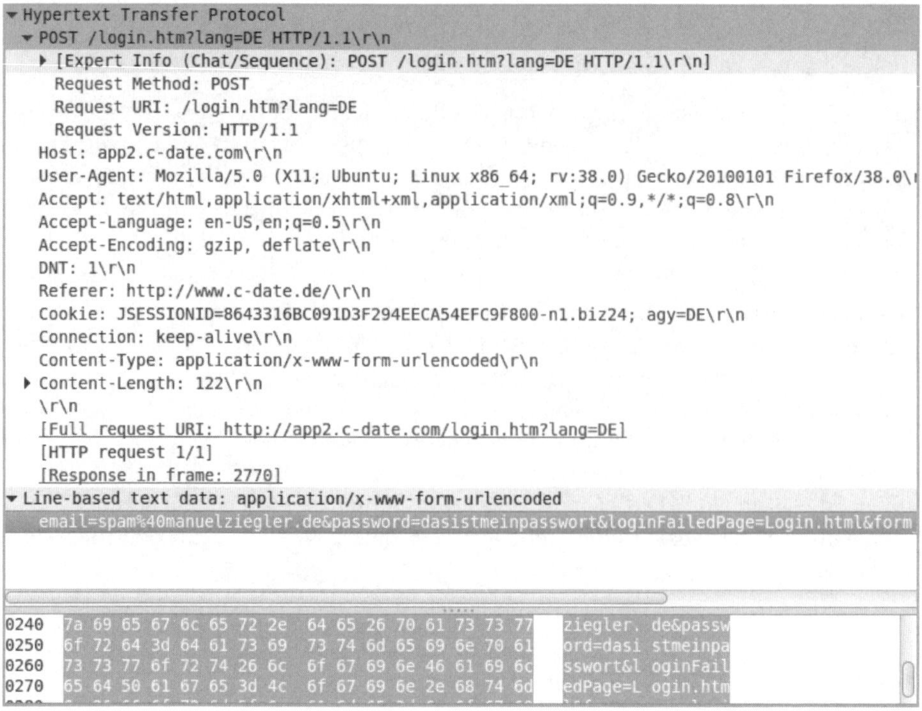

Bild 6.6 Ein mit Wireshark aufgezeichnetes HTTP-Paket mit Login-Daten für die Seite C-Date

6.3.2 Abhören von Session-IDs

Doch nicht nur über ungesicherte Verbindungen übertragene Passwörter sind brisant. Nachdem ein Nutzer auf einer Seite eingeloggt wurde, ist es erforderlich, diesen zu identifizieren. Da das im Internet eingesetzte HTTP-Protokoll eigentlich ein verbindungsloses Protokoll ist, werden zu diesem Zweck Cookies verwendet, die eine sogenannte Sitzungsnummer (Session-ID) enthalten. Diese werden bei jeder erneuten Anfrage an den Server gesendet, der dann auf Basis dieser Sitzungsnummer feststellt, um welchen Nutzer es sich handelt.

Allerdings wird auch diese Sitzungsnummer unverschlüsselt übertragen. Ein Angreifer kann diese also ohne Weiteres mitlesen und anschließend selbst an den Server senden, um die gleichen Berechtigungen und die gleiche Sicht wie der Benutzer zu erhalten. Zwar ist das Zeitfenster, in dem ein Angreifer eine Session-ID nutzen kann, um den Benutzeraccount eines anderen Nutzers zu übernehmen, wesentlich kleiner als der, in dem ein Passwort gültig ist. Doch einerseits bleiben Sitzungen heute sehr häufig über Tage und Wochen geöffnet, wenn sich der Nutzer nicht manuell ausloggt, andererseits kann ein Angriff auf Basis einer Sitzungsnummer automatisiert ablaufen. Der Angreifer lädt dazu lediglich ein kleines Skript auf den Rechner, mit dem er den Netzwerkverkehr überwacht, und sorgt dafür, dass dieses mit den aufgezeichneten Daten, speziell der Sitzungsnummer, gefüttert wird. In dem Skript könnte der Angreifer entweder Informationen über den Nutzer herunterladen oder womöglich gar Daten verändern.

In Bild 6.7 sehen Sie ein mithilfe von Wireshark aufgezeichnetes Netzwerkpaket, das eine Sitzungsnummer für die Seite Treffpunkt 18 enthält. Indem diese Sitzungsnummer inklusive des entsprechenden Cookies an den Server von Treffpunkt 18 übertragen wird, können beliebige Inhalte des Nutzers angezeigt werden (siehe Bild 6.8 und Bild 6.9).

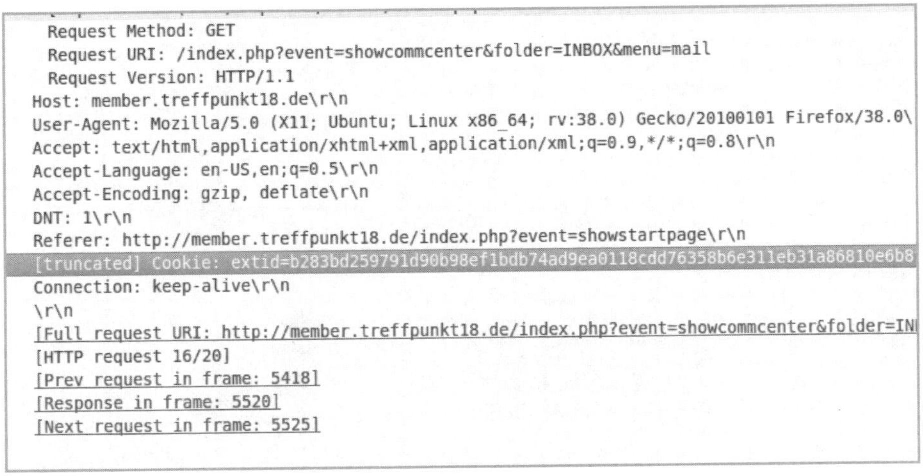

Bild 6.7 Ein mit Wireshark aufgezeichnetes HTTP-Paket inklusive Sitzungsnummer der Seite Treffpunkt 18

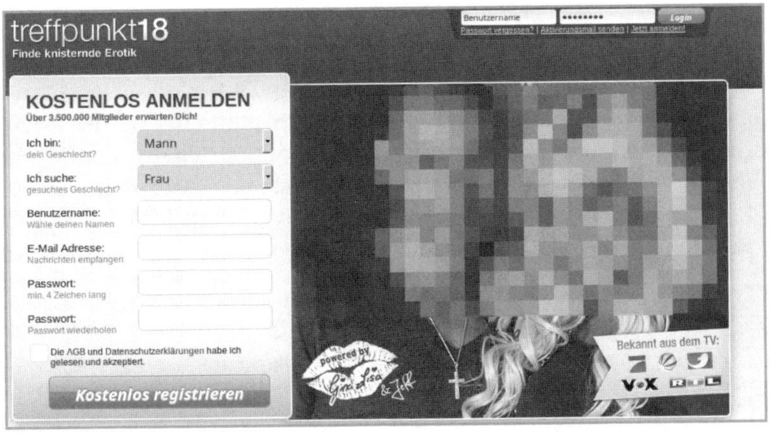

Bild 6.8 Eine Anfrage an die Seite Treffpunkt 18 ohne gestohlene Sitzungsnummer

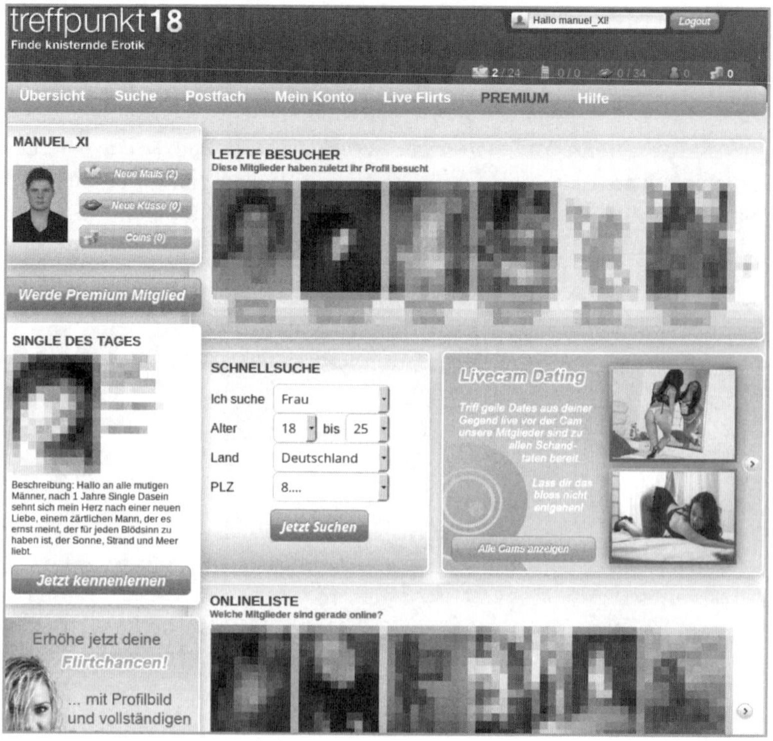

Bild 6.9 Eine Anfrage an die Seite Treffpunkt 18 mit gestohlener Sitzungsnummer

6.3.3 Man-in-the-Middle-Angriffe

Webseiten, die keine sichere Verbindung nutzen oder die beim ersten Aufruf nicht mithilfe einer sicheren Verbindung geladen werden, ermöglichen es Angreifern, potenziell einen sogenannten Man-in-the-Middle-(MitM-)Angriff durchzuführen. Wie der Name bereits sagt, positioniert sich ein Angreifer bei einem Man-in-the-Middle-Angriff zwischen den beiden Kommunikationspartnern und hat auf diese Art und Weise die Kontrolle über die Kommunikation. Er kann darüber entscheiden, Nachrichten entweder weiterzuleiten, zu manipulieren oder zu unterschlagen (siehe Bild 6.10).

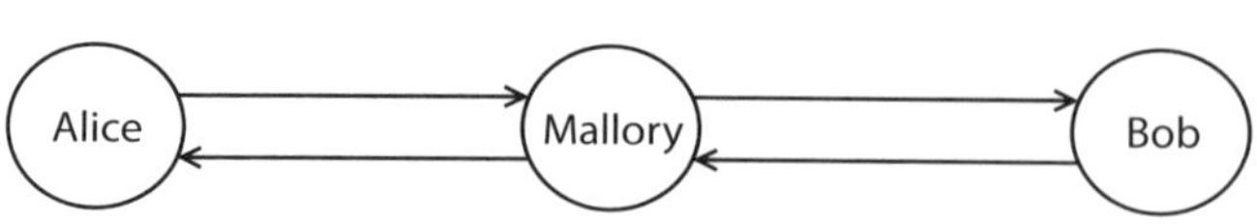

Bild 6.10 Ein Man-in-the-Middle-Angriff

Man-in-the-Middle-Angriffe werden von Angreifern dazu genutzt, vertrauliche Kommunikation aufzuzeichnen, oder dazu, um Vertrauensbeziehungen zwischen den beiden Parteien auszunutzen, um beispielsweise Schadcode in die Kommunikation einzuschleusen. Wenngleich es Man-in-the-Middle-Angriffe auch bei verschlüsselter Kommunikation geben kann, ist die Gefahr hier jedoch wesentlich geringer.

6.3.4 HTTPS-Everywhere

Auch wenn das HTTPS-Everywhere-Plugin für Firefox, Google Chrome, Opera und sogar den Android-Browser nichts an der Tatsache ändern kann, dass viele Betreiber von Webseiten keine TLS-Verschlüsselung anbieten, ist es immerhin in der Lage dazu zu verhindern, dass Sie die ungesicherte Version einer Webseite, von der auch eine verschlüsselte Version existiert, aufrufen.

Zu diesem Zweck ist in dem HTTPS-Everywhere-Plugin eine Liste von Webseiten hinterlegt, zu denen der Browser nur verschlüsselte Verbindungen aufbauen soll. Das entspricht in etwa dem Verhalten des Browsers, wenn die entsprechende Seite einen sogenannten HSTS-Header an den Browser gesendet hätte. Neben diesem Verhalten können Sie das HTTPS-Everywhere-Plugin auch dazu nutzen, um unverschlüsselte Verbindungen zu blockieren.

Weblink

Sie können das HTTPS-Everywhere-Plugin der Electronic Frontier Foundation unter der Adresse

https://www.eff.org/https-everywhere

herunterladen und installieren.

6.4 Datensicherheit

Soziale Netzwerke versprechen uns immer wieder, unsere Privatsphäre zu respektieren. Dass viele Anbieter das zuweilen absichtlich nicht tun, wenn es ihnen darum geht, alles über ihre Nutzer zu erfahren, ist eine Sache, dass sie jedoch bewusst Informationen ihrer Nutzer nicht ausreichend vor Dritten schützen, widerspricht in vielen Fällen den Versprechen der Betreiber.

6.4.1 Die Sicherheit Ihrer Bilder bei Facebook und Co. oder „Security through Obscurity“

Cloud Computing ist für die Betreiber von Webseiten eine tolle Sache. Dateien wie Bilder, Videos und andere statische Dateien wie CSS und JavaScript-Dateien werden in einem sogenannten Content Delivery Network (CDN) abgelegt. Dieses Netzwerk besteht im Grunde aus vielen Servern, die weltweit verteilt sind und die die Aufgabe übernehmen, Dateien möglichst schnell zur Verfügung zu stellen. Dazu laden diese Server Dateien bei der ersten Anfrage von einem sogenannten Origin-Server und cachen diese anschließend, sodass jede weitere Anfrage direkt vom entsprechenden CDN-Server beantwortet werden kann (siehe Bild 6.11). Das hat den Vorteil, dass Dateien weltweit physikalisch jeweils möglichst nahe am Benutzer platziert sind. Als Folge daraus sinkt die Ladezeit der Webseite und die übrigen Server, die bei Anfragen umfangreichere Berechnungen durchführen müssen, werden davon entlastet, statische Inhalte auszuliefern.

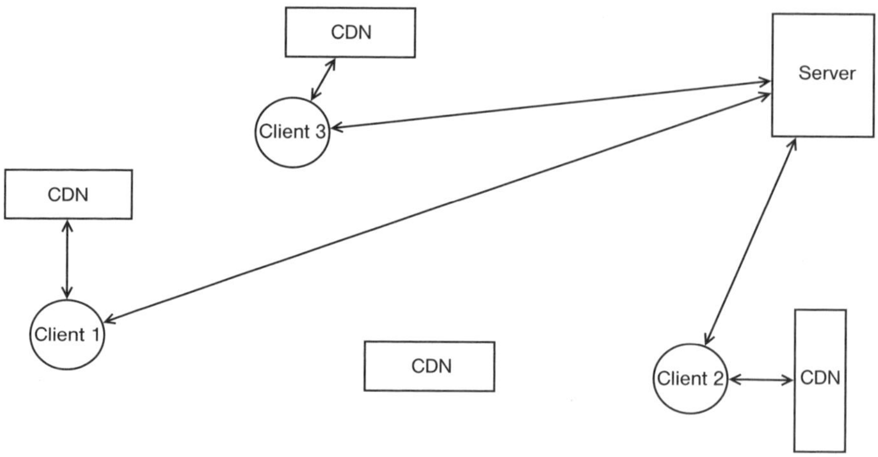

Bild 6.11 Funktionsweise eines Content Delivery Networks

Für Dateien, die für die Öffentlichkeit freigegeben sind, ist dieses Verfahren absolut in Ordnung. Sobald es für bestimmte Dateien jedoch eine Rechteverwaltung gibt, gibt es Probleme, wenn ein klassisches Content Delivery Network eingesetzt wird, denn dieses Netzwerk ist grundsätzlich „dumm“ und kümmert sich nicht darum, wer eine Datei sehen darf und wer nicht. Die Betreiber sozialer Netzwerke mussten also einen Weg finden, dennoch Berechtigungen in das Content Delivery Network zu integrieren, und haben sich für eine einfache Lösung entschieden: Sie haben keine Berechtigungen in das Content Delivery Network eingebaut.

Ist das eine Lösung des Problems? Nein. Aber dennoch gibt es Berechtigungen in sozialen Netzwerken. Der Trick ist, dass Nutzer im Grunde nie direkt auf das Content Delivery Network zugreifen. Stattdessen rufen Sie die Webseite des sozialen Netzwerkes auf. Der Browser lädt anschließend die darin verlinkten Dateien nach (siehe Bild 6.12). Indem die

Betreiber sozialer Netzwerke nun beim Ausliefern der HTML-Seite die Berechtigungen für darin verlinkte Bilder prüfen, kann sichergestellt werden, dass keine Links zu Bildern, die der Benutzer nicht sehen darf, in die Seite eingebettet werden. Problem gelöst, oder?

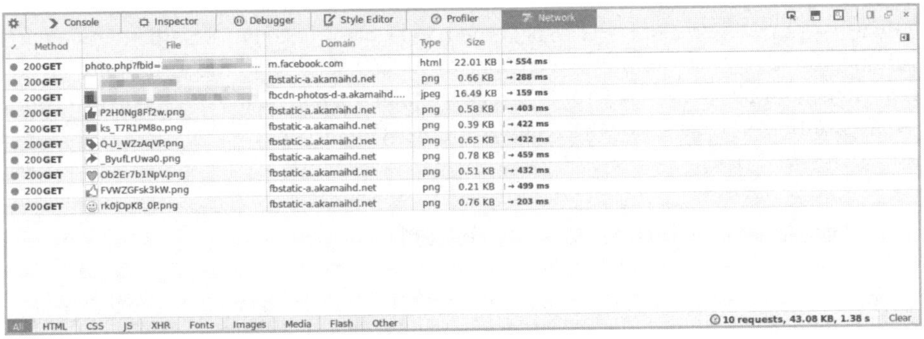

Bild 6.12 Vom Browser geladene Ressourcen einer Facebook-Seite

Leider nicht. Betrachten wir, was passiert, wenn Nutzer A ein Bild veröffentlicht und im Nachhinein die Berechtigungen ändert. Nutzer B hat dabei direkt nach der Veröffentlichung des Bildes Zugriff auf das Bild. Nutzer A merkt jedoch, dass Nutzer B zu Unrecht Zugriff auf das Bild hatte, und ändert die Berechtigungen für dieses Bild. Nun kann Nutzer B das Bild nicht mehr über den vorgesehenen Weg betrachten, doch was passiert, wenn Nutzer B noch Zugriff auf die zuvor geladene Seite, auf der das Bild angezeigt worden war, hatte?

Wir wollen diesen Fall am Beispiel von Facebook betrachten, grundsätzlich gilt der beobachtete Effekt jedoch auch für die meisten anderen sozialen Netzwerke, zum Beispiel auch für Google+ oder, besonders brisant, für fast alle Dating-Netzwerke. Nachdem Nutzer B das von A veröffentlichte Bild auf klassischem Wege nicht mehr sehen kann, kann er es dennoch durch einen direkten Abruf vom Content Delivery Network betrachten. Dazu ermittelt er anhand des Seitenquelltextes der Seite, auf der er das Bild noch gesehen hat, die URL des Bildes. Beim Abruf der URL werden keine Berechtigungen überprüft, sodass der Nutzer das Bild ohne Weiteres betrachten kann (siehe Bild 6.13).

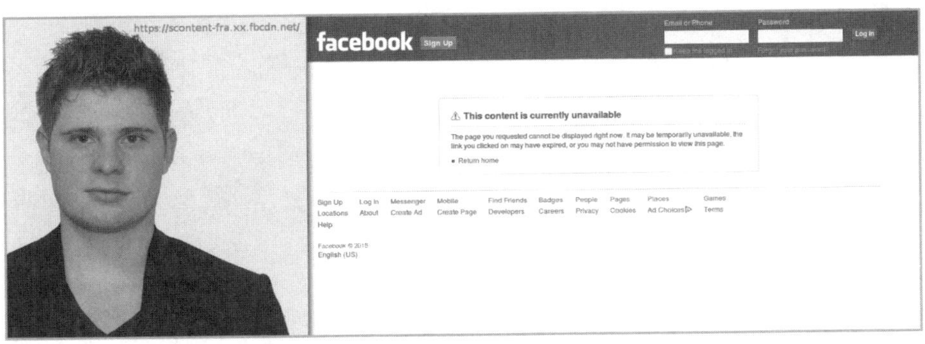

Bild 6.13 Anzeige eines Bildes trotz mangelnder Berechtigungen

Immerhin kann Nutzer A das Bild löschen, um zu verhindern, dass Nutzer B das Bild weiterhin abrufen kann, oder? Vielleicht. Da Content Delivery Networks Bilder für eine bestimmte Zeit cachen und meist keine Möglichkeit, diese Zeit nachträglich zu beeinflussen, besteht, kann das Bild, auch wenn es bereits gelöscht wurde, in den meisten Fällen noch für einige Zeit abgerufen werden. Bei Google+ scheint das Bild dann jedoch zeitnah, innerhalb von 20 Minuten zu verschwinden. Anders bei Facebook: Hier ist das Bild nach einer Löschung noch für mehrere Stunden über das Content Delivery Network verfügbar. Das ist kein wirksamer Schutz der Privatsphäre!

6.4.2 Wann ist Kommunikation sicher?

Neben der Sicherheit von Daten wie Bildern ist für Sie als Mitglied eines sozialen Netzwerkes vor allem relevant, wie gut Ihre Kommunikation vor den Betreibern selbst und vor Dritten geschützt ist. Um das beantworten zu können, stellt sich zunächst die Frage, was eigentlich als sichere Kommunikation gilt. Im Grunde ist diese Frage recht leicht zu beantworten. Sicher ist Kommunikation genau dann, wenn niemand außer den Kommunikationsparteien die Möglichkeit hat, die Kommunikation mitzulesen.

Das setzt den Einsatz von Verschlüsselung voraus, aber nicht die in Abschnitt 6.3 behandelte Transportverschlüsselung, sondern sogenannte Ende-zu-Ende-Verschlüsselung. Während Transportverschlüsselung eine Nachricht immer nur zwischen zwei Punkten verschlüsselt, also zum Beispiel zwischen Nutzer A und dem Server und zwischen dem Server und Nutzer B, bedeutet Ende-zu-Ende-Verschlüsselung, dass die Nachricht zwischen Nutzer A und B verschlüsselt wird, sodass weder der Server noch irgendein anderer Mensch den Inhalt der Nachricht ermitteln kann (siehe Bild 6.14).

Leider bieten kommerzielle soziale Netzwerke keine Ende-zu-Ende-Verschlüsselung. Nachrichten sind stets für die Betreiber und alle diejenigen, die Zugriff auf die Server erlangen, sichtbar. Das sollten Sie immer bedenken, wenn Sie Daten über soziale Netzwerke versenden.

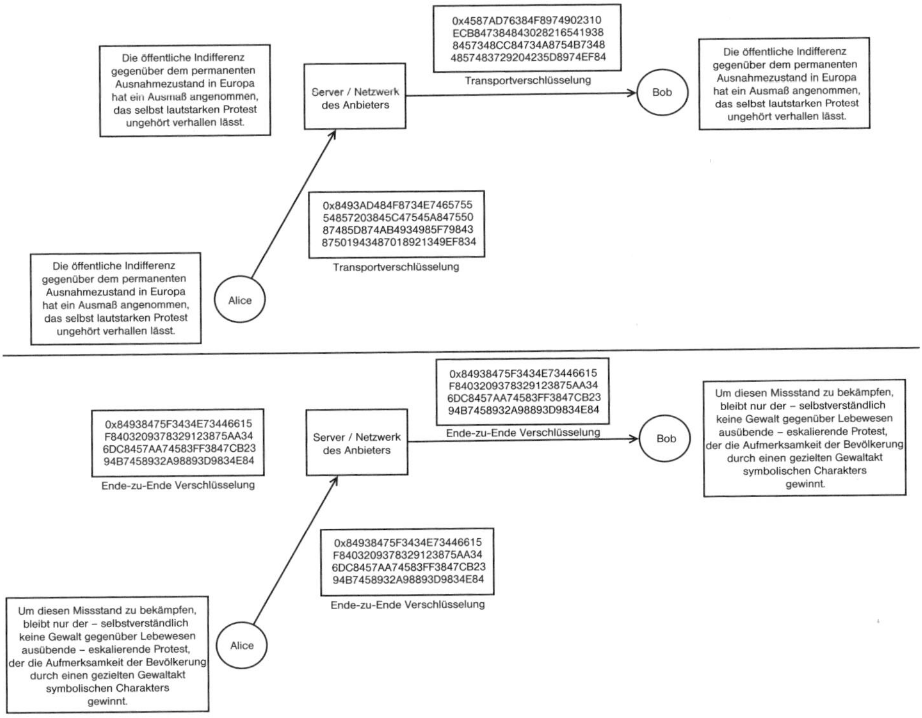

Bild 6.14 Transportverschlüsselung vs. Ende-zu-Ende-Verschlüsselung

6.5 Literatur

1. *Suwald, Thomas*: Smartcards, security, and biometrics – How biometrics-augmented authentication can make today's smartcards more secure, 2014, *http://www.nxp.com/documents/other/Biometrics_WP_HR_fv.pdf*
2. *The Imperva Application Defense Center*: Consumer Password Worst Practices, 2014, *http://www.imperva.com/docs/WP_Consumer_Password_Worst_Practices.pdf*

7 Rufmord und Cybermobbing

Das Internet senkt in vielen Bereichen die Hemmschwelle der Menschen, so auch bei den Themen Rufmord und Cybermobbing. Gerade Cybermobbing geht dabei ohnehin häufig von Kindern und Jugendlichen aus, deren Blick auf die Welt noch ein wenig, sagen wir, getrübt ist. Doch das ist nicht der einzige Grund, warum Online-Rufmord und Cybermobbing oft erheblich größere Ausmaße als die klassischeren Varianten annehmen.

Gerade beim Cybermobbing ist ein weiteres Problem, dass dieses rund um die Uhr stattfindet, während traditionelles Mobbing nach Feierabend oder nach Schulschluss in aller Regel zu Ende ist. Rufmord dagegen ist online wesentlich beständiger, weil er dort allgegenwärtig und womöglich auch für unbestimmte Zeit verfügbar ist.

Neben den Formen von Cybermobbing, die bei verbaler Gewalt verbleiben, gibt es auch unterschiedliche Formen von Cybermobbing, bei denen körperliche Gewalt eine Rolle spielt. Auch wenn sich einige Formen von Cybermobbing, die in diesem Kapitel behandelt werden, zuweilen so weit steigern, dass es zu physischer Gewalt kommt, sollen diese ausartenden Formen von Cybermobbing in diesem Buch nicht weiter behandelt werden.

7.1 Erscheinungsformen

Rufmord und Cybermobbing treten in den unterschiedlichsten Ausprägungen und Formen auf. Während einfache Beleidigungen zwar zuweilen als Cybermobbing aufgefasst werden können, sind sie im Vergleich zu den verschiedenen Ausprägungen von Rufmord oder zu tatsächlichem Mobbing relativ harmlos.

7.1.1 Beleidigungen

Beleidigungen treten in sozialen Netzwerken häufiger auf als im realen Leben. Das liegt vermutlich daran, dass viele Menschen ihren geistigen Abfall in sozialen Netzwerken und auf anderen Webseiten hinterlassen. Generell scheint die Hemmschwelle der Menschen online wesentlich geringer zu sein als im realen Leben, selbst dann, wenn Nutzer unter ihrem tatsächlichen Namen agieren.

Je nachdem, aus welcher sozialen Gruppe und mit welchem Hintergrund Beleidigungen in sozialen Netzwerken auftreten, sind diese mehr oder weniger persönlich sowie mehr oder weniger subtil. Vor allem Beleidigungen aus dem Wutbürgertum, das in diesem Buch den teilweise geradezu fanatischen Anhängern der Pegida-Bewegung oder radikalen Befürwortern der Thesen der AfD unterstellt wird[1], nehmen meist einen sehr persönlichen und wenig subtilen Tonfall an. Dagegen gibt es durchaus auch Fälle, in denen eine eigentlich fachliche Diskussion in Beleidigungen ausartet. Diese fallen in aller Regel etwas subtiler aus und äußern sich nicht selten in abgedroschenen Phrasen wie „armes Deutschland“ (siehe Bild 7.1).

Bild 7.1
Ein wenig fachlicher Diskurs auf der Plattform XING

[1] Das ist eine nicht notwendigerweise uneingeschränkt richtige Ansicht des Autors.

Egal welche Form Beleidigungen haben, in aller Regel sind sie es nicht wert, sich überhaupt darüber zu ärgern. Sie sollten sich, um Ihres eigenen Seelenfriedens willen, angewöhnen, solche Fälle möglichst zu ignorieren.

7.1.2 Diskreditierung

Der Begriff Diskreditierung bezeichnet die gezielte Verunglimpfung einer Person, meist mit dem Ziel, der Karriere oder zumindest dem guten Ruf des Betroffenen zu schaden. Übliche Mittel, mit denen eine Diskreditierung erreicht wird, sind die Verbreitung von Gerüchten, Lügen und Indiskretionen. Viele moderne Formen der Diskreditierung versuchen, Beweise für einen vermeintlichen Tatbestand des Opfers zu fälschen, indem beispielsweise Bilder mithilfe von Bildbearbeitungsprogrammen manipuliert oder vollständig gefälscht werden. Trotzdem lassen sich gemeinhin viele Menschen auch weiterhin durch Bilder überzeugen, schließlich galten diese jahrzehntelang als probates Beweismittel. Besonders Screenshots lassen sich jedoch allzu leicht fälschen. So lässt sich oft nur mit aufwendigen forensischen Verfahren beurteilen, ob ein Bild tatsächlich authentisch ist oder ob es sich um eine Fälschung handelt.

Üble Nachrede

Unter dem Begriff üble Nachrede versteht man in Deutschland einen Tatbestand nach §186 des Strafgesetzbuchs. Dabei bringt eine Person eine Behauptung, zu der es keine Beweise gibt, in Umlauf. Üble Nachrede unterscheidet sich dabei von der im folgenden Abschnitt vorgestellten Verleumdung dadurch, dass es sich dabei nicht um eine wissentliche Lüge des Täters handelt. Ein Beispiel für den Tatbestand der üblen Nachrede wäre zum Beispiel die Bezichtigung eines anderen Nutzers sozialer Netzwerke der Lüge, wenn dieser einen Augenzeugenbericht abgibt oder ein Erlebnis schildert.

Während es in einem traditionellen Gespräch in aller Regel wenig folgenreich für das Opfer ist, wenn ein Zuhörer einen Satz wie „Du lügst doch“ entgegnet, kann das in sozialen Netzwerken größere Konsequenzen für das Opfer haben, schließlich ist er dort nicht nur vor einer Handvoll Menschen blamiert, sondern vor einem sehr viel größeren Personenkreis.

Verleumdung

Im Gegensatz zur üblen Nachrede handelt es sich beim Tatbestand der Verleumdung (§187 StGB) um eine wissentliche Lüge des Täters. Das bedeutet also, dass jener eine Aussage tätigt, von der er definitiv weiß, dass sie nicht richtig ist, und die zudem dazu geeignet ist, dem Opfer zu schaden. Ein Beispiel wäre etwa, einem anderen Nutzer eines sozialen Netzwerkes zu unterstellen, er habe ein Kind geschlagen, obwohl man weiß, dass das nicht wahr ist.

In besonders schweren Fällen können dem Täter für eine derartige Aussage bis zu fünf Jahre Haft für die Verleumdung eines anderen Menschen auferlegt werden. Natürlich ist bei einer Verleumdung, ebenso wie bei einer anderen Form der Diskreditierung, zunächst das Opfer geschädigt. Es muss damit rechnen, dass man dem Täter allgemeinen Glauben schenkt. Die Folge kann zum Beispiel eine gesellschaftliche Ächtung oder gar ein sogenannter Shitstorm sein, bei dem Massen anderer Nutzer ihre negative Meinung auf dem Profil des Opfers hinterlassen.

7.1.3 Mobbing

Echtes Mobbing lässt sich nur sehr schwer von den bereits vorgestellten Formen von Rufmord bzw. Cybermobbing abgrenzen, schließlich sind alle vorgestellten Formen dazu geeignet, einen Nutzer zu mobben. In diesem Buch wollen wir Mobbing (natürlich im Bezug auf soziale Netzwerke) folgendermaßen definieren:

Bei Mobbing handelt es sich um eine ständige Belästigung eines Opfers durch einen oder mehrere Täter, bei der das Opfer zum Ziel von Beleidigungen oder Diskreditierungen wird und sich selbst nicht mehr in der Lage sieht, sich gegen diese Angriffe zur Wehr zu setzen.

Das drückt, zumindest teilweise, die Problematik aus, die mit Cybermobbing verbunden ist. Das Opfer hat dabei häufig keine Rückzugsmöglichkeit. Während bei Mobbing in Schule oder Beruf in aller Regel das Privatleben des Opfers eine gewisse Erholung verspricht, ist Cybermobbing allgegenwärtig, denn die meisten Menschen sind heute einerseits ständig im Internet unterwegs, und gerade dieses Medium wird beim Cybermobbing schließlich dazu genutzt, das Opfer anzugreifen. Andererseits müssen Nutzer dann, wenn das Mobbing öffentlich im Internet stattfindet, ständig fürchten, dass die Angriffe des Täters von ihrem gesamten Freundeskreis wahrgenommen werden und dass es dem Täter damit womöglich gelingt, Vertrauenspersonen auf seine Seite zu ziehen.

7.2 Gegenmaßnahmen

Cybermobbing lässt sich ebenso wie Rufmord nur sehr schwer effektiv bekämpfen. Das liegt einerseits an der Beschaffenheit sozialer Netzwerke und vor allem an der Tatsache, dass Informationen, die einmal im Internet verbreitet wurden, nur sehr schwer bzw. gar nicht wieder entfernt werden können. Andererseits ist auch die Tatsache dafür verantwortlich, dass vor allem Cybermobbing meist erst in einem so weit fortgeschrittenen Stadium als solches wahrgenommen wird, dass nur noch drastische Maßnahmen greifen.

Während Sie andere Nutzer in den meisten sozialen Netzwerken einfach blockieren können, wenn diese Sie beleidigen, ist es kaum möglich, erfolgreich gegen Diskreditierung vorzugehen. Zwar bieten die meisten sozialen Netzwerke, darunter auch Facebook, eine sogenannte „Melden"-Funktion, über die Nutzer unangemessene Inhalte, darunter auch Diskreditierungen, dem Betreiber melden können, allerdings sind diese Funktionen meist nicht besonders wirkungsvoll. Das liegt vor allem daran, dass, wenn Sie einen Beitrag melden, ein Mitarbeiter des sozialen Netzwerkes überprüfen muss, ob dieser Beitrag tatsächlich unangemessen ist, bevor dieser entfernt wird. Andernfalls könnte jeder Nutzer die Beiträge anderer Nutzer, die ihm nicht gefallen, zensieren. Natürlich ist es trotz allem fragwürdig, ob die Mitarbeiter eines sozialen Netzwerkes die Möglichkeit der Zensur haben sollten, aber mit Bezug auf Cybermobbing muss man wohl sagen, dass ein Kompromiss in irgendeiner Form notwendig ist.

Während ein Beitrag also darauf wartet, von einem Mitarbeiter des sozialen Netzwerkes kontrolliert zu werden, kann er sich ungehindert verbreiten. Das ist nicht mehr rückgängig zu machen, denn wenn ein Nutzer den Beitrag bereits gelesen hat, kann man diesen schließlich nicht mehr aus der Erinnerung löschen, zumindest nicht ohne sich eines schweren Vergehens gegen die Menschenrechte schuldig zu machen.

Natürlich bleibt einem Nutzer meist auch die Möglichkeit, vom Rechtsweg Gebrauch zu machen. Diese Maßnahme eignet sich in aller Regel jedoch nur noch zur Schadensbegrenzung.

7.3 Stalking

Eine weitere, ernsthafte Bedrohung, die durch soziale Netzwerke vielfach gefördert wird, ist das sogenannte Stalking. Auch wenn dieser Begriff in der Jugendsprache vielfach für harmlose Tatbestände verwendet wird, kann es sich dabei um eine ernsthafte Bedrohung handeln, bei der das Opfer psychisch besonders belastet wird.

Unter Stalking versteht man das Nachstellen einer Person, meist unter intensivem Gebrauch von sozialen Netzwerken. Das Opfer wird dabei häufig nicht nur durch Nachrichten und Anrufe des Täters belästigt, sondern sieht sich zuweilen auch der persönlichen Zusammenkunft mit dem Täter ausgesetzt. Dass es eine große psychische Belastung für das Opfer ist, wenn der Täter mitten in der Nacht vor der Haustür steht und womöglich sogar irgendwelche Drohungen gegen das Opfer ausspricht, ist sicherlich verständlich.

Stalking hat per se nichts mit sozialen Netzwerken zu tun, allerdings bieten soziale Netzwerke Tätern häufig die Möglichkeit, ihre Opfer rund um die Uhr zu überwachen, ohne direkt vor Ort zu sein, und zu ermitteln, an welchen Orten sich das Opfer gerade befindet.

Eine wirksame Präventivmaßnahme gegen computergestütztes Stalking besteht darin, zu verhindern, dass persönliche Informationen über soziale Netzwerke und andere Internetseiten Dritten zugänglich werden. Ist man erst einmal Opfer von Stalking, hilft meist nur der Gang zur Polizei.

8 Gruppenzwang und Gruppendynamik

Vor allem bei Jugendlichen, aber auch bei vielen Erwachsenen konnte man in den letzten Monaten Phänomene erleben, die auf eine neue Form von Gruppenzwang, die vorrangig in sozialen Netzwerken zu existieren scheint, schließen lassen. Oft fällt es dabei schwer zu entscheiden, ob es sich bei einem Phänomen eher um einen Zwang als um eine Dynamik handelt oder umgekehrt.

Man kann sicherlich von einem Zwang reden, wenn Menschen sich dabei filmen, wie sie ein Bier auf ex trinken, weil sie von einem Freund dazu aufgefordert werden, und man kann sicherlich von einer Dynamik sprechen, wenn Menschen auf die Straße gehen, um gegen irgendetwas zu demonstrieren. Wie stuft man jedoch ein Phänomen ein, bei dem sich Menschen auf der ganzen Welt Eimer voll kaltem Wasser über den Kopf kippen, um auf eine Krankheit aufmerksam zu machen? Ist das ein Zwang oder eher eine Dynamik?

8.1 Beispiele für Gruppenzwang in sozialen Netzwerken

8.1.1 NekNominate

Das Spiel NekNominate wurde vor allem Anfang bis Mitte 2014 auf der ganzen Welt über soziale Netzwerke gespielt. In Deutschland kursierte für das Spiel unerklärlicherweise auch der Name „Social Beer Game". Die Regeln dieses Online-Trinkspiels sind recht einfach: Man trinkt einen halben Liter Bier auf ex, filmt sich dabei und veröffentlicht das Video schließlich in seinem Social-Media-Profil und nominiert dann drei Freunde, die anschließend 24 Stunden Zeit haben, das Gleiche selbst zu tun.

Auf der einen Seite muss man davon ausgehen, dass verschiedene Gruppen, darunter zum Beispiel (potenzielle) Arbeitgeber, nicht besonders begeistert davon sind, derartige Videos auf Ihrem Facebook-Profil zu finden. Auf der anderen Seite ist dieses Spiel in seinem Verlauf so weit ausgeartet, weil Nutzer einander übertreffen wollten, dass es einige Tote im Zusammenhang mit diesem Spiel gab [1].

8.1.2 Riskante Profilfotos und Videos

Wer hat das beste, das interessanteste, das aufregendste Profilbild auf seinem Facebook-Profil? Für manche Menschen scheint es eine Herausforderung zu sein, stets gewagtere Profilbilder als andere Nutzer zu haben. Eigentlich ist das in einer Gesellschaft, die in vielerlei Hinsicht nach dem Prinzip „höher, schneller, weiter“ lebt, kaum verwunderlich. Das Problem dabei ist allerdings, dass sich der Wettbewerb zwischen einzelnen Nutzern so langsam, aber sicher hochschaukelt und deshalb oft gewisse Risiken eingegangen werden, um ein Profilfoto zu schießen.

Das Problem wäre womöglich nicht ganz so schlimm, wenn es sich bei den Nutzern vornehmlich um mündige Erwachsene handelt, die müssen schließlich selbst wissen, was sie tun. Eigentlich müsste man auch Jugendlichen so viel Selbstbestimmung lassen und im Allgemeinen wird das auch funktionieren, allerdings gibt es auch Charaktere, die sich sehr durch die Meinung anderer prägen lassen und auf der Suche nach Anerkennung häufig ihre eigenen Grenzen vergessen. Das eigentliche Problem ist gar nicht die Gefahr, die bei der Aufnahme eines Profilbildes besteht, sondern vielmehr die Wirkung, die die Betroffenen damit bei Außenstehenden erzeugen. Vermutlich nicht ganz zu Unrecht wirken Profilbilder, bei denen es ein Nutzer offensichtlich darauf anlegt, andere Nutzer zu beeindrucken, albern und nicht selten leiten Dritte davon ihre Schlüsse bezüglich der Persönlichkeit der Nutzer ab.

8.1.2.1 Fotos im Gleisbett

Ein populäres Motiv für Profilfotos bei jungen Mädchen sind Fotos, bei denen sich zwei Freundinnen auf den Gleisen einer Bahnstrecke fotografieren. Die Symbolik soll wohl für ewigen Zusammenhalt, womöglich bis in den Tod hinein, stehen. Das „bis in den Tod hinein“ ist dabei manchmal allerdings mehr als nur Symbolik, denn wenngleich im Allgemeinen sicherlich nicht von suizidalen Motiven auszugehen ist, kam es in der Vergangenheit bereits mehrfach zu dramatischen Zwischenfällen, von denen einige tödlich endeten, weil die Bilder auf befahrener Strecke aufgenommen wurden und die Mädchen die Geschwindigkeit herannahender Züge dramatisch unterschätzt hatten.

8.1.3 Cold Water Challenge und Ice Bucket Challenge

Im Sommer 2014 erlangte auch die sogenannte Ice Bucket Challenge einige Popularität, die nach dem gleichen Prinzip wie NekNominate funktioniert, mit dem Unterschied, dass die Teilnehmer sich, statt ein Bier auszutrinken, einen Eimer gefüllt mit Eiswasser über den Kopf schütteten. Mit diesem Wettbewerb sollte vor allem auf die Nervenkrankheit amyotrophe Lateralsklerose aufmerksam gemacht werden. Neben der eigentlichen Herausforderung, sich einen Eimer Wasser überzugießen, sollten die Teilnehmer auch eine kleine Spende an die ALS Association entrichten.

8.1.4 Bin ich hässlich oder schön?

Weniger ein Gruppenzwang als vielmehr ein Verlangen nach Geltungsbedürfnis ist der vor allem bei jugendlichen Mädchen herrschende Trend, sich auf Bildern in sozialen Netzwerken ins rechte Licht zu rücken und dabei zuweilen auch ganz konkret das eigene Aussehen zur Abstimmung zu stellen. Das rührt jedoch vermutlich daher, dass sich Mitglieder sozialer Netzwerke mit anderen Mitgliedern vergleichen und dabei vor allem die Reputation ihrer Beiträge mit denen anderer Nutzer vergleichen.

Als eine Vorstufe derartiger Anwandlungen kann man bereits gehäufte Veröffentlichungen von Selbstporträts betrachten, auf denen womöglich mithilfe von Bildbearbeitungsprogrammen jeder noch so kleine Makel entfernt wurde. Häufig tritt dabei auch schon der erwünschte Effekt ein, nämlich dass diese Bilder vielfach mit Gefällt-mir-Angaben und Kommentaren wie „du bist so süß" versehen werden. Passiert das nicht, erlebt man häufig eine Steigerung, bei der verstärkt auf erotisierende Inhalte auf den Bildern gesetzt wird (siehe Bild 8.1). Häufig werden derartige Bilder auch mit willkürlichen Zitaten, die meist nur mäßig zum Inhalt des Bildes passen, untermalt.

Bild 8.1
Die subtile Betonung weiblicher Attribute ist auf derartigen Bildern häufig zu finden.

Zuweilen sieht man auch eine weitere Steigerungsform, bei der die abgebildete Person ihr soziales Netzwerk explizit danach fragt, ob sie hässlich ist. Natürlich zeugt alleine diese Frage von einem gewissen Bedürfnis nach Anerkennung und natürlich erwarten die Fragenden, dass ihr Umfeld diese Frage mit „Nein, im Gegenteil" oder etwas Ähnlichem beantwortet. Trotzdem werden gerade solche Fragen dann auch häufiger mit „Ja" beantwortet.

Klar sollte sein, dass der Geltungsdrang, der Nutzer dazu motiviert, sich auf diesem Weg Bestätigung zu suchen, unnormal ist. Ein klein wenig erinnert dieses Verhalten an die Emo-Jugendkultur, der unter anderem häufig ein autoaggressives Verhalten zugeschrieben wird.

8.2 Gruppendynamiken

Neben Gruppenzwängen sind in sozialen Netzwerken immer häufiger auch regelrechte Gruppendynamiken zu beobachten, die nicht selten politisch motiviert sind. Dabei ist zu beobachten, dass es einigen, oft politisch extremen Rädelsführern gelingt, durch populistische Parolen und andere gemütserregende Stimmungsbilder große Menschenmengen für ihre Sache zu begeistern.

Während im Jahr 2012 dank sozialer Netzwerke noch Tausende Menschen gegen das damals geplante Anti-Counterfeiting Trade Agreement (ACTA) auf die Straße gingen (sicherlich erinnern Sie sich an all diese Guy-Fawkes-Masken), um gegen die Außerkraftsetzung zahlreicher Persönlichkeitsrechte zugunsten eines strenger durchgesetzten Urheberrechts zu demonstrieren, sollten Anfang 2013 ganz andere Interessensgruppen soziale Netzwerke für sich entdecken. Seit ihrer Gründung Anfang 2013 gelang es der „Alternative für Deutschland" (AfD), bis heute über 130000 Gefällt-mir-Angaben auf Facebook zu sammeln und damit alle anderen politischen Parteien außer der Partei für Arbeit, Rechtsstaat, Tierschutz, Elitenförderung und basisdemokratische Initiative (kurz: Die PARTEI) weit hinter sich zu lassen.

Dabei gelang es den Parteiverantwortlichen der AfD, eine Anhängerschaft zu sammeln, die die Parolen der Partei und deren eigene Sprache in ständiger Wiederholung in alle Ecken der sozialen Netzwerke trug. Ungeachtet einer politisch inhaltlichen Wertung dieser Parolen ist es doch erstaunlich, wie variationslos die Anhänger der AfD diese bis heute wiederholen. Eine solche Form von Hörigkeit in einem derartigen Umfang wäre über das Fernsehen, Zeitungen oder selbst durch intensivsten Vor-Ort-Wahlkampf kaum möglich gewesen. Einen ähnlichen, jedoch mit deutlich mehr Diskussionskultur hatte zuvor die Piratenpartei erlebt.

Eine der AfD sehr ähnliche Gruppendynamik hat sich in Deutschland auch seit Oktober 2014 unter dem Namen Pegida (Patriotische Europäer gegen die Islamisierung des Abendlandes) entwickelt. Pegida, ein vor allem in Dresden aktives Bündnis, das eine äußerst pauschalisierende und daher im Allgemeinen schlichtweg falsche Weltsicht auf den Islam hat und sich aus diesem Grund dazu berufen fühlt, das „Abendland" vor selbigem zu beschützen, konnte über Facebook mittlerweile mehr als 150000 Gefällt-mir-Angaben sammeln, und das in nur einem halben Jahr. Dabei herrscht auch bei den Pegida-Anhängern eine sehr starre Einstellung vor, die es beinahe unmöglich macht, in Diskussionen mit diesen zu treten.

Dieser blinde Gehorsam, der sowohl bei AfD als auch bei Pegida zu rechtspopulistischen, wenn nicht zum Teil sogar rechtsextremen Massenbewegungen führt, lässt sich offenbar, das zeigen die Beispiele, mithilfe von sozialen Netzwerken initiieren. Das gilt natürlich nicht nur für Rechtspopulismus, sondern auch für andere fanatische Einstellungen. So erfährt auch die Terrorgruppe Islamischer Staat großen Zulauf über soziale Netzwerke.

Gründe für diese letztendlich äußerst bedenkenswürdige Entwicklung sind schwer zu finden. Dass Pegida, anders als die Anhänger gerne behaupten, nicht das Volk sind, das hat sich in der jüngeren Vergangenheit herausgestellt; dass die meisten Menschen auf dieser Welt Terrorakte, wie sie vom Islamischen Staat verübt werden, nicht befürworten, steht ebenfalls fest, und auch die AfD, die allerdings in der Politik trotz allem einen beachtenswerten Zulauf erfährt, wird nur von einer Minderheit unterstützt. Trotzdem scheinen die Befürworter derartiger Bewegungen in sozialen Netzwerken überrepräsentiert zu sein.

Im Gegensatz zu Zeitungen und Fernsehen[1] sind in sozialen Netzwerken keine Filter aktiv, die nicht belegte Stammtischparolen von seriös recherchierten Fakten trennen. Eine Theorie, die den Zulauf zu Bewegungen wie der AfD und Pegida zumindest teilweise erklären könnte, wäre, dass viele Menschen mangels Erfahrung noch nicht in der Lage dazu sind, souverän mit den Informationen aus sozialen Netzwerken umzugehen und Fakten von Geschwätz zu trennen. Würde man den Unsinn glauben, den manche Menschen zum Beispiel im Kontext von Pegida von sich geben, so würde man vermutlich hinter der Bewegung stehen.

Der folgende Beitrag wurde beispielsweise von einer Facebook-Nutzerin auf der Facebook-Seite von Pegida veröffentlicht:

> *„Der Islam ist eine mittelalterliche Weltanschauung, geprägt durch Unterwerfung und Geringschätzung der weiblichen Bevölkerung. Ein ‚Glaube', in dem Frauen gesteinigt werden dürfen, Andersgläubige als minderwertig dargestellt werden, um nur einige Dinge zu benennen. Hier geht es nicht um Religionsfreiheit, sondern um eine demokratie- und grundgesetzfeindliche Glaubensideologie, deren Bestreben es ist, das demokratische Rechtssystem zu unterwandern, auszuhöhlen und durch die Sharia zu ersetzen. Der Islam kann niemals zu einer demokratischen Wertegesellschaft gehören."*

Dieser Beitrag hebt sich zugegebenermaßen sprachlich deutlich von den üblichen Kommentaren dort ab, inhaltlich vermittelt er jedoch das gleiche pauschalisierte Bild, das Pegida-Anhänger vom Islam zu haben scheinen. Die Menschen in Deutschland sind es gewöhnt, den Zeitungen Glauben zu schenken. Zuweilen entsteht mir sogar der Eindruck, dass sich Menschen in Deutschland zu sehr auf die Presse verlassen und diese zu wenig hinterfragen. Wenn man diese Bereitschaft, eine Information zu glauben, nun auf soziale Netzwerke überträgt, verwundert es kaum, dass so viele Menschen den rechtspopulistischen Darstellungen von Pegida oder der AfD Glauben schenken. Natürlich kommt dazu die Bereitschaft, glauben zu wollen, schließlich spricht zum Beispiel die Forderung der AfD, die D-Mark wieder einzuführen und damit alle wirtschaftlichen Probleme zu lösen, den Menschen aus der Seele. Wer würde schließlich nicht in einer wirtschaftlich stabilen Welt leben wollen?

Es gilt, will man die Ursache für solche Gruppendynamiken verstehen, weiter zu beobachten, wie diese entstehen, wer dahintersteckt und warum Anhänger diese bedingungslose Folgsamkeit entwickeln.

---

[1] Boulevardpresse wie die BILD-Zeitung oder RTL-Sender will ich hier explizit ausnehmen.

8.3 Literatur

1. *http://metro.co.uk/2014/02/10/two-british-men-killed-by-neknominate-drink-dares-4298841/*

9 Am Totenbett der Privatsphäre

„You have zero privacy anyway. Get over it."
Scott McNealy

Schon 1999 sagte Scott McNealy, Mitbegründer der Firma Sun Microsystems, den Satz „You have zero privacy anyway. Get over it.", zu Deutsch etwa: „Es gibt ohnehin keine Privatsphäre, finden Sie sich damit ab." Doch müssen wir uns wirklich damit abfinden, keine Privatsphäre mehr zu besitzen?

Ist eine Gesellschaft, in der es keine Privatsphäre mehr gibt, vielleicht sogar der traditionellen Gesellschaftsordnung überlegen? Wenn Google-Chef Eric Schmidt sagt: „If you have something you don't want anyone to know, maybe you shouldn't do it in the first place"[1], klingt er geradezu erschreckend wie Dave Eggers Figur Eamon Bailey aus dem Roman The Circle. Um fair zu bleiben: The Circle [1] erschien erst, nachdem Eric Schmidt diesen Satz gesagt hatte, und es ist sogar sehr wahrscheinlich, dass Eamon Bailey, der sich als einer der drei Chefs der Firma „The Circle" exzessiv für eine vollständig transparente Welt ohne jegliche Privatsphäre einsetzt, Eric Schmidt zumindest szenenweise auf den Leib geschrieben wurde. Für Bailey ist eine Welt, in der jeder Mensch vollständig transparent ist, perfekt. Nur dann, so Bailey, gebe es keine Verbrechen mehr und überhaupt würden sich die Menschen dann in jeder Situation viel besser verhalten. Beginnend in einer fiktiven Welt, die der unseren bis auf wenige Details gleicht, denkt Dave Eggers den Gedanken vollständiger Transparenz zu Ende. Er beschreibt die enormen psychischen Belastungen, die eine so vollständige Transparenz für die Menschen mit sich bringt, zeichnet das Bild und die Auswirkungen der Macht, die einige wenige Personen in einer solchen Welt über andere Menschen haben, und schließt mit der folgerichtigen, die Ansichten Baileys und der Protagonistin Mae Holland ad absurdum führenden Frage danach, ob im Sinne völliger Transparenz nicht auch die Gedanken der Menschen für jeden zugänglich sein sollten.

Wie in Dave Eggers Roman sammeln auch in unserer Welt Konzerne Unmengen von intimen Daten über uns und erlangen damit tiefgreifende Einblicke in unser Privatleben. Doch diese Konzerne, allen voran Google, Facebook, Apple und Microsoft, sind

[1] dt.: Wenn Sie etwas zu verbergen haben, hätten Sie es vielleicht gar nicht erst tun sollen.

nicht alleine und wenngleich man vor allem Facebook und Google gewissermaßen als eine Art globalen, digitalen Staat betrachten kann, wie Newton Lee in seinem Buch Facebook Nation [2] der Reihe Total Information Awareness, gibt es da auch noch die nationalen Staaten, deren Geheimdienste eine ebenso große Überwachungsmaschinerie betreiben wie die genannten Konzerne.

Privatsphäre im ursprünglichen Sinne scheint es in unserer Welt also tatsächlich nicht mehr zu geben, aber um auf die Frage zurückzukommen, ob wir uns damit abfinden müssen, es gibt eine ganze Reihe von Tools, die uns im Alltag dabei helfen, unsere Privatsphäre zu verteidigen. Außerdem leben wir hier, in der westlichen Welt, doch in einer Demokratie, oder? Man sollte meinen, dass man als das Volk trotz der Lobbyarbeit von Unternehmen wie Facebook, Google, Apple oder Microsoft, die vor allem eines gemeinsam haben, nämlich keine Wahlberechtigung, Gesetze zum Schutz der Privatsphäre durchsetzen kann. Nicht zuletzt gibt es (noch)[2] keine Pflichtmitgliedschaftskonten bei Facebook, Google oder anderen Konzernen, warum also sollten wir diesen Unternehmen erlauben, unsere Rechte mit Füßen zu treten? Es gibt Alternativen!

9.1 Privatsphäre trotz Social Networking

Wer seine Privatsphäre gewahrt wissen möchte, der muss darauf verzichten, kommerzielle soziale Netzwerke wie Facebook, Twitter, YouTube, Google+, XING, LinkedIn, Instagram und Whatsapp zu nutzen. Diese bieten zwar meist eine mehr oder weniger wirksame Privatsphäre gegenüber anderen Nutzern, doch Ihre Privatsphäre gegenüber den Betreibern kann man mit der Metapher vergleichen, dass da jemand mit heruntergelassenen Hosen steht. Nun werden Sie sich zu Recht fragen: Welche sozialen Netzwerke gibt es überhaupt, die ich nutzen kann, und inwieweit kann ich auch kommerzielle soziale Netzwerke weiterhin nutzen, ohne meine gesamte Privatsphäre aufzugeben?

Sie haben in diesem Buch bereits eine ganze Reihe von Alternativen zu den kommerziellen sozialen Netzwerken kennengelernt; welche davon Sie verwenden wollen, hängt ganz von Ihnen und Ihren Freunden ab, schließlich wollen Sie sicher weiterhin mit Ihren Freunden und Bekannten über soziale Netzwerke kommunizieren.

Alternativen zu Facebook, Google+ und Twitter, bei denen Sie Ihre Privatsphäre wahren können, sind die dezentralen sozialen Netzwerke diaspora* und Friendica. Gerade dann, wenn Sie gerne Ihre Meinung über soziale Netzwerke kundtun, sollten Sie darüber nachdenken, einen Blog zu betreiben. Hier entscheiden ausschließlich Sie, wie Ihre eigene Seite im Internet aussehen soll und welche Informationen dort abrufbar sind.

[2] Auch hier hat Dave Eggers in seinem Roman The Circle einen Schritt weitergedacht.

PRAXISTIPP

Einen kostenlosen Blog auf Basis des populären Wordpress Systems können Sie auf der Seite

https://de.wordpress.com/

erstellen. Natürlich können Sie das freie Wordpress-System auch in Ihrem eigenen Webspace hosten. Sie können es unter

https://wordpress.org herunterladen.

Eine Alternative zu einem Blog bei wordpress.com bietet Google mit seiner Plattform blogspot.com. Dafür benötigen Sie jedoch einen Google Account, letztendlich heißt das also, dass Sie Google auch hier viele persönliche Daten preisgeben. Deshalb rate ich von dieser Alternative ab.

Wenn Sie Alternativen im Mobilbereich suchen, also beispielsweise Alternativen zu Whatsapp oder zu Skype, rate ich Ihnen dazu, sich die Apps TextSecure, Wickr und RedPhone genauer anzusehen. Gerade mit der App RedPhone können Sie auch verhindern, dass Geheimdienste, die den Schlüssel Ihrer SIM-Karte gestohlen haben (siehe Kapitel 4, „Spionage und Zensur durch staatliche Behörden"), Ihre Gespräche belauschen können.

TextSecure und Wickr schützen Ihre Unterhaltungen durch eine starke Verschlüsselung und bieten bis auf wenige Unterschiede den gleichen Leistungsumfang wie Whatsapp. Es ist auf jeden Fall eine Empfehlung wert, dass Sie sich diese Apps einmal genauer ansehen und versuchen, Ihre Freunde davon zu überzeugen, diese ebenfalls zu nutzen.

Zugegeben, vor allem dann, wenn der eigene Freundeskreis nicht bereit ist, sich Alternativen zu Whatsapp, Facebook und Co. anzusehen, kann ein Umstieg auf alternative soziale Netzwerke den Anschein sozialer Ausgrenzung erwecken. Wenn man selbst stets zuletzt über Neuigkeiten in seinem Freundeskreis Bescheid weiß, weil diese vor allem über soziale Netzwerke kommuniziert werden, kann das ebenso frustrierend sein, wie wenn man plötzlich nicht mehr Hunderte von Whatsapp-Nachrichten am Tag, sondern nur vereinzelt einmal eine SMS von den engsten Freunden bekommt.

Doch meines Erachtens trügt dieser Schein. Sehen Sie doch einmal die letzten Nachrichten, die Sie über Whatsapp erhalten haben, durch oder überlegen Sie, wann Sie das letzte Mal wirklich brauchbare Informationen aus Facebook gewonnen haben. Natürlich besteht die Gefahr, dass Sie nicht immer auf dem neuesten Stand darüber sind, was Ihre Freunde gerade machen, aber auf der anderen Seite besteht bei der Nutzung sozialer Netzwerke auch die Gefahr, dass Sie mit der Zeit alle Informationen, die Sie von Ihren Freunden über soziale Netzwerke erhalten, kategorisch ausblenden, weil der Datenstrom einfach zu groß ist, um den Überblick zu behalten. Wenn die Kommunikation über soziale Netzwerke also ohnehin oberflächlich ist, sehe ich keinen Grund dafür, daran festzuhalten.

Wenn Sie weiterhin kommerzielle soziale Netzwerke nutzen wollen und dabei möglichst wenige intime Daten über sich selbst preisgeben möchten, sollten Sie vor allem die in den Kapiteln 3, „Spionage durch Dritte“, und 5, „Datenmissbrauch durch Netzbetreiber“, beschriebenen Maßnahmen nutzen, um die Informationen, die die Betreiber über Sie gewinnen können, möglichst gering zu halten. Zusätzlich sollten Sie ein paar grundlegende Regeln befolgen, um zu verhindern, dass die sozialen Netzwerke ungefragt Daten von Ihnen sammeln:

Nutzen Sie beim Besuch sozialer Netzwerke sowie soweit möglich generell dann, wenn Sie im Internet surfen, Anonymisierungsdienste wie das in Abschnitt 10.3 beschriebene Tor-Netzwerk. Damit schützen Sie sich vor groben Standortanalysen anhand Ihrer IP-Adresse und einigen weiteren Tracking-Methoden der Betreiber. Nutzen Sie außerdem Plug-ins wie das in Abschnitt 5.3.1.6 beschriebene Ghostery, um sich vor Tracking-Maßnahmen der Internetunternehmen zu schützen.

Wenn Sie soziale Netzwerke mobil nutzen und dabei keine Informationen über sich preisgeben möchten, sollten Sie niemals eine native App benutzen. Besuchen Sie stattdessen die mobilen Webseiten der jeweiligen Betreiber und benutzen Sie dafür möglichst einen Browser, der über das Tor-Netzwerk kommuniziert (z. B. der in Abschnitt 10.2.2.2 beschriebene Browser Orweb). Zugriff auf das Tor-Netzwerk erhalten Sie unter Android beispielsweise über die in Abschnitt 10.2.2.2 beschriebene App Orbot.

Versuchen Sie, statt mit der in Android-Geräten fest integrierten Google-Suche mithilfe der Suchmaschine DuckDuckGo (siehe Abschnitt 10.2.2.2) zu suchen, und versuchen Sie das auch in Ihrem Webbrowser. Sie können dazu die Standardsuchmaschine Ihres Browsers ändern und statt Google DuckDuckGo eintragen (siehe Abschnitt 10.1).

Leider gibt es kaum Möglichkeiten, Whatsapp zu nutzen und sich vor dem Diebstahl intimer Daten zu schützen. Solange Sie Whatsapp nutzen, weiß der Betreiber, also das Unternehmen Facebook, Bescheid, mit wem Sie kommunizieren, wann und womöglich sogar den Inhalt Ihrer Konversation. Obwohl Whatsapp demnächst mit einer Ende-zu-Ende-Verschlüsselung ausgestattet werden soll, bleibt das Problem, dass am jeweiligen Ende ja die App Whatsapp steht, die den Inhalt Ihrer Nachrichten entschlüsselt und daher natürlich auch analysieren und bei Bedarf an Facebook weiterleiten kann. Ob das passiert, lässt sich nicht beurteilen, solange nicht der Quellcode von Whatsapp freigegeben wird und von unabhängigen Entwicklern und Sicherheitsexperten eingesehen werden kann. Außerdem haben Sie bei Whatsapp das Problem, dass diese App auf Ihrem Smartphone installiert werden muss und dort Zugriff auf beinahe alles, inklusive Ihrer SD-Karte, Ihres Telefonbuchs, Ihrer SMS-Nachrichten und Ihres Standortes hat.

Die genannten Maßnahmen erfordern zwar etwas Einrichtungszeit und werden Ihnen zunächst ungewohnt erscheinen, das ist den Preis jedoch wert, denn danach surfen Sie einigermaßen sicher im Internet.

9.2 Big Brother

George Orwells Diktatorenfigur Big Brother des Romans 1984 [3] wird rhetorisch oft überstrapaziert[3]. Dennoch scheint es mir keinen passenderen Begriff für das heute existierende globale Überwachungsnetzwerk, das von Staaten und Konzernen gleichermaßen geflochten wird, zu geben. Es gibt jedoch einen wesentlichen Unterschied zwischen Orwells Roman und der heutigen Realität. Während sich die Menschen in 1984 durchaus der Überwachung bewusst sind, findet Massenüberwachung in unserer Welt ohne das Wissen oder das Verständnis der meisten Menschen statt.

Wir leben im Gegensatz zu den Menschen in Ozeanien nicht in einer Diktatur, sondern genießen zumindest vordergründig die Privilegien einer Demokratie. Presse- und Meinungsfreiheit gehören ebenso wie das Recht auf Leben und körperliche Unversehrtheit zu den Grundrechten eines jeden Menschen. Dennoch gibt es staatliche Organe, vor allem Geheimdienste, die sowohl die eigenen Staatsbürger als auch die Bürger anderer Staaten im Internet auf Schritt und Tritt überwachen. Diese Organe kategorisieren Menschen nach Persönlichkeitsprofilen, die aus empirisch erforschten oder gar nur hypothetisch erdachten Verhaltensmustern abgeleitet werden. Warum? Die Antwort ist einfach: Um die nationale Sicherheit zu gewährleisten. Doch unterzieht man die Methode, also die Überwachung der Menschen, einer wissenschaftlichen Prüfung, um festzustellen, ob das Ziel, nämlich die nationale Sicherheit, erreicht wurde, so stellt sich sehr schnell heraus, dass das nicht wirklich der Fall ist.

Betrachtet man die Geschichte und die Staaten, die heute noch unter einer Diktatur leiden, so stellt man fest, dass alle Diktaturen spezielle Behörden (Geheimdienste) besaßen, deren Aufgabe es war, die Bürger des eigenen Landes und die anderer Staaten zu überwachen, politische Gegner zu identifizieren und diese, falls das als notwendig angesehen wurde, gar zu liquidieren. In der deutschen Geschichte sind Beispiele für solche Organisationen die Gestapo im dritten Reich und die Stasi in der DDR. Geheimdienste dienen in einer Diktatur der Sicherung des Herrschaftsverhältnisses. Terror geht in solchen Staaten meist von den Geheimdiensten, nicht von ihren Opfern aus.

Warum haben wir in unserer Staatsordnung diese Relikte aus den dunkelsten Zeiten der Menschheitsgeschichte übernommen? Das ursprüngliche Ziel war wohl, mit Geheimdiensten die Demokratie zu sichern[4], ein aus dem historischen Kontext betrachtet

---

[3] Gerade die Benennung von Fernsehsendungen nach Orwells Figur ist gewissermaßen eine Umkehrung der ursprünglichen Bedeutung, denn selbstverständlich (wobei man sich fragen muss, was das Prädikat selbstverständlich hier über unsere Gesellschaft aussagt) wird die rund um die Uhr andauernde, entwürdigende Überwachung der Fernsehshow-Teilnehmer von den Zuschauern als etwas äußerst Positives aufgenommen.

[4] Siehe dazu beispielsweise §1 des Gesetzes über die Zusammenarbeit des Bundes und der Länder in Angelegenheiten des Verfassungsschutzes und über das Bundesamt für Verfassungsschutz (BVerfSchG): „(1) Der Verfassungsschutz dient dem Schutz der freiheitlichen demokratischen Grundordnung, des Bestandes und der Sicherheit des Bundes und der Länder."

durchaus verständlicher Gedanke, doch von einem modernen, liberalen Standpunkt aus betrachtet ist dieser Gedanke äußerst kontrovers.

Eine Überwachung der Bürger mit dem Ziel, deren Meinungen gegen die vom Staat gebilligte Meinung abzugleichen, nichts anderes kann eine Überwachung zur Prävention von Terroranschlägen und Ähnlichem überhaupt nur leisten, steht dem Grundrecht Meinungsfreiheit entgegen. Nach nationalstaatlichen Grundsätzen betrachtet könnte man nun diskutieren, ob eine Überwachung ausländischer Bürger mit dem Grundrecht Meinungsfreiheit, das ja nicht nur den eigenen Bürgern, sondern allen Menschen zugesprochen wird, kollidiert und, wenn ja, ob eine solche Überwachung womöglich trotzdem rechtlich und moralisch vertretbar wäre. Doch eigentlich scheint eine nationalstaatliche Betrachtung in unserer globalisierten Welt sowohl moralisch, wirtschaftlich und auch gesellschaftlich der falsche Weg zu sein. Während wir ökonomisch und gesellschaftlich immer mehr mit dem Rest der Welt zusammenwachsen, können wir doch durch eine Überwachung der ausländischen Bürger nicht gleichzeitig einen generellen Verdacht gegen die gleichen Menschen säen, mit denen wir unsere Geschäfte abwickeln und die wir als Mitmenschen akzeptieren.

Um das Paradoxon geheimdienstlicher Überwachung zu vollenden, kann man einem Geheimdienst also entgegen seinem Zweck eine demokratiegefährdende Wirkung attestieren.

Zumindest teilweise, jedoch nur innerstaatlich, lässt sich dieses Problem durch eine demokratische Kontrolle der Geheimdienste lösen. Edward Snowdens Enthüllungen und die darauffolgenden Ereignisse haben jedoch klar gezeigt, was von derartigen parlamentarischen Kontrollen bislang zu halten war. Während in den USA Mitglieder des Geheimdienstes wissentlich gegenüber parlamentarischen Kontrollausschüssen gelogen haben [4] und sich die NSA in ihrer Tätigkeit zudem über zahlreiche gesetzliche Regelungen hinweggesetzt hat, entsteht dieser Verdacht auch in Deutschland, wo kein Parlamentsmitglied über die Kooperationen des Bundesnachrichtendienstes mit der amerikanischen National Security Agency Bescheid wusste und Daten deutscher Staatsbürger an diese weitergegeben wurden, was gesetzlich verboten ist.

Eine wirksame und vor allem demokratische Kontrolle des Geheimdienstes ist das keineswegs. Ungeachtet dessen kann eine demokratische Kontrolle eines Geheimdienstes kaum stattfinden, wenn es zwar Kontrollausschüsse gibt, diese jedoch ausschließlich aus Abgeordneten bestehen und unter Ausschluss der Öffentlichkeit tagen. Auf diese Art und Weise bleiben die Programme der Geheimdienste geheim und können nicht von außenstehenden Sachverständigen eingesehen und validiert werden. Auch die Bevölkerung hat keinerlei Chance auf Einflussnahme auf diese Programme, denn während Volksvertreter zwar bei Wahlen für ihre Programme gewählt werden, gibt es keinerlei Möglichkeiten, Parteiprogramme bezüglich der geheimdienstlichen Arbeit zu kommunizieren, bzw. der Wähler hat keine Möglichkeit, deren Umsetzung zu kontrollieren.

Das oft angebrachte Argument, dass Geheimdienste aus „ermittlungstaktischen" Gründen keine Informationen über ihre Programme und grundsätzlichen Vorgehensweisen an die Öffentlichkeit preisgeben können, kann ich nicht gelten lassen. Zum einen werden Informationen darüber immer auf irgendeinem Wege an diejenigen, die davon betroffen sind, durchsickern, sei es durch Bestechung eines Geheimdienstmitarbeiters oder eines Parlamentsmitglieds, das im Kontrollausschuss sitzt, oder durch auf andere Art und Weise unterlaufene Positionen innerhalb des Geheimdienstes. Andererseits gibt es grundsätzliche Methoden zur sicheren Kommunikation über das Internet, die von Verbrechern, die geheimdienstliche Überwachung fürchten müssen, bereits genutzt werden. Es genügt ja, die Programme des Geheimdienstes und nicht die Methoden im Detail zu veröffentlichen. Nicht zuletzt spricht es nicht gerade für die Fähigkeiten und die Methoden eines Geheimdienstes, dass er unter demokratischer Aufsicht nicht arbeiten kann.

Es ist eine der Aufgaben der Zukunft, die Notwendigkeit und den Umfang, vor allem aber die Methoden geheimdienstlicher Überwachung neu zu bewerten und Geheimdienste nach den Ergebnissen dieser Bewertung grundsätzlich neu aufzustellen. Das ist auch eine gute Gelegenheit, um die in Geheimdiensten vorherrschenden, militärischen Strukturen abzubauen und ein transparentes, demokratisches Kontrollverfahren zu etablieren. Auf keinen Fall dürfen wir zulassen, dass sich Geheimdienste auch in Zukunft über demokratische und rechtsstaatliche Grundsätze hinwegsetzen, zumindest nicht, wenn wir langfristig weiterhin in einem demokratischen Staat leben wollen.

Doch der regulatorische Eingriff in den Alltag der Geheimdienste genügt nicht, um die Privatsphäre der Menschen wiederherzustellen. Edward Snowdens Veröffentlichungen zeigen, in welchem Umfang die NSA jahrelang bekannte, aber auch bislang unbekannte Sicherheitslücken in der Infrastruktur des Internets ausnutzte. Dass die NSA Hardware und Software schon beim Hersteller kompromittiert und damit eine Unmenge von Sicherheitslücken in Umlauf gebracht hat, impliziert vor allem eines: Das Internet, so wie wir es heute kennen, ist ein sicherheitstechnischer Notfall! Mangelndes Sicherheitsbewusstsein bei Softwareentwicklern und die Tatsache, dass sicherheitstechnische Überlegungen meist schon in der Designphase von Software zu kurz kommen, dramatisieren diesen Umstand weiter.

Wir, die Internetnutzer, müssen uns entscheiden, ob wir ein sicheres Internet haben wollen und bereit sind, dafür kleine Kompromisse einzugehen, oder ob wir wegschauen und uns schließlich in einer Welt, in der wir keine Privatsphäre mehr besitzen, wiederfinden möchten. Weit sind wir davon nicht entfernt. Ein sicheres Internet geht dabei glücklicherweise oder unglücklicherweise, je nachdem wie man das sieht, auch damit einher, dass die Betreiber von Webseiten darauf verzichten, unsere persönlichen Daten in ihren Datenbanken zu horten. Freiwillig werden sie das nicht tun und so müssen wir uns auch hier entscheiden, ob wir Facebook, Google und Co. eine klare Absage, die nötigenfalls in einem Boykott enden wird, erteilen oder ob wir die Dienste, die diese Unternehmen zur Verfügung stellen, aus Bequemlichkeit weiter nutzen möchten.

Der Gesetzgeber ist gefragt, einen gesetzlichen Rahmen für ein sicheres Internet zu schaffen, der die Bürger vor dem Arm der Geheimdienste und auch vor dem Profitdenken der Internetunternehmen schützt. Es wird Fördergelder und wissenschaftlicher Grundlagenforschung bedürfen, kompromittierte IT-Infrastrukturen durch sichere Systeme zu ersetzen, und in die Ausbildung von Softwareentwicklern müssen sicherheitstechnische Aspekte viel stärker integriert werden, denn das komplexe Zusammenspiel unterschiedlicher Software im Internet kann man sich wie eine Kette, deren schwächstes Glied die gesamte Belastbarkeit bestimmt, vorstellen.

Es ist ein weiter Weg hin zu einem sicheren Internet, aber zumindest technisch wäre ein sicheres Internet möglich. Der erste Schritt jedoch muss vom Nutzer ausgehen. Von Ihnen!

9.3 Literatur

1. *Eggers, Dave*: The Circle, 1 (2013), Alfred A. Knopf - Random House: USA
2. *Newton, Lee*: Facebook Nation - Total Information Awareness, Second Edition (2014), Springer Science & Business Media: New York
3. *Orwell, George*: 1984, (1949) Martin Secker & Warburg Ltd.
4. *Poitras, Laura* und *Greenwald, Glenn*: Edward Snowden: ‚The US government will say I aided our enemies', The Guardian, 08. Juli 2013 (*http://www.theguardian.com/world/video/2013/jul/08/edward-snowden-video-interview*)

10 Anhang

10.1 Browser sichern

Um sicher im Internet surfen zu können, ist es erforderlich, einige Browsereinstellungen zu ändern oder zumindest zu wissen, wie man diese bei Bedarf ändern kann. Ein sehr wichtiger Punkt ist die Standardsuchmaschine. In vielen Browsern werden Eingaben, die keine gültige Webadresse darstellen, automatisch an diese weitergeleitet. Das ist nicht unbedingt gut, ja sogar gefährlich, wenn die Standardsuchmaschine diese Daten speichert. Außerdem kommen Sie nicht mehr in die Verlegenheit, Google für alle Suchanfragen zu verwenden, wenn Sie eine andere Suchmaschine, die Ihre Privatsphäre schützt, als Standardsuchmaschine eingerichtet haben. Eine Liste von Alternativen zu Google, die Ihre Privatsphäre schützen, finden Sie in Tabelle 10.1.

Tabelle 10.1 Alternative Suchmaschinen

Suchmaschine	Adresse	Besonderheiten
DuckDuckGo	*https://duckduckgo.com*	Auch als Tor Hidden Service verfügbar: *https://3g2upl4pq6kufc4m.onion/*
Startpage	*https://startpage.com*	Leitet Ihre Suchanfragen anonymisiert an Google weiter.
Ecosia	*https://ecosia.org*	80 % der Einnahmen werden in ein Programm zur Anpflanzung von Bäumen reinvestiert. Wenn Sie viel suchen, finanzieren Sie damit quasi einen ganzen Wald.

Neben der Einstellung einer Suchmaschine, die Ihre Privatsphäre schützt, sollten Sie zumindest wissen, wie Sie die in Ihrem Browser gespeicherten Cookies einsehen und löschen und auch, wie Sie JavaScript in Ihrem Browser deaktivieren können.

10.1.1 Firefox

10.1.1.1 Standardsuchmaschine ändern

Die Suchmaschine im Firefox lässt sich sehr leicht ändern. Dazu müssen Sie lediglich das Drop-down-Menü des Suchfeldes öffnen (siehe Bild 10.1) und die entsprechende Suchmaschine dort auswählen oder hinzufügen.

Bild 10.1
Ändern der Standardsuchmaschine in Firefox

10.1.1.2 Cookies löschen

Um die von Webseiten gespeicherten Cookies im Firefox zu verwalten und zu löschen, öffnen Sie die Einstellungen und navigieren Sie zum Tab „Privatsphäre". Dort klicken Sie auf den Button „Cookies anzeigen" (siehe Bild 10.2). Anschließend können Sie die Cookies jeder einzelnen Seite verwalten und entweder einzeln löschen oder mithilfe eines Klicks auf „Alle Cookies löschen" alle gespeicherten Cookies entfernen.

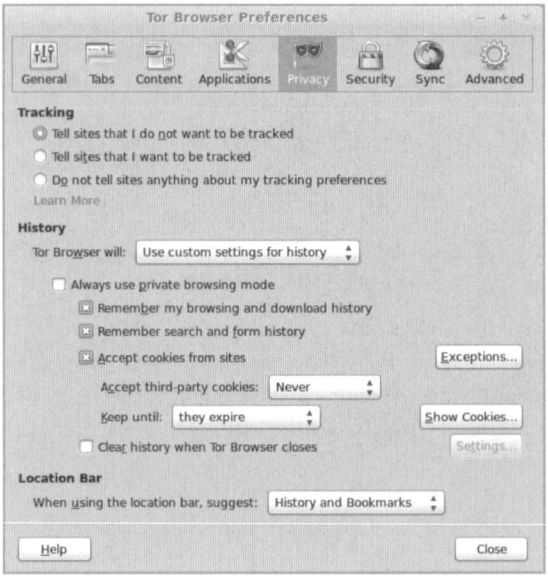

Bild 10.2
Löschen der Cookies im Firefox

10.1.1.3 NoScript

Mithilfe des Plugins NoScript haben Sie die Möglichkeit, JavaScript schnell und einfach für eine einzelne Webseite oder für alle Seiten zu deaktivieren. Sie sollten in aller Regel jedoch Abstand davon nehmen, nur einzelne Seiten zu blockieren, da das die Gefahr birgt, einen Fingerprint Ihres Browsers anhand der blockierten Ressourcen zu ermitteln (siehe Abschnitt 5.3.1.2). Im Tor-Browser ist die Möglichkeit, einzelne Seiten zu blockieren, im NoScript-Plugin daher deaktiviert. Mit einem Klick auf den NoScript-Button können Sie JavaScript aktivieren oder deaktivieren (siehe Bild 10.3).

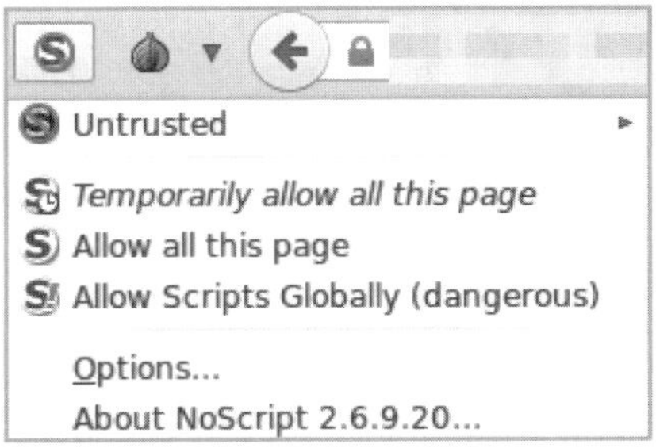

Bild 10.3
Aktivieren und Deaktivieren von JavaScript im Firefox mithilfe von NoScript

10.1.2 Internet Explorer

10.1.2.1 Chronik und Cookies löschen

Die Chronik wird beim Internet Explorer als Browser-Verlauf bezeichnet.

Gelöscht wird der Browser-Verlauf in den aktuellen Versionen des Internet Explorers, indem man auf das Zahnrad in der rechten oberen Ecke klickt und anschließend unter dem Punkt SICHERHEIT die Option BROWSERVERLAUF LÖSCHEN auswählt. Daraufhin öffnet sich ein Fenster, das auch mit der Tastenkombination [Strg]+[Umschalt]+[Entf] aufgerufen werden kann. Dort wählt man die Daten aus, die eigentlich gelöscht werden sollen (siehe Bild 10.4). Unter anderem sind dies der Verlauf selbst, die Cookies, der Cache (auch als temporäre Internetdateien bezeichnet), gespeicherte Kennwörter, Formulardaten sowie der Download-Verlauf. Sind die gewünschten Punkte ausgewählt, bestätigt man mit einem Klick auf LÖSCHEN und schließt den Vorgang damit ab.

Bild 10.4 Löschen des Browserverlaufs und der Cookies im Internet Explorer

10.1.4 Google Chrome/Chromium

10.1.4.1 Standardsuchmaschine ändern

Die Standardsuchmaschine können Sie in Google Chrome oder der Community Edition Chromium über die Einstellungen ändern. Öffnen Sie dazu die Einstellungen und ändern Sie den Eintrag unter dem Punkt **Suche** (siehe Bild 10.5). Indem Sie auf die Schaltfläche „Suchmaschinen verwalten …“ klicken, können Sie auch neue Suchmaschinen hinzufügen.

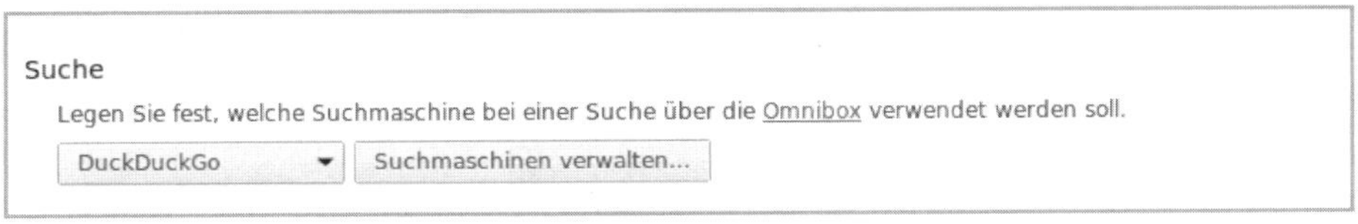

Bild 10.5 Ändern der Standardsuchmaschine in Chrome

10.1.4.2 Cookies löschen

Die Cookies können Sie in Chrome über die Datenschutzeinstellungen löschen. Um auf dem kürzesten Weg dahin zu gelangen, tippen Sie am besten in das Suchfeld der Einstellungsseite das Wort Cookies. Klicken Sie dann auf den Button „Inhaltseinstellungen“ (siehe Bild 10.6) und dort auf den Button „Alle Cookies und Websitedaten ...“ (siehe Bild 10.6). Im sich öffnenden Fenster können Sie entweder einzelne Cookies löschen oder mit einem Klick auf „Alle entfernen“ alle bisher lokal gespeicherten Daten der Webseiten entfernen.

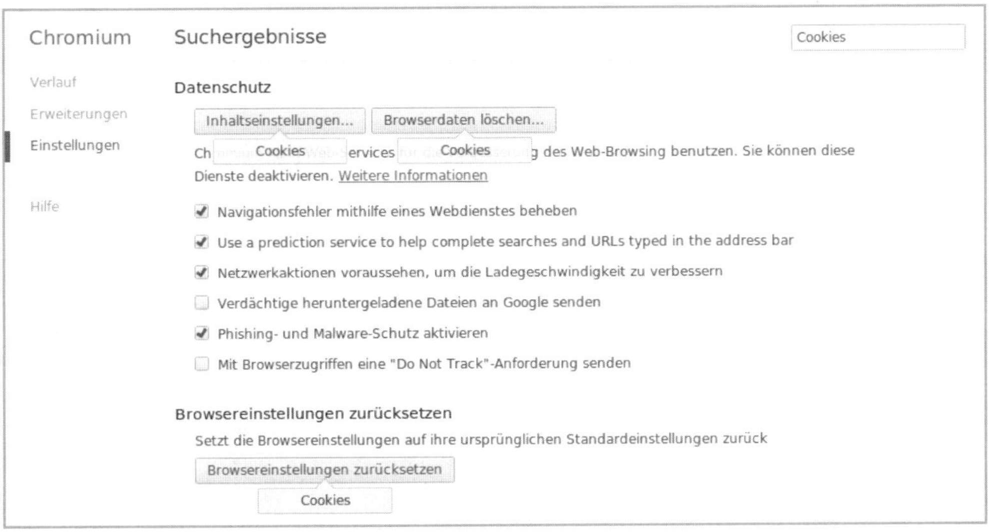

Bild 10.6 Unter den Inhaltseinstellungen finden Sie auch die Cookies.

10.1.4.3 JavaScript deaktivieren

Ebenfalls über die Inhaltseinstellungen können Sie unter dem Punkt „JavaScript“ die Ausführung von JavaScript auf Webseiten aktivieren und deaktivieren (siehe Bild 10.7).

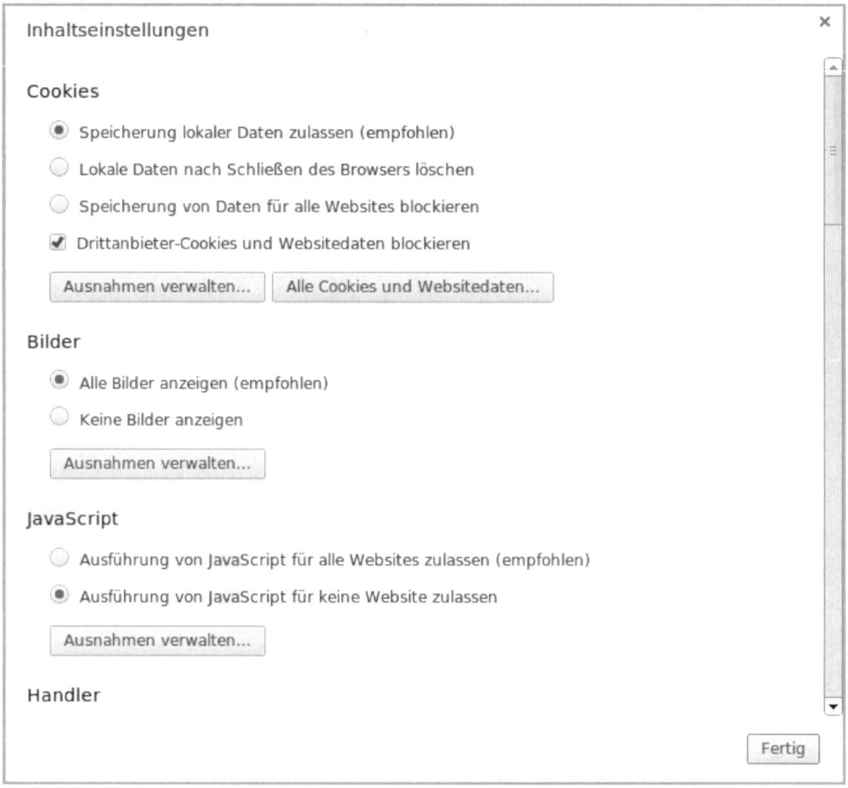

Bild 10.7 Deaktivieren von JavaScript

10.1.5 Safari

10.1.5.1 Standardsuchmaschine ändern

Um die Standardsuchmaschine im Safari-Webbrowser zu ändern, öffnen Sie die Einstellungen, unter Mac OS X beispielsweise durch die Tastenkombination aus Command- und Komma-Taste. Navigieren Sie dort zum Tab „Search“ bzw. „Suche“ und wählen Sie dort die entsprechende Suchmaschine aus (siehe Bild 10.8).

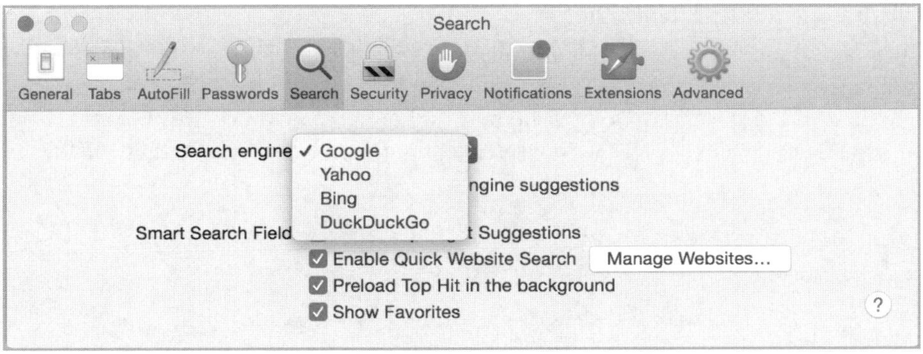

Bild 10.8 Ändern der Standardsuchmaschine im Safari-Webbrowser

10.1.5.2 Cookies löschen

Um die gespeicherten Cookies im Safari anzuzeigen und zu löschen, öffnen Sie abermals die Einstellungen, unter Mac OS X wiederum durch die Tastenkombination der Command- und Komma-Tasten, und navigieren Sie diesmal zum Tab „Privacy" bzw. „Privatsphäre" (siehe Bild 10.9). Unter dem Punkt „Cookies" und „Websitedaten" können Sie nicht nur einstellen, in welchem Fall Safari Cookies von Webseiten akzeptieren soll, sondern durch einen Klick auf die Schaltfläche „Remove all Website Data" bzw. „Alle Websitedaten löschen" sind Sie auch in der Lage dazu, alle Cookies zu löschen. Durch einen Klick auf „Details" können Sie außerdem einsehen, von welchen Webseiten Cookies auf Ihrem Rechner gespeichert sind, und außerdem einzelne Cookies löschen.

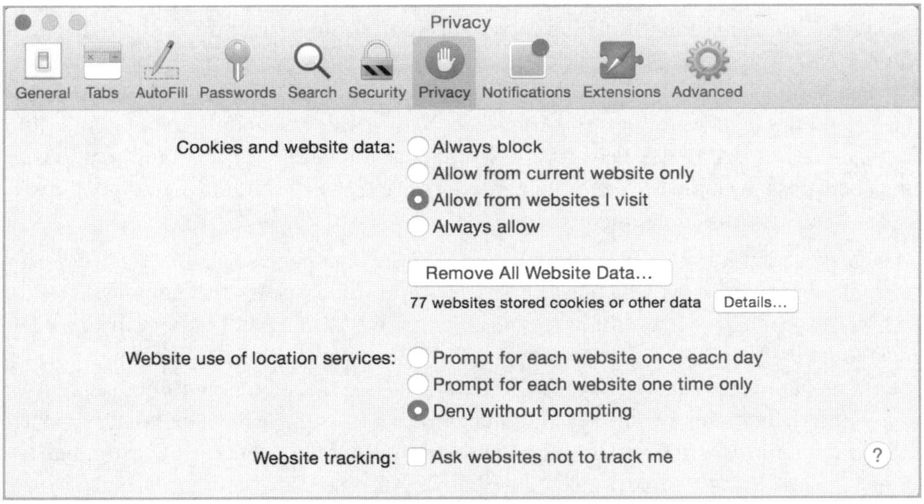

Bild 10.9 Privatsphäreeinstellungen im Safari

10.1.5.3 JavaScript deaktivieren

Auch um JavaScript zu deaktivieren, müssen Sie, Sie haben es bereits erraten, die Einstellungen von Safari aufrufen. Darin sind Sie nun ja bereits geübt. Diesmal navigieren Sie zum Tab „Security" bzw. „Sicherheit". Unter dem Stichwort „Web Content" bzw. „Inhalte" können Sie hier JavaScript aktivieren und deaktivieren (siehe Bild 10.10).

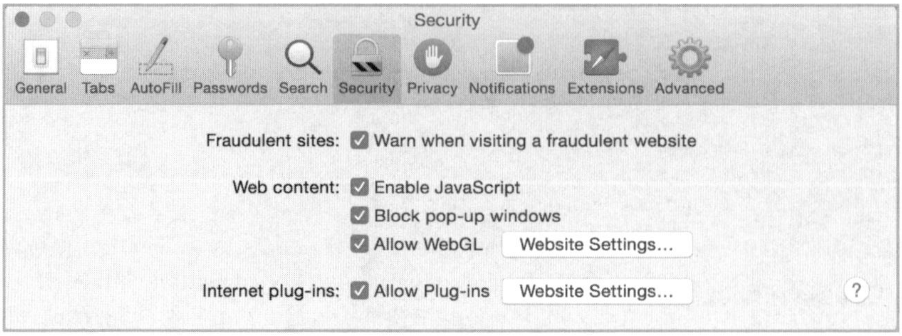

Bild 10.10 Aktivieren und Deaktivieren von JavaScript im Safari

10.2 Das Tor-Netzwerk und der Tor-Browser

Das Tor[1]-Netzwerk ist ein Anonymisierungsnetzwerk für das Internet. Es erlaubt seinen Nutzern im Gegensatz zu einfacheren Anonymisierungsmethoden eine fast vollständig anonyme Kommunikation mit Internetseiten. Kein Wunder, dass Tor Geheimdiensten wie der NSA ein ganz besonderer Dorn im Auge ist, denn Webseitenbesuche von Tor-Nutzern können sie nicht überwachen. Deshalb gibt es auch sehr viele wissenschaftliche Arbeiten, die sich mit der Sicherheit des Netzwerkes beschäftigen und damit eine ständige Verbesserung des Privatspäre-Schutzes bedingen. Natürlich kann man davon ausgehen, dass auch die NSA eine sehr aktive Forschung betreibt, um Sicherheitslücken im Tor-Netzwerk zu finden und auszunutzen.

Doch bislang konnte die NSA nur sehr geringe Erfolge gegen das Tor-Netzwerk verzeichnen und spätestens seit Edward Snowdens Enthüllungen ist sicher, dass Tor die NSA regelrecht zur Verzweiflung treibt: „Tor Stinks" ist der Titel einer von Snowden geleakten Top-secret-Präsentation der NSA, in der die NSA ‚zugibt': „We will never be able to de-anonymize all Tor users all the time" [1]. Zwar könne man durch manuelle Analysemethoden einen sehr, sehr kleinen Teil der Tor-Nutzer deanonymisieren, doch es gäbe keinerlei Möglichkeit, den Urheber einer bestimmten Anfrage zu bestimmen. In einer anderen Präsentation bezeichnete die NSA Tor gar als „the king of high-secure, low latency internet anonymity".

[1] Tor ist ein Akronym des ursprünglichen Namens „The Onion Router".

In der Konsequenz bedeutet das, dass Tor für alle, die ihre Privatsphäre gegenüber der NSA, anderen Geheimdiensten und Unternehmen wahren wollen, die beste Alternative ist.

10.2.1 Aufbau und Funktionsweise des Netzwerkes

Das Tor-Netzwerk bedient sich des sogenannten Onion-Routing-Prinzips, ein Mitte der 90er-Jahre von Michael G. Reed, Paul F. Syverson und David M. Goldschlag für das US-Militär entwickeltes Konzept zum Zwecke der Verschleierung der beiden Kommunikationspartner in öffentlichen Netzwerken [2].

Dabei werden Netzwerkpakete, anstatt wie gewöhnlich direkt von der Quelle zum Ziel gesendet zu werden, über drei verschiedene Zwischenstationen geleitet, wobei die Pakete dabei jeweils zwischen Quelle und der entsprechenden Zwischenstation (Node) verschlüsselt werden. Dabei werden die Pakete so ineinander verschachtelt, dass sich ein Aufbau ähnlich einer Zwiebel ergibt. Im Inneren befindet sich das an das Ziel gerichtete Paket; sofern die Verbindung zwischen Quelle und Ziel verschlüsselt ist, ist auch dieses Paket verschlüsselt. Darum herum befindet sich das zwischen der Quelle und dem letzten, dem sogenannten Exit-Node verschlüsselte Paket. Dieses ist wiederum gekapselt in ein zwischen Quelle und dem zweiten, dem sogenannten Tor-Relay-Node verschlüsseltes Paket, welches schließlich noch einmal in ein zwischen Quelle und dem ersten Node, dem sogenannten Entry-Node, verschlüsseltes Paket eingebettet ist (siehe Bild 10.11).

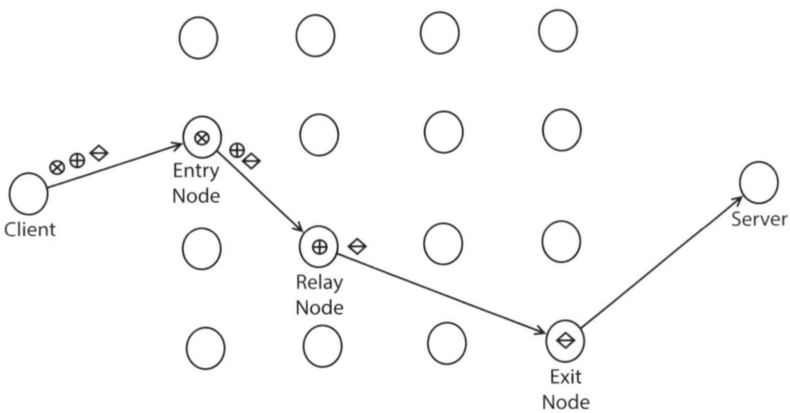

Bild 10.11 Funktionsweise des Onion-Routing-Prinzips am Beispiel des Tor-Netzwerkes

Bei der Abarbeitung der Pakete an den unterschiedlichen Nodes wird nun das jeweils nächste Paket entpackt und an das jeweils nächste Ziel gesendet. Das kann man sich wie das Häuten einer Zwiebel vorstellen[2]. Dabei sieht der Entry-Node lediglich die Adresse des Absenders und des Relay-Nodes, der Relay-Node lediglich die Adresse des Entry-

[2] Daher auch der Name Onion-Routing

Nodes und des Exit-Nodes und dieser wiederum nur die Adresse des Relay-Nodes und des Empfängers. Es ist also keinem der einzelnen Nodes möglich, Absender und Empfänger eines Paketes zu bestimmen.

Das ermöglicht es, eine dezentrale Infrastruktur aufzubauen, bei der jeder einen Tor-Knotenpunkt betreiben kann, denn selbst wenn ein Knotenpunkt nicht vertrauenswürdig ist, bleibt die Kommunikation anonym, ja selbst dann, wenn ein Angreifer Entry- und Exit-Node kontrolliert, ist eine anonyme Kommunikation möglich. Erst wenn ein Angreifer alle drei Knotenpunkte unter seiner Kontrolle hat, ist es ihm möglich zu bestimmen, welcher Nutzer mit welcher Webseite kommuniziert.

Von außen ist aufgrund der vielen Nutzer, die sich jeweils einen Entry-, Exit- oder Relay-Node teilen, nicht zu bestimmen, welcher Nutzer mit welcher Webseite kommuniziert, selbst dann nicht, wenn man in der Lage dazu ist, den gesamten Netzwerkverkehr, der über das Tor-Netzwerk abgewickelt wird, zu überwachen.

Weblink

Eine ausführlichere Einführung zur Funktionsweise des Tor-Netzwerkes finden Sie unter der Adresse *https://www.torproject.org/about/overview.html.en*

10.2.2 Verwendung

10.2.2.1 Der Tor-Browser

Die Verwendung des Tor-Browsers auf Desktop-Computern ist äußerst einfach, wenngleich man sich einige übliche Verhaltensweisen bei der Verwendung des Tor-Browsers abgewöhnen sollte.

Weblink

Auf der Seite *https://www.torproject.org* können Sie den Tor-Browser herunterladen. Anschließend müssen Sie das heruntergeladene Archiv lediglich entpacken, bevor Sie den Tor-Browser nutzen können.

Sowohl für Windows als auch für Mac und Linux kann der Tor-Browser ohne Weiteres auf der Webseite des Projektes heruntergeladen und ohne weiteren Installationsvorgang verwendet werden. Allerdings sollten Sie vor allem beim Einsatz von Tor in Verbindung mit Windows die Worte von Jacob Appelbaum, neben Roger Dingledine der wohl prominenteste öffentliche Vertreter des Tor-Projekts, im Hinterkopf behalten, der nicht müde wird zu betonen, dass es Sicherheit auf der einen Seite gibt und Windows auf der anderen Seite. Wenn Sie also in der Lage sind, sich von Windows zu lösen, empfiehlt sich ein Umstieg auf das freie Betriebssystem Linux. Falls nicht, sollten Sie überlegen, auf The amnesic incognito live system (Tails) zurückzugreifen, wenn Sie brisante Dinge im Internet erledigen wollen.

Tails ist ein Live-Betriebssystem, das Sie mithilfe eines USB-Sticks oder von einer CD starten können, ohne das lokal installierte Betriebssystem auf Ihrem PC zu beeinträchtigen. Sie können damit sicher im Internet surfen oder andere Funktionen unter der Berücksichtigung von Sicherheitsaspekten nutzen und anschließend zu Ihrem normalen Betriebssystem zurückkehren.

Weblink

Sie können das Tails-Live-System unter der Adresse *https://tails.boum.org/* herunterladen. Sie finden dort auch Anleitungen dazu, wie Sie das System auf einem Live-Medium installieren und nutzen können.

Wenn Sie den Tor-Browser verwenden, sollten Sie einige Regeln beachten, um Ihre Anonymität nicht zu gefährden:

Falls möglich, sollten Sie stets darauf achten, die HTTPS-Version von Webseiten zu nutzen, denn wenn Sie dort persönliche Daten über eine unverschlüsselte Verbindung hinterlassen, können diese trotzdem von jedem, der das Netzwerk zwischen dem Exit-Node und der Zielseite überwacht, mitgelesen werden. Damit offenbaren Sie unter Umständen Ihre Identität, zum Beispiel wenn Sie sich in einem sozialen Netzwerk unter Ihrem realen Namen einloggen.

Außerdem sollten Sie darauf achten, keine Browser-Plugins im Tor-Browser zu installieren, außer Sie wissen genau, was Sie tun. Browser-Plugins bergen die Gefahr, Angreifern die zu Ihrer Identifizierung notwendigen Informationen zu liefern. Vor allem Add-ons, die die Bildschirmabmessungen Ihres Browsers manipulieren, wie beispielsweise das populäre Tree-Style-Tab, können dazu führen, Sie eindeutig zu identifizieren.

Die vermutlich wichtigste Regel ist jedoch, dass Sie niemals ein über Tor heruntergeladenes Dokument öffnen sollten, während Ihr Computer eine Verbindung zum Internet hat. Das liegt daran, dass die Programme, mit denen die Dokumente geöffnet werden, im Hintergrund womöglich eine Verbindung mit einem Webserver herstellen und sich dabei nicht über das Tor-Netzwerk mit diesen verbinden. In diesem Fall geben Sie Ihre reale IP-Adresse preis. Das könnte es dem Betreiber der Webseite oder einem außenstehenden Beobachter wie der NSA erlauben, Sie zu identifizieren und selbst die mithilfe von Tor aufgebauten Verbindungen zu Webseiten auf Sie zurückzuführen.

Weblink

Weitere Tipps zum sicheren Umgang mit Tor erhalten Sie unter der Adresse *https://www.torproject.org/download/download-easy.html.en#warning*

10.2.2.2 Orbot und kompatible Smartphone-Apps

Tor gibt es nicht nur für Desktop-Computer, sondern auch für Smartphones und andere mobile Geräte, zumindest für Android-Geräte. Hier kommt die App Orbot in Verbindung mit verschiedenen anderen Apps zum Einsatz. Bei Orbot handelt es sich um einen sogenannten Proxy-Server, das ist im Grunde nichts anderes als eine Schnittstelle, über die andere Applikationen sich mit dem Internet verbinden. Dadurch müssen andere Applikationen nicht direkt eine Verbindung mit dem Tor-Netzwerk herstellen, das wird von Orbot übernommen, sondern bekommen gar nichts davon mit, dass ihre Verbindungen über das Tor-Netzwerk abgewickelt werden.

Sofern Sie Root-Rechte, also Administratorrechte auf Ihrem Smartphone besitzen, können Sie Orbot so konfigurieren, dass dieser automatisch den gesamten Netzwerkverkehr des Smartphones über das Tor-Netzwerk abwickelt. In aller Regel haben Sie jedoch keinen Root-Zugriff, sodass Sie spezielle Apps verwenden müssen, die mit Orbot zusammenarbeiten oder sich zumindest so konfigurieren lassen, dass das möglich ist. Apps, mit denen Sie arbeiten können, werden in diesem Abschnitt vorgestellt.

Sie können zwar sehr viele Einstellungen vornehmen, was die Art und Weise, wie Orbot sich mit dem Tor-Netzwerk verbindet, betrifft, im einfachsten Fall können Sie Orbot jedoch mit nur wenigen Fingerstreichen einrichten und später ebenso einfach bedienen.

Beim ersten Start von Orbot bekommen Sie einen Wizard angezeigt, mit dem Sie die wichtigsten Einstellungen vornehmen können. Befolgen Sie einfach die dort gezeigten Anweisungen, um Orbot erfolgreich zu konfigurieren. Anschließend können Sie Orbot mit einem Klick auf das Logo starten (siehe Bild 10.12).

Bild 10.12
Herstellen einer Verbindung zum Tor-Netzwerk mithilfe von Orbot

Orweb

Orweb ist ein Webbrowser für Ihr Smartphone, der automatisch konfiguriert ist, die von Orbot zur Verfügung gestellte Verbindung zum Tor-Netzwerk zu nutzen. Nachdem Sie Orbot erfolgreich installiert und konfiguriert haben, beschränkt sich der Einrichtungsaufwand für Orweb auf die Installation der App. Anschließend können Sie Orweb wie jeden anderen Webbrowser für Android nutzen, um im Internet zu surfen (siehe Bild 10.13).

Bild 10.13
Erfolgreich konfigurierter Orweb-Browser

DuckDuckGo

Auf Android-Smartphones nimmt die Google-Suchmaschine eine ganz besondere Stellung ein. Egal ob im Webbrowser oder über das Suchfeld auf der Home-Seite, immer wenn Sie etwas suchen, wird die Google-Suchmaschine angeworfen. Das ist aus Sicht der Privatsphäre aus den gleichen Gründen problematisch, aus denen Sie Google nicht in Ihrem Webbrowser nutzen sollten.

Glücklicherweise bietet die DuckDuckGo-App eine gute Alternative zur Google-Suchmaschine. Sie bietet Ihnen sogar ein Widget, das Sie auf der Home-Seite Ihres Smartphones einbinden können, um einen schnellen Zugriff auf die Suche zu erhalten (siehe Bild 10.14).

Bild 10.14
Das DuckDuckGo-Such-Widget

Die DuckDuckGo-App lässt sich außerdem so konfigurieren, dass sie eine bestehende Verbindung zum Tor-Netzwerk (über Orbot) nutzt. Navigieren Sie dabei einfach in den Einstellungen der Apps bis zum Menüpunkt „Tor" (ganz unten) und wählen Sie die Option „enable Tor" (siehe Bild 10.15).

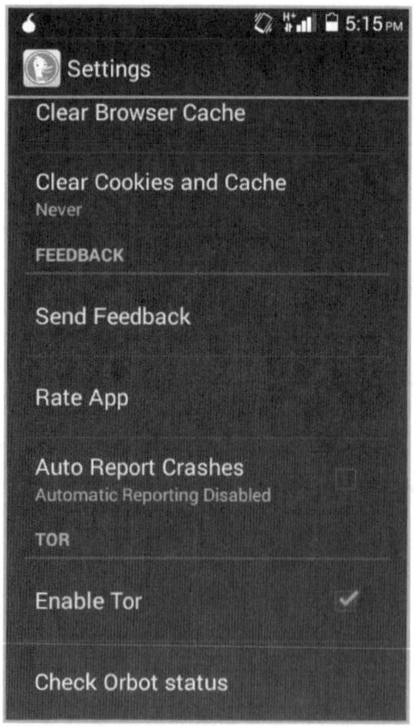

Bild 10.15
DuckDuckGo lässt sich einfach dazu konfigurieren, Tor zu nutzen.

ChatSecure

Mithilfe der App ChatSecure können Sie verschiedene XMPP-kompatible Benutzerkonten einrichten und über diese mit anderen Nutzern chatten. Dabei werden Ihre Nachrichten sowohl verschlüsselt als auch über das Tor-Netzwerk gesendet, sodass ein anonymer Nachrichtenaustausch zwischen Ihnen und Ihren Kommunikationspartnern ermöglicht wird.

Proxy-Konfiguration am Beispiel der Twitter-App

Neben den vorgestellten Apps, die Tor nativ via Orbot unterstützen, gibt es auch einige Apps, die es erlauben, einen Proxy für die Konnektivität mit dem Internet zu definieren. Allerdings besteht dabei stets die Gefahr, dass DNS-Anfragen nicht über den Proxy abgewickelt werden. Leider ist das eine gängige Praxis. Gewissermaßen macht das den Sinn von Orbot zunichte.

Orbot stellt per Default-Einstellungen einen Proxy-Server unter dem Port 8118 zur Verfügung. Dazu müssen Sie den Proxy-Host (`localhost`) und den Proxy-Port (8118) in den Proxy-Einstellungen der Twitter-App oder einer anderen App eintragen (siehe Bild 10.16).

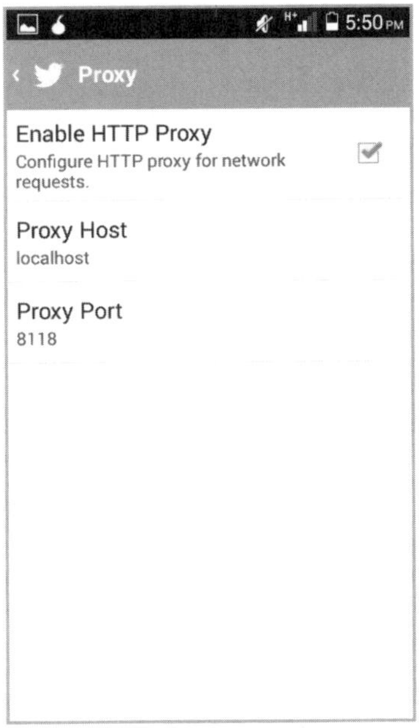

Bild 10.16
Konfigurieren des Orbot-Proxys in der Twitter-App

Weblink

Eine ausführliche Anleitung, die Ihnen auch Hinweise gibt, welche Funktionalitäten Sie außerdem deaktivieren müssen, um zu verhindern, dass Twitter sich unabhängig von Orbot mit dem Internet verbindet, finden Sie unter der Adresse

https://guardianproject.info/2012/05/02/orbot-your-twitter/

10.3 E-Mail-Verschlüsselung

Sicher haben Sie in der Werbung schon einmal die Begriffe „De-Mail" oder „E-Mail made in Germany" gehört. Eine De-Mail soll einen sicheren, vertraulichen und nachweisbaren Geschäftsverkehr im Internet ermöglichen, dafür hat die Bundesregierung sogar das De-Mail-Gesetz geschaffen. Für den Dienst „E-Mail made in Germany" haben sich die wichtigsten deutschen E-Mail-Anbieter zusammengeschlossen, um eine „sichere" E-Mail-Kommunikation zu gewährleisten. Beide Verfahren haben ein grundsätzliches Problem: Sie sind in keinster Weise sicher!

Warum keines der genannten Verfahren sicher ist und wie Sie wirklich sichere Verschlüsselung für E-Mails nutzen können, das erfahren Sie in diesem Abschnitt.

10.3.1 Warum ist die De-Mail nicht verschlüsselt?

Im Frühjahr 2011 verabschiedete der deutsche Bundestag das sogenannte De-Mail-Gesetz, das reguliert, welche Bestimmungen Anbieter von De-Mails erfüllen müssen. Darin ist zwar eine Verschlüsselung der De-Mail vorgeschrieben, jedoch ausschließlich auf dem Transportweg. Das bedeutet, dass eine De-Mail nicht zwischen den beiden Kommunikationspartnern verschlüsselt wird, sondern nur jeweils beim Versand über das Internet zwischen dem Rechner eines Nutzers und dem Mailserver und den Mailservern untereinander. Das bedeutet, dass sowohl die Anbieter als auch potenzielle Angreifer und Organisationen, wie sagen wir einmal Behörden, De-Mails mitlesen können, wenn sie Zugang zu den entsprechenden Servern haben.

Damit ist eine De-Mail nicht wirklich sicherer als eine mithilfe von Transportverschlüsselung verschlüsselte E-Mail. Rationale Gründe dafür, warum eine De-Mail nicht Ende-zu-Ende-verschlüsselt ist, sucht man vergeblich. Allerdings könnten Ermittlungsbehörden E-Mails, wenn diese Ende-zu-Ende-verschlüsselt sind, nicht mehr lesen. Aussprechen wollte das jedoch niemand.

Immerhin haben die Anbieter im März 2015 die Möglichkeit der optionalen Ende-zu-Ende-Verschlüsselung der De-Mail mithilfe von PGP angekündigt. Diese soll mithilfe eines Firefox- oder Chrome-Plugins ermöglicht werden. Leider ist diese Verschlüsselung nur optional, daher bleibt abzuwarten, ob sich dieses Verfahren durchsetzen wird.

10.3.1.1 Weitergabe von Sozialdaten an die akkreditierten Diensteanbieter der De-Mail

Im Bundesgesetzblatt Jahrgang 2013 Teil I Nr. 43 [3] wurde die im folgenden Gesetzesausschnitt fett markierte Änderung des zehnten Sozialgesetzbuches mitgeteilt.

> *„Übermitteln das Bekanntgeben gespeicherter oder durch Datenverarbeitung gewonnener Sozialdaten an einen Dritten in der Weise, dass*
> *a) die Daten an den Dritten weitergegeben werden oder*
> *b) der Dritte zur Einsicht oder zum Abruf bereitgehaltene Daten einsieht oder abruft; Übermitteln im Sinne dieses Gesetzbuches ist auch das Bekanntgeben nicht gespeicherter Sozialdaten;* ***das Senden von Sozialdaten durch eine De-Mail-Nachricht an die jeweiligen akkreditierten Diensteanbieter – zur kurzfristigen automatisierten Entschlüsselung zum Zweck der Überprüfung auf Schadsoftware und zum Zweck der Weiterleitung an den Adressaten der De-Mail-Nachricht – ist kein Übermitteln.***“
>
> *§ 67 Begriffsbestimmungen Absatz 6 Ziffer 3 zehntes Sozialgesetzbuch (SGB X)*

Zusammengefasst könnte man den hinzugekommenen Absatz als „das Senden einer De-Mail ist kein Übermitteln“ ausdrücken oder etwas freier, aber sinngemäß dennoch identisch, als „Das Übermitteln einer De-Mail ist kein Übermitteln“, d. h.: „**Übermitteln ist kein Übermitteln**“. Sie ahnen bereits, warum es notwendig ist, derartige Klimmzüge zu machen: Die De-Mail genügt den Ansprüchen, die an die Übermittlung von Sozialdaten gestellt werden, nicht. Um Daten also dennoch mit einer De-Mail verschicken zu dürfen, bedient sich der Staat des oben gezeigten juristischen Kunstgriffs und definiert das Übermitteln von Sozialdaten in Form einer De-Mail einfach so, dass die zuvor rechtlich verbotene, technische Übermittlung der Sozialdaten an die De-Mail-Anbieter nun nicht mehr als Übermitteln gilt.

Man könnte fragen, ob der deutsche Staat seine Bürger damit für dumm verkaufen will.

10.3.2 Ist „E-Mail made in Germany“ eine Lügenkampagne?

„E-Mail made in Germany“ ist eine Kampagne der großen deutschen E-Mail-Anbieter, die ihren Kunden versprechen, deren E-Mails zu verschlüsseln. Leider ist auch diese Verschlüsselung nur eine Transportverschlüsselung. Man könnte es eine geradezu sträfliche Vernachlässigung nennen, dass das bisher nicht der Fall war, immerhin wurde das schon im Jahr 2002 von der Internet Engineering Task Force in RFC 3207 [4] empfohlen.

Direkt eine Lügenkampagne ist „E-Mail made in Germany“ zwar nicht, doch es ist eine gezielte Täuschung der Internetnutzer, denn diese wissen den Unterschied zwischen einer Transportverschlüsselung und einer Ende-zu-Ende-Verschlüsselung meist nicht und gehen daher davon aus, dass ihre Mails zwischen ihnen und ihren Kommunikationspartnern verschlüsselt würden. Das ist jedoch keineswegs der Fall und so muss man den an „E-Mail made in Germany“ beteiligten Unternehmen zumindest vorwerfen, ihre Nutzer gezielt in die Irre zu führen.

10.3.3 Wirklich sichere E-Mail-Verschlüsselung

Zum Glück braucht man weder einen Staat noch einen E-Mail-Anbieter, um seine E-Mails zu verschlüsseln. Im Gegenteil: Wie die Beispiele De-Mail und „E-Mail made in Germany“ zeigen, sind sowohl der Staat als auch die E-Mail-Anbieter eher ein Hindernis. Schon 1991 entwickelte Phil Zimmermann das Pretty-Good-Privacy-(PGP-)Protokoll, mit dem E-Mails Ende-zu-Ende-verschlüsselt werden können und das zudem mithilfe digitaler Signaturen auch die Urheberschaft eines Autors sicherstellen **kann**. Auch das zweite, heute vor allem im kommerziellen Bereich eingesetzte Verfahren zur Ende-zu-Ende-Verschlüsselung von E-Mails, S/MIME, fand seine Ursprünge schon vor vielen Jahren (2002) in einem Memo der Internet Society mit dem Titel „Cryptographic Message Syntax (CMS)“, heute vor allem unter dem Namen RFC 3369 [5] bekannt.

Doch trotz der langjährigen Existenz von sicherer Ende-zu-Ende-Verschlüsselung für E-Mails ist der Anteil verschlüsselter E-Mails heute noch immer verschwindend gering. Schuld daran ist einerseits die mangelnde Sensibilität der Öffentlichkeit dafür, wie einfach E-Mails von Dritten mitgelesen werden können, zum anderen aber auch die Tatsache, dass die Verschlüsselung von E-Mails nicht standardmäßig in E-Mail-Clients integriert ist.

10.3.3.1 PGP

Ursprünglich wurde Pretty Good Privacy (PGP) von Philip R. Zimmermann entwickelt und, um die damals geltenden Exportbeschränkungen für Kryptografie in den USA außer Kraft zu setzen, mithilfe der im Buch „PGP Source Code and Internals“ [6] abgedruckten Implementierung auch außerhalb der USA verfügbar gemacht. Heute ist PGP unter dem Namen OpenPGP von der Internet Engineering Taskforce standardisiert.

Der OpenPGP-Standard kann im von der Network Working Group der Internet Engineering Taskforce veröffentlichten RFC 4880 [7] eingesehen werden. Im Gegensatz zum im Internet vorherrschenden, zentralisierten Vertrauensmodell, bei dem Sie eine zentrale Stelle, eine sogenannte Certificate Authority, befragen, ob Sie einer Webseite vertrauen können, setzt der OpenPGP-Standard auf ein dezentralisiertes, auch als user-centric bezeichnetes Sicherheitsmodell. Bei dem gibt es keine zentrale Instanz, die Ihnen sagt, wem Sie vertrauen können, sondern bei dem legen Sie selbst fest, wen Sie für vertrauenswürdig halten und wen nicht.

PGP-Verschlüsselung hat den Ruf, nur von kleinen Expertengruppen genutzt werden zu können. Das liegt vermutlich daran, dass die Handhabung aufgrund des völlig anderen Vertrauensmodells alles andere als intuitiv ist und außerdem eine gewisse aktive Teilnahme des Nutzers am Verschlüsselungsprozess erwartet wird.

Allerdings bin ich der Meinung, dass jeder, der PGP verwenden möchte, auch in der Lage dazu ist, das zu tun. In diesem Abschnitt soll Ihnen lediglich die für das Verständnis notwendige Funktionsweise vermittelt werden. Wie Sie PGP speziell in Ihrem E-Mail-Client verwenden können, hängt sehr stark von Ihrem E-Mail-Client ab.

Weblink

Auf der Webseite zum Buch unter der Adresse

network-privacy.org/de/instructions/install-pgp-for-thunderbird

finden Sie eine Anleitung zur Integration von PGP in Ihren Thunderbird E-Mail-Client.

PGP macht intensiven Gebrauch von asymmetrischer Kryptografie, sowohl um Nachrichten zu verschlüsseln als auch um diese zu signieren und damit sicherzustellen, dass eine Nachricht von dem jeweiligen Absender stammt.

Zunächst muss ein Nutzer daher ein sogenanntes Schlüsselpaar bestehend aus einem öffentlichen und einem privaten Schlüssel erzeugen. Dabei können Sie sich dieses Schlüsselpaar weniger wie zwei Schlüssel, sondern vielmehr wie ein Vorhängeschloss inklusive zugehörigem Schlüssel vorstellen. Der private Schlüssel (Private Key) entspricht dabei dem Schlüssel und der öffentliche Schlüssel (Public Key) dem Schloss. Ein solches Schlüsselpaar wird von einem Nutzer in aller Regel nur einmal erzeugt[3].

Angenommen Alice wolle mit Bob kommunizieren und verhindern, dass ein Beobachter Mallory die Kommunikation mitliest. Dazu übermittelt Alice Bob ihren öffentlichen Schlüssel über einen sicheren Kanal, also zum Beispiel bei einem persönlichen Treffen (der private Schlüssel muss unter allen Umständen bei Alice bleiben, da mit ihm alle an Alice gesendeten Nachrichten entschlüsselt werden können; hat ein Dritter Zugang zu diesem Schlüssel, kann er die für Alice bestimmten Nachrichten ebenfalls entschlüsseln).

Zur Veranschaulichung können Sie sich vorstellen, dass dieser öffentliche Schlüssel ein geöffnetes Vorhängeschloss bzw. unendlich viele baugleiche, geöffnete Vorhängeschlösser sind, die von Bob zwar durch Zudrücken verschlossen werden, jedoch nur mithilfe von Alices Private Key wieder geöffnet werden können.

Bob kann seine Nachricht an Alice nun mithilfe ihres Public Keys verschlüsseln, in unserer Analogie können Sie sich das so vorstellen, dass Bob die Nachricht in eine

[3] Genau genommen sollten Sie etwa alle vier Jahre ein neues Schlüsselpaar erzeugen und das alte verwerfen, aber das kann zur Erklärung des Prinzips vernachlässigt werden.

Geldkassette oder einen ähnlichen, sicheren Behälter packt und diesen mithilfe des von Alice erhaltenen Vorhängeschlosses verschließt. Anschließend sendet er ihn über einen öffentlichen Kanal, also das Internet, an Alice (siehe Bild 10.17), ohne dass Mallory die Nachricht lesen kann.

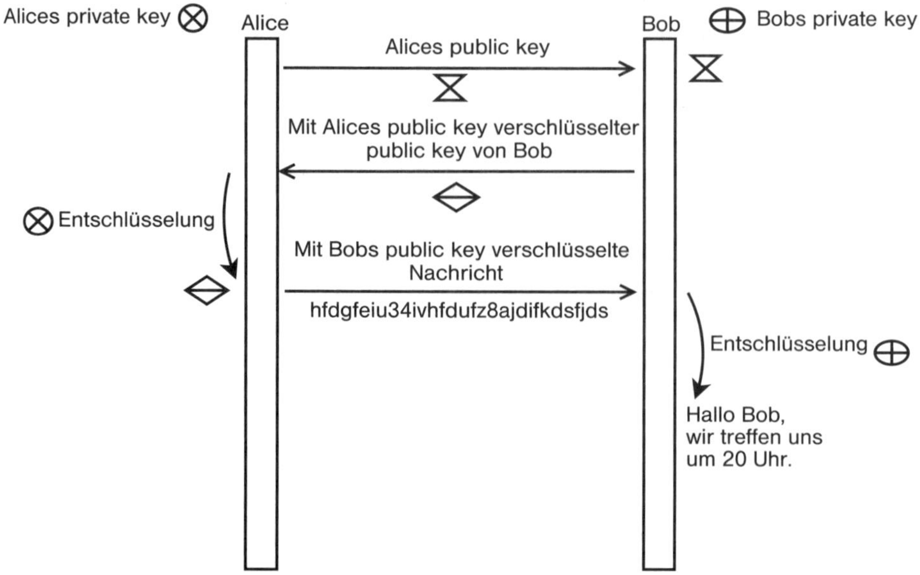

Bild 10.17 Funktionsweise von asymmetrischer Kryptografie

HINWEIS

Tatsächlich handelt es sich bei der beschriebenen Vorgehensweise zur Verschlüsselung von Nachrichten nur um eine vereinfachte Darstellung. Asymmetrische Kryptografie ist einerseits im Vergleich zu symmetrischer Kryptografie, bei der zum Ver- und Entschlüsseln der gleiche Schlüssel genutzt wird, relativ langsam. Andererseits besteht das Problem, dass ein Angreifer den Schlüssel einer Verschlüsslung umso leichter brechen kann, umso mehr Text er besitzt, der mit diesem Schlüssel verschlüsselt wurde. So nutzt man folgendes Vorgehen, um eine PGP-Nachricht zu verschlüsseln.

Zunächst erzeugt man einen zufälligen Schlüssel, der dazu verwendet wird, um die Nachricht mithilfe symmetrischer Verschlüsselungsverfahren zu verschlüsseln. Dann verschlüsselt man diesen Schlüssel mit dem Public Key des Empfängers und sendet ihn gemeinsam mit der verschlüsselten Nachricht an jenen (siehe Bild 10.18). Der Vorteil dieses Verfahrens ist, dass dabei nur verhältnismäßig wenig Text, der zudem vom Angreifer nicht erraten werden kann, mithilfe des Public Keys verschlüsselt wird. Dadurch hat der Angreifer kaum eine Chance, den Private Key eines Nutzers mithilfe von Kryptoanalyse zu brechen. Da der symmetrische Schlüssel jedes Mal neu erzeugt wird, ist es außerdem nicht besonders lohnenswert und auch nicht ohne erheblichen Aufwand möglich, diesen Schlüssel zu brechen.

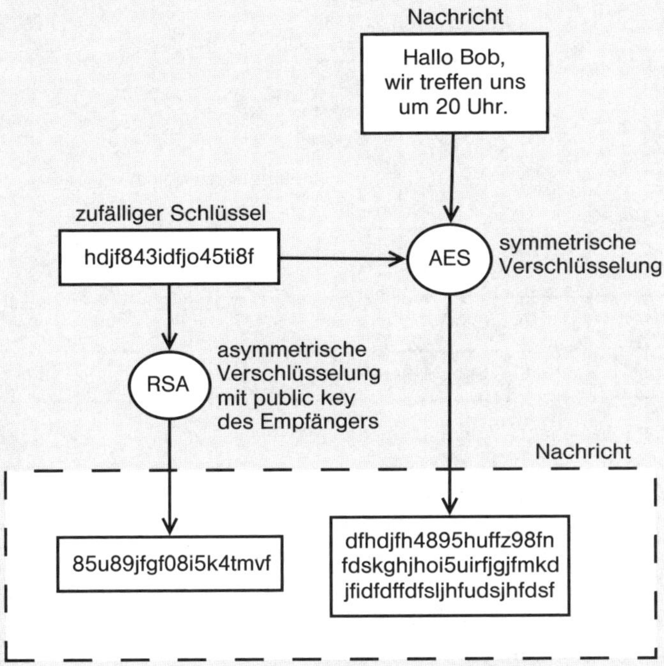

Bild 10.18 Funktionsweise der Verschlüsselung mithilfe von PGP

So viel zur Verschlüsselung einer Nachricht. Wichtig ist dabei vor allem, dass Bob den Schlüssel von Alice über einen sicheren Kanal erhalten hat oder diesen zumindest mithilfe von Informationen, die er von Alice über einen sicheren Kanal bekommen hat, verifizieren kann. Andernfalls wäre Mallory in der Lage dazu, einen sogenannten Man-in-the-Middle-Angriff durchzuführen, indem sie Bob einen gefälschten Schlüssel von Alice zukommen lässt, zu dem tatsächlich sie selbst den zugehörigen Private Key besitzt. Dadurch wäre Mallory in der Lage, die Kommunikation zwischen Bob und Alice zu belauschen, und die Verschlüsselung würde ihren Sinn verfehlen.

Um die verhältnismäßig großen Schlüssel (aktuell ca. 4096 Bit) nicht manuell zum Beispiel von einer Visitenkarte etc. abtippen zu müssen, gibt es sogenannte Schlüsselserver (Keyserver), von denen Sie die Schlüssel aller Personen, die diese dort hochgeladen haben, herunterladen können. Das ist jedoch nur dann zulässig, wenn Sie diesen Schlüssel mithilfe eines sogenannten Fingerprints verifizieren. Das ist tatsächlich eine Art digitaler Fingerabdruck des Schlüssels, den Sie über einen sicheren Kanal vom Eigentümer des Schlüssels erhalten haben. Andernfalls könnte Mallory den Schlüssel von Alice auf dem Keyserver durch ihren eigenen Schlüssel ersetzen und so einen Man-in-the-Middle-Angriff durchführen (siehe Bild 10.19).

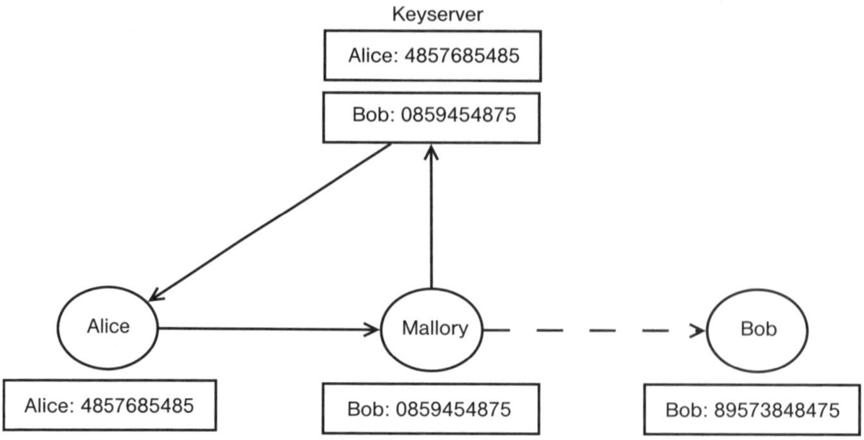

Bild 10.19 Ein Man-in-the-Middle-Angriff mithilfe der PGP-Keyserver

Da im Grunde jeder die E-Mail-Adresse einer anderen Person fälschen kann, wird auch ein Mechanismus benötigt, mit dem sichergestellt werden kann, dass eine Nachricht auch wirklich von der Person stammt, die im Absender der Nachricht steht. Dazu werden digitale Signaturen eingesetzt. Diese beruhen auf einem ganz ähnlichen Prinzip wie asymmetrische Verschlüsselung. Zunächst wird dabei mithilfe einer sogenannten kryptografischen Hashfunktion eine Zahl aus der Nachricht erzeugt, die signiert werden soll. Diese Zahl ist repräsentativ für diese Nachricht. Im einfachsten Fall könnte eine Hashfunktion jedem Zeichen der Nachricht eine Zahl zuordnen und diese anschließend addieren. Allerdings wäre das keine kryptografisch sichere Hashfunktion. Eine kryptografisch sichere Hashfunktion stellt sicher, dass aus der erzeugten Zahl nicht ohne Weiteres die ursprüngliche Nachricht oder eine andere Nachricht, die die gleiche repräsentative Zahl besitzt, generiert werden kann. Außerdem stellt eine kryptografische Funktion sicher, dass zwei Nachrichten mit möglichst großer Wahrscheinlichkeit nicht durch die gleiche Zahl repräsentiert werden. Passiert das doch einmal, nennt man das eine Kollision. Viele kryptografische Angriffe basieren auf solchen Kollisionen.

Nachdem der Hashwert der zu signierenden Nachricht errechnet wurde, wird dieser mit dem Private Key des Nutzers verschlüsselt. Andere Nutzer können diese Nachricht dann mithilfe des Public Keys wieder entschlüsseln und erhalten den Hashwert. Anschließend errechnen sie den Hashwert der eigentlichen Nachricht und vergleichen diese beiden. Sind diese identisch, ist damit sichergestellt, dass diese Nachricht vom richtigen Absender stammt (siehe Bild 10.20).

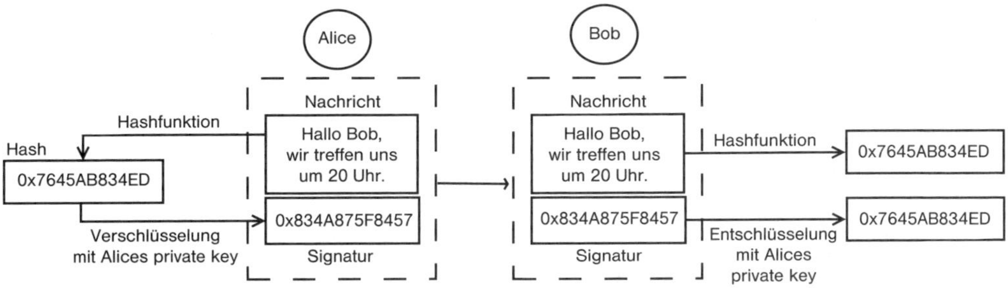

Bild 10.20 Signieren einer Nachricht

Womöglich sind Sie jetzt ein wenig verwirrt, was die Verwendung von Private und Public Key angeht. Bisher haben wir diese schließlich umgekehrt verwendet. Beim Signieren einer Nachricht verwendet ein Nutzer jedoch seinen eigenen Private Key, um den Hashwert zu verschlüsseln. Das führt bei Kryptosystemen wie RSA dazu, dass die Nachricht nur mit dem Public Key wieder entschlüsselt werden kann. Andere Kryptosysteme wie auf elliptischen Kurven basierende Systeme benötigen dafür ein zweites Schlüsselpaar. Ohnehin sollten Sie stets ein Schlüsselpaar zum Signieren und eines zum Verschlüsseln von Nachrichten verwenden, da Angreifer sonst bessere Möglichkeiten haben, Ihren Schlüssel zu brechen. Gängige PGP-Implementierungen nehmen Ihnen diese Entscheidung jedoch häufig ab.

10.3.3.2 S/MIME

Während PGP ein dezentrales Vertrauensmodell einsetzt, bei dem Nutzer entscheiden, wem sie vertrauen, setzt S/MIME ein zentralisiertes Modell ein, bei dem eine Certificate Authority (CA) die Zertifikate von Nutzern ausstellt. Dieses Modell entspricht dem auch bei SSL/TLS eingesetzten Verfahren (siehe Bild 10.21). Ich empfehle Ihnen, wenn möglich PGP-Verschlüsselung einzusetzen, da das zentralisierte Vertrauensmodell bei S/MIME ziemliche Schwächen offenbart, wenn man bedenkt, dass sich Certificate Authorities in der Vergangenheit nicht gerade als besonders vertrauenswürdig erwiesen haben.

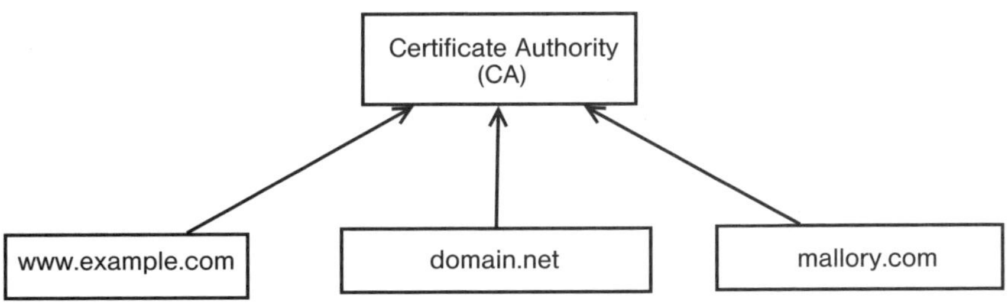

Bild 10.21 Zertifizierungsmodell bei S/MIME

10.4 Literatur

1. *Ball, James*; *Schneier, Bruce* und *Greenwald, Glenn*: NSA and GCHQ target Tor network that protects anonymity of web users (*http://www.theguardian.com/world/2013/oct/04/nsa-gchq-attack-tor-network-encryption*), 04. Oktober 2013, The Guardian
2. *Reed, Michael G.*; *Syverson, Paul F.* und *Goldschlag, David M.*: Anonymous connections and onion routing, IEEE Journal on Selected Areas in Communications (1998) Vol. 16, pp. 482 - 494.
3. *Gauck, Joachim; Merkel, Angela; Friedrich, Hans-Peter; Schäuble, Wolfgang; von der Leyen, Ursula*: Artikel 6: Änderung des Zehnten Buches Sozialgesetzbuch, Bundesgesetzblatt (1. Juli 2013) Vol., pp. 2754 - 2755. *http://www.bmi.bund.de/SharedDocs/Downloads/DE/Themen/OED_Verwaltung/Informationsgesellschaft/egovg_verkuendung.pdf?__blob=publicationFile*
4. *Hoffman, P.*: SMTP Service Extension for Secure SMTP over Transport Layer Security, RFC 3207, Internet Engineering Task Force - Network Working Group, Februar 2002, *https://www.ietf.org/rfc/rfc3207.txt*
5. *The Internet Society*: Cryptographic Message Syntax (CMS), 2002, *https://www.ietf.org/rfc/rfc3369.txt*
6. *Zimmermann, Phillip R.*: PGP Source Code and Internals, (1995) MIT Press
7. *Callas, J.*; *Donnerhacke, L.*; *Finney, H.*; *Shaw, D.* und *Thayer, R.*: OpenPGP Message Format, RFC 4880, November 2007, *http://www.ietf.org/rfc/rfc4880.txt*
8. *Acar, Gunes*; *Juarez, Marc*; *Nikiforakis, Nick*; *Diaz, Claudia*; *Gürses, Seda*; *Piessens, Frank* und *Preneel, Bart*: FPDetective: Dusting the Web for Fingerprinters, November 2013
9. *Ayenson, Mika D.*; *Wambach, Dietrich J.*; *Soltani, Ashkan*; *Good, Nathaniel* und *Hoofnagle, Chris Jay*: Flash Cookies and Privacy II: Now with HTML5 and ETag Respawning, 29. Juli 2011

Index

A

B

C

D

E

F

G

H

I

J

K

L

M

N

O

P

Q

R

S

T